21 世纪全国高校应用人才培养财经管理类规划教材

新编技术经济学

主　编　彭运芳
副主编　韩终雪　李　丽

内 容 提 要

本书全面系统地阐述技术经济学的基本原理和方法。主要内容包括绪论、技术经济分析的基本要素、资金的时间价值及等值计算、技术经济评价指标与方法、不确定性和风险分析、投资项目的可行性研究、价值工程、项目管理、技术创新、创业管理等。本书的许多章节配有精选的实用案例，各章后均有习题，以便读者巩固所学知识。

本书可作为高等院校经济管理类专业和工程技术类专业研究生、本科生技术经济学课程的教材，也可以作为企业投资决策、经营管理、工程技术等部门有关人员学习和工作的参考用书。

图书在版编目（CIP）数据

新编技术经济学 / 彭运芳主编. —北京：北京大学出版社，2009.8
（21世纪全国高校应用人才培养财经管理类规划教材）

ISBN 978-7-301-15454-0

Ⅰ. 新… Ⅱ. 彭… Ⅲ. 技术经济学—高等学校—教材 Ⅳ. F062.4
中国版本图书馆 CIP 数据核字（2009）第 111656 号

书　　　　名：	新编技术经济学
著作责任者：	彭运芳　主　编
责 任 编 辑：	卢英华
标 准 书 号：	ISBN 978-7-301-15454-0/F · F2243
出　版　者：	北京大学出版社
地　　　　址：	北京市海淀区成府路 205 号　　100871
电　　　　话：	邮购部 62752015　发行部 62750672　编辑部 62765126　出版部 62754962
网　　　　址：	http://www.pup.cn
电 子 信 箱：	xxjs@pup.pku.edu.cn
印　刷　者：	北京飞达印刷有限责任公司
发　行　者：	北京大学出版社
经　销　者：	新华书店
	787 毫米×1092 毫米　16 开本　20 印张　486 千字
	2009 年 8 月第 1 版　2012 年 4 月第 2 次印刷
定　　　价：	38.00 元

未经许可，不得以任何方式复制或抄袭本书之部分或全部内容
版权所有，侵权必究
举报电话：010－62752024；电子信箱：fd@pup.pku.edu.cn

前　言

技术经济学是技术科学与经济科学相结合的边缘学科，它通过研究技术与经济的相互影响和相互作用，以寻求技术与经济的最佳结合。在 20 世纪 50 年代，我国就开始学习前苏联的技术经济分析与论证方法，并对建设项目进行技术经济评价，取得了不少经验，形成了一个独立的学科。目前，技术经济学的理论和方法越来越广泛地应用到国民经济各个部门。从上世纪 90 年代末至今天，科学技术以前所未有的速度发展，技术经济领域出现了许多需要我们密切关注并加以认真研究的前沿问题，技术经济学必须"与时俱进"，不断调整发展。

本书广泛吸收了国内外技术经济及相关领域的最新研究成果，并紧密联系我国国民经济建设的实际情况，在对基本理论进行系统阐述的同时，注重理论与实践相结合，力求各种评价方法具有可操作性和先进性。主要内容包括概论、资金的时间价值和等值计算、经济效果评价方法、不确定性分析和风险分析、项目可行性研究、价值工程、项目管理、技术创新、创业管理等。本书的许多章节都有精选的实用案例，各章后均有思考和练习题，以便读者巩固所学知识，提高分析问题和解决问题的能力。

本书凝结了编者多年的心血。其中彭运芳编写第一、二、三、四、五、六、七、十章；李丽编写第八章；韩终雪编写第九章。全书整体构架设计和统稿由彭运芳完成。在本书的编写过程中，技术经济与管理专业研究生谭秀影、曹伟伟以及管理科学专业的本科生黎燕红、乔婷等同学做了大量的基础性工作。

在编写本书的过程中，我们学习、参考和引用了许多国内外同行的著作、论文和教材，限于篇幅不能一一致谢，在此表示我们最诚挚的谢意和歉意。由于编者水平所限，定有许多不足之处，恳请各位专家、学者、读者批评指正。

本书得到深圳大学教材建设基金资助，在此表示感谢。

编　者
2009 年 4 月于深圳大学

目 录

第1章 绪论 1
  1.1 技术经济学的产生和发展 1
  1.2 技术与经济的关系 3
    1.2.1 技术 3
    1.2.2 经济 4
    1.2.3 技术与经济的关系 4
  1.3 技术经济学的研究对象与发展趋势 5
    1.3.1 技术经济学的概念 5
    1.3.2 技术经济学的研究对象 6
    1.3.3 技术经济学的研究范围 6
    1.3.4 技术经济研究存在的主要问题 7
    1.3.5 技术经济学发展趋势 8
  1.4 技术经济研究的特点和程序 9
    1.4.1 技术经济研究的特点 9
    1.4.2 技术经济研究的工作步骤 10

第2章 技术经济分析的基本要素 13
  2.1 现金流量和现金流量图 13
    2.1.1 现金流量 13
    2.1.2 现金流量图 13
  2.2 投资及其构成 14
    2.2.1 投资的概念及构成 14
    2.2.2 建设项目投资估算 16
    2.2.3 投资估算案例分析 21
  2.3 成本、费用及构成 23
    2.3.1 成本与费用的概念 23
    2.3.2 几个相关成本概念 24
    2.3.3 成本费用中的折旧费和摊销费 25
  2.4 销售收入、利润和税金 27
    2.4.1 销售收入 27
    2.4.2 利润 28
    2.4.3 税金 28
    2.4.4 销售收入、利润和税金的关系 33

第3章 资金的时间价值及等值计算 34
  3.1 资金的时间价值 34

3.2 计算资金时间价值的基本方式 34
3.2.1 利息、利率 34
3.2.2 单利法 34
3.2.3 复利法 35
3.2.4 名义利率和实际利率 36
3.3 资金等值计算 37
3.3.1 资金等值的概念 37
3.3.2 资金等值计算举例 37
3.4 几种常用的普通复利公式 38
3.4.1 一次支付类型 38
3.4.2 等额支付类型 40
3.4.3 普通复利公式小结与应用 43
3.4.4 等差序列现金流的等值计算 46
3.4.5 等比序列（几何序列）现金流的等值计算 48

第4章 技术经济评价指标与方法 53
4.1 技术经济评价指标与方法概述 53
4.2 价值型评价指标与方法 54
4.2.1 净现值 54
4.2.2 净年值 57
4.2.3 费用现值与费用年值 58
4.2.4 基准折现率的概念及其确定的影响因素 59
4.2.5 资本—资产定价模型（CAPM 模型）......60
4.3 效率型评价指标与方法 62
4.3.1 内部收益率 62
4.3.2 净现值指数 68
4.3.3 效益费用比值 69
4.3.4 投资收益率 69
4.3.5 利息备付率 70
4.3.6 偿债备付率 71
4.4 时间型评价指标与方法 71
4.4.1 投资回收期 71
4.4.2 追加投资回收期 74
4.4.3 贷款偿还期 74
4.5 多方案的评价与选择 75
4.5.1 投资方案的分类 75
4.5.2 独立方案的经济评价 76
4.5.3 互斥型方案的经济评价 77
4.5.4 受资金限制的方案选择 88
4.5.5 混合投资方案的选择 91
4.6 层次分析法在技术方案综合评价中的应用 94
4.6.1 层次分析法的概念 94

  4.6.2 层次分析法应用的程序 94

第5章 不确定性和风险分析 103
5.1 不确定性和风险概述 103
  5.1.1 确定性和风险的概念 103
  5.1.2 企业投资风险的种类 103
  5.1.3 风险与收益的关系 104
5.2 盈亏平衡分析 104
  5.2.1 盈亏平衡分析的含义 104
  5.2.2 独立方案盈亏平衡分析 105
5.3 敏感性分析 111
  5.3.1 敏感性分析的含义 111
  5.3.2 敏感性分析的一般步骤与主要内容 111
  5.3.3 单因素敏感性分析 113
  5.3.4 双因素敏感性分析 116
  5.3.5 多因素敏感性分析 117
5.4 概率分析 118
  5.4.1 概率分析的含义 118
  5.4.2 投资方案的随机现金流序列 119
  5.4.3 投资方案净现值的期望值和方差 119
  5.4.4 投资方案风险估计的方法 122
5.5 风险决策 130
  5.5.1 风险决策的条件 130
  5.5.2 风险决策的原则 131
  5.5.3 风险决策的方法 132
5.6 不确定性决策 139
5.7 风险管理 143
  5.7.1 风险控制的基本方法 143
  5.7.2 项目决策时的避险措施 143

第6章 投资项目的可行性研究 146
6.1 可行性研究概述 146
  6.1.1 可行性研究的产生和发展 146
  6.1.2 可行性研究的作用 147
  6.1.3 基本建设程序和可行性研究的阶段 148
6.2 可行性研究的内容 150
6.3 可行性研究报告的编制 159
  6.3.1 可行性研究报告的编制步骤 159
  6.3.2 可行性研究报告的编制依据 159
  6.3.3 可行性研究报告的格式 160
  6.3.4 可行性研究报告的要求 162

6.4 投资项目的财务评价 163
6.4.1 项目财务评价概述 163
6.4.2 财务评价的内容 164
6.4.3 项目资金筹措分析 166
6.4.4 融资结构分析 171
6.4.5 项目偿债能力分析 172
6.4.6 项目盈利能力分析 173
6.4.7 创汇、节汇能力及外汇平衡分析 176
6.5 国民经济评价 177
6.5.1 国民经济评价概述 177
6.5.2 国民经济评价的效益与费用 180
6.5.3 影子价格 181
6.5.4 国民经济评价报表 183
6.5.5 国民经济评价指标的计算与评价 187
6.6 案例分析 189

第7章 价值工程 203
7.1 价值工程概述 203
7.1.1 价值工程的产生和发展 203
7.1.2 价值工程的基本概念 204
7.1.3 价值工程的特点 206
7.2 价值工程的对象选择 207
7.2.1 经验分析法（初选） 207
7.2.2 费用比重分析法（初选） 208
7.2.3 ABC分析法（初选） 208
7.2.4 价值系数法（复选） 209
7.2.5 最合适区域法 211
7.3 功能分析 213
7.3.1 功能定义 213
7.3.2 功能整理 214
7.3.3 功能评价 216
7.4 方案的创造与评价 220
7.4.1 方案的创造 220
7.4.2 方案评价和选择 221
7.5 价值工程应用案例 222
7.5.1 案例一：价值工程在通信服务企业产品评价中的应用研究 222
7.5.2 案例二：价值工程应用的实证研究 225

第8章 项目管理 232
8.1 项目管理概述 232
8.1.1 项目概述 232
8.1.2 项目管理概述 234

8.1.3　项目管理的发展 236
　8.2　项目选择 237
　8.3　项目成本管理 239
　　　8.3.1　项目成本管理概述 239
　　　8.3.2　资源计划编制 240
　　　8.3.3　成本估算 241
　　　8.3.4　成本预算 242
　　　8.3.5　成本控制 243
　8.4　项目质量管理 245
　　　8.4.1　质量概述 245
　　　8.4.2　质量管理概述 246
　　　8.4.3　项目质量计划 248
　　　8.4.4　项目质量保证 248
　　　8.4.5　项目质量控制 249
　8.5　项目管理软件 251
　　　8.5.1　项目管理软件具备的功能 251
　　　8.5.2　常见的项目管理软件 253
　　　8.5.3　项目管理软件的选择 253
　　　8.5.4　项目管理软件分类 253
第 9 章　技术创新 255
　9.1　关于技术的概念 255
　　　9.1.1　狭义技术的概念 255
　　　9.1.2　广义技术的概念 256
　　　9.1.3　关于技术概念的关系说 256
　9.2　技术创新的概念与类型 257
　　　9.2.1　技术创新概念的解析 258
　　　9.2.2　技术创新的基本类型 259
　9.3　技术创新的动力源和过程模式 260
　9.4　自主创新与模仿创新模式 262
　　　9.4.1　自主创新战略的含义和特点 263
　　　9.4.2　自主创新战略的优缺点 264
　　　9.4.3　模仿创新 267
第 10 章　创业管理 272
　10.1　全球创业热潮扑面而来 272
　　　10.2.1　创业的内涵 273
　　　10.2.2　创业的类型 273
　　　10.2.3　创业过程 275
　10.3　创业管理研究的主要内容 275
　　　10.3.1　创业机会与识别 276
　　　10.3.2　编制一份有效的商业计划书 279

    10.3.3 创业融资的主要渠道 281
  10.4 模糊综合评判法在创业机会评价中的应用 282
    10.4.1 创业机会综合评价的指标体系 282
    10.4.2 模糊综合评价法的基本步骤 283
    10.4.3 实例分析 285
  10.5 创业管理的案例分析 286
附录 复利系数表 290
参考文献 308

第1章 绪 论

1.1 技术经济学的产生和发展

技术经济学是我国学者在总结中国经济建设的实践经验,广泛吸收国外相关学科有用成分的基础上创立和发展起来的一门新兴学科。技术经济学的建立和发展大致可以划分为以下四个时期:初创期、停滞期、发展期和调整发展期。

1. 初创期:20世纪50年代中期——文革

技术经济学的产生有它的时代背景。建国初期,我国在"一穷二白"的基础上开始了大规模经济建设。在第一个五年计划期间,即1953年~1957年间,我国从前苏联引进了156个大型项目,也同时引进了前苏联对工程项目进行技术经济分析的理论和方法。由于这一时期对项目决策比较慎重,我国相关部门的干部和苏联专家一道,对这156个项目进行了详细的技术经济分析,使这些重点投资建设项目都产生了较好的经济效益。以"156项"为重点的694个建设项目奠定了新中国现代工业的基础。尽管这些项目建设也有其利弊得失,并且由于中苏关系的恶化未能全部完成,但技术经济分析理论和方法的应用和研究却由此发端,并在其后的经济建设实践中不同程度地延续下来。当然,由于历史和内外部条件的限制,当时采用的技术经济分析的理论和方法都比较简单和粗糙,主要是进行投资回收期、投资效果系数等指标的静态分析。但其重要性已被高层决策者、管理者和工程技术人员所重视。

1958年"大跃进"开始后,在"左倾"思想的统治下,生产建设"只算政治账,不算经济账",只追求经济发展速度和总量,不重视经济效益,技术经济工作被全部取消。

20世纪60年代初,经济调整恢复时期,为了扭转"大跃进"所造成的项目决策工作中的混乱状况,纠正不讲经济效果的错误倾向,经济理论界掀起了经济效果理论的大讨论,迎来了学科发展的第一次高潮。于光远等同志敏锐地认识到技术经济分析在经济建设实践中的重要性,积极倡议建立技术经济学。中央对此也非常重视,1962年国家制定的《全国1963~1972年科学技术发展规划纲要》中,提出了技术经济学的概念,将技术经济学作为与基础科学、工农业科学技术等六大科学技术并列的重点发展的七门学科之一,并且专门论述了它的发展方向和任务。这标志着中国技术经济学的正式诞生。

这一时期的技术经济学发展比较迅速,许多经济理论工作者对经济效果的一般概念、实质、范围、评价标准、指标体系以及具体的计量方法等问题进行了认真的探讨,在各种报刊上发表了近百篇文章。截止到"文化大革命"前,技术经济学科体系基本形成。由于这一时期着重研究技术的经济效果,故称之为技术的经济效果学。

2. 停滞期:1966年——1976年

1966年,史无前例的"文化大革命"开始了。在这一时期,刚刚得以恢复的技术经济工作又遭到严重破坏，技术经济学受到批判，技术经济研究机构全部被撤销，从事技术经济研究的学者被下放，技术经济学科的发展全部停顿。因此，这一时期是技术经济研究工作被摧残的阶段，一些重大项目建设出现严重失误。

3. 发展期：1976年——20世纪90年代初

1976年粉碎"四人帮"后，特别是1978年12月召开了党的十一届三中全会以后，我国实行了改革开放的新政策，党的工作重点转移到以经济建设为中心的轨道上来，从而为技术经济学的发展创造了极为有利的条件。在国家制定的《1978年—1985年科学技术发展规划》中，将技术经济与管理现代化理论与方法的研究列入了108项重大研究课题之一。

1978年底，在于光远等学者的倡导和主持下，重建了技术经济队伍，成立了中国技术经济研究会。1980年，中国社会科学院成立了中国第一家技术经济研究所（现为数量经济技术经济研究所）。大多数省市都成立了技术经济的专门研究机构，许多高校设立了技术经济及其相关专业，并相继建立了技术经济与管理专业的硕士点和博士点，培养了一大批从事技术经济分析的专门人才。各机构先后创办了《技术经济》、《数量经济与技术经济研究》等专业刊物，发表了大量高水平技术经济理论与方法研究和实际应用的学术论文。一批标志性的重要著作问世，并涌现出一些学科带头人。

此时的技术经济学科呈现出百家争鸣的学术气氛和生机勃勃的大好形势。它扬弃了在计划经济时代产生的陈旧观点，吸收了一些西方现代经济理论和先进的评价方法，总结了实际经济建设中的经验，使技术经济学在经济建设的宏观项目评价和微观项目评价中得到了广泛应用。

1983年国家计委颁发了《关于建设项目可行性研究的试行管理办法》，把可行性研究列为基本建设中一项不可缺少的重要程序，规定工业投资项目必须进行可行性研究和编制可行性研究报告，否则一律不予审批。1987年国家计委和建设部发布了《建设项目经济评价方法与参数》（第一版），第二版于1993年正式颁布。这标志着我国常规工程项目的技术经济分析理论和方法已逐步走向成熟。

这一时期技术经济工作者积极参与的实践活动包括：宝山钢铁工程项目的技术经济论证（1980年）；山西省能源重化工基地建设论证（1981—1983年）；三峡水利工程项目的技术经济论证（20世纪90年代初）；京沪高速铁路项目的技术经济论证（1993—1994年）；一些省市的发展规划与发展战略研究与制定等。这些研究成果和建议在全国经济建设中发挥了重要作用。

随着理论的逐步发展，技术经济学也逐步运用到宏观领域。"六五"期间，完成了"中国能源发展战略"等国家重点课题；"七五"期间完成了"技术进步与产业结构变化"、"技术进步与经济增长"等一系列重大应用经济课题；"八五"期间完成了"生产率与经济增长"、"高科技发展战略"、"技术创新经济运行机制"等一系列综合性课题的研究。一方面，技术经济学的理论使我国能更好地处理技术与经济的关系，另一方面，技术经济的实践不断提出新的理论课题，从而不断完善和发展理论。同时技术经济学也逐步将研究重点从技术的经济面转向经济的技术面，从而进一步提高了技术经济学的理论层次，也进一步提高了学科本身的决策咨询能力。

4. 调整发展期：20世纪90年代中后期至今[①]

1992年，十四大确定我国改革目标模式是建立社会主义市场经济，其后我国经济进入一

---

① 刘满强等. 面向经济建设实践，开创技术经济研究新局面. 中国技术经济论坛 2007·徐州

个持续增长的新时期。为了适应这一新时期经济技术发展的需要，技术经济学的研究领域不断深化和扩展。如：新型工业化与技术创新关系的理论研究；知识经济研究；循环经济研究；环境技术经济研究；能源技术经济研究；可持续发展研究；人力资源研究；区域经济研究；信息化理论和应用研究；高技术发展及产业化研究；建设项目的社会经济评价；科学发展观与创新型国家研究等。

各种技术经济学专著和论文大量出现，在数量上远超过前一时期。其中不乏重要的著述和真知灼见。如：《建设项目经济评价方法与参数》第三版于2006年正式修订出版；光是以《技术经济学》为名的专著累计就达到100余种；全国科技大会召开后，有关技术创新的论文数以千计。同时，技术经济学研究队伍经历更新换代，一批学术新秀开始涌现。

国家自然科学基金、国家社会科学基金和国家软科学基金对技术经济类的课题资助增加。各地技术经济学者继续参加经济建设实践，如南水北调工程的技术经济论证；各行业各地区的建设项目论证工作。其中一些建议受到中央和各地主管部门的重视。

由研究机构和高校共同发起的《中国技术经济论坛》于2002年在重庆大学召开，并形成年度论坛。2003年的非典之后，又相继举办了《中国技术经济论坛 2006·重庆》、《中国技术经济论坛 2007·徐州》和《中国技术经济论坛 2008·青岛》。

但也有学者认为，这一时期的技术经济学研究，存在着研究内容过于分散、研究范围拓展过宽，与其他学科交叉重叠较多，理论方法体系不规范不完整，研究力量布局分散，重复研究较多，有分量的成果不多，新一代技术经济学的领军人物尚待出现等问题。

调整期是学科发展过程中一个不可避免的阶段，技术经济学同样也要经过这一阶段。相信通过技术经济界全体同仁的共同努力，扩大交流协作，整合研究领域，归纳研究方法，完善理论方法体系，组织重大现实和理论问题的研究，加强国际交流，中国技术经济学会迎来繁荣发展的新局面。

傅家骥先生说过，在中国的经济管理学科中，至今为止，我们还没有发现哪一门学科像技术经济学这样具有中国特色。或许这正是技术经济学兴旺发达、长盛不衰，成为中国经济管理学科"常青树"的本源所在，也是一代代技术经济研究者矢志努力的"灵魂"所在[①]。

1.2 技术与经济的关系

1.2.1 技术

技术（Technology）通常是指根据生产实际经验和自然科学原理而形成的设计工艺方法、数据信息、操作技能及劳动工具的总称，这是狭义的技术。而广义的技术则是人类在认识自然、改造自然和解决社会问题过程中所运用的劳动手段与知识的总和，它是劳动工具、劳动对象和劳动者的劳动方法的总称。由于劳动工具、劳动对象和劳动者是构成社会生产和生产力的三个基本要素，因此，技术就成为生产和生产力的主要因素，"科学技术是第一生产力"也就是这个意思。在技术经济学中，技术是广义的。

广义的技术可以分为硬技术和软技术两大类。所谓硬技术即物质形态的技术，是指人们在劳动过程中所用的机器、设备、基础设施以及其他物质材料，其核心是劳动工具。劳动工

---

① 傅家骥等. 技术经济学前沿问题[M]. 北京：经济科学出版社，2003.

具标志着人类改造自然和战胜自然的程度，比如蒸汽机、电动机、计算机等诞生，都对人类社会产生了划时代的影响。软技术指知识形态的技术，体现为工艺、方法、程序、信息、经验技巧和管理能力的非物质技术。没有先进的软技术，硬技术便不可能发挥其应有的作用。软硬技术融为一体，相辅相成，才能推动技术进步和经济发展。

科学与技术密不可分，人们常常把它们视为一体。但严格来说，两者具有很大的区别。科学是人们关于客观规律的认识和总结，它回答的是："是什么"，"为什么"。而技术则是人们改造自然的手段和方法，它回答的是："做什么"，"怎么做"。科学属于认识范畴，技术属于实践范畴，科学在实践中得到应用就产生出技术。

1.2.2 经济

"经济"是一个我们熟悉的名词。在我国古代作"经世济邦"理解，其含义是治理国家。"经济"在西方语言中，是由希腊文"家产"和管理合成的，原意指家庭管理。现在所说的经济，一般认为是个多义词，通常有以下几种含义：其一，用作"国民经济"时，是指社会再生产的整个过程，包括生产、交换、分配、消费等经济活动，或指国民经济的各部门，如工业经济、农业经济、运输经济等。其二，用作"经济基础"时，是生产关系的总称。经济基础是上层建筑赖以建立的基础。其三，是指"节约"或"节省"之意，也就是人们常说的"经济不经济"，是人、财、物和时间的节约和有效使用，如经济实惠、规模经济等，指的是以较少的投入获得较多的回报。技术经济学中的经济，一般是指第三种含义。

1.2.3 技术与经济的关系

技术和经济是人类社会进行物质生产不可缺少的两个方面，两者存在着相互依存、相互促进又相互制约的对立统一的辩证关系，具体表现在以下三个方面。

1. 发展经济必须依靠科学技术

人类社会的发展历史证明：技术进步是推动社会经济发展的最强大动力，技术进步是经济增长的源泉。无论是以蒸汽机的发明与使用为标志的第一次技术革命，还是以电力的发明与广泛应用为标志的第二次工业技术革命，以及始于20世纪40年代，以原子能技术、航天技术、电子计算机的应用为主要标志，还包括人工合成材料、分子生物学、遗传工程等高新技术的第三次科技革命，都极大地提高了社会生产力，推动了世界经济的迅速增长。比如，到19世纪中叶，科技进步使生产效率提高到手工劳动的108倍。据统计，当今世界，劳动生产率的提高依靠技术进步的比重约占60%～80%，充分体现了科学技术是第一生产力。

技术创新是技术进步中最活跃的因素，它是生产要素的一种新组合，是创新者将科学知识与技术发明应用于工业化生产，并在市场上实现其价值的一系列活动。技术创新包括：新产品的生产，新技术新工艺在生产过程中的应用，新资源的开发，新市场的开辟。各国经济发展的实践经验表明，哪里的技术创新最活跃，哪里的经济就最发达。技术创新不断促进新产业的诞生和传统产业的改造，不断为经济注入新的活力，因此，各工业发达国家，无不想尽办法，利用各种技术经济政策，力图形成一种有利于技术创新的机制与环境。

2. 经济发展是技术进步的基本动力和物质基础

技术进步能够推动社会经济快速发展,而经济发展对先进技术的需求又成为技术进步的直接动力。经济越发展,对科技的需求就越广泛、越强烈,从而促使大量的新技术不断涌现。脱离了经济发展需要,技术进步必然失去方向、目的和意义。

同时,经济发展是技术进步的物质基础,经济发展水平制约、限制技术进步。因为任何新技术的开发都需要投入一定的人力、物力和财力,特别是对现代高新技术来说尤为如此。只有投入了足够的经费,才有可能开发成功。一般而言,发达国家的研发费用通常占国内生产总值(GDP)2%以上。2004年,美国的研发费用占GDP比重为2.82%,德国为2.5%,日本为3%,中国为1.23%。而大部分发展中国家由于经济实力的制约,这个比例只能在1%以下,远低于美国等科技大国3%左右的水平。国际经验表明:企业研发投入在销售额中的比重达到5%以上的企业,有较强的竞争力;投入在2%左右的企业,刚能维持基本的生存。发达国家的企业通常在3%~5%之间,高科技企业一般是10%,有的甚至高达20%,而我国的比重不足0.5%。

自我研发投入不足的第一个恶果就是我国企业对发达国家技术的高度依赖。目前我国企业的技术对外依存度高达50%,而美国、日本却只有5%。我们的固定设备投资60%以上依靠进口,其中高科技含量的关键设备基本上都是依靠进口;自我研发投入不足的第二个恶果就是我国企业创新受到影响,自主创新能力薄弱,核心技术受制于人。

3. 技术与经济的协调发展

技术与经济也存在相互矛盾、相互制约的一面。任何新技术的应用都需要相应的社会经济条件和相关技术系统的支持。技术的实现总是依靠当时当地的具体自然条件和社会经济条件,条件不同,技术所带来的经济效果也不同。某种先进的技术在某种条件下可以取得较好的经济效果,而在另一种条件下经济效果就不一定好。正是由于技术与经济之间存在矛盾,才产生了技术经济研究的必要。为了保证技术与经济很好地相互适应,最大限度地满足社会需要,就必须研究在当时当地的具体条件下,采用哪一种技术和哪一种方案最适当,其经济效果最大。

我国是一个发展中国家,必须根据实际情况确定技术选择的原则。总的来说,我国的技术选择在强调经济效果的同时,还要兼顾技术的适用性与先进性。要防止两种倾向:一方面要防止不顾国情,不顾现有的经济技术现状,盲目追求技术的先进性而导致浪费;另一方面,要防止片面强调现有的基础和条件,看不到发展的潜力与优势,不敢采用先进技术,甚至大量引进发达国家淘汰的过时技术。我国现阶段的技术体系应该同时包容多种层次的技术,既要有代表国际先进水平的新技术、高技术,也要有某些已被发达工业国家淘汰的传统技术。随着我国经济技术的发展,在整个技术体系中,前一种技术的比例会不断增加,后一种技术的比例会不断减少。

1.3 技术经济学的研究对象与发展趋势

1.3.1 技术经济学的概念

技术经济学(The Economics of Technology)是一门由技术科学与经济科学等相互交叉渗透而形成的边缘学科,它属于应用经济学范围,是技术进步与经济增长日趋紧密结合的产物。技术经济学主要研究技术实践的经济效果,寻求提高经济效果的途径方法;研究项目的可行性，即在调查研究基础上，通过市场分析、技术分析、财务分析和国民经济分析，对各种投资项目的技术可行性和经济合理性进行综合评价；研究在我国国情条件下如何运用技术和技术进步促进经济增长的规律和方法。

技术经济学不同于一般的技术科学，它不研究纯技术问题，也不研究纯经济问题。技术经济学从技术与经济的辩证统一关系出发，研究技术的经济合理性，即技术与经济的关系问题。同政治经济学、宏微观经济学等学科不一样，技术经济学是应用经济学，不是理论经济学。技术经济学实质上是一门要素经济学，是研究技术要素的经济学。

1.3.2 技术经济学的研究对象

作为一门独立的学科，必须有自己特有的研究对象和独立于其他学科的理论方法体系。技术经济学虽然已初步形成了具有中国特色的理论框架和方法体系，但是，其研究对象及其研究内容、范围和方法体系，至今没有一个统一的表述，依然存在着很多的争论。较有代表性和影响力的观点有：①效果论，认为技术经济学是研究技术方案、技术措施、技术政策的经济效果，寻求提高经济效果的途径和方法的科学。这种观点来源于学科初创时期对"大跃进"盲目建设不讲经济效果的反思。②关系论，认为技术经济学是研究技术与经济相互促进、最佳结合的规律与实现方法的学科。③因素论，认为技术经济学是研究技术因素与经济因素最优结合的学科。④问题论，认为技术经济学是研究生产、建设领域技术经济问题的学科。这三个观点显然与20世纪80年代以来引进技术和加大建设项目投资的时代要求有关。⑤动因论，认为技术经济学是研究如何合理、科学、有效地利用技术资源，使之成为经济增长动力的学科。这反映了随着经济和技术的发展变化，进一步深入研究技术进步和技术创新理论的客观需要。⑥综合论（系统论），认为技术经济学是研究技术、经济、社会、生态、价值构成的大系统结构、功能及其规律的学科。这反映了希望在更广泛的人类社会大系统中研究技术问题的愿望。不同的描述反映了提出时期技术经济学关注的焦点、热点，均带有学科发展的烙印。

根据2003年出版的《技术经济学前沿问题》，傅家骥等人将技术经济学的研究对象界定在三大领域、四个层次、三个方面[①]，这可以看作是对上述观点的归纳、扬弃和提高。他们认为，技术经济学的研究领域主要包括：①技术领域的经济活动规律；②经济领域的技术发展规律；③技术发展的内在规律。前面两个涵盖了技术经济学2/3的研究对象，但显然是不够的。因为搞清"技术发展的内在规律"是基础，如果搞不清"技术发展的内在规律"，我们就不可能真正搞清"技术领域的经济活动规律"和"经济领域的技术发展规律"。对这三大领域，技术经济学要研究四个层次的问题：①工程项目层面的技术经济问题；②企业层面的技术经济问题；③产业层面的技术经济问题；④国家层面的技术经济问题。

在上述三大领域、四个层次之中，要研究三个方面的技术经济问题：①技术经济学科的基础理论；②技术经济学科的基本方法；③技术经济学科的基础理论、基本方法在现实技术经济活动中的应用问题。例如，项目财务评价、技术创新、技术整合等理论与方法在现实中的应用。

1.3.3 技术经济学的研究范围

技术经济学的研究范围很广，涉及技术与经济领域的各个方面和层次。我们从横向和纵

---

① 傅家骥等. 技术经济学前沿问题[M]. 北京：经济科学出版社，2003.

向两个方面来考察技术经济学所涉及的范围。

从横向方面来看，国民经济的各个部门或各个行业，都存在技术经济问题，因此相应的就有工业技术经济学、农业技术经济学、商业技术经济学、能源技术经济学、建筑技术经济学、交通运输技术经济学、环境保护技术经济学、服务业技术经济学、信息业技术经济学、金融业技术经济学等分支技术经济学。工业技术经济学又可以进一步分为机械、电子、通讯、冶金、化工、纺织等产业的技术经济学。

从纵向来划分，技术经济学可以分为宏观技术经济学、中观技术经济学和微观技术经济学。宏观技术经济问题主要涉及国民经济全局性和战略性问题。因此，宏观技术经济学主要研究技术进步对经济发展速度、比例、效果、结构的影响，以及它们之间的最佳关系问题。具体包括：国家投资的规模、结构和方向，生产力的合理布局，产业结构的调整，国家技术创新体制，国家的科技发展战略、科技发展规划及科技政策，知识产权制度，能源的开发利用，技术引进的方式，引进技术的选择，外资的利用和偿还等。中观技术经济学主要研究地区和行业的技术经济问题。地区的技术经济问题包括地区的经济发展速度，生产力的合理布局，产业结构的调整，投资规模、结构和方向，资金的引进和利用、自然资源的开发利用，开发区规划建设与管理等；行业的技术经济问题包括产业的发展规模与速度，产业的技术发展规划，产业的技术创新，产业技术扩散与转移，产业的规模经济，产业的合理集聚度及产业的市场机制等。微观技术经济学主要研究企业层面的技术经济问题和项目层面的技术经济问题。企业层面的技术经济问题包括企业新产品开发规划、技术战略、技术选择、技术创新、技术整合、信息化建设等；项目层面的技术经济问题包括产品方案、合理规模、原材料选择、能源选择、厂址选择、技术选择、设备选择、资金筹措和环保方案选择等。

1.3.4 技术经济研究存在的主要问题

技术经济学科的研究现状是：摊子铺得太大，比较零散，没有形成自己的特色，一些领域的研究急需加强。目前技术经济研究存在的主要问题如下。

（1）学科理论有待创新与完善。技术经济学科尚未形成自己完整的理论体系，学界对它的理论构架、学科体系、研究对象和研究内容存在较多争论。技术经济学的研究对象庞杂，边界也比较宽泛；学科内容陈旧，缺乏国际性和系统性，研究之间的关联性也较差；学科归属不明，摇摆于经济学与管理学之间；分析方法比较混乱，技术经济学方法的规范是个难点；学科建设滞后，缺乏系统性和规范性。产生这些问题的主要原因是：技术经济学方法的适应性很强，项目评价理论、可行性研究等渗透在经济建设的方方面面，使这个学科扩张很快；中国经济的迅猛发展，使得对这个学科的需求非常旺盛；人们更多关注现实问题、热点问题，无暇顾及理论问题。因此，原有的学科体系和理论架构需要完善和再创新[①]。

（2）技术创新的技术规律和经济规律需要进一步深入研究。自主技术创新既是当前的热点，也是需要加强理论研究和进行规范的实证分析的重点领域。

（3）需要进一步处理好学科的中国特色与国际相关学科的融合。由于国际上没有与技术经济学完全对应的学科，影响了技术经济学与国外学术界的沟通、交流与合作，一定程度上影响了它的发展。国外关于技术创新以及技术扩散的理论与方法，有待交流和借鉴。

---

① 刘满强等. 面向经济建设实践，开创技术经济研究新局面. 中国技术经济论坛 2007·徐州.

1.3.5 技术经济学发展趋势

(1) 加强技术经济学基础理论的研究,使学科体系和理论架构系统化、规范化。

目前,技术经济学依然是发展迅速、实用性强的年轻学科。当代技术经济学的理论体系虽已基本成型,但尚有巨大的发展空间。学科建设的一些基本问题,诸如学科性质(是属于经济学、管理学、或技术学、技术管理学),学科的研究对象,学科的研究内容等,依然处在百家争鸣的状态。研究对象的无限扩张将使学科丧失固有的属性,应根据学科的特点和发展情况,总结提炼出一个恰如其分、清晰明了的说法,这直接关系到学科所应包括的具体内容以及所涉及的知识结构脉络。再如,项目评价和可行性研究涉及市场理论、方案优选理论、会计理论、福利经济学理论等;技术创新也是技术经济学研究的重要领域,但是技术创新及其扩散理论与可行性研究涉及的基本理论几乎没有交集,二者之间的关联性较差。于是有一种观点认为:技术经济学实际上是一门问题导向的学科。它研究的是各个领域中技术与经济相结合的那些问题;不同领域的问题,需要用不同的方法解决。按照这样的观点,技术经济学是一门方法和工具性的学科。但是很多学者坚决反对这种观点。

(2) 结合可持续发展战略,研究技术、经济、环境、社会的协调发展,深化项目评价理论和方法研究。目前很多珍稀资源不断减少,有些矿物有可能在二十一世纪枯竭,环境污染日趋严重,加强资源的有效利用和优化配置显得尤为重要。项目评价中,仅进行技术评价、财务评价和一般经济评价已经不够,还应进行社会效益评价。评价的标准也相应地扩展为符合技术可行,经济合理,环境友好,资源节约,社会和谐。

(3) 重视技术创新的研究。改革开放初期,我国制定了以市场换技术的战略。在"以市场换技术"的过程中,外资企业获得了巨大市场份额,甚至在一定程度上垄断了我国的某些产业,而中国企业并没有得到最需要的核心技术和高端技术,同时国内自主研发和创新能力的提高却进展缓慢,在一些产业内对外商形成了严重的技术依赖。

总体来看,我国的产业技术仍然落后,多数产业与国际先进水平仍有 10~15 年的差距。在经济全球化和激烈竞争的条件下,任何国家任何企业都不可能把一流的技术轻易转让他人,尖端技术更是不可能买到。因此,我们必须坚决走上自主研发之路。

传统的技术经济学中"工程经济学加项目评价"的学科结构需要拓展和重新架构。诸如技术进步、技术创新以及技术发展规律的研究成果和研究方法应当纳入基本理论和方法,形成互相关联的知识结构。

今后本学科的一项重要任务就是探讨中国的技术发展与技术创新之路,回答中国如何从加工中心、制造中心转变成为创造中心,包括研究、总结和吸收成功实现技术赶超、技术跨越的国家和地区的先进经验。

(4) 积极探讨技术经济分析中模型化数学方法的应用。一些国家重大技术经济课题,常常要借助模型化的数学方法,将系统分析、最优化理论、运筹学、计量经济学与技术经济学融为一体,构造复杂系统的数学模型进行分析和模拟,提高技术经济分析的精细度和可靠性。

(5) 加强对国外相关学科理论方法的研究和交流工作。国外很少使用技术经济学这个术语,但相近学科较多,如日本的经济工程学,欧美各国流行的工程经济学、可行性研究、费用效益分析以及价值工程等。有必要与国外同行进行合作研究,使国内外技术经济学研究的双方能够理解各自的理论、研究方法,逐步形成学科"通用语言",拓展技术经济学的通用性和国际化程度。

技术经济知识在实际工作中是非常重要的。一项科技发展规划,一个工程项目的建设,一项新产品的开发,一个技术方案的实施,都需要技术经济知识。当前我国的建设规模,世界所有国家都比不上,每年大项目就有成百上千,这些项目都需要进行可行性研究,都需要进行评估，需要很多技术经济专门人才。技术经济学在我国的经济建设中发挥了其他学科不可取代的重要作用。一个工程技术人员或管理者，如果没有经济头脑和必要的经济知识，就不能正确处理技术与经济的关系，就很难获得成功。一些高科技项目，如新能源汽车、新型材料和生物技术产品，在技术上已没有问题，但是往往成本太高，无法实现其商业价值。任何没有商业价值的技术都不能说是成功的。所以，技术经济知识是经济管理类专业人员和工程技术类专业人员必备的知识。

1.4 技术经济研究的特点和程序

1.4.1 技术经济研究的特点

1. 综合性

技术经济学是一门由自然科学与社会科学相互交叉渗透而形成的边缘学科，其理论与方法建立在经济学、管理学、技术学、会计学、统计学、数学、运筹学、计算机应用等多门学科的基础之上，因此是一门综合性很强的学科。另外，技术经济分析和论证的问题，常常是多因素、多目标的评价决策问题。它既要分析技术和经济因素，还要分析社会和环境等多方面的因素，同时还要达到多个目标的要求。这些目标有的可以用数量指标衡量，有的只能用定性指标衡量。在研究和处理技术经济问题时，一般要建立评价指标体系。根据系统工程论的基本原理，各种目标要同时达到最优是不可能的。通常的做法是，在保证目标函数最优的情况下，协调其他各项指标，使它们处于满意状态。技术经济学是实现投资决策科学化的重要手段。

2. 系统性

任何一个技术经济问题都不是孤立存在的，都处于一定的客观环境中，都要受到外界自然条件和社会条件的限制。一个技术方案或一个建设项目，不仅本身是一个小系统，而且也是整个社会经济大系统的组成部分。因此，对它进行评价时，必须用系统工程的理论和方法进行全面的系统的分析和论证，不仅要分析它给企业带来的直接效益，还要研究它给国家和社会带来的经济效益和社会效益。

3. 应用性

技术经济学是一门非常实用的学科，从它的产生到发展，无不与社会经济实践活动紧密相连。技术经济学的研究课题往往是从生产实践中提炼出来的各种工程项目和技术方案，它提出的理论和方法都是为了解决实际问题，所采用的数据资料都是经过实际调查和科学实验所得到，它的分析研究成果都直接应用于实践，并通过实践来检验其分析结果是否正确。技术经济学也强调理论研究，但最重要的还在于具体应用。

4. 预测性

项目评价有事前分析、事中分析和事后分析三种，技术经济学的绝大部分工作属于事前分析。技术经济分析主要是对未来实施的技术政策、技术规划、工程项目、技术方案等进行事前分析和论证，包括对市场需求、销售价格、成本及利润等诸多经济数据进行测算，这就决定了技术经济分析的预测性。预测是在事件实际发生之前进行，它以过去的统计数据和经验为分析依据，并根据现在的实际情况来推断未来情况。由于未来存在不确定性，很多变化难以预料，因而对未来的预测只能是一个近似的估计，这也决定了它的分析带有一定的风险性。

5. 比较性

在技术经济分析中，比较研究的原理和方法被普遍采用。由于技术进步，为了实现某种目的，常常有两个以上的技术方案可供选择。通过技术经济比较，能够选出综合效益最优的方案。多方案比较选择是实现决策科学化和民主化的要求和手段。比较研究的方法被广泛应用于工程建设项目、改建或扩建项目、技术引进项目、战略规划、技术政策等论证与决策中，也被广泛应用于企业多种生产工艺方案、多种生产方法、多种劳动组合等的比较选择。所以说比较性是技术经济研究的一个非常重要的特点。

6. 定量性

技术经济学是一门定量分析与定性分析相结合、以定量分析为主的学科。在很多情况下，不进行定量分析，技术方案的经济效果就无法衡量和评价，对诸多技术方案也无法进行比较选优。因此，单纯的定性分析并不能为我们解决实际问题提供明确具体的操作方案。近年来，由于数学方法和计算工具的迅速发展，定量分析的范围日益扩大。以往一些只能进行定性分析的问题，现在通过数学模型的应用，也能让它定量化。比如，层次分析模型、模糊综合判断模型等都能使项目评价决策中所需的主观判断定量化。

1.4.2 技术经济研究的工作步骤

一般而言，技术经济分析的程序包括以下几个步骤，如见图1-1所示。

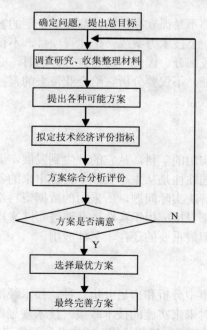

图1-1 技术经济分析的一般程序

【习题】

1. 案例分析。下面的文字摘自《任正非管理日志》（程东升，陈海燕著，2008年），它阐述了华为公司关于技术创新的一些基本观点和做法，请你阅读之后回答以下几个问题。

（1）华为公司为了保持技术领先，一方面在研发上投入巨资，一方面又采取技术拿来主义，对此你如何评价？

（2）华为公司是如何协调技术的先进性和经济的合理性之间的矛盾？

（3）关于产品技术创新，华为的观点是只领先竞争对手半步，你对此如何评价？

保持技术领先

企业要在激烈的市场竞争中生存下来，必须具备一定的"独门绝技"，领先的技术就是其中之一。能够在市场上屹立不倒的国际大公司，无不是因为其在市场上一直保持着技术领先的优势。1993年初，面对即将崩塌的庞大的IBM帝国，首位非通过IBM内部晋升出任IBM总裁的郭士纳，给IBM开出了四个药方，其中第一个药方就是"保持技术领先"，针对不同行业提供全套解决方案，集中精力在网络电子商务产品上发挥IBM的规模优势。华为正是吸收了IBM等国外先进企业的优点，不惜加大研发投入。如果说，研发C&C08机，华为还处于模仿国外技术的阶段，那么3G时代，华为已经开始与世界同步，甚至在某些领域初步领先。

研发投入

华为公司从成立开始就主张在研发上大量投入，实现技术上的适当领先。当华为通过代理香港公司生产的交换机掘到第一桶金后，任正非就毫不犹豫地把全部资金都投入到新技术研发中去，华为也因此获得了丰厚的回报。为了保证研发进展，华为在最艰苦的时候也没有缺省过研发经费，华为保证每年拿出不少于销售额的10%投入到研发中。划拨给研发部门的经费，任正非要求一定要花完，花不完就要追究相关领导的责任，其目的是为了让研发部门真正发挥作用。在华为的人才结构中，研发人员所占的比重一直在40%左右，研发部门是华为公司人员最多的一个部门。

做科学的商人

为了在电信领域取得领先的优势，华为每年对产品的投入是巨大的。任正非要求，华为各部门一定要保证研发投入到位，研发部门要用好用足这些经费。但任正非同时又强调，如果公司今后的销售额仍然维持在现在的水平，那么公司将无法继续生存下去，因为公司的成本投入太高了。研究人员严重缺乏成本意识，成本问题开始频繁出现在华为的文件中。在华为看来，成本是市场竞争的关键制胜因素，成本控制应当从产品价值链的角度，权衡投入、产出的综合效益，合理地确定控制策略。华为有关部门列出了几个应重点控制成本的项目，其中包括设计成本、采购成本和外协成本；质量成本，特别是因产品质量和工作质量问题引起的维护成本；库存成本，特别是由于版本升级而造成的呆料和死料等。

只领先半步

高科技企业是以技术立身的，没有核心技术，企业就很难长足发展。超前太多的技术，当然也是人类的瑰宝，但必须牺牲自己来完成。在某些时候，一味追求技术领先甚至会给公司带来灾难,最典型的例子就是即时成像技术的发明者宝丽莱公司,该公司已于2001年破产。从统计分析可以看出,几乎100%的公司并不是因为技术不先进而死掉的,而是因为技术先进到别人对它还没有完全认识与认可,以至于没有人来买,产品卖不出去却消耗了大量的人力、物力、财力,丧失了竞争力。许多领导世界潮流的技术,虽然是万米赛跑的领跑者,却不一定是赢家,反而为"清洗盐碱地"和推广新技术而付出了大量的成本。但是企业没有先进技术也不行。华为的观点是,在产品技术创新上,华为要保持技术领先,但只能是领先竞争对手半步。任正非说"领先一步是先进,领先三步是先烈。"因此,务实成为华为技术路线的另一特色。华为的研发瞄着世界顶尖水平,但中看不中用、卖不掉的"世界顶尖水平",华为不干。任正非曾将"卖不出去的研发成果"称做"奢侈性浪费",并警告那些有盲目研发倾向的华为人:"研发成果不能转化为商品,那就是失败!"

拿来主义

技术拿来主义是任正非的一贯主张,通过低成本收购,迅速掌握某项技术,是华为突破技术瓶颈,迅速实现技术积累的重要手段。花小钱、办大事是技术性收购的一大原则。前几年,在全球科技产业低迷的时候,华为在美国进行了一系列小规模收购。2002年初,华为收购了光通信厂商OptiMigh,加强了在光传输领域的技术实力;2003年,收购了网络处理器厂商Cognigine,加强了其在交换机和路由器核心处理器方面的能力;2004年5月,华为以1 000万元的价格收购了宏智科技在湖北、青海的BOSS项目及湖北、青海、新疆的BI项目的合同权利和相关知识产权,这些项目主要是宏智科技与中国移动签订的软件服务合同。该次收购弥补了华为在这个领域的技术空白。

挑战老牌

IBM、苹果、三星等国际大公司之所以能够在市场上长盛不衰,很大程度是因为它们能够不断地更新技术,推出新产品。在高新科技行业,掌握先进技术,是挑战老牌竞争对手的不二法门。华为在进入国际市场时,坚持把"最好的产品拿出去"。在与世界电信巨无霸公司长达一年多的竞争过程中,最终以技术、质量第一,价格排名第三,获得了阿联酋电信局3G商用项目,这再次证明了一条真理,在国际市场上竞争依靠的是实力。

每年拿出销售额的10%进行研发投入,使得华为在国际市场竞争过程中有个高起点。截止2006年,华为智能网用户数量全球排名第二,传输在亚洲排名第一、全球排名第四,交换机品牌排名第二,数据通信也成功地进入了美国和全球市场。这些业绩是以核心技术和自由知识产权为后盾的。这意味着在当今国际电信界技术最前沿、竞争最激烈的3G领域,中国企业首战告捷。华为成为全球少数几个实现了3G商用的厂商,跻身全球移动通信第一方阵。随着华为在海外市场的成功突破,中国品牌在世界高新技术领域有了一席之地。

2. 技术与经济的关系如何?
3. 讨论技术经济学的研究对象和研究内容。
4. 为什么要学习技术经济学?

第 2 章 技术经济分析的基本要素

对投资项目进行技术经济分析和评价时，将涉及许多基本经济要素，诸如投资、成本、销售收入、税金、利润、项目寿命等。这些基本经济要素是进行项目财务评价和国民经济评价不可缺少的基本数据。因此，我们应明确这些基本经济要素的概念、构成内容以及基本预测方法。

2.1 现金流量和现金流量图

现金流量图是进行技术经济分析的常用工具，技术经济分析的一些基本要素是现金流量图上的主要构成要素，因此，在介绍这些基本要素之前，我们先应了解一下现金流量和现金流量图。

2.1.1 现金流量

在对投资项目进行分析时，通常将所考察的对象看作是一个独立的经济系统，来考察该投资项目的经济效益，而这个独立的经济系统可以是一个工程项目、一个企业，甚至一个地区或国家。对于一个特定的经济系统而言，投入的资金、花费的成本、获取的收益都可看成是以货币形式（包括现金和其他货币支付形式）体现的资金流出或资金流入。在技术经济分析中，把各个时点上实际发生的这种资金流出或资金流入称为现金流量，流出系统的资金称现金流出，流入系统的资金称现金流入，同一时点上的现金流入和现金流出的代数和称为净现金流量。技术经济评价的目的就是根据特定系统所拥有的各种资源条件以及所要达到的目标，考察系统在从事某项经济活动过程中的资金流出或资金流入，预测项目未来的效果，选择最合适的技术方案，以实现最优的经济效果。

对某项经济活动的现金流量的考察与分析，因考察的角度和所研究的范围不同会有不同的结果。比如，贷款利息是企业使用借款开展生产经营活动所付出的代价，对于企业来说，是实际的现金流出，但是从整个国民经济的角度来看，它既不是现金流出也不是现金流入，而是在国家范围内资金分配权与使用权的一种转移。同样，国家对企业经济活动征收的税金，也是一样的情况。因此，我们在进行技术经济分析时，必须在明确考察角度和系统范围的前提下，正确区分现金流出和现金流入。

项目的现金流入量包括产品销售收入、回收固定资产余值和回收流动资金等；项目的现金流出包括建设投资、流动资金、经营成本和销售税金等。

2.1.2 现金流量图

用图示的方法表示一个投资项目或方案在各期所发生的现金流入和流出情况，即称为现金流量图，如图 2-1 所示。

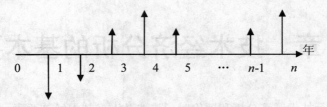

图 2-1　投资项目的现金流量图

现以图 2-1 来说明现金流量图的作图方法和规则。

(1) 图 2-1 中横轴代表时间轴，表示一个从 0 开始到 n 的时间序列，每一间隔代表一个时间单位（一个计息期）。随计息期长短的不同，时间单位可以取年、半年、季或月等。横轴的零点表示时间序列的起点，同时也是第一个计息期的起始点。$1\sim n$ 分别代表各计息期的终点，第一个计息期的终点，也就是第二个计息期的起点，n 点表示时间序列的终点。

(2) 与横轴相连的垂直线代表不同时间点上流入或流出系统的现金流量。垂直线的箭头表示现金流动的方向：箭头向上表示现金流入，即表示收益；箭头向下表示现金流出，即表示费用。

(3) 在现金流量图中，垂直线的长度与现金流量的金额成正比，金额越大，相应垂直线的长度越长。一般而言，现金流量图上要注明每一现金流量的金额。

(4) 在该图上，在各时点上发生的现金流入或流出，都应该看成是每个时期的累计值，而不一定是刚好在这个时点上所发生的现金数额。为了方便分析，我们假定投资仅在各期的期初发生，其他各现金流量则发生在各期的期末。这种假定与实际情况不能完全吻合，但是却简便实用，而又不会产生太大的误差。

2.2　投资及其构成

2.2.1　投资的概念及构成

投资（Investment）是将一定的资金或资源投入到某项事业，以便未来能获得所期望的收益或效益的经济活动。从本质上看，投资是一种"现在投入"和"将来收益"之间的交换。现在投入，实际上是牺牲了一定的现在消费；将来收益则是获得更大的将来消费。经济学家威廉·夏普在其所著的《投资学》一书中，将投资概念明确表述为：投资就是为了获得可能的不确定的未来值而做出的确定的现值牺牲。可见，投资是一项具有风险性的经济活动。技术经济学中的投资是狭义的，是指人们为实现某种预定的生产经营目标而预先垫支的资金。

所谓建设工程项目投资，一般是指某项目工程从筹建开始到全部竣工投产为止所发生的全部资金投入。工程项目投入的总资金由建设投资和流动资金两大部分组成。建设投资包括固定资产投资、无形资产投资、开办费，项目建成后，建设投资最终转化为固定资产、无形资产和递延资产。流动资金投资最终形成流动资产。

项目总投资构成如图 2-2 所示。

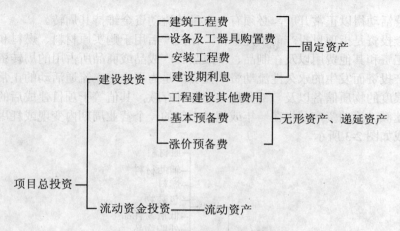

图 2-2 项目总投资的构成

1. 固定资产

固定资产是指使用年限在一年以上，单位价值在规定标准（一般为 2 000 元）以上，并在使用过程中保持原有实物形态的资产。具体来说，企业的固定资产包括使用年限在一年以上的房屋、建筑物、机械、运输设备和其他与生产经营有关的设备、器具、工具等。不属于生产经营主要设备的物品，单位价值在 2 000 元以上，使用年限超过两年的也视为固定资产。

无论在会计核算中，还是技术经济分析中，购建固定资产的实际支出（包括建设期借款利息、外币借款汇兑差额及固定资产投资方向调节税）即为固定资产的原始价值，称为固定资产原值。购置固定资产属于一次性支出，固定资产在使用过程中会逐渐磨损和贬值，其价值逐步转移到产品中去，转移的价值以折旧费的形式计入产品成本，并通过产品销售以货币形式收回。固定资产使用一段时间后，其原值扣除累计的折旧费总额之后的剩余部分称为当时的固定资产净值。由于技术的进步及社会再生产的变化，固定资产净值往往不能反映当时的固定资产的真实价值，根据社会再生产条件和市场情况对固定资产的价值重新进行评估，所得到的固定资产价值称为固定资产重估值。

当固定资产寿命期结束时，固定资产的残余价值称为固定资产期末残值，对于某一工程项目，固定资产期末残值是一项在项目寿命期末可回收的现金流入。

2. 无形资产及递延资产

无形资产是指企业长期使用，能为企业提供某些权利或利益但不具有实物形态的资产，如专利权、非专利技术、商标权、版权、土地使用权、商誉等。递延资产是指集中发生但在会计核算中不能全部记入当年损益，应当在以后年度内分期摊销的费用，包括开办费、租入固定资产的改良支出等。

与固定资产一样，无形资产通常也有一定的有效服务期，无形资产的价值也要在服务期内逐年摊销到产品价值中去。递延资产也应在项目投入运营后的一定年限内平均摊销。无形资产和递延资产的摊销费均计入产品成本。

3. 流动资金投资

投资项目通过固定资产投资形成固定资产后，还不能直接投入运营。为了保证项目建成后其生产经营活动得以正常开展，必须有一定量的流动资金维持其周转。

流动资金投资是指项目投产前预先垫付，在投产后用于购买原材料、燃料和动力、备品备件、支付工资和其他费用以及在制品、半成品、产成品或商品所占用的周转资金。它是伴随着固定资产投资而发生的永久性流动资产投资，是为了生产、流通活动的正常进行，必须保证的最低限度的物质储备以及一部分现金和各种存款，其值等于项目建成后的流动资产与流动负债的差额。流动资产是指在一年或超过一年的一个营业周期内变现或耗用的资产。流动资产的构成如图2-3所示。

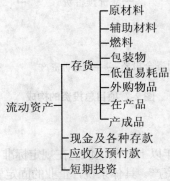

图 2-3 流动资金投资的构成

流动资金在项目建成投产时以货币形态出现，在生产经营过程中，流动资金的实物形态不断发生变化，一个营业周期结束，其价值全部转移到产品中，并在完成销售后再还原为货币形态。每一个营业周期流动资金完成一次周转。流动资金就是这样通过流通——生产——流通的过程，不断循环。每一个周期结束时，流动资金通过产品销售得到补偿，并再次投入到下一个生产和流通过程。在整个项目寿命期，流动资金始终被占用并周而复始流动，到项目结束时，全部流动资金才能退出生产与流通领域，以货币资金形式被收回，不再投入。流动资金周转越快，实际发挥作用的流动资产也就越多。工业项目投资中流动资金数额的大小，主要取决于生产规模、生产技术、原材料及燃料和动力消耗指标和生产周期的长短。此外，原材料、燃料的供应条件、产品销售条件、运输条件及管理水平等也都会影响流动资金的占用。

2.2.2 建设项目投资估算

投资估算是在对项目的建设规模、技术方案、设备方案、工程方案及项目进度等进行研究并基本确定的基础上，估算项目投入总资金（包括建设投资和流动资金投资），并测算建设期内分年资金需要量的过程。投资估算是工程项目建设前期的重要环节，也是指定融资方案、进行经济评价以及编制初步设计概算的主要依据之一。

建设项目投资决策分为规划、项目建议书、可行性研究、评审四个阶段，投资估算也分为四个阶段。在不同的阶段，由于掌握的资料不同，投资估算的准确程度是不同的。随着项目条件的逐步细化，投资估算会不断深入、准确。

1. 建设投资估算

（1）概略估算方法。

对于项目建议书阶段的建设投资估算，可以采用简单的概略估算方法。常用的概略估算方法有以下三种。

① 生产能力指数法。

生产能力指数又称为 0.6 指数法。这种方法是根据已建成的同类建设项目投资额估算拟建项目的投资额。计算公式为：

$$I_2 = I_1 \left(\frac{x_2}{x_1}\right)^n \cdot f$$

式中：I_1、I_2——分别为已建类似项目和拟建项目的建设投资额；

x_1、x_2——分别为已建类似项目和拟建项目的生产能力；

n——生产能力指数，$0 \leqslant n \leqslant 1$；

f——综合调整系数（不同时期、不同地点的差价系数）。

生产规模指数 n 是一个关键因素，不同行业的项目，应取不同的指数值。如果拟建投资项目与已建同类项目的规模相差不大于 50 倍，则 n 取 0.6 左右。采用这种方法计算简单、速度快，但要求类似工程的资料可靠，条件基本相同，否则误差就会较大。

② 分项比例估算法。

这种方法以拟建项目的设备费为基数，根据已建成的同类建设项目建筑安装费和其他工程费用等占设备价值的百分比，求出相应的建筑安装费和其他工程费用，其总和即为项目的建设投资。计算公式为：

$$I = C(1 + f_1\lambda_1 + f_2\lambda_2 + f_3\lambda_3) + C'$$

式中：I——拟建项目的建设投资额；

C——根据设备清单按现行价格计算的设备费（包括运杂费）的总和；

λ_1、λ_2、λ_3——分别为已建成项目中的建筑、安装及其他工程费用分别占设备费的百分比；

f_1、f_2、f_3——分别为由于时间、地点因素引起的定额、价格、费用标准等变化的综合调整系数；

C'——拟建项目的其他费用。

③ 朗格系数法。

这种方法以拟建项目的设备费为基础，乘以适当系数来推算项目的建设投资。

$$I = (1 + \sum K_i) \times K_c \times C$$

式中：I——总建设投资；

C——主要设备投资；

K_i——管线、仪表、建筑物等费用的估算系数；

K_c——工程费、合同费、应急费等间接费在内的总估算系数。

总建设投资与设备投资之比为朗格系数 K_L。

$$K_L = (1 + \sum K_i) \times K_c$$

这种方法比较简单，但没有考虑设备规格、材质的差异，所以精确度不高。

（2）详细估算方法。

在可行性研究阶段，由于精度要求的提高，总建设投资额的计算可以采用分指标详细估算方法。估算的过程为：分别估算各单项工程所需的建筑工程费、设备及工器具购置费、安装工程费；在汇总各单项工程费的基础上，估算工程其他费用和基本预备费；估算涨价预备费和建设期利息;最后将以上各项求和。

① 建筑工程费。

建筑工程费是指为建造建筑物和构筑物所需要的费用,通常采用单位综合指标(每平方米、立方米、米、千米的造价)估算法进行。

② 安装工程费。

安装工程费通常按行业或专门机构发布的收费标准计算,具体计算公式为:

$$安装工程费=设备原价\times 安装费率$$
$$安装工程费=设备吨位\times 每吨安装费$$

③ 设备及工器具购置费。

设备及工器具购置费是由设备购置费和工器具及生产家具购置费两部分组成的。在生产性工程建设中,设备及工器具购置费占工程造价比重的增大,意味着生产技术的进步和资本有机构成的提高。其中:

$$设备购置费=设备原价(进口设备抵岸价)+设备运杂费$$

上式中,设备原价指国产设备或进口设备的原价,设备运杂费是指设备原价之外的关于设备采购、运输、途中包装及仓库保管等方面的支出费用的总和。

国产设备原价一般指的是设备制造厂的交货价,即出厂价或订货合同价。它一般根据生产厂家或供应商的询价、报价、合同价确定或采用一定的方法计算确定。若以设备抵岸价计算,进口设备原价由离岸价和进口从属费组成,计算公式为:

$$进口设备抵岸价=离岸价+国外运费+国外运输保险费+银行财务费+外贸手续费$$
$$+进口关税+(消费税)+进口设备增值税+(海关监管手续费)$$

国内设备运杂费包括运输费、装卸费、运输保险费等。进口设备购置费等于进口设备抵岸价与国内设备运杂费之和。

工器具及生产家具购置费一般以设备购置费为计算基数,按照部门或行业规定的工器具及生产家具费率计算。计算公式为:

$$工器具及生产家具购置费=设备购置费\times 费率$$

④ 工程建设其他费用。

工程建设其他费用是工程造价中除建筑工程费、设备及工器具购置费、安装工程费以外的其他费用。主要包括与土地使用有关的费用、与项目建设有关的费用和与企业未来生产有关的费用等。它通常按各项费用科目的费率或者取费标准估算。

⑤ 基本预备费。

基本预备费是指在项目实施中可能发生难以预料的支出,又称为工程建设不可预见费,主要指设计变更及施工工程中可能增加工程量的费用。计算公式:

$$基本预备费=(设备及工器具购置费+建筑安装工程费+工程建设其他费用)\times 基本预备费率$$

⑥ 涨价预备费。

涨价预备费是对建设工期较长的项目,由于在建设期内可能发生材料、设备、人工等价格上涨引起投资增加,需要实现预留的费用,也称为价格变动不可预见费。涨价预备费以建筑工程费、设备及工器具购置费、安装工程费之和为计算基数。计算公式为:

$$PC=\sum_{t=1}^{n}I_t[(1+f)^t-1]$$

式中：PC——涨价预备费；
　　　I_t——第 t 年的建筑工程费、安装工程费、设备及工器具购置费之和；
　　　f——建设期价格上涨指数；
　　　n——建设期。

关于建设期价格上涨指数，政府部门有规定的按照规定执行，没有规定的由可行性研究人员预测。

⑦ 建设期借款利息估算。

建设期利息是指项目借款在建设期内发生并计入固定资产的利息。建设期每年利息的计算方法如下。

a. 贷款额在各年年初发放。

$$每年利息 = （年初借款本息累计 + 本年贷款额）× 年利率$$

b. 贷款额在各年均衡发放。

贷款不在各年年初发放，而是按季度、月份平均发放，为了简化计算，通常假设均在每年的年中支用，贷款第一年按半年计息，其余各年按全年计息。贷款利息计算公式为：

$$每年利息 = （年初借款本息累计 + \frac{本年贷款额}{2}）× 年利率$$

2. 流动资金估算

流动资金实际上就是财务会计中的运营资金。流动资金估算一般采用分项详细估算法，个别情况或小型项目可采用扩大指标估算法。

（1）分项详细估算法。

该方法是国际上通行的流动资金估算方法，它对构成流动资金的各项流动资产和流动负债分别进行估算。在可行性研究中，为简化计算，仅对存货、现金、应收款和应付款四项内容进行估算，计算公式如下：

流动资金 = 流动资产 - 流动负债
流动资产 = 应收款 + 存货 + 现金
流动负债 = 应付款
流动资金本年增加额 = 本年流动资金 - 上年流动资金

估算的具体步骤是，首先计算各类流动资产和流动负债的年周转次数，然后再分项详细估算占用资金额。

① 年周转次数计算。

年周转次数等于 360 天除以最低周转天数。存货、现金、应收款、应付款的最低周转天数，可参照同类企业的平均周转天数并结合项目特点确定。

② 应收款估算。

应收款是指企业已对外销售产品、提供劳务尚未收回的资金，包括若干科目，在可行性研究中，只计算应收销售款。计算公式为：

$$应收款 = 年销售收入 / 应收款周转次数$$

③ 存货估算。

存货是指企业为销售或生产耗用而储备的各种货物，主要有原材料、辅助材料、燃料、低值易耗品、维修备件、包装物、在产品、自制半成品和产成品等。为简化计算，仅考虑外购原材料、外购燃料、在产品和产成品，并分项进行计算。计算公式为：

存货＝外购原材料＋外购燃料＋在产品＋产成品

外购原材料＝年外购原材料/按种类分项周转次数

外购燃料＝年外购燃料/按种类分项周转次数

在产品＝(年外购原材料＋年外购燃料＋年工资福利费＋年其他费用＋年其他制造费用)/在产品年周转次数

产成品＝年经营成本/年周转次数

④ 现金需要量估算。

项目流动资金中的现金是指货币资金，即企业生产运营活动中停留于货币形态的那部分资金，包括企业库存现金和银行存款。计算公式为：

现金需要量＝(年工资福利费＋年其他费用)/现金年周转次数

年其他费用＝制造费用＋管理费用＋销售费用－(以上三项费用中所含的工资福利费、折旧费、维简费、摊销费、修理费)

⑤ 流动负债估算。

流动负债是指在一年或超过一年的一个营业周期内，需要偿还的各种债务。在可行性研究中，流动负债的估算只考虑应付款一项。计算公式为：

应付款＝(年外购原材料＋年外购燃料)/应付款周转次数

(2) 扩大指标估算法。

扩大指标估算法是按照流动资金占某种基数的比率来估算流动资金。一般常用的基数有年销售收入、经营成本、总成本费用和固定资产投资等，究竟采用何种基数依行业习惯而定。所采用的比率通常根据经验确定，或根据现有同类企业的实际资料确定，或依行业、部门给定的参考值确定。扩大指标估算法简单易行，但准确度不高，适用于项目建议书阶段的估算。

① 按固定资产投资的一定比例估算。

如化工项目流动资金约占固定资产投资的 15%～30%，一般工业项目流动资金约占固定资产投资的 5%～12%。一般发电厂、港口类项目采用这种方法估算流动资金。

流动资金需要量＝固定资产投资×固定资产投资资金率

② 按经营成本的一定比例估算。

经营成本是一项反映物质、劳动消耗和技术水平、生产管理水平的指标。一些工业项目，尤其是采掘工业项目常用经营成本(或总成本)资金率估算流动资金。

流动资金需要量＝经营成本×经营成本资金率

流动资金需要量＝项目年总成本×总成本资金率

③ 按年销售收入的一定比例估算。

流动资金需要量＝项目年销售收入(年产值)×销售收入资金率

例如，某项目投产后的年产值为 1000 万元，其同类企业的百元产值流动资金占用额为 18 元，则该项目的流动资金估算为：

1000×18%＝180（万元）

通常一些材料、食品加工业采用这种方法估算流动资金。

④ 按单位产量资金率估算。

单位产量资金率，即单位产量占用流动资金的数额，如每吨原煤 4.5 万元。

流动资金额＝年生产能力×单位产量资金率

3. 流动资金估算应注意以下问题

（1）在采用分项详细估算法时，需要分别确定现金、应收款、存货和应付款的最低周转天数。在确定周转天数时要根据实际情况，并考虑一定的保险系数。对于存货中的外购原材料、燃料要根据不同的品种和来源，考虑运输方式和运输距离等因素确定。

（2）不同生产负荷下的流动资金是按照相应负荷时的各项费用金额和给定的公式计算出来的，而不能按100%负荷下的流动资金乘以负荷百分比求得。

（3）流动资金属于长期性资金，流动资金的筹措可通过长期负债和资本金（权益融资）方式解决。流动资金借款部分的利息应计入财务费用。项目计算期末收回全部流动资金。

2.2.3 投资估算案例分析

某公司拟投资建设一个化工厂。该建设项目的基础数据如下。

（1）项目实施计划。该项目建设期为3年，实施计划进度为：第一年完成项目全部投资的20%，第二年完成项目全部投资的55%，第三年完成项目全部投资的25%，第四年全部投产，投产当年项目的生产负荷达到设计生产能力的70%，第五年项目的生产负荷达到设计生产能力的90%，第六年项目的生产负荷达到设计生产能力的100%。项目的运营期总计为15年。

（2）建设投资估算。该项目工程费与工程建设其他费用的估算额为52 180万元，预备费用为5 000万元。投资方向调节税税率为5%。

（3）建设资金来源。本项目的资金来源为自有资金和贷款。贷款总额为4亿元，其中外汇贷款为2300万美元。外汇牌价为1美元兑换8.3元人民币。人民币贷款的年利率为12.48%（按季计息）。外汇贷款年利率为8%（按年计息）。

（4）生产经营费用估计。投资项目达到实际生产能力以后，全厂定员为1 100人，工资和福利费按照每人每年7 200元估算。每年的其他费用为860万元。年外购原材料、燃料及动力费估算为1.92亿元。年经营成本为2.1亿元，年修理费占年经营成本的10%。各项流动资金的最低周转天数分别为：应收款为30天，现金为40天，应付款为30天，存货40天。

问题：

① 估算建设期利息；
② 用分项详细估算法估算项目的流动资金；
③ 估算项目的总投资。

解：① 估算建设期利息。

人民币实际利率＝$(1+$名义利率/年计息次数$)^{年计息次数}-1$

$$=(1+12.48\%\div 4)^4-1$$
$$=13.08\%$$

每年投资的本金数额计算：

人民币部分：

贷款总额为：40 000－2 300×8.3＝20 910（万元）

第1年为：20 910×20%＝4 182（万元）

第2年为：20 910×55%＝11 500.50（万元）

第3年为：20 910×25%＝5 227.50（万元）

美元部分：

贷款总额为：2 300（万美元）

第 1 年为：2 300×20%＝460（万美元）
第 2 年为：2 300×55%＝1 265（万美元）
第 3 年为：2 300×25%＝575（万美元）
每年应计利息计算：
人民币贷款利息计算：
第 1 年贷款利息＝（0 ＋ 4 182÷2）×13.08%＝273.50（万元）
第 2 年贷款利息＝[（4 182+273.50）+11 500.50÷2]×13.08%＝1 334.91（万元）
第 3 年贷款利息＝[（4 182+273.50+11 500.50+1 334.91）+5 227.5÷2]×13.08%＝2 603.53（万元）
人民币贷款利息合计＝273.5+1 334.91+2 603.53＝4 211.94（万元）
外币贷款利息计算：
第 1 年外币贷款利息＝（0+460÷2）×8%＝18.40（万美元）
第 2 年外币贷款利息＝[（460+18.40）+1 265÷2]× 8%＝88.87（万美元）
第 3 年外币贷款利息＝[（460+18.40+1 265+88.87）+575÷2]×8%＝169.58（万美元）
外币贷款利息合计＝18.40+88.87+169.58＝276.85（万美元）
建设期利息总计＝4 211.94+276.85×8.3＝6 509.8（万元人民币）
② 用分项详细估算法估算项目的流动资金。
应收款＝年经营成本/年周转次数
　　　　＝21 000÷（360÷30）＝1 750（万元）
现金＝（年工资福利费＋年其他费用）/年周转次数
　　＝（1 100×0.72+860）÷（360÷40）＝183.60（万元）
存货：
外购原材料、燃料及动力＝年外购原材料、燃料动力费/年周转次数
　　　　　　　　　　　　＝19 200 ÷（360÷40）＝2 133.33（万元）
在产品＝（年工资福利费＋年其他费＋年外购原材料、燃料动力费＋年修理费）/年
　　　　周转次数
　　　＝（1 100×0.72+860+19 200 +21 000×10%）÷（360 ÷40）
　　　＝2 550.22（万元）
产成品＝年经营成本/年周转次数＝21 000÷（360÷40）＝2 333.33（万元）
存货＝2 133.33+2 550.22+2 333.33＝7 016.88（万元）
流动资产＝应收款＋现金＋存货＝1 750+183.56+7 016.88＝8 950.44（万元）
应付款＝年外购原材料、燃料动力费/年周转次数
　　　　＝19 200÷（360÷30）＝1 600（万元）
流动负债＝应付款＝1 600（万元）
流动资金＝流动资产－流动负债＝8 950.44－1 600 ＝7 350.44（万元）
③ 估算项目的总投资。
根据建设项目总投资的构成内容，计算拟建项目的总投资
项目总投资＝固定资产投资总额 ＋流动资金
　　　　　＝工程费＋工程建设其他费 ＋ 预备费 ＋ 投资方向调节税 ＋ 贷款利息
　　　　　　＋流动资金
　　　　　＝（52 180＋5 000）×（1+5%）+276.85×8.3+4 211.94+7 350.44
　　　　　＝73 899.24（万元）

2.3 成本、费用及构成

2.3.1 成本与费用的概念

成本与费用是指项目生产运营支出的各种费用。按照《企业会计制度》对成本与费用的定义：费用是指企业为销售商品、提供劳务等日常活动所发生的经济利益的流出；成本则是指企业为生产产品、提供劳务而发生的各种耗费。两者既有联系又有区别。成本是按一定对象所归集的费用，与一定种类和数量的产品相联系，而不论发生在哪个会计期间；费用是资产的耗费，它与一定会计期间相联系，而与生产哪种产品无关。

按照我国财务制度，总成本费用由生产成本和期间费用组成。

生产成本是生产单位为生产产品或提供劳务而发生的各项生产费用，包括各项直接支出和制造费用。直接支出包括直接材料（原材料、辅助材料、备品备件、燃料及动力等）、直接人工（生产人员的工资、补贴）、其他直接支出（如福利费）；制造费用是指企业内的分厂、车间为组织和管理生产所发生的各项费用，包括分厂、车间管理人员工资、折旧费、维修费及其他制造费用（办公费、差旅费、劳保费等）。已销售产品的生产成本通常称为商品销售成本。

期间费用是指建设项目在生产运营过程中除制造成本外而发生的各种费用，包括管理费用、财务费用和销售费用，这三项作为期间费用不计入产品成本，而计入当期损益，直接从当期收入中扣除。

管理费用是指企业行政管理部门为管理和组织经营活动发生的各项费用，包括管理部门人员工资及福利费、折旧费、修理费、物料消耗、办公费、差旅费、保险费、工会经费、职工教育经费、技术开发费、咨询费、诉讼费、房产税、车船税、土地使用税、无形资产摊销、开办费摊销、业务招待费、董事会费、资产评估费、绿化费、坏账损失及其他管理费用。

财务费用是指企业在筹集资金等财务活动中发生的费用，包括生产经营期间发生的利息净支出、汇兑净损失、金融机构手续费以及为筹集资金发生的其他费用。

销售费用是指销售产品过程中发生的费用，包括应由企业负担的运输费、包装费、保险费、差旅费、广告费，以及专设销售机构的人员工资及福利费、折旧费、委托代销手续费、展览费及其他费用。

总成本费用的构成如图 2-4 所示。

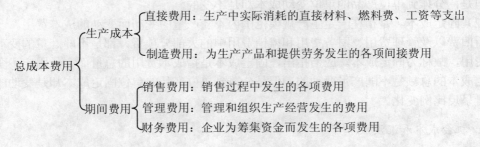

图 2-4 总成本费用的构成

2.3.2 几个相关成本概念

1. 经营成本

经营成本是从产品成本费用中分离出来的一部分费用，它是指项目运营期间（而不是项目建设期、投产期）由于生产和销售产品及提供劳务而实际发生的现金支出。它不包括虽计入产品总成本费用中，但实际没发生现金支出的费用项目。在技术方案财务分析时，经营成本按下式计算：

经营成本＝总成本费用－折旧费－维简费－摊销费－利息支出

式中：折旧费是指固定资产折旧费，摊销费是指无形资产和递延资产的摊销费。

经营成本是技术经济学中独有的一种产品成本形式，它是为了进行投资项目技术经济分析以及财务评价而特别设置的。

在经营成本中不包括折旧费、摊销费和利息支出的原因如下。

其一，现金流量表反映项目在计算期内逐年发生的现金流入和流出。与常规会计方法不同，在技术经济分析中，现金收支何时发生，就何时计算，不作分摊。由于投资已按其发生的时间作为一次性支出被计入现金流出，所以不能再以折旧费、维简费和摊销费的方式计为现金流出，否则会发生重复计算。因此，作为经常性支出的经营成本中不包括折旧费和摊销费，同理也不包括维简费。

其二，贷款利息是使用资金所要付出的代价，对于企业来说，是实际的现金流出。但是在评价工程项目全部投资的经济效果时，并不考虑资金的来源问题，也就是说，全部投资现金流量表是以全部投资作为计算基础，利息支出不作为现金流出；而自有资金现金流量表要将利息支出单独列出，因此，无论在全部投资现金流量表中还是在自有资金现金流量表中，经营成本都不包括利息支出。

2. 变动成本与固定成本

按产品的成本费用同产品产量间的关系，产品成本费可分为变动成本、固定成本和半变动成本。

（1）变动成本。是指产品成本费用中随产量的变动而变动的成本费用。一般的讲，构成产品实体的直接材料的费用，如原材料费用、燃料费用以及促进产品形成的动力费用、直接工资和其他直接支出费用等，随产品产量的变动而成比例变动，故称为变动成本。应当指出，所谓变动成本就其总量来说是变动的，即随着产品产量的增加，成本费用总额也成比例地增加。但是，分摊到单位产品的单位变动成本却是不变的。

（2）固定成本。是指在一定生产规模范围内不随产量的变动而变动的成本费用。一般的讲，折旧费以及管理费用、财务费用和摊销费用中的大部分项目，都是不随产量的变动而变动的费用，故称为固定成本。应当指出，固定成本是指成本费用的总量而言是固定不变的，即固定成本的总额是不随产量变动的，但是分摊到单位产品的单位固定成本却是变动的，它同产量呈反比例变化。

3. 机会成本和沉没成本

机会成本是指将有限资源用于某种特定的用途而放弃的其他各种用途中的最高收益。机会成本这个概念的产生来源于这样一个现实：资源是稀缺的。资源的稀缺性决定了人类只有充分考虑了某种资源用于其他用途的潜在收益后,才能做出正确的决策,使得有限的资源得到有效的利用。

由此可见,机会成本并不是实际发生的成本,而是方案决策时所发生的观念上的成本。因此,它在会计账本上是找不到的,但对决策却非常重要。

沉没成本是指以往发生的与当前决策无关的费用。

因为管理决策的制定是针对未来的,以往发生的费用只是造成当前状态的一个原因,当前状态是决策的出发点,当前决策所要考虑的是未来可能发生的费用及可能带来的收益。例如,考虑某台旧设备是否需要更新这一问题时,该设备几年前的购置费用就是一项沉没成本。设备更新与否只能在新设备的投资与旧设备继续使用所需费用之间比较得出。又如,某投资者20天前以22元/股的价格购入中国神华1万股,现在中国神华的股价为20元/股,该投资者在决定是否抛掉它时,不应受20元/股这一沉没成本的影响,而应理性分析中国神华股价的走势。若预计价格将继续下跌,则应果断出货;若预计价格将上涨,则继续持有。如有多余资金,还可以逢低吸纳。在实际中,一般人心理上容易受沉没成本的影响,以至于做决策时瞻前顾后,不能做到理性决策。

2.3.3 成本费用中的折旧费和摊销费

1. 固定资产折旧费

(1)折旧的概念和方法。

折旧是指在固定资产的使用过程中,随着资产损耗而逐渐转移到产品成本费用中的那部分价值。将折旧费计入成本费用是企业回收固定资产投资的一种手段。按照国家规定的折旧制度,企业把已发生的资本性支出转移到产品成本费用中去,然后通过产品的销售,逐步回收初始的投资费用。财税制度允许企业逐年提取固定资产折旧,符合税法的折旧费允许在所得税前列支。固定资产折旧方法可以采用年限平均法、工作量法、年数总和法、双倍余额递减法等。折旧方法可在税法允许的范围内由企业自行确定,一般采用直线法,包括年限平均法和工作量法。税法也允许采用某些加速折旧法,即双倍余额递减法和年数总和法。

① 年限平均法。年限平均法是指根据固定资产原值、规定的折旧年限和残值逐年等额计算折旧额。其计算公式如下:

$$年折旧率 = \frac{1-预计净残值率}{折旧年限} \times 100\%$$

$$年折旧额 = 固定资产原值 \times 年折旧率$$

固定资产净残值是预计的固定资产残值减去清理费用后的余额。固定资产净残值与固定资产原值之比称为净残值率,净残值率一般为3%~5%。各类固定资产的折旧年限由财政部统一规定。

② 工作量法。工作量法是指根据固定资产原值、规定的使用寿命期限内应完成的总工作量(如行驶里程、工作小时等)和预计报废时的残值,按其实际完成的工作量计算折旧额。工作量法又分为两种:一是按照行驶里程计算折旧;二是按照工作小时计算折旧。

按照行驶里程计算折旧的公式如下:

$$单位里程折旧额 = \frac{固定资产原值 \times (1-预计净残值率)}{总行驶里程}$$

年折旧额＝单位里程折旧额×年行驶里程

按照工作小时计算折旧的公式如下：

$$每工作小时折旧额＝\frac{固定资产原值×(1-预计净残值率)}{总工作小时}$$

年折旧额＝每工作小时折旧额×年工作小时

③ 年数总和法。

年数总和法的特点是固定资产的折旧率是逐年递减的，各年折旧率的计算公式如下：

$$年折旧率＝\frac{折旧年限-固定资产已使用年数}{折旧年限的逐年数字之和}×100\%$$

年折旧额＝（固定资产原值-固定资产净残值）×年折旧率

例 2-1　某固定资产原值为 100 000 元，预计使用年限为 5 年，预计净残值 4 000 元，采用年数总和法计算各年折旧额。

解：根据上述年数总和法公式计算：

逐年数字之和＝5+4+3+2+1=15

第一年折旧额＝(100 000－4 000)×5/15＝32 000（元）

第二年折旧额＝96 000×4/15＝25 600（元）

第三年折旧额＝96 000×3/15＝19 200（元）

依此类推，请读者自己计算后面两年的折旧额。

④ 双倍余额递减法。

双倍余额递减法计算各年折旧额是在不考虑固定资产净残值的情况下，用年初固定资产净值乘以直线折旧率的 2 倍。

年折旧率的计算公式为：

$$年折旧率＝\frac{2}{折旧年限}×100\%$$

年折旧额＝当年固定资产净值×年折旧额

折旧年限到期前的最后两年，采用直线折旧法计算年折旧额，计算公式为：

$$年折旧额＝\frac{固定资产净值-固定资产净残值}{2}$$

例 2-2　将例 2-1 按双倍余额递减法计算各年折旧额。

解：根据上述双倍余额递减法公式计算得到：

前 3 年的年折旧率＝2/5＝40%

第一年折旧额＝100 000×40%＝40 000（元）

第二年折旧额＝(100 000－40 000)×40%＝24 000（元）

第三年折旧额＝(60 000－24 000)×40%＝14 400（元）

最后两年的折旧额采用直线折旧法计算：

第四年折旧额＝36 000－14 400－4 000)/2＝8 800（元）

第五年折旧额＝8 800（元）

采用加速折旧法，企业在固定资产使用前期折旧计提较多，使用后期计提较少，这并不意味着固定资产提前报废或多计折旧。加速折旧的意义在于加速折旧可使固定资产成本在使用期限内加快得到补偿，使后期成本费用前提，前期会计利润后移。企业前期利润少，纳税少；后期利润多，纳税较多，从而使所得税递延缴纳，相当于使用一笔无息贷款为自己企业的生产经营服务，而且不存在任何财务风险。但是无论采用哪种折旧方法，所计提的折旧总额都是相同的，总体上不会减少企业所得税。

按照我国税法规定，企业固定资产的折旧方法一般应采用直线法（年限平均法），企业专业车队的客、货运汽车、大型设备，可以采用工作量法。一般在整个国民经济中地位重要、技术进步快的行业企业，如电子、计算机、船舶、航空、汽车以及生产主机的机械企业等，可以申请采用加速折旧法。需要采用加速折旧的企业须经当地主管税务机关审核，报国家税务总局批准后方可执行。因此，加速折旧法并不是企业想采用就能采用的。目前，西方主要市场经济国家，大都采用固定资产加速折旧的方法。

（2）影响固定资产折旧的因素。

① 固定资产原值。指固定资产的原始价值或重置价值。

② 固定资产净残值 L。$L=$（估计残值－估计清理费用），残值 L 一般为原始价值的 3%～5%。

③ 固定资产估计使用年限，指固定资产的预期使用年限。正确的使用年限应综合反映有形损耗和无形损耗。如果把使用年限估计过长，固定资产的经济寿命已满，但固定资产价值还尚未全部转移，这等于把老本当收入，人为扩大利润，使固定资产得不到及时的更新，企业发展无发展后劲；如果使用年限估计过短，使补偿有余，导致人为增大成本，利润减少，少纳所得税，并可能提前报废，造成浪费。

2. 无形资产和递延资产的摊销费

无形资产从开始使用之日起，应按照有关的协议、合同在受益期内分期平均摊销，没有规定受益期的按不少于 10 年的期限分期平均摊销。

递延资产中的开办费应在企业开始生产经营之日起，按照不短于 5 年的期限分年平均摊销。租入固定资产改良及大修理支出应当在租赁期内分年平均摊销。

固定资产折旧费与无形资产、递延资产摊销费在技术经济分析中具有相同的性质。虽然在会计中折旧费与摊销费被计入费用和成本，但在作现金流量分析时，折旧费与摊销费既不属于现金流出也不属于现金流入。

2.4 销售收入、利润和税金

2.4.1 销售收入

根据我国《企业会计制度》，收入是指企业在销售商品、提供劳务及他人使用本企业资产等日常活动中所形成的经济利益的总流入，具体包括商品销售收入、劳务收入、让渡资产收入、股利收入及利息收入等。收入是企业利润的主要来源，是技术经济分析中现金流入的重要部分。

企业生产经营阶段的主要收入来源是销售收入，它是指企业通过销售商品、提供劳务等取得的收入。销售收入的计算公式为：

$$销售收入 = 产品的销售数量 \times 销售价格$$

企业的销售收入与总产值是有区别的。总产值是企业生产的成品、半成品和处于加工过程中在制品的价值总和，可以按现行价格或不变价格进行计算；而销售收入是出售商品或提供劳务的货币收入，是按照商品出售时的实际市场价格计算的。因此，销售收入才是反映工业项目真实收益的经济参数。

2.4.2 利润

利润是企业在一定会计期间的经营成果，是企业生产经营所创造的收入与所发生的成本费用对比的结果。企业最终的经营成果有两种可能：一种是取得正的财务成果，即利润；另一种是取得负的财务成果，即亏损。利润就其构成而言，既可以通过生产经营活动而获得，也可以通过投资活动而获得，还包括那些与生产经营活动无直接关系的事项所引起的盈亏。工业投资项目投产后所获得的利润可分为销售利润和税后利润两个层次。

销售利润＝年销售收入－总成本费用－销售税金及附加

企业的利润总额是劳动者为社会创造的新价值，其中一部分企业以税收形式无偿缴纳给国家，另一部分就是企业的税后利润。

税后利润又称为净利润，是企业缴纳所得税后形成的利润，等于利润总额减去所得税。税后利润是企业所有者权益的组成部分，也是企业进行利润分配的依据。企业的税后利润按照国家《企业财务通则》规定，一般采用下列顺序进行分配：

（1）弥补以前年度亏损；
（2）提取法定公积金，用于弥补企业亏损及按国家规定转增资本金；
（3）提取公益金，主要用于职工福利设施支出；
（4）向投资者分配利润。

在进行技术经济分析时，由于技术方案或项目的利润已包含在销售收入中，不再作为单独的现金流入项目。但是，为了计算税金支出以及分析技术方案或项目的赢利能力，必须对利润进行测算。

2.4.3 税金

税金是国家依法对有义务的单位和个人征收的财政资金。税收既是国家筹集财政资金的手段，又是国家凭借政治权利参与国民收入分配和再分配的一种形式，税收具有以下特点：强制性、无偿性和固定性。

技术项目或方案应按规定计算并缴纳税金。税金在财务分析中是一种现金流出，但在国民经济分析中是一种转移支付。税金按照课税对象的不同性质，可以分为流转税类、资源税类、行为目的税类、财产税类和所得税类五大类。

1. 流转税类

流转税是对商品生产、流通和提供劳务的销售额或营业额即流转额征税的各个税种的统称。流转税主要包括现行的增值税、消费税、营业税等。

（1）增值税。

增值税是对商品生产、流通、劳务服务中各个环节的新增价值或商品的附加值进行征税的一种流转税。在我国境内销售货物或提供加工、修理修配劳务以及进口货物的单位或个人都应缴纳增值税。从计税原理上看，增值税是对商品生产和流通过程中各环节的新增价值征税，所以叫增值税。增值税实行价外税，销售价格内不含增值税款。

在实际中，商品的新增价值或附加值在生产和流通过程中是很难准确计算的。因此，我国也采用国际上普遍采用的税款抵扣的办法，即根据销售商品或劳务的销售额，按规定的税率计算出销项税额，然后扣除取得该商品或劳务时所支付的增值税款，也就是进项税额，其差额就是增值部分应交的税额，这种计算方法体现了按增加价值计税的原则。

由于增值税实行凭增值税专用发票抵扣税款的制度，因此对纳税人的会计核算水平要求较高，要求能够准确核算销项税额、进项税额和应纳税额。由于纳税人的会计核算水平参差不齐，有很多纳税人达不到这一要求，因此将纳税人按其经营规模大小以及会计核算是否健全划分为一般纳税人和小规模纳税人。具体划分标准为：生产型纳税人，年增值税应税销售额不小于100万元人民币；或者批发、零售等非生产型纳税人，年增值税应税销售额不小于180万元人民币，这样的纳税人为一般纳税人；而年销售额在规定标准以下，并且会计核算不健全的为小规模纳税人。小规模纳税人在达到标准经申请被批准后方可成为一般纳税人。对小规模纳税人实现简易办法征收增值税，其进项税不允许抵扣。

对于一般纳税人有：

应纳增值税额＝当期销项税额－当期进项税额

当期销项税额＝销售额×适用增值税率

当销售额为含税销售额时，有如下等式：

销项税额＝含税销售额÷（1＋销项税率）×销项税率

进项税额＝含税购入费÷（1＋进项税率）×进项税率

销售额是指纳税人销售货物或提供应税劳务时向购买者收取的全部价款和价外费用，但是不包括收取的销项税额，销项税额应在增值税专用发票"税额"栏中填写。增值税税率分为三档：基本税率17%、低税率13%和零税率。出口货物适用零税率；适用低税率13%的货物主要有：粮食、食用油、自来水、暖气、冷气、热水、煤气、石油液化气、天然气、沼气、居民用煤制品、图书、报纸、杂志、饲料、化肥、农药等；其他适用基本税率17%。准予从销项税额中抵扣的进项税额，限于下列增值税扣税凭证上注明的增值税额：从销售方取得的增值税专用发票上注明的增值税额；从海关取得的完税凭证上注明的增值税额。

比如：A公司向B公司购进货物10件，金额为1 000元，但A公司实际上要付给对方的货款并不是1000元，而是1170元。因为这时，A公司作为消费者就要另外负担170元的增值税，这就是增值税的价外征收。这170元增值税对A公司来说就是"进项税"。B公司多收了170元的增值税款，但并不归B公司所有，B公司要把170元增值税上交给国家。所以B公司只是代收代缴而已，并不负担这笔税款。再比如：A公司把购进的10件货物加工成甲产品10件，出售给C公司，取得销售额2 000元，A公司要向C公司收取的甲产品货款也不只是2 000元，而是2 340元，因为C公司这时作为消费者也应该向A公司另外支付340元的增值税款，这就是A公司的"销项税"。A公司收了340元增值税额也并不归A公司所有，A公司也要上交给国家的，A公司也只是代收代缴而已。如果A公司是一般纳税人，进项税就可以在销项税中抵扣，A公司上交给国家增值税款就是170元。所以，各个环节上缴的增值税都最终转嫁到了最终消费者身上了。

对于小规模纳税人有：

应纳增值税额＝销售额×征收率

对于工业类小规模纳税人，适用的征收率为 6%；对于商业类小规模纳税人，适用的征收率为 4%，并且均不得抵扣进项税。

由于增值税实行价外税，既不进入成本费用，也不进入销售收入，从企业角度进行投资项目现金流量分析时，可不考虑增值税。

2007 年，我国税制实施了新的改革。其中一项就是进行了增值税转型，也就是将我国以前的生产型增值税转为消费型增值税。在生产型增值税税制下，企业购买的固定资产所包含的增值税税金，不允许税前扣除；而实行消费型增值税，则意味着这部分税金可以在税前抵扣。世界上采用增值税税制的绝大多数市场经济国家，实行的都是消费型增值税。因为它有利于企业进行设备更新改造，提高企业的自主创新能力和产品竞争力，因而颇受企业的欢迎。

（2）消费税。

消费税是我国 1994 年税制改革时设置的税种，是在货物普遍征收增值税的基础上，选择少数消费品再征收一道消费税，主要是为了调节产品结构，引导消费方向，保证国家财政收入。当时确定的消费税征税范围有：烟、酒、化妆品、护肤护发品、贵重首饰及珠宝玉石、鞭炮焰火、汽油、柴油、汽车轮胎、摩托车、小汽车等十一种商品。凡在我国境内生产、委托加工和进口以上消费品的单位和个人，均为消费税的纳税义务人。

消费税实行从价定率或从量定额的方法计算，应纳税额的计算公式为：

从价计税时的应纳税额＝销售额×适用税率

从量计税时的应纳税额＝销售数量×适用单位税率

我国的消费税政策自 2006 年 1 月 1 日起又进行了重大调整，此次消费税政策调整的主要内容如下。

① 新增高尔夫球及球具、高档手表、游艇、木制一次性筷子、实木地板等税目，税率为 5%～20% 不等。增列成品油税目，原汽油、柴油税目作为该税目的两个子目，同时新增石脑油、溶剂油、润滑油、燃料油、航空煤油 5 个子目，其中石脑油、溶剂油和润滑油以 0.2 元/升征收，燃料油和航空煤油以 0.1 元/升征收。

② 取消"护肤护发品"税目。

③ 调整部分税目税率。现行 11 个税目中，涉及税率调整的有白酒、小汽车、摩托车、汽车轮胎几个税目。

这次政策调整主要突出了两个重点：一是突出了促进环境保护和节约资源的重点；二是突出了合理引导消费和间接调节收入分配的重点。此次政策调整也是 1994 年税制改革以来消费税最大规模的一次调整。

（3）营业税。

营业税是对在我国境内提供应税劳务、转让无形资产或者销售不动产的单位和个人，就其营业税而征收的一种税。凡在我国境内从事交通运输业、建筑业、金融保险业、邮电通信业、文化体育业、娱乐业、服务业、转让无形资产或者销售不动产的单位和个人均为营业税的纳税义务人。应纳税额计算公式：

$$应纳税额＝营业额×税率$$

营业额是指纳税人提供应税劳务、转让无形资产或者销售不动产时向购买者收取的全部价款和价外费用。营业税的税率，是依据不同的行业和不同的经营业务在国民经济中的重要程度及简便的原则进行设计的。具体税率分为 4 档：①交通运输业、建筑业、邮电业、文化体育业 4 个税目的税率为 3%；②金融保险业的税率现行为 5%；③服务业、转让无形资产、销售不动产 3 个税目的税率为 5%；④娱乐业税目的税率为 5%至 20%。

2. 资源税类

它是为保护和合理使用国家自然资源和土地而设立的一种税。资源税是以各种自然资源为课税对象，为调节资源级差收入并体现国有资源有偿使用而征收的一种税。目前我国资源税征税品目有原油、天然气、煤炭、其他非金属矿原矿、黑色矿原矿、有色金属矿原矿和盐等。一直以来，资源税实行"从量计征"方式。

目前我国资源税税制有很多不尽合理之处，主要体现在征税范围小、税率过低、计征方式不合理、等级划分随意性大等问题。税率过低导致资源价格进入市场的成本过低，不利于企业和国家经济增长方式的转变。从量计征的征收方式，则不能凸显资源的稀缺性特征，导致资源的浪费和过度开采。2007 年 8 月 1 日起，我国上调了铜、钨和铅锌矿石产品的资源税，三种矿石产品资源税税率涨幅达 3 倍至 16 倍不等。这是我国自 1994 年开征资源税以来最大幅度的一次调整，拉开了我国资源税改革的大幕。

资源税的征收方式将由"从量计征"改为"从价计征"，同时将扩大资源税税目，提高税率等。国家希望通过此举提高资源的使用成本，达到既节能降耗，又增加财政收入。

城镇土地使用税是以征收范围内的土地为征税对象，以实际占用的土地面积为计税依据，按规定税额对拥有土地使用权的单位和个人征收的一种税。

3. 所得税

所得税是指以企业、个人在一定时期内的纯收入为征收对象的一种税。由于所得税是企业的一项重要的现金流出，因此正确核算所得税对技术项目的投资决策是很重要的。

企业所得税的纳税人是在我国境内实行独立经济核算的企业或者组织。纳税人每年的收入总额减去准予扣除项目后的余额为应纳税所得额。收入总额包括生产经营收入、财产转让收入、利息收入、租赁收入、特许权使用收入、股息收入及其他收入，准予扣除的项目是指与纳税人取得收入有关的成本、费用和损失。对于工业企业来说：

应纳税所得额＝利润总额±税收调整项目金额

企业所得税的计算公式为：

应纳所得税额＝应纳税所得额×适用的所得税税率

另外，国家根据经济和社会发展的需要，在一定的期限内对特定的地区、行业或企业的纳税人给予一定的税收优惠，即对其应缴纳的所得税给予减征或免征。

2008 年 1 月 1 日起，我国开始实施新的所得税法。在这之前，我国内资企业的所得税税率为 33%，对一些特定区域的外资企业实行 24%、15%的优惠税率，对内资微利企业分别实行 27%、18%的两档照顾税率，税率档次多。新企业所得税法统一了内外资企业的所得税税率，统一后的内外资企业所得税税率为 25%，对符合条件的小型微利企业实行 20%的照顾税率，娱乐、饮食、批发和零售贸易等行业的税率都有较大幅度的降低，而房地产开发企业仍需按照 10%至 20%的税率区间来征税。

4. 行为目的税类

它是指国家为达到某种特定目的，对特定对象和特定行为发挥调节作用而设立的一种税，包括固定资产投资方向调节税、城市维护建设税、教育费附加、印花税等。

固定资产投资方向调节税是国家为引导投资方向，根据国家产业政策和项目经济规模，就投资行为征收的一种税。在我国境内进行固定资产投资的单位和个人，为固定资产投资的纳税义务人。

应纳固定资产投资方向调节税＝投资额×适用税率。

税率实行 0、5%、10%、15%和 30%五档差别税率，其中零税率、5%税率的适用面很广。我国固定资产投资方向调节税于 1991 年开征，作为特定条件下开征的有特定目的的税种，对投资规模和投资结构有着直接的调控作用。2000 年，为积极应对亚洲金融危机的影响，更好地带动投资需求，促进经济增长，国家暂停征收固定资产投资方向调节税。当前，我国经济形势已发生重大变化，固定资产投资过热已成为各方面所关注的热点问题。有专家建议，针对我国当前固定资产投资过热的状况，应合理选择税目、税率，适时恢复开征固定资产方向调节税，发挥税收直接调控作用，抑制固定资产投资过热的势头。

城乡维护建设税是对缴纳增值税、消费税、营业税的单位和个人，按其缴纳的增值税、消费税、营业税税额的一定比例征收的用于城乡维护建设的一种税。城乡维护建设税以纳税人实际缴纳的增值税、消费税、营业税的税额为计税依据。凡有经营收入的单位和个人，除另有规定外，都是城乡维护建设税的纳税义务人。

教育费附加是具有专项用途的、为地方教育事业筹集资金而征收的一种附加费。它是以各单位和个人实际缴纳的增值税、营业税、消费税的税额为计征依据，教育费附加率为 3%，与增值税、营业税、消费税同时缴纳。

印花税是对经济活动和经济交往中书立、领受凭证征收的一种税。它是一种兼有行为性质的凭证税，具有征收面广、税负轻、由纳税人自行购买并粘贴印花税票完成纳税义务等特点。

5. 财产税类

它是指以企业和个人拥有及转移的财产的价值或增值额为征收对象的各种税，包括房产税、车船税、土地增值税等。

房产税是以房屋为征税对象，按房屋的计税余值或租金收入为计税依据，向产权所有人征收的一种财产税。拥有房屋产权的单位和个人为纳税义务人。

车船税是对在我国境内拥有并且使用车船的单位和个人征收的一种财产税。

土地增值税是对转让国有土地使用权、地上建筑物及其附着物并取得收入的单位和个人，就其转让房地产所取得的增值额征收的一种税。凡转让国有土地使用权、地上建筑及其附着物并取得收入的单位和个人都是土地增值税纳税义务人。土地增值税计税依据是土地增值额，即纳税人转让房产所取得的收入减去规定的扣除项目金额后的余额。

对于企业来说，以上各种税中，房产税、车船税、印花税、土地使用税、关税等可以计入成本费用。增值税是价外税，不计入企业的收入中，和企业的损益无关。在计算企业销售利润时，从销售收入中扣除的税主要包括消费税、营业税、资源税、城乡维护建设税、教育费附加等。固定资产投资方向调节税作为项目总投资的一部分，计入固定资产原值。销售收入中扣除总成本费用、销售税金及附加后，剩下的是销售利润，从销售利润中缴纳企业所得税后，得到税后利润。

2.4.4 销售收入、利润和税金的关系

销售收入、利润和税金三者之间的关系如图2-5所示。

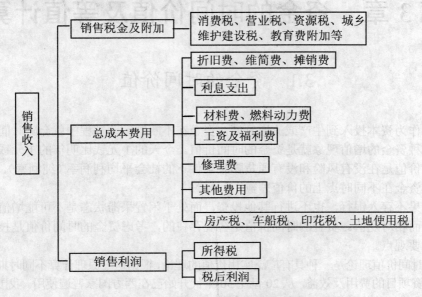

图2-5 销售收入、利润和税金的关系

【习题】

1. 什么是现金流量？说明现金流量图的作图方法和规则。
2. 简述项目总投资的构成。
3. 什么是机会成本、经营成本、沉没成本？试举例说明之。
4. 增值税、资源税、所得税的征税对象是什么？
5. 某设备的原始价值为15 000元，净残值为500元，折旧年限为5年，试按双倍余额递减法求各年的折旧额和年末账面价值。
6. 设备原值50 000元，使用年限8年，残值为0，试分别用直线法和年数总和法计算各年折旧额。
7. 某工程项目总成本费用9 200万元，其中折旧费用380万元，摊销费用200万元，财务费用400万元，经营成本为多少？若固定成本占总成本费用的40%，可变成本占60%，则固定成本是多少？可变成本是多少？
8. 某项目建设期3年，总借款额为18 928万元，第1年借款总借款额的20%，第二年占55%，第三年占25%，利率为9%，计算建设期利息是多少？
9. 某项目年销售收入（含税）为6 000万元，外购的原材料、动力、燃料占总成本的85%，总成本（含税）为4 000万元，增值税率为17%，问增值税为多少？
10. 某企业2007年生产A产品1万件，生产成本150万元，当年销售8 000件，销售单价220元/件，全年发生管理费用10万元，财务费用6万元，销售费用为销售收入的3%，若销售税金及附加相当于销售收入的5%，所得税率为25%，企业无其他收入，求该企业2007年的利润总额、税后利润是多少？

第 3 章 资金的时间价值及等值计算

3.1 资金的时间价值

把货币作为资本投入到生产或流通领域，资金在不断的运动过程中就会随时间的推移产生增值，这种资金的增值现象就是资金的时间价值。今天的 1 元钱比明年的 1 元钱更值钱。资金的时间价值是在没有风险和没有通货膨胀条件下的社会平均利润率（纯利率），通常表现为一定量的资金在不同时点上的价值差额。

资金如果不存入银行，也不进行其他投资，而处于闲置呆滞状态是不可能增值的，只会因通货膨胀而相对贬值。资金的时间价值是客观存在的，考虑资金的时间价值是技术经济分析的一个重要观点。

资金的时间价值理论是一种具有广泛实用价值的理论，根据这一原理计算不同时期货币的现值来分析投资项目的费用及效益，从 20 世纪 50 年代开始已在西方国家普遍使用。我国从改革开放以来，资金时间价值的观念逐步被人们广泛接受与应用，并在我国经济建设中发挥积极作用。

3.2 计算资金时间价值的基本方式

3.2.1 利息、利率

所谓利息，是指占用资金所付出的代价或放弃使用资金所得的必要补偿。假设某人手中有闲钱 10 万元，他可以将它存入银行，按存款年基准利率 2.25% 计算，一年之后将得到本利和 102 250 元，这里多出的 2 250 元就是 10 万货币在一年内的利息。

利率是指在一个计息周期内所获得的利息额与投入的本金之比。它是衡量资金时间价值大小的相对尺度，通常以百分数表示。若按计息周期长短，利率相应的有年利率、半年利率、季利率、月利率和周利率等。

3.2.2 单利法

单利法是指只对本金计算利息，而对所获得利息不再计息的一种计息方法。假设存款额（本金）为 P，存款年利率为 i，本利和为 F，则 n 年末本利和的单利计算公式为：

$$F = P(1+in) \tag{3-1}$$

例 3-1 某企业 1 年前买了 1 万张面额为 100 元，年利率为 10%，3 年后到期一次性还本付息国库券。现有一机会可以购买年利率为 12%，2 年期、到期还本付息的无风险企业债券，该企业拟卖掉国库券购买企业债券，试问该企业可接受的国库券最低出售价格是多少？

解：设该企业可接受的国库券最低出售价格为 P，则：

$$P(1+12\%\times2)=100(1+10\%\times3)$$
$$P=104.84$$

所以，该企业可接受的国库券最低出售价格为 104.84 元。也就是说，只有以高于 104.84 元的价格出售国库券而购买企业债券，才可以获得比购买国库券更高的回报。

单利法虽然部分考虑了资金的时间价值，但由于"利不生利"，因此，单利法对资金时间价值考虑是不充分的，这种计息法是不够完善的。

3.2.3 复利法

单利计算时，利息是在期末一次计算的，而复利法则是在每一计息期（一般为一年或更短）计算一次利息，并把这一期的本利和作为下一期计算利息的本金。因此，复利计算就是通常所说的"利生利"、"利滚利"。

表 3-1 复利法计算公式的推导过程

年份	年末欠款	年末欠利息	年末欠本利和
1	P	Pi	$P+Pi=P(1+i)$
2	$P(1+i)$	$P(1+i)i$	$P(1+i)+P(1+i)i=P(1+i)^2$
3	$P(1+i)^2$	$P(1+i)^2 i$	$P(1+i)^2+P(1+i)^2 i=P(1+i)^3$
…	…	…	…
n	$P(1+i)^{n-1}$	$P(1+i)^{n-1} i$	$P(1+i)^{n-1}+P(1+i)^{n-1}i=P(1+i)^n$

n 个计息周期后的本利和的复利计算公式为：
$$F=P(1+i)^n \tag{3-2}$$

总利息的计算公式为：
$$I=F-P=P(1+i)^n+P \tag{3-3}$$

例 3-2 假如年复利率为 10%，每年计息一次，多少年后本利和是本金的 2 倍？

解：$F=P(1+i)^n=2P$
$$(1+10\%)^n=2$$
$$n=8$$

因此，8 年后本利和是本金的 2 倍。

由于复利计算比较符合资金在社会再生产过程中运动的实际状况，在技术经济分析中，一般采用复利计息。

应当指出，复利计息又可分为间断复利和连续复利。间断复利又称为普通复利，它是按一定的时间间隔如按年、季、月或日等为计息周期计算利息。间断复利计息，是一种离散型的计息周期。

连续复利，是当计息周期无限缩短，达到每时每刻都计息时，就是连续复利计息。从理论上讲，复利计算都应该采用连续复利计息。因为资金实际上是在不停地运动着，每时每刻都通过生产流通过程在增值。但是为了简化计算，除特殊要求外，在技术经济分析和实际工作中经常采用间断（普通）复利计息法计算利息。

我国银行对储蓄存款实行级差单利计算。例如：2008-12-23 定期存款利率。

表 3-2 定期存款利率表

存款种类	3 个月	6 个月	一年	二年	三年	五年
年利率%	1.71	1.98	2.25	2.79	3.33	3.60

从该表可以看出，二年定期存款的年利率为 2.79%，在二年后计算利息时，是按照单利计算的，实际上 2.79%已经考虑了复利因素，因为它比一年定期存款的年利率 2.25%要大。定期存款在到期不取的情况下，银行会按照你原来的存期自动转存，原来本金加上所得利息合并为新的本金，在这一点看，可以认为是复利了。活期存款按季度结息，结息后的利息也作为新的本金将产生利息，活期存款实际上是按普通复利，即间断复利计息，但活期存款利率一般很低。我国银行对贷款实行复利计算。

3.2.4 名义利率和实际利率

在实际生活中，所给定的利率一般都是年利率，但是计息周期有年、半年、季、月、周、日等多种。我们将计息周期实际发生的利率称为计息周期实际利率，计息周期实际利率乘以每年计息周期数就得到年名义利率。

假如按月计算利息，月利率为 1%，通常称为"年利率 12%，每月计息一次"，这个年利率 12%称为"名义利率"。按单利计息，名义利率与实际利率是一致的。但是，按复利计算，上述"年利率 12%，每月计息一次"的实际年利率则不等于名义利率，而是比 12%略大的一个数。

设名义利率为 r，1 年中计息次数为 m，则计息周期的利率应为 r/m，1 年后本利和为：

$$F = P(1+r/m)^m$$

由利率定义得年实际利率 i 为：

$$i = \frac{P(1+r/m)^m - P}{P} = (1+r/m)^m - 1 \quad (3\text{-}4)$$

当 $m=1$ 时，名义利率等于年实际利率。当 $m>1$ 时，实际利率大于名义利率。

当一年内的计息周期数 m 无穷增大时，即当 $m \to \infty$ 时，则计息周期 $\frac{1}{m}$ 将无限减小而趋近于零，连续复利计息的年实际利率为：

$$i = \lim_{m \to \infty}(1+\frac{r}{m})^m - 1 = \lim_{m \to \infty}[(1+\frac{r}{m})^{\frac{m}{r}}]^r - 1$$

$$\lim_{m \to \infty}(1+\frac{r}{m})^{\frac{m}{r}} = e \quad (e = 2.71828)$$

$$i = \lim_{m \to \infty}[(1+\frac{r}{m})^{\frac{m}{r}}]^r - 1$$
$$= e^r - 1$$

例 3-3 设年名义利率 $r=12\%$，计息周期为年、半年、季、月、日、无限小时的年实际利率为多少？

解：

表 3-3　不同计息周期时的年实际利率的计算比较

计息周期	年计息次数（m）	年名义利率（r）	计息周期利率（r/m）%	年实际利率（i）%
年	1	12%	12.000	12.000
半年	2	12%	6.000	12.360
季	4	12%	3.000	12.550 9
月	12	12%	1.000	12.682 5
周	52	12%	0.230 8	12.734 1
日	365	12%	0.032 88	12.747 5
无限小	∞	12%	—	12.749 7

3.3　资金等值计算

3.3.1　资金等值的概念

在同一系统中，不同时点发生的相关资金，数额不等但价值相等，这一现象称资金等值。资金等值是指在考虑资金时间价值因素后，不同时点上数额不等的资金在一定利率条件下具有相等的价值。例如现在的 100 元与 1 年后的 106 元，其数额并不相等，但如果年利率为 6%，则两者是等值的。因为现在的 100 元，在 6% 利率下，1 年后的本金与资金时间价值之和为 106 元。同样，1 年后的 106 元在年利率为 6% 的情况下等值于现在的 100 元。不同时点上数额不等的资金如果等值，则它们在任何相同时点上的数额必然相等。

影响资金等值的因素有三个：资金额大小、资金发生时间和利率，它们构成现金流量的三要素。

3.3.2　资金等值计算举例

下面从借款后如何还本付息的角度，进一步说明等值的概念。

若借款 1 万元，贷款利率 10%，期限 5 年。四种偿还方案及 5 年后还款额如表 3-4 所示。第一种：等额利息法——在 5 年中每年年底仅偿付利息 1 000 元，最后第五年末在付息同时将本金一并归还（5 年共计 15 000 元）；第二种：一次性偿付法——在 5 年中对本金、利息均不作任何偿还，只有在最后一年末将本利一次付清（5 年共计 16 110 元）；第三种：等额本金法——在 5 年中将所借本金作分期均匀摊还，每年年末偿还本金 2 000 元，同时偿还到期利息（5 年共计 13 000 元）；第四种：称之为等额摊还法——在 5 年内，每年都以一笔相同的本金与利息之和偿还，到第 5 年全部还清（5 年共计 13 190 元）。

表 3-4　四种典型的等值形式　　　　　　　　　　（单位：元）

年份	借款金额	等值偿付方案			
		一	二	三	四
0	10 000	—	—	—	—
1		1 000	0	3 000	2 638
2		1 000	0	2 800	2 638
3		1 000	0	2 600	2 638
4		1 000	0	2 400	2 638
5		11 000	16 110	2 200	2 638
合计		15 000	16 110	13 000	13 190

从这个例子可以看出，如果年利率为10%不变，以上四种不同偿还方案与原来的1万本金是等值的。从贷款人立场来看，今后以四种方案中任何一种都可以抵偿他现在所贷出的1万元，因此现在他愿意提供1万元贷款。从借款人立场来看，他如果同意今后以四种方案中任何一种来偿付借款，他现在就可以得到这1万元的使用权。

请读者分别站在贷款人和借款人立场，画出以上四种方案的现金流量图。

利用等值概念，将一个时点发生的资金换算成另一时点的等值金额，这一过程叫资金等值计算。

由于资金有时间价值，所以不同时点发生的现金流量就不能直接相加或相减；对不同方案的不同时点的现金流量也不能直接相比较。只有经过等值计算换算为同一时点后才能相加减或相比较。由此可见，资金等值概念及等值计算非常重要，是技术经济分析中非常重要的一种换算方法。

进行资金等值换算时，经常要用到以下几个概念。

（1）贴现与贴现率。把将来某一时点的资金换算成现在时点的等值金额称为贴现或折现。贴现时所用的利率称贴现率或折现率。

（2）现值。现值是指资金"现在"价值。需要说明的是，"现值"是一个相对的概念，一般的说，将 $t+k$ 个时点上发生的资金折现到第 t 个时点，所得的等值金额就是第 $t+k$ 个时点上资金在 t 时点的现值。现值用符号 P 表示。

（3）终值。终值也叫本利和，是现值在未来时点上的等值资金，用符号 F 表示。

（4）年值。年值是指分期等额支付的资金值，用符号 A 表示。

3.4 几种常用的普通复利公式

我们已经知道，复利计息有间断复利和连续复利两种。虽然在理论上，利用连续复利计息比较科学，但在实际工作中，却通常采用间断复利计息，间断复利也称普通复利。

本节将要描述的普通复利公式，就是运用资金等值概念得出的各种等值计算公式。

为方便起见，在本节中下面符号的意义规定为：

i——每一利息期的利率，通常是年利率；

n——计息周期数，通常是年数；

P——资金的现值，或本金；

F——资金的未来值，或本利和、终值；

A——资金的年值，表示在连续每个计息周期的期末等额支出或收入中的每一期资金。由于一般一个计息周期的时间为一年，故通常称为年金；

G——等差额，是指当各期的支出或收入是均匀递增或均匀递减时，相邻两期资金支出或收入额的差。

另外我们规定，除非特别说明，各项资金的支出（或收入）都发生在计息期初（或期末）。

3.4.1 一次支付类型

一次支付又称整付。一次支付的等值计算公式有两个。

1. 一次支付终值公式

$$F=P(1+i)^n=P(F/P,i,n) \tag{3-5}$$

该公式的经济含义是，已知支出本金（现值）P，当利率（报酬率或收益率）为 i 时，在复利计息的条件下，求第 n 期期末所取得的本利和，即未来值 F。其现金流量图如图 3-1。

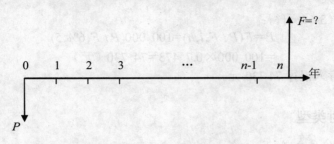

或

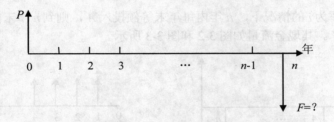

图 3-1　一次支付现金流量图

需要再次说明的是，现金流量图上的 0 点表示时间序列的起点，同时也是第一个计息期的起始点。1～n 分别代表各计息期的终点。某一个计息期的终点，同时也是下一个计息期的起点。即"1"代表第一年末，第二年初，"2"代表第二年末，第三年初，依此类推。

式中 $(1+i)^n$ 称为一次支付未来值系数，又叫一元钱的复利本利和。这个系数也可以用符号 $(F/P,i,n)$ 表示，可查本书后面的复利系数表得到。

例 3-4　某公司现在向银行借款 100 万元，年利率为 10%，借款期 3 年，问第 3 年末一次偿还银行的本利和是多少？

解：由公式（3-5）可得：

$$\begin{aligned}F&=P(1+i)^n=P(F/P,i,n)\\&=100\times(F/P,10\%,3)=100\times 1.331\\&=133.1（万元）\end{aligned}$$

第 3 年末一次偿还银行的本利和是 133.1 万元。

2. 一次支付现值公式

这是已知终值 F 求现值 P 的等值公式，是一次支付终值公式的逆运算。由公式（3-5）可直接导出：

$$P=F\left[\frac{1}{(1+i)^n}\right]=F(P/F,i,n) \tag{3-6}$$

符号意义同前。系数 $\dfrac{1}{(1+i)^n}$ 称为一次支付现值系数,亦可记为 $(P/F,i,n)$,它和一次支付终值系数 $(1+i)^n$ 互为倒数。

例 3-5 如果银行利率为 6%,假定按复利计息,为了在 5 年后一次性获得 10 万元,现在应存入银行多少?

解:由公式(3-6)可得:
$$P=F(P/F,i,n)=100\,000(P/F,6\%,5)$$
$$=100\,000\times0.7473=74\,730\,(元)$$

所以现在应存入银行 74 730 元。

3.4.2 等额支付类型

1. 等额支付终值公式

如果在年利率为 i 的情况下,n 年内每年末等额投入 A,则到 n 年末的终值 F 为多少?即已知 A,i,n,求 F。其现金流量如图 3-2 和图 3-3 所示。

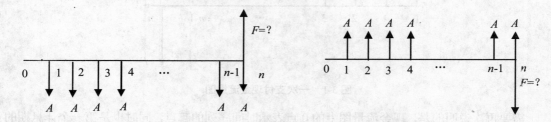

图 3-2 等额支付序列现金流之一 　　　图 3-3 等额支付序列现金流之二

由公式(3-5)可得出等额资金系列现金流量到 n 年末积累的终值 F:

$$F=\sum_{t=1}^{n}A(1+i)^{n-t}=A[(1+i)^{n-1}+(1+i)^{n-2}+\cdots+(1+i)+1] \tag{3-7}$$

$$(1+i)F=A[(1+i)^{n}+(1+i)^{n-1}+\cdots+(1+i)^{2}+(1+i)] \tag{3-8}$$

两式相减得:$Fi=A[(1+i)^n-1]$

$$F=A\dfrac{(1+i)^n-1}{i}=A(F/A,i,n) \tag{3-9}$$

式中 A 是连续的每期期末等额支付的金额,称为年金。$\dfrac{(1+i)^n-1}{i}$ 称为等额支付系列终值系数或年金终值系数,记为 $(F/A,i,n)$,其值可从复利系数表中查得。

例 3-6 某工程项目,每年需要向银行借款 800 万,4 年后建成投产,年利率 10%,复利计息,问投产时一次还清借款本利和是多少?

解:$F=A(F/A,i,n)=800(F/A,10\%,4)$
$$=800\times4.641$$
$$=3\,712.8\,(万元)$$

故投产时一次还清借款本利和 3 712.8 万元。

注意:采用公式(3-9)进行复利计算时,现金流量的分布必须符合图 3-2 或图 3-2 的形式，即连续的等额支付系列值 A 必须发生在第 1 期期末至第 n 期期末，否则必须进行一定的变换。请读者注意以下两种情况的求和表达式。

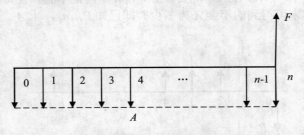

图 3-4 等额支付序列现金流之三

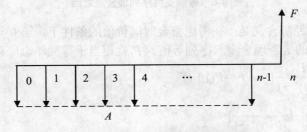

图 3-5 等额支付序列现金流之四

对于图 3-4 有：
$$F=A(F/A,i,n+1)$$

对于图 3-5 有：
$$F=A[(F/A,i,n+1)-1]$$

2. 等额支付偿债基金公式

为能在 n 年末得到一笔资金来偿还到期债务 F，按年利率 i 复利计息，从现在起至 n 年的每年年末等额存储一笔资金 A，则必须存储的 A 为多少？也就是已知 F,i,n，求 A。其现金流量图与图 3-2 完全一样。

由式（3-9）的逆运算即可得出偿债基金计算式为：
$$A=F\frac{i}{(1+i)^n-1}=F(A/F,i,n) \tag{3-10}$$

式（3-10）中，$\dfrac{i}{(1+i)^n-1}$ 称为等额支付系列偿债基金系数，记为 $(A/F,i,n)$，其值可以从复利系数表中查得。

例 3-7 某企业计划自筹资金于 3 年后建造一个职工文体活动中心，预计需要投资 1 000 万元。若年利率为 5%，在复利计息条件下，从现在起每年年末应等额存入银行多少钱？

解：由公式（3-10）：
$$\begin{aligned}A&=F(A/F,i,n)\\&=1\,000\times(A/F,5\%,3)\\&=1\,000\times0.3172=317.2（万元）\end{aligned}$$

故从现在起每年年末应等额存入银行 317.2 万元。

3. 等额支付序列资金回收公式

如果在第 1 年初（0 年末）存入一笔资金 P，在 n 年内把本利和在每年年末以等额资金 A 的方式取出，则每年末可得到的年金 A 为多少？即已知 P,i,n，，求 A。其现金流量如图 3-6 所示。

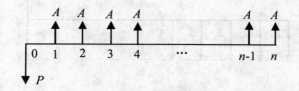

图 3-6 等额支付序列现金流之四

该现金流量图的经济含义是：在考虑资金时间价值的条件下，第 0 年末的现金流出 P 应与从第 1 年到第 n 年的等额现金流入序列等值，P 就相当于等额年金序列的现值。

由于 $A = F\left[\dfrac{i}{(1+i)^n-1}\right]$，$F = P(1+i)^n$

所以 $A = P(1+i)^n \cdot \left[\dfrac{i}{(1+i)^n-1}\right]$

$$= P\left[\dfrac{i(1+i)^n}{(1+i)^n-1}\right] = P(A/P,i,n) \tag{3-11}$$

式中 $\dfrac{i(1+i)^n}{(1+i)^n-1}$ 称为等额支付序列资金回收系数，可用符号 $(A/P,i,n)$ 表示，其值可从复利系数表中查得。

例 3-8 某工程项目原始投资 500 万元，希望在 5 年内收回全部本利，投资收益率为 12%，则每年应等额收回多少？

解： 由（3-11）有：
$A = P(A/P,i,n)$
$= 500(A/P,12\%,5)$
$= 500 \times 0.277\ 4 = 138.7（万元）$

故每年应等额收回 138.7 万元才能在 5 年内连本带利收回全部投资。

4. 等额支付序列现值公式

如果在 n 年内，按年利率 i 计算，为了能在今后 n 年内每年年末提取相等金额的资金 A，则现在必须投资现值 P 多少？即已知 A,i,n，，求 P。

等额支付现值公式是等额支付资金回收公式的逆运算，即已知等额序列年金 A，求与该等额支付序列等价的现值 P。

由公式 $A = P\left[\dfrac{i(1+i)^n}{(1+i)^n-1}\right]$ 可得：

$$P = A\left[\dfrac{(1+i)^n-1}{i(1+i)^n}\right] = A(P/A,i,n) \tag{3-12}$$

式中 $\frac{(1+i)^n-1}{i(1+i)^n}$ 称为等额支付序列现值系数，可用符号 $(P/A,i,n)$ 表示，其值可从复利系数表中查得。

例 3-9 某科技项目预计寿命 5 年，每年纯收益 20 万，按 15% 的折现率计算，恰好能够在寿命期内把期初投资连本带利全部收回，问期初投资是多少？

解：由（3-12）有：
$$P=A(P/A,i,n)$$
$$=20\times(P/A,15\%,5)$$
$$=20\times 3.352=67.04 \text{（万元）}$$

则期初投资为 67.04 万元。

上例表明，如果每年获得纯收益 20 万元，5 年总计收回 100 万元，那么在年收益率为 15%，复利计息的条件下，则期初投资应为 67.04 万元。

3.4.3 普通复利公式小结与应用

1. 普通复利公式小结

为了便于理解和查阅，现将以上 6 个常用公式汇总如表 3-5 所示。

表 3-5 6 个常用的资金等值公式

类别		已知	求解	公式	系数名称及符号	现金流量图
一次支付	终值公式	P	F	$F=P(1+i)^n$ $=P(F/P,i,n)$	一次支付终值系数 $(F/P,i,n)$	
	现值公式	F	P	$P=\frac{F}{(1+i)^n}$ $=F(P/F,i,n)$	一次支付现值系数 $(P/F,i,n)$	
等额分付	终值公式	A	F	$F=A\frac{(1+i)^n-1}{i}$ $=A(F/A,i,n)$	等额支付终值系数 $(F/A,i,n)$	
	偿债基金公式	F	A	$A=F\frac{i}{(1+i)^n-1}$ $=F(A/F,i,n)$	等额支付偿债基金系数 $(A/F,i,n)$	
	现值公式	A	P	$P=A\frac{(1+i)^n-1}{i(1+i)^n}$ $=A(P/A,i,n)$	等额支付现值系数 $(P/A,i,n)$	
	资本回收公式	P	A	$A=P\frac{i(1+i)^n}{(1+i)^n-1}$ $=P(A/P,i,n)$	等额支付资本回收系数 $(A/P,i,n)$	

这 6 个公式互相之间可以推导，其系数有一定关系。

（1）互为倒数关系。
$$(F/P,i,n)(P/F,i,n)=1 \tag{3-13}$$
$$(F/A,i,n)(A/F,i,n)=1 \tag{3-14}$$

$$(P/A,i,n)(A/P,i,n)=1 \tag{3-15}$$

（2）乘积关系。

$$(P/A,i,n)=(F/A,i,n)(P/F,i,n) \tag{3-16}$$

$$(F/A,i,n)=(P/A,i,n)(F/P,i,n) \tag{3-17}$$

（3）等额付资本回收公式与等额付偿债基金公式有以下关系。

$$(A/P,i,n)=(A/F,i,n)+i \tag{3-18}$$

2. 利用线性内插法求复利系数或 i、n 的近似值

当我们利用普通复利表查不到复利因子或 i、n 的值时，可以采用线性内插法求得它们的近似值。现举例加以介绍。

求 $(P/A,11.5\%,10)$ 的值。

解：例 3-10 查表可得：$(P/A,10\%,10)=6.1445$，$(P/A,12\%,10)=5.6502$

令 $(P/A,11.5\%,10)=x$，则有：

$$\frac{6.1445-x}{6.1445-5.6502}=\frac{11.5\%-10\%}{12\%-10\%}$$

解得：$x=5.7738$，所以 $(P/A,11.5\%,10)=5.7738$

例 3-11 已知 $(F/P,18\%,n)=9.2136$，问时间 n 为多大。

解：查表可得：$(F/P,18\%,13)=8.5993$，$(F/P,18\%,14)=10.1472$

由于 $(F/P,18\%,n)=9.2136$，利用线性内插法则有：

$$\frac{10.1472-9.2136}{10.1472-8.5993}=\frac{14-n}{14-13}$$

解得：$n=13.4$

例 3-12 已知 $(F/A,i,10)=15.1722$，求 i

解：查表可得：$(F/A,8\%,10)=14.4866$，$(F/A,10\%,10)=15.9374$

由于 $(F/A,i,10)=15.1722$，利用线性内插法则有：

$$\frac{15.9374-15.1722}{15.9374-14.4866}=\frac{10\%-i}{10\%-8\%}$$

解得：$i=8.95\%$

3. 应用

通过下面的几道例题，我们可以更进一步理解并应用这些普通复利公式。

例 3-13 一台运输设备经济寿命为 10 年，期末残值为 1 万元，预计年净收益 5 万元，某投资者希望获得 25% 的收益率，问他最多愿意出多少钱购买此运输设备？

解：根据题意有：

$$\begin{aligned}P&=A(P/A,i,n)+1\times(P/F,i,n)\\&=5(P/A,25\%,10)+1\times(P/F,25\%,10)\\&=17.96(万元)\end{aligned}$$

因此，他最多愿意出 17.96 万元购买此运输设备。否则，就不能获得他期望的投资收益率。

例 3-14 在下面的现金流量图中，考虑资金的时间价值以后，总现金流出等于总现金流入。利用各种资金等值计算系数，用已知项表示未知项。

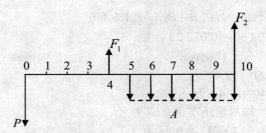

(1) 已知 F_1、F_2、A，求 P。
(2) 已知 F_1、F_2、P，求 A。

解：（1）方法一：把各个时点上的现金流折算到第 4 年末，则由于考虑资金的时间价值以后，总现金流出等于总现金流出，则有：

$$P(F/P,i,4)+A(P/A,i,6)=F_1+F_2(P/F,i,6)$$

$$P=\frac{F_1+F_2(P/F,i,6)-A(P/A,i,6)}{(F/P,i,4)}$$

方法二：把各时点上的现金流折算到第 10 年末，则：

$$P(F/P,i,10)+A(F/A,i,6)=F_1(F/P,i,6)+F_2$$

$$P=\frac{F_1(F/P,i,6)+F_2-A(F/A,i,6)}{(F/P,i,10)}$$

方法三：把各时点上的现金流折算到 0 年末（即第 1 年初）则：

$$P+A(P/A,i,6)(P/F,i,4)=F_1(P/F,i,4)+F_2(P/F,i,10)$$

$$P=F_1(P/F,i,4)+F_2(P/F,i,10)-A(P/A,i,6)(P/F,i,4)$$

或者：

$$P+A(P/A,i,10)-A(P/A,i,4)=F_1(P/F,i,4)+F_2(P/F,i,10)$$

$$P=F_1(P/F,i,4)+F_2(P/F,i,10)-A(P/A,i,10)+A(P/A,i,4)$$

（2）略。

例 3-15 某人每年年初存入银行 500 元钱，连续 8 年，若银行按 8% 利率计复利，此人 8 年年末可从银行提取多少钱？

解：方法一：

$$F=A(F/A,i,9)-A$$
$$=500(F/A,8\%,9)-500$$
$$=5\ 744（元）$$

方法二：

$$F=A(F/A,i,8)(F/P,i,1)$$
$$=500(F/A,8\%,8)(F/P,8\%,1)$$
$$=5\ 744（元）$$

例 3-16 某人按揭一套房子，需要向银行贷款 40 万，名义年利率 12%，请分别计算（1）等额本息还款，60 个月（即 5 年）还完；（2）等额本金还款，60 个月还完；（3）一年后到期还本付息三种还款方式的还款总额和利息总额。（注：等额本息还贷方式是指每月按相同金额还贷款本息，即月供相等；而等额本金还贷方式是指月供递减，月供中本金保持相同金额，利息逐月递减）。

解：（1）等额本息还款，月供 $A=P(A/P,1\%,60)$

查表可得：$(A/P,1\%,60)=0.02225$，则：

月供 $A=8900$（元）

还款总额 $S=0.89\times60=53.4$（万元）

利息总额 $L=53.4-40=13.4$（万元）

（2）等额本金还款，每月偿还本金 0.67 万元

第 1 个月偿还利息为：$40\times1\%=0.4$（万元）

第 2 个月偿还利息为：$(40-0.67)\times1\%=0.3933$（万元）

第 3 个月偿还利息为：$(40-0.67\times2)\times1\%=0.3866$（万元）

……

第 60 个月偿还利息为：$(40-0.67\times59)\times1\%=0.0047$（万元）

利息总额 $L=0.4+0.3933+0.3866+\cdots+0.0047=12.141$（万元）

还款总额 $S=40+12.141=52.141$（万元）

（3）一年后到期还本付息，查表得：$(F/P,12\%,1)=1.1200$

还款总额 $S=40(F/P,12\%,1)=44.8$（万元）

利息总额 $L=4.8$（万元）

由此可见，三种还款方式的还款总额和利息总额都不相同，但他们是等值的。

3.4.4　等差序列现金流的等值计算

等差序列现金流量如图 3-7 所示。

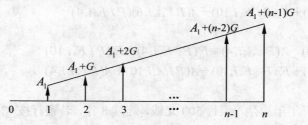

图 3-7　等差序列现金流

图 3-8　等额序列现金流

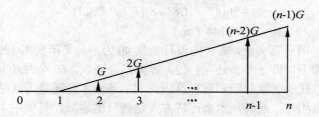

图 3-9　按等量 G 逐年递增的等差额序列现金流

显而易见，图 3-7 的现金流量可分解为两部分：第一部分是由每期期末现金流量 A_1 构成的等额分付序列现金流量，第二部分是由等差额 G 构成的递增等差支付序列现金流。

由 A_1 组成的等额分付序列的未来值 $F_{A1}=A_1(F/A,i,n)$。我们需要求的是由 G，$2G$，$3G$，……，$(n-1)G$ 组成的等差序列的未来值 F。该现金流 n 年末的终值为：

$$F=G(1+i)^{n-2}+2G(1+i)^{n-3}+3G(1+i)^{n-4}+\cdots\cdots+(n-2)G(1+i)+(n-1)G \tag{3-19}$$

（3-19）式等式两边乘以 $(1+i)$ 得：

$$F(1+i)=G(1+i)^{n-1}+2G(1+i)^{n-2}+3G(1+i)^{n-3}+\cdots\cdots+(n-2)G(1+i)^2+(n-1)G(1+i) \tag{3-20}$$

（3-20）式减（3-19）式得：

$$F\cdot i=G[(1+i)^{n-1}+(1+i)^{n-2}+(1+i)^{n-3}+\cdots\cdots+(1+i)^2+(1+i)+1]-nG$$

则
$$F=\frac{G}{i}[\frac{(1+i)^n-1}{i}]-\frac{n\cdot G}{i}$$
$$=\frac{G}{i}[\frac{(1+i)^n-1}{i}-n] \tag{3-21}$$

式中 $\frac{1}{i}[\frac{(1+i)^n-1}{i}-n]$ 称为等差序列终值系数，记作 $(F/G,i,n)$，因此，

$$F=G(F/G,i,n) \tag{3-22}$$

（3-21）式两端乘以系数 $(1+i)^{-n}$，则可得等差序列现值公式。

$$F[\frac{1}{(1+i)^n}]=\frac{G}{i}[\frac{(1+i)^n-1}{i}-n]\times\frac{1}{(1+i)^n} \tag{3-24}$$

则
$$P=G[\frac{1}{i^2}-\frac{(1+in)}{i^2(1+i)^n}] \tag{3-24}$$

$$P=G[\frac{(1+i)^n-in-1}{i^2(1+i)^n}] \tag{3-25}$$

式中 $\frac{(1+i)^n-in-1}{i^2(1+i)^n}$ 称为等差序列现值系数，记作 $(P/G,i,n)$，因此有：

$$P=G(P/G,i,n) \tag{3-26}$$

等差序列现金流与等额序列现金流之间存在以下关系：

$$A=P(A/P,i,n)$$
$$=G(P/G,i,n)(A/P,i,n) \tag{3-27}$$
$$=G\{\frac{(1+i)^n-in-1}{i[(1+i)^n-1]}\}$$

（3-27）式中 $\frac{(1+i)^n-in-1}{i[(1+i)^n-1]}$ 称为等差序列年值系数，记作 $(A/G,i,n)$。

上述 $(F/G,i,n)$、$(P/G,i,n)$、$(A/G,i,n)$ 三个因子值均可以从某些文献的等差因子表中查得。

例 3-15 某人计划一年后存入银行 1 万元，并在以后的 10 年内，每年存款额逐年增加 1000 元，年利率是 7%，问该项投资的现值是多少？并且将此现金流换算成等额年金现金流。

解：该题的现金流量图如图 3-10 所示。

（1）计算该项投资的现值，应分两项计算。先将图 3-10 分解成图 3-11 和图 3-12 两部分。该项投资的现值 P 等于基础金额现值 P_1 与首项为 0 的等差序列的现值 P_2 之和。

$$P=P_1+P_2$$
$$P=10\,000(P/A,7\%,11)+1\,000(P/G,7\%,11)=107\,453 （元）$$

（2）计算等额年金。

该项投资的等额年金 $A=A_1+A_2$

A_1 为基础年金，A_2 为相当于首项为 0 的等差序列的年金。

$$A=10\,000+1\,000(A/G,7\%,11)$$
$$=10\,000+1\,000\times 4.330$$
$$=143\,30 （元/年）$$

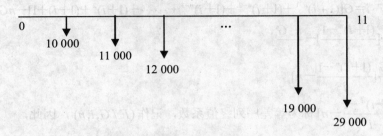

图 3-10 例 3-16 的现金流量图

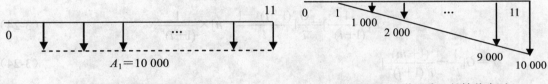

图 3-11 基础年金序列　　　　　　图 3-12 首项为 0 的等差序列

3.4.5 等比序列（几何序列）现金流的等值计算

在某些技术经济问题中，其收支常呈现为某一固定的百分比 h 逐期递增或递减的情形。此时，现金流量就表现为等比序列，其现金流量图如图 3-13 所示。

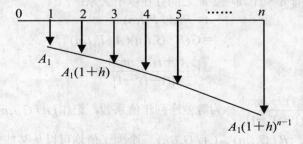

图 3-13 等比序列现金流

在等比序列现金流中，有：
$$A_t=A_{t-1}(1+h)$$
$$A_t=A_1(1+h)^{t-1}$$

式中：A_1——定值；

h——等比系数，指某一固定百分比。

因此，等比序列现金流的现值为：

$$P=\sum_{t=1}^{n}A_1(1+h)^{t-1}(1+i)^{-t}$$

$$=\frac{A_1}{1+h}\sum_{t=1}^{n}(\frac{1+h}{1+i})^t$$

利用等比级数求和公式可得：

$$P\begin{cases}A_1[\dfrac{1-(1+h)^n(1+i)^{-n}}{i-h}] & (i\neq h) \\ \dfrac{nA_1}{1+i} & (i=h)\end{cases} \qquad (3\text{-}28)$$

利用该公式，又可以求出等比序列的终值公式和年金公式。等比序列现金流常用复利公式见表 3-6。

表 3-6 等比序列现金流复利公式

	用 i,h 表示的公式	用普通复利系数表示的公式	条件	公式序号
递增序列	$P=A_1\dfrac{1-(1+i)^{-n}(1+h)^n}{i-h}$ $P=nA_1(1+i)^{-1}$ $F=A_1\dfrac{(1+i)^n-(1+h)^n}{i-h}$ $F=nA_1(1+i)^{n-1}$	$P=A_1\dfrac{1-(P/F,i,n)(F/P,h,n)}{i-h}$ $P=nA_1(P/F,i,1)$ $F=A_1\dfrac{(F/P,i,n)-(F/P,h,n)}{i-h}$ $F=nA_1(F/P,i,n-1)$	$i\neq h$ $i=h$ $i\neq h$ $i=h$	(3-29) (3-30) (3-31) (3-32)
递减序列	$P=A_1\dfrac{1-(1+i)^{-n}(1+h)^{-n}}{(1+i)-(1+h)^{-1}}$ $F=A_1\dfrac{(1+i)^n-(1+h)^{-n}}{(1+i)-(1+h)^{-1}}$	$P=A_1\dfrac{1-(P/F,i,n)(P/F,h,n)}{(1+i)-(1+h)^{-1}}$ $F=A_1\dfrac{(F/P,i,n)-(P/F,h,n)}{(1+i)-(1+h)^{-1}}$	$i\neq h$ $i\neq h$	(3-33) (3-34)

为查表方便，以上公式常采用以下关系表示：

$$P=A_1(P/A,i,h,n) \qquad (3\text{-}35)$$

$$F=A_1(F/A,i,j,n) \qquad (3\text{-}36)$$

等比序列现金流复利因子值均可以从某些文献的等比序列因子表中查得。

例 3-17 某三口之家从第一年末开始连续 5 年向银行存款，每年存 5 万元。若银行利率是 10%，这笔钱的现值以及五年末的本利和各为多少？

若当时的通货膨胀率每年递增 8%，银行实行存款保值业务，计算在保值条件下这笔钱的现值以及五年末的本利和各为多少？

若每年有 8% 的通货膨胀率，但是银行存款不予保值，经贬值后，按实际购买力来衡量，这笔钱的现值以及五年末的本利和各为多少？

解：(1) 没有通货膨胀的情况：

$$P=A(P/A,i,n)=50\,000(P/A,10\%,5)=189\,540（元）$$

$$F=A(F/A,i,n)=50\,000(F/A,10\%,5)=305\,250\text{（元）}$$

（2）对通货膨胀进行保值。

所谓保值，就是相当于每年存款额相对增加一定百分比以抵消通货膨胀的影响，即 $A_t=A_1(1+h)^{t-1}$，这是递增几何序列现金流。按照公式 3-35 和公式 3-36 得出：

$$P=A_1\frac{1-(P/F,i,n)(F/P,h,n)}{i-h}$$
$$=50\,000\times 4.3831=219\,155\text{（元）}$$

$$F=A_1\frac{(F/P,i,n)-(F/P,h,n)}{i-h}$$
$$=50\,000\times 7.0591=352\,955\text{（元）}$$

由于银行进行保值，现值以及五年末的本利和在票面上均有所增加，但是它的实际购买力分别与现值 189 540 元、未来值 305 250 元相当。

（3）对通货膨胀不予保值。

由于通货膨胀的影响，使得货币以每年 8% 的速度贬值，这是递减几何序列现金流。按照公式 3-33 和公式 3-34 得出：

$$P=A_1\frac{1-(P/F,i,n)(P/F,h,n)}{(1+i)-(1+h)^{-1}}$$
$$P=50\,000\frac{1-(P/F,10\%,5)(P/F,8\%,5)}{1.10-1.08^{-1}}=165\,924\text{（元）}$$

$$F=A_1\frac{(F/P,i,n)-(P/F,h,n)}{(1+i)-(1+h)^{-1}}$$
$$F=50\,000\frac{(F/P,10\%,5)-(P/F,8\%,5)}{1.10-1.08^{-1}}=267\,213\text{（元）}$$

因此，在每年 8% 的通货膨胀率条件下，五年每年末存入 50 000 元，在五年末可以从银行得到 305 250 元的票面值，但它的实际购买力只有 267 213 元。

【习题】

1. 资金时间价值及其存在的本质原因是什么？进行项目评价时，为什么要考虑资金时间价值？
2. 什么是等值与等值换算，项目经济评价为什么要进行等值换算？
3. 不同时点发生的两笔不同数额的资金可以相等，你如何解释？
4. 什么是贴现？什么是现值、终值、年值？
5. 什么是间断复制和连续复制？区别它们有何意义？
6. 普通复利计算有哪些基本情况和形式？
7. 什么是名义利率，实际利率，实际期利率？
8. 为什么还款总额最小的还款方案不一定是最优方案？
9. 考虑资金的时间价值后，下图的总现金流出等于总现金流入。试利用各种资金等值计算系数，用已知项表示未知项。

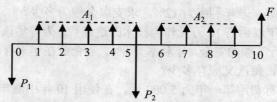

（1）已知 A_1、A_2、P_2、F，求 P_1；

（2）已知 P_1、P_2、A_1、F，求 A_2。

10．证明：

（1）$(P/A,i,n)=(P/A,i,n-1)+(P/F,i,n)$；

（2）$P(A/P,i,n)-L(A/F,i,n)=(P-L)(A/P,i,n)+Li$；

（3）$(A/P,i,n)=(A/F,i,n)+i$。

11．某企业现贷款 2 000 万元，利率为 8%，若在第 15 年末一次还清本利和，按单利法和复利法计算本利和各是多少？若在第 20 年末一次还清本利和，按单利法和复利法计算本利和各是多少？

12．某人获得 10 万元贷款，偿还期为 5 年，利率为 10%。在下列几种还款方式下，按复利法计算此人还款总额和利息各是多少？

（1）每年末只偿还 2 万元本金，所欠利息第 5 年末一次还清。

（2）每年末还 2 万元本金和所欠利息。

（3）每年年末偿还所欠利息，第 5 年末一次还清本金。

（4）第 5 年末一次还清本利。

（5）四种还款方式是否等值？

13．为了在 15 年后得到一笔 50 万元的资金，在不同的计息周期下，每期利率 10%，求每期期末存入的资金。（1）半年计息一次；（2）3 年计息一次。

14．某企业一年前买了 1 万张面额为 200 元、年利率为 9%（单利）、3 年到期一次性还本付息国库券。现在有一机会可以购买年利率为 12%（单利）、两年期、到期还本付息的企业债券（不考虑无风险），该企业拟卖掉国库券购买企业债券，试问该企业可接受的国库券最低出售价格是多少？

15．某厂准备今天一次存入银行 800 万元，希望从存款的第 3 年末开始，连续 7 年年末等额取完存款本利，若银行利率 $i=10\%$，打算每年等额取出 250 万元现金，问能否实现？

16．某投资工程，第 4 年投产，生产期 20 年，预测投产后年均净收益 180 万元，若期望收益利率为 15%，如果第 1 年投资 400 万元，第二年投资 300 万元，试求第 3 年尚需投资多少万元？

17．采用线性内插法求：

（1）$(P/A,14.5\%,12)$ 的近似值；

（2）已知 $(F/P,12\%,n)=6.3136$，问时间 n 为多大；

（3）已知 $(F/A,i,16)=80.1233$，求 i。

18．某钢铁厂计划从现在算起，第 6 年末和第 10 年末分别需从银行提取现金 80 万元和 100 万元。若年利率为 8%，从现在起每年年末等额存款，连续存 5 年。求：（1）每年需要存多少？（2）存款所得利息多少？

19．每年年末等额存入 1 500 元，连续 10 年，准备在第 6 年、第 10 年、第 15 年末支取三次，每次支取金额相等，若年利率为 12%，求支取金额为多少？

20．某企业预计 3 年以后需 10 万元作为技术改造经费。为筹集该项资金，该企业在今后 3 年内，每年将存入银行等额的资金，年利率为 8%。当企业在年末存款时，每次应存多少资金？若改为年初存款时，每次又应存多少？

21．已知某设备运行费用第一年为 5 000 元，在使用 10 年中逐年递增 8%，资金年利率 15%，求整个使用期中设备运行费用的现值、终值和等额年值。

22．某企业拟向银行借贷短期流动资金 100 万元，借期一年偿还本息。甲银行贷款利率 16%，按年复利计息；乙银行贷款年利率 15%，按月复利计息。企业向哪家银行借款较为经济？

23．某企业租用设备 10 年内支付租赁费 3 次，第一年初支付 1 000 元，第四年初支付 2000 元，第八年末支付 3 000 元，年利率 8%。试求此系列支付折合现值是多少？折合为 10 年内的等额年金是多少？

24．某人按揭一套房子，需要向银行贷款 20 万，名义年利率 9%，有三种还贷方式。（1）等额本息还款，90 个月（即 7.5 年）还完；（2）等额本金还款，90 个月还完；（3）一年后到期还本付息。试分别计算这三种还款方式的还款总额和利息总额。已知：$(A/P, 0.75\%, 90) = 0.015\ 32$。

第4章 技术经济评价指标与方法

4.1 技术经济评价指标与方法概述

经济效果评价是项目评价的核心内容。为了确保项目投资决策的正确性和科学性，研究技术经济评价指标与方法是非常必要的。

20 世纪中后期，技术经济评价方法在深度和广度都有很大发展。以美、英、法、加拿大等国为例，50 年代普遍使用回收期及投资利润率等静态评价方法。60 年代相继出现了现值法、内部收益率法等动态评价法，这种评价方法由于考虑了资金的时间价值，能够动态地全面地反映项目在整个寿命期的经济活动和经济效益，因此能比静态分析法更客观、更科学地为项目决策提供依据。20 世纪 70 年代以后，动态评价法已逐步取代静态评价法，成为主要的评价方法。

由于项目或方案的复杂性，任何一种评价方法都只能反映项目的某一侧面，而忽视了另外的方面，仅凭单一指标难以达到全部评价项目的目的。因此，经济效果评价指标是多种多样的。尤其是 70 年代以来，随着模糊数学、博弈论等数学理论在经济管理学中的广泛运用，计算机技术的普及，以及技术经济评价理论和方法的进一步深化，大大丰富了技术经济学的内容。据不完全统计，仅研究开发项目的评价模型，就有近百种之多。但是，其中许多评价模型尚处于理论研究阶段。目前在项目评价中常用的方法有十余种。

按是否考虑资金的时间价值，经济效果评价指标可分为静态评价指标和动态评价指标。静态评价指标不考虑资金时间价值，如静态投资回收期、固定资产投资借款偿还期、投资收益率等。静态指标的优点是计算简便，易于理解。由于它忽略了资金的时间价值，不能准确地反映投资项目的实际情况，因此只能对项目的投资效果进行粗略估计，它通常被用于投资项目的初选阶段。动态评价指标考虑了资金时间价值，如动态投资回收期、净现值、内部收益率等。它弥补了静态评价指标的缺点，但由于需要的数据和资料较多，计算起来往往比较复杂，工作量较大。静态评价指标和动态评价指标各有所长，二者需要通常配合使用，互相补充。

按指标所反映的经济含义不同，经济效果评价指标可以分为三类，如图 4-1 所示：第一类是以货币单位计量的反映项目净收益绝对量大小的价值型指标，如净现值、净年值、费用现值、费用年值等；第二类是以相对量表示的反映资源利用效率和单位投资获利能力的效率型指标，如投资收益率、内部收益率、差额内部收益率、净现值指数等；第三类是以时间长短来衡量项目清偿能力的指标，常用的时间型评价指标有静态投资回收期、动态投资回收期、贷款偿还期等。

这些不同类别的评价指标由于考察问题的角度、侧重点不同，适用范围和使用条件也不相同，加上项目或方案决策结构的复杂性，不存在一个适用于所有项目或方案的通用的评价方法。评价者可以根据项目欲达到的目的以及项目自身所处的条件，选用自己关心的评价指标以及相应的评价方法。为了全面反映项目经济效益，往往要采用多个指标共同对某一项目进行描述和评价。在选择评价指标时，应充分了解各指标的经济含义、优点及其局限性，才能作出正确的选择。

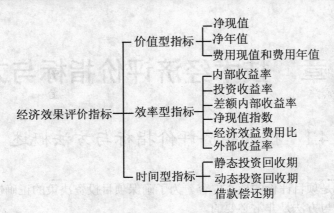

图 4-1 按指标所反映的经济含义分类

本章将对一些主要的价值型指标、效率型指标和时间型指标分别进行讨论。

4.2 价值型评价指标与方法

价值型经济效果评价指标主要有：净现值、净年值、费用现值和费用年值等，它们都是动态分析指标。这些指标不仅考察了资金的时间价值，而且考察了投资项目在整个寿命期内的收支情况。因此，它们比静态指标更科学、更全面。

4.2.1 净现值

净现值（Net Present Value，NPV）是反映投资方案盈利能力的一个重要指标。所谓净现值，就是按一定的折现率或基准收益率将投资项目在整个寿命期各个不同时点所发生的净现金流量折算成期初现值，再求其代数和。它一般以项目初始年份的年初（即坐标中零点时间）作为基准时间来计算现值。用净现值作为技术经济效果评价指标的方法称为净现值法，该方法是技术经济分析的常用方法之一。其表达式为：

$$\begin{aligned} NPV &= \sum_{t=0}^{n}(CI-CO)_t(1+i_0)^{-t} \\ &= \sum_{t=0}^{n}(CI-CO)_t(P/F,i_0,t) \end{aligned} \quad (4-1)$$

式中：NPV——净现值；

　　　　CI_t——第 t 年的现金流入量；

　　　　CO_t——第 t 年的现金流出量；

　　　　$(CI-CO)_t$——第 t 年的净现金流量；

　　　　n——一般为项目的寿命期；

　　　　i_0——基准折现率；

　　　　$(P/F,i_0,t)$——一次支付现值系数。

可以这样理解 NPV 的经济含义：NPV 表示在保证基准收益率水平的基础上，方案在整个寿命期所能得到的超额收益现值。当 $NPV>0$ 时，表明方案的收益率不仅能达到设定的基准折现率水平，而且还能取得超额收益；当 $NPV=0$ 时，方案的收益率刚好达到了基准折现率要求的水平，即方案刚好达到了该行业或该部门规定的基准水平，没有超额收益；当 $NPV<0$ 时，则方案的收益率没有达到基准收益率要求的水平。当然，$NPV<0$ 并不代表项目亏本，只是表明项目没有达到目标收益率的水平。

对于单个方案而言，如果 $NPV \geq 0$，该投资方案可行；如果 $NPV<0$，该投资方案不可行。

用净现值指标对多个方案进行比选时，如果各投资方案的寿命期相同，则净现值最大的方案经济效果最好，为最优方案；如果各投资方案的寿命期不同，为了满足时间上的可比性，则必须采用一些假设，确定一个研究期，在同一研究期内计算并比较方案的经济效果。

例 4-1 某化工投资工程项目，建设期 2 年，第一年初投资 1 200 万元，第 2 年投资 800 万元，第三年投产收益为 200 万元，项目生产期 14 年，若从第四年起到生产期末的年均收益为 220 万元，基准收益率为 12%，试计算并判断，该项目是否可行。

解：该项目寿命期的现金流量图为：

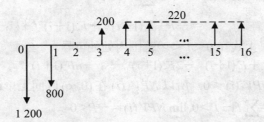

图 4-2 项目的现金流量图

$$NPV=\sum_{t=0}^{16}(CI-CO)_t(1+i_0)^{-t}$$
$$=-1\ 200-800(P/F,12\%,1)+200(P/F,12\%,3)$$
$$+220(P/A,12\%,13)(P/F,12\%,3)=-765.74（万元）$$

因为 $NPV<0$，故项目没有达到基准收益率水平，不可行。

例 4-2 互斥方案 A、B 的净现金流量如下表所示，试用净现值指标评价选择方案，假设基准折现率 i_0 为 12%。

表 4-1 方案 A、B 净现金流量表

（单位：万元）

年份	0	1	2	3	4	5
方案 A	−160	−180	180	180	180	180
方案 B	−100	40	40	40	40	60

解：$NPV_A=-160-180(P/F,12\%,1)+180(P/A,12\%,4)(P/F,12\%,1)$
$\quad\quad\quad =167.4（万元）$

$\quad\quad NPV_B=-100+40(P/A,12\%,4)+60(P/F,12\%,5)$
$\quad\quad\quad =55.5（万元）$

两方案的净现值都是正值，都超过了最低收益率水平，但方案 A 的净现值大于方案 B 的净现值,在没有资金限制的情况下,方案 A 优于方案 B。

关于净现值指标有以下两个问题值得注意。

1. 净现值函数的特点及 NPV 对 i 的敏感性问题

可以证明:对常规投资项目而言,NPV 是一个关于折现率 i 的单调递减函数,并存在唯一的使 $NPV=0$ 的正实根,即存在唯一内部收益率。

所谓常规投资项目,是指项目初期有一次或若干次投资支出(现金流出),其后出现的全部为净现金流入,且收入之和大于支出之和。一般工业项目多属于常规型投资,显然,常规型投资总是可以依据资金时间价值变换为一次总投资,故这类项目又可称之为单一常规投资项目。

证 设单一常规投资项目的初始投资为 P,每年的净收益为 $F_t(t=1,2,\cdots n)$,且 $\sum F_t > P$,则有:

$$NPV(i) = -P + \sum_{t=1}^{n} F_t(1+i)^{-t}$$
$$= -P + F_1(1+i)^{-1} + F_2(1+i)^{-2} + \cdots + F_n(1+i)^{-n} \quad (4\text{-}2)$$

其中 i 为连续变量,上式在 $0 < i < \infty$ 范围内处处可导。

一阶导数 $NPV'(i) = + F_1(1+i)^{-2} - 2F_2(1+i)^{-3} - \cdots - nF_n(1+i)^{-n-1}$ (4-3)

由于 $F_t > 0$,于是 $NPV'(i) < 0$,所以 $NPV(i)$ 在 $(0, \infty)$ 区间上单调递减。

又因为 $\lim_{t \to \infty} NPV(i) = \sum F_t - P > 0, \lim_{t \to \infty} NPV(i) = -P < 0$。

则根据连续定理,在 $0 < i < \infty$ 范围内 $NPV(i)$ 与 i 轴有且仅有一个交点,即 $NPV(i^*) = 0$ 时,有唯一正实根 i^*,它就是下一节要研究的内部收益率,结论得证。

由以上证明可以知道,NPV 是一个随 i 变化而变化的函数,两者呈非线性关系。正常情况下,同一净现金流量的 NPV 随折现率 i 的增大而减小。故基准折现率 i_0 定得越高,能被接受的方案越少,如图 4-3 所示。

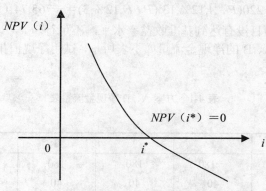

图 4-3 NPV 与折现率 i 的关系

从图上可以看出,在某一个 i^* 值上,NPV 曲线与横坐标相交,表示该折现率下的 NPV 等于 0,且当 $i < i^*$ 时,$NPV > 0$;当 $i > i^*$ 时,$NPV < 0$。i^* 是一个具有重要经济意义的折现率临界值,即内部收益率,后面将作详细分析。

由此可看出,事先设定的基准收益率 i_0 对方案的评价起重要的作用。i_0 取值过高,则会人为地贬低项目的经济效果，计算出来的 NPV 容易小于零，使一些有希望的项目不能通过评价标准，从而否定投资方案；反之，i_0 取值过低，NPV 指标则会夸大项目的经济效果，使一些效率并不好的方案容易被接受。因此，国家有关部门按照企业和行业的平均投资收益率，并考虑产业政策、资源稀缺程度、技术进步和价格变动等因素，分行业确定并颁布基准收益率，作为投资调控的手段。

净现值对折现率 i 的敏感性问题是指，当 i_0 从某一值变为另一值时，若按净现值最大的原则优选项目方案，可能出现前后结论相悖的情况。表 4-2 列出了两个互排斥的方案 A 与方案 B 的净现金流量及其在折现率分别为 12% 和 20% 时的净现值。

表 4-2 方案 A、B 在基准折现率变动时的净现值

（单位：万元）

年份及 NPV 方案	0	1	2	3	4	5	NPV（12%）	NPV（20%）
A	−500	190	190	190	190	190	185.0	68.3
B	−160	−180	180	180	180	180	167.4	78.3

由表 4-2 可知，在 i_0 为 12% 和 20% 时，两方案的净现值均大于零。根据净现值越大越好的原则，当 $i_0 = 12\%$ 时，$NPV_A > NPV_B$，故方案 A 优于方案 B；当 $i_0 = 20\%$ 时，$NPV_B > NPV_A$，则方案 B 优于方案 A。

2. 净现值指标的优点与不足

（1）优点：净现值是一个绝对数指标，反映了投资项目对企业盈利的绝对贡献，它与企业利润最大化目标是一致的，该指标在投资评价中得到了广泛的应用。在一定条件下，净现值法对独立项目能够提供明确的决策建议；在对互斥项目进行决策时，净现值法能够给出项目的排序建议。

（2）不足：计算净现值指标必须事先确定一个符合经济现实的基准收益率，而基准收益率的确定往往是比较困难的，且带有一定的主观性，如果选择不当则影响决策的正确性；净现值不能真正反映项目投资中单位投资的使用效果，在对多个互斥方案进行比较时，净现值法有利于高投资的方案和寿命长的方案，因此，当各备选方案的投资规模和寿命不相等时，可能得出错误的结论。为保证决策的正确性，净现值法常与其他方法配合使用。

4.2.2 净年值

净年值（Net Annual Value，NAV）也称净年金，是指把投资项目所有的现金流量转化为与其等值的年金。求一个方案的净年值，可以先求出它的净现值，然后乘以资金回收系数。其表达式为：

$$NAV = NPV(A/P, i_0, n) = \sum_{t=0}^{n}(CI-CO)_t(1+i_0)^{-t}(A/P, i_0, n) \tag{4-4}$$

式中：NAV ——净年值；

$(A/P, i_0, n)$ ——资本回收系数。

其余符号意义同前。

净年值的判别准则是：若 $NAV \geq 0$，则可以考虑接受项目；若 $NAV < 0$，则拒绝接受项目。进行多方案比选时，净年值大于或等于零且最大的方案为最优。

将净年值的计算公式及判别准则与净现值作一比较可知，由于 $(A/P, i_0, n) > 0$，故净年值与净现值在项目评价的结论上总是一致的。因此，就项目的评价结论而言，净年值与净现值是等效评价指标。净年值给出的信息是项目在整个寿命期内每年的等额超额收益，在某些决策结构形式下，采用净年值比采用净现值更为简便和易于计算。

应用净年值进行方案的比较时，要注意：若未来没有技术进步，则不用考虑各方案的寿命期是否相等，即直接用各自寿命期内的净年值进行比较；若在寿命期最短的方案终了之前出现了技术进步，则应把可能出现的新技术考虑进去，且各方案取相同的计算期。

例 4-3 对上例中的决策问题，试用净年值指标进行评价。

解：已知 $NPV = -765.74$，$i_0 = 12\%$，$n = 16$，则：

$$NAV = NPV(A/P, i_0, n)$$
$$= -765.74(A/P, i_0, n)$$
$$= -109.81(万元)$$

由于 NAV 小于 0，所以该方案不可行。

4.2.3 费用现值与费用年值

在多个技术方案的产出能够满足同样的需要，或者其效益难以用货币计量时，可以通过比较各方案的费用现值或费用年值进行选择。如建造图书馆、城市绿化、卫生保健、国防等公益性非盈利项目，如果各备选方案能够满足相同的需要，则只需比较它们的投资和经营费用。

费用现值（Present Cost，PC）是指将方案寿命期内的投资和经营成本折现后的代数和。其表达式为：

$$PC = \sum_{t=0}^{n} CO_t(P/F, i_0, t) \tag{4-5}$$

费用年值（Annual Cost，AC）是把不同时点发生的费用折算为等额分付序列年费用。其表达式为：

$$AC = PC(A/P, i_0, n)$$
$$= \sum_{t=0}^{n} CO_t(P/F, i_0, t)(A/P, i_0, n) \tag{4-6}$$

式中：PC——费用现值；

AC——费用年值。

其他符号意义同前。

费用现值和费用年值指标只能用于多个方案比选，其判别准则是：PC、AC 越小，方案越优，费用现值或费用年值最小的方案为最优。

例 4-4 某厂原为人工搬运，每年搬运费为 8 200 元。现拟采用运输带，则需投资 15 000 元，运转后每年支出人工费为 3 300 元，电力 400 元，杂费 300 元，此运输带可用 10 年，无残值。若最低收益率为 10%，问该厂是否应该安装此运输带取代人工搬运？

解：方案 1 表示人工搬运，方案 2 表示采用运输带，则两方案的费用现值为：

$PC_1 = 8\ 200(P/A, 10\%, 10) = 50\ 389$（元）

PC_2=15 000+(3 300+400+300)$(P/A,10\%,10)$
   =39 580（元）

两方案的费用年值为：

AC_1=8 200（元）

AC_2=15 000$(A/P,10\%,10)$+(3 300+400+300)
   =6 441（元）

根据费用最小的选优准则，费用现值和费用年值的计算结果都表明，方案2优于方案1。

费用现值与费用年值的关系，同净现值和净年值的关系一样，所以就评价结论而言，二者是等效评价指标。二者除了在指标含义上有所不同外，就计算的方便简易而言，在不同的决策结构下，二者各有所长。

4.2.4 基准折现率的概念及其确定的影响因素

1. 基准折现率的概念

由前面的分析可知，采用净现值法评价和选择方案时，选择合理的基准折现率非常重要。基准折现率也称为目标收益率或最低期望收益率（Minimum Attractive Rate of Return，MARR），是投资者进行投资时可接受的最低收益水平，也是评价和判断投资方案在经济上是否可行的依据。

常用的基准收益率主要有行业财务基准收益率和社会折现率。行业财务基准收益率是各行业计算财务净现值的折现率，也是评价财务内部收益率大小的标准。它代表了行业内项目投入资金应当获得的最低财务盈利水平，其值一般由国家组织测定并发布。社会折现率是项目国民经济评价的重要通用参数，它表示从国家的角度对资金机会成本和资金时间价值的估量，也是衡量经济内部收益率大小的基准值。用社会折现率为基准折现率计算的净现值称为经济净现值。

基准折现率是技术经济分析中的一个重要经济参数。确定基准折现率需要综合考虑资金成本、投资风险、通货膨胀及资金限制等影响因素。

2. 基准收益率确定的影响因素

（1）资金成本和机会成本。基准收益率应不低于单位资金成本和单位投资的机会成本，这样才能使资金得到最有效的利用。这一要求可用下式表达：

$$i_0 \geqslant i_1 = \max \{单位资金成本，单位投资机会成本\}$$

当项目完全由企业自有资金投资时，可参考行业基准收益率，可以理解为一种资金的机会成本。假如项目投资来源于自有资金和贷款时，最低收益率不应低于行业平均收益率（或新筹集权益投资的资金成本）与贷款利率的加权平均收益率。如果有几种贷款时，贷款利率应为加权平均贷款利率。

（2）投资风险。在一般情况下，投资活动是有风险的，时间跨度越长，风险也越大，投资者要冒着一定风险做出决策。为此，投资者自然要求获得较高的利润，否则是不愿去冒风险的。因此，在确定基准收益率时，仅考虑资金成本、机会成本因素是不够的，还应考虑风险因素。通常，以一个适当的风险贴补率i_2来提高i_0值。也就是说，以一个较高的收益水平补偿投资者所承担的风险，风险越大，补贴率越高。为了限制对风险大、盈利低的项目进行投资，可以采取提高基准收益率的办法来进行项目经济评价。

（3）通货膨胀。在通货膨胀影响下，各种材料、设备、房屋、土地的价格及人工费都会上升。为反映和评价出拟建项目在未来的真实经济效果，在确定基准收益率时，应考虑通货膨胀因素。

总之，合理确定基准收益率对于投资决策极为重要。确定基准收益率的基础是资金成本和机会成本，而投资风险和通货膨胀是确定基准收益率必须考虑的影响因素。

4.2.5 资本—资产定价模型（CAPM 模型）

进行项目投资一般是有风险的，尤其是对高新技术项目，风险往往大于一般项目。所以投资收益不仅包括资金时间价值，还包括投资风险价值。在不考虑通货膨胀的情况下，投资者在无风险情况下进行投资得到的价值，称为无风险投资收益率（资金时间价值）；投资者在风险情况下进行投资，就要求获得超过资金时间价值的额外收益，以补偿投资风险，即风险补偿收益率（投资风险价值）。

$$风险投资收益率＝无风险投资收益率＋风险补偿收益率$$

如何合理地确定风险补偿收益率呢？长期以来，一些学者对这个课题进行了不停的探索，研究出一些有用的方法，其中资本-资产定价模型（Capital Asset Pricing Model，CAPM 模型）是一种较客观度量风险的方法。

1. CAPM 模型原理

CAPM 模型最初是为了对风险证券（股票）进行定价，用以说明风险与预期回报率之间关系，若预期回报率不能达到，则不应进行这项投资。CAPM 模型表达式为：

$$风险资产的收益率＝无风险资产的收益率＋风险溢价$$
$$风险溢价＝（市场整体收益率－无风险资产收益率）\times \beta$$

资本—资产定价理论认为，一项投资所要求的必要报酬率取决于以下三个因素：①无风险报酬率，即将国债投资（或银行存款）视为无风险投资，各种类型的政府债券是这种投资机会的典型代表；②整个市场的平均报酬率，投资收益率与市场总体收益期望之间的相关程度对于必要报酬率有显著影响；③投资组合的系统风险系数即 β 系数（贝塔系数）。

由此，个股的合理回报率＝无风险回报率＋$\beta \times$（整体股市回报率－无风险回报率）。β 等于 1 时，代表该个股的系统风险等于大盘整体系统风险，即 β 大于 1 时，代表该个股的系统风险高于大盘，一般易受经济周期影响；β 小于 1 时代表该个股风险低于大盘，一般不易受经济周期影响。

项目风险投资同样是一种权益投资，项目风险投资分析与证券风险分析有许多相似之处，CAPM 同样适用于项目风险投资中风险与收益率的评估。

CAPM 模型在决定风险收益率时，重点考虑系统风险。投资项目全部风险可分为系统风险和非系统风险。系统风险是指对所有企业（项目）都产生影响的风险，如经济衰退或繁荣、税收增减、利率变化等；非系统风险是指对某些企业（项目）产生的特有风险，如新产品研发工作的成功与否、新产品的市场前景、管理效率等。非系统风险可以通过有效的投资组合来避免，不应在收益率中得到风险补偿；系统风险亦称为市场风险，是由那些基本影响因素的变化而产生的风险。由于任何投资者都不能回避市场的系统风险，系统风险也不能通过分散投资予以避免，因此系统风险应在期望收益率中得到反映。系统风险对不同行业的影响程度是有差别的，比如经济衰退对旅游业的影响就大于对食品业的影响，风险投资收益率通过

β 来准确反映系统风险对不同行业的影响。

资本－资产定价模型数学表达式：

$$R_j = R_f + (R_m - R_f) \times \beta_j \tag{4-7}$$

式中：R_j——投资期望收益率（贴现率）；

R_f——无风险投资收益率；

R_m——市场平均投资收益率；

β_j——某项目的风险校正系数，代表项目对系统风险变化的敏感程度。

无风险投资收益率除了用国债利率外，对一个具体投资项目，可用项目融资的资金成本作为无风险投资收益率。因为融资的资金成本是企业投资活动预期收益率的最低点，只有当投资收益率高于资金成本时，投资活动才有意义。

风险校正系数的估计相当困难。通常的做法是根据资本市场同一行业内具有可比性公司的股票 β 值作为拟投资项目的风险校正系数。$(R_m - R_f)$ 被称为市场风险溢价。项目的 β 系数反映了投资收益率相对市场变化的敏感程度。

当 β 系数大于 1 时，该项目风险大于市场平均风险；反之，当 β 系数小于 1 时，该项目风险小于市场平均风险；当 β 系数等于 1 时，该项目风险与市场平均风险相同。一般来说，若 β 大于 1.5，则认为风险很高。一般结合历史数据，根据同一行业中有可比性的上市公司的数据统计得出的。在资本市场发达的国家，一些权威性的证券公司定期公布所有上市公司的 β 值和各行业的平均 β 值。下面的数据摘自 2004 年 9 月 24 日的上海证券报。

表4-3 一些工业部门的 β 值

工业部门	β 值	工业部门	β 值
石油	0.832	金融	1.076
房地产	1.133	通信	1.118
食品饮料	0.850	钢铁	0.910
软件及服务	1.338	计算机硬件	1.271
汽车及配件	0.949	元器件	1.191
电力设备	0.950	日用化工	0.968

2. 风险校正系数 β 的确定

具体企业的 β 值受三个因素的影响：①企业所处的行业。所处行业对市场变化越敏感，其 β 值越高；②经营杠杆比率。经营杠杆比率越高，其 β 值越高；③财务杠杆比率。杠杆比率越高，其 β 值越高。企业无负债时的 β_u 值与企业有负债时的 β_l 之间的关系可以表示为：

$$\beta_l = \beta_u (1 + [1-t][D/E]) \tag{4-8}$$

其中：β_l——考虑企业债务后的 β 值；

β_u——企业无负债时的 β 值；

t——企业的税率；

D——企业债务；

E——股东权益。

例 4-5 一位资深的软件工程师正在筹划自己创业，打算成立一家计算机咨询服务公司。

计划投入自有资金 40%，贷款 60%。他分析并预测了项目在未来 6 年的现金流量情况（略），计算出项目的内部收益率为 17%，试运用 CAPM 模型计算项目的风险校正收益率（贴现率）。

解：运用 CAPM 模型计算项目的风险校正收益率可分为以下几步。

（1）选择本行业同一类公司的 β 值作为本项目的参考值。本例选用表 4-3 中的软件及服务业的 β 值为替代，$\beta_u = 1.338$。

（2）计算本项目的 β_l，公司所得税率为 10% 的优惠税率。

$$\beta_l = \beta_u(1+[1-t][D/E])$$
$$=1.338[1+(1-0.1)60/40]=3.144$$

（3）已知市场无风险投资收益率为 8%，市场平均收益率为 15%，计算期望收益率。

$$R_j = R_f + (R_m - R_f)\beta_j$$
$$=0.08+(0.15-0.08)3.144=0.300$$

30% 代表了项目的股本资金成本。

（4）计算本项目的债务资金成本。

该项目的贷款资金成本为 13%，所以 $R_d = 13\%$

（5）计算本项目的风险校正贴现率。

项目税后加权平均资本成本为：

$$R = R_j \times 40\% + R_d(1-t) \times 60\% = 0.190$$

由于项目税后加权平均资本成本大于项目内部收益率 17%，该项目不能投资。

CAPM 模型代表了二战以来财务决策方面最大的突破。它建立在严密的学术理论基础之上，同时也具有相当大的实用价值。尽管还不能完全脱离主观因素的影响，但与其他方法相比，它更能客观地度量风险，因此 CAPM 模型得到了广泛的应用。

4.3 效率型评价指标与方法

4.3.1 内部收益率

1. 内部收益率的概念

所谓内部收益率（Internal Rate of Return，*IRR*）又称为内部报酬率，是指项目在寿命期内所有现金流入的现值之和等于现金流出的现值之和时的收益率，即净现值为零时的折现率。它与净现值的相似之处在于它们都对项目整个寿命期的现金流量进行折现。内部收益率是技术经济分析中的另一个重要的动态评价指标，目前越来越多的企业使用该指标对投资项目进行评价。若以 *IRR* 代表内部收益率，其表达式为：

$$\sum_{t=0}^{n}(CI-CO)_t(1+IRR)^{-t}=0 \qquad (4-9)$$

式中：*IRR*——内部收益率；

$(CI-CO)_t$——第 t 年的净现金流量。

其他符号意义同前。

由 *NPV* 函数可知，如果项目的净现金流不变，那么它的净现值 *NPV* 是折现率 *i* 的递减函数。在图 4-3 中，随着折现率的不断增大，净现值不断减小。当折现率增至某一个 i^* 时，项目 NPV 等于 0，项目的内部收益率为 i^*。一般而言，内部收益率是 NPV 函数曲线与横轴交点所对应的折现率。

判别准则：设基准收益率为 i_0，若 $IRR \geq i_0$，则项目在经济效果上可以接受；若 $IRR < i_0$，则项目在经济效果上不可接受。

内部收益率反映了投资项目本身对占用资金的恢复能力，是项目所占用资金的盈利率，所以，IRR 的值越高，其项目的经济性越好。

2. IRR 的计算公式

由净现值函数可知，NPV 与收益率之间是非线性关系。求 IRR 方程式中的折现率需解高次方程，不易求解。在实际工作中，一般通过计算机计算，手算时可采用线性内插法确定内部收益率 IRR 的近似值。线性内插法的基本原理如下所述。

先用 i_1 进行试算，若得 $NPV_1 > 0$ 时，再试用 $i_2(i_2 > i_1)$，若 $NPV_2 < 0$ 时，则 $NPV = 0$ 时的 IRR 一定在 i_1 至 i_2 之间，如图 4-4 所示。此时，可用线性内插法求出 IRR 的近似值，其公式为：

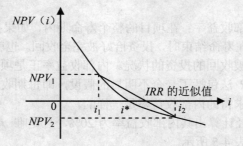

图 4-4 用线性内插法求 IRR

$$IRR = i_1 + \frac{NPV_1}{NPV_1 + |NPV_2|}(i_2 - i_1) \tag{4-10}$$

式中：NPV_1——较低折现率 i_1 时的净现值（正）；

NPV_2——较高折现率 i_2 时的净现值（负）；

i_1——较低折现率，它使净现值为略大于零的正数；

i_2——较高折现率，它使净现值为略小于零的负数。

为了保证 IRR 的精度，i_1 与 i_2 之间的差距一般以不超过 2% 为宜，最大不要超过 5%。

采用线性内插法计算 IRR 只适用于具有常规现金流量的投资方案。而对于具有非常规现金流量的方案，由于其内部收益率的存在可能不是唯一的，因此线性内插法就不太适用。

例 4-6 某投资方案的现金流量如下表所示，基准收益率的值 $i_0 = 15\%$。试用内部收益率法评价该项目的可行性。

表 4-4 某投资方案的现金流量表

（单位：万元）

第 t 期末	0	1	2	3	4	5	6
净现金流量	-1000	300	300	300	300	300	307

解：$NPV = -1\,000 + 300(P/A, 15\%, 6) + 7(P/F, 15\%, 6)$

经过反复试算后得到：

$i_1 = 18\%$ 时，$NPV_1 = 51.9$；

$i_2 = 22\%$ 时，$NPV_2 = -47.8$

则 $IRR \approx i_1 + \dfrac{NPV_1}{NPV_1 + |NPV_2|}(i_2 - i_1)$

$= 18\% + \dfrac{51.9}{51.9 + 47.8} \times 4\% = 20\%$

由于 $IRR > 15\%$，所以该项目可以接受。

3. 内部收益率的经济涵义

内部收益率的经济涵义是指项目在整个寿命期内，在抵偿了包括投资在内的全部成本后，每年还产生 IRR 的经济利率。IRR 反映的是项目寿命期内没有收回的投资的盈利率，不是初始投资在整个寿命期内的盈利率，其大小是由项目现金流量决定的，即由内生因素决定的，反映了投资的使用效率。

我们可以这样理解内部收益率：在项目的整个寿命期内，如果按利率 $i = IRR$ 计算，始终存在未能收回的投资，而在寿命结束时，投资恰好被完全收回。也就是说，在项目寿命期内，项目始终处于"偿付"未被收回的投资的状况。内部收益率正是项目到期末将未收回的资金全部收回来的盈利率。IRR 法包括了一个不明显的假设，即每期收到的款项，可以用来再投资，并且收到的利率与所求得的内部收益率是一样的。

在例 4-6 中，我们已经计算出其内部收益率为 20%，且是唯一的。下面，按此利率计算收回全部投资的年限，如表 4-5 所示。

表 4-5 以 IRR 为利率的投资回收计算表

（单位：万元）

年	净现金流量①	年初未回收的投资②	年初未加收的投资到年末的金额 ③=②×(1+IRR)	年末未回收的投资 ④=③-②
0	-1 000			
1	300	1 000	1 200	900
2	300	900	1 080	780
3	300	780	936	636
4	300	636	763.2	463.2
5	300	463.2	555.8	255.8
6	300	255.8	307	0

全部投资被回收的过程如图 4-5 所示。

由于内部收益率不是初始投资在整个项目寿命期内的盈利率，而是项目寿命期内未回收投资的盈利率，因而它不仅受到项目初始投资规模的影响，而且受到项目内各年净收益大小的影响。

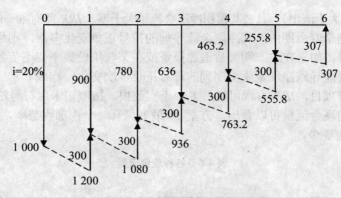

图 4-5 全部投资被回收过程示意图

4. 内部收益率的几种特殊情况

项目在整个寿命期，只有收入，而无支出。随着 i 变化，NPV 永远是正值，NPV 曲线不可能与横轴相交，所以不存在内部收益率，如图 4-6（a）所示。

项目在整个寿命期，只有支出，而无收入。NPV 曲线也不可能与横轴相交，也不存在内部收益率，如图 4-6（b）所示。

投资发生在先，收入发生在后，且收入少于支出，当 $i=0$ 时，NPV 为负值，随着 i 的增加，NPV 曲线也不可能与横轴相交，也不存在内部收益率，如图 4-6（c）所示。

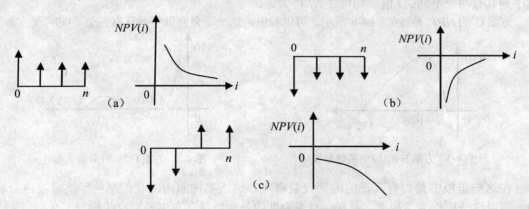

图 4-6 不存在内部收益率的现金流量

5. 内部收益率方程多解问题的讨论

由方程（4-9）可知，求解内部收益率的方程是一个高次方程，若令 $(1+IRR)^{-1}=X$，$(CI-CO)_t=F_t(t=0,1,\ldots,n)$，则有：

$$F_0+F_1X+F_2X^2+\cdots+F_nX^n=0 \tag{4-11}$$

这是一个 n 次方程，必有 n 个根（包括复数根和重根），故其正实根可能多于一个。根据笛卡尔符号法则，方程正实根的个数不会超过净现金流量序列的正负号变化次数（"0"可视为无符号）。

对常规项目而言，净现金流序列符号只变化一次。也就是在项目期初（投资建设期和投产初期）净现金流量一般为负值（现金流出大于流入），项目进入正常生产期后，净现金流量就会变成正值（现金流入大于流出）。只要其累积净现金流量大于零，IRR 就有唯一的正数解。

如果项目在整个寿命期内，其净现金流序列的符号正负变化多次，则称此类项目为非常规项目，一般的讲，如果在生产期大量追加投资或在某些年份集中偿还债务，或经营费用支出过多等，都有可能导致净现金流量序列的符号正负多次变化，构成非常规项目。

对非常规投资项目，IRR 方程可能有多个正实数根。按照笛卡尔符号法则，由表 4-6 所列出的三个方案的现金流量可以看出，方案 A 最多只有一个内部收益率，方案 B 最多有 2 个，方案 C 最多有 3 个。

表 4-6　各种现金流量

（单位：万元）

年末	方案 A	方案 B	方案 C
0	−2 000	−3 000	−1 200
1	600	0	5 100
2	600	0	−7 500
3	700	10 000	3 400
4	300	0	100
5	200	0	0
6	100	−10 000	0

对于方案 B，如果将其 NPV 曲线画出，得到曲线如图 4-7 所示。可以看出，这个现金流量序列具有两个不同的 i 值，均可使 NPV 为零。

方案 C 的 NPV 曲线如图 4-8 所示。可以看出，这个现金流量序列具有三个不同的收益率。

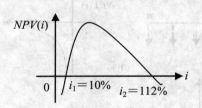

图 4-7　方案 B 的 NPV 函数曲线

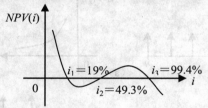

图 4-8　方案 C 的 NPV 函数曲线

在这些正根中是否有真正的内部收益率呢？这需要按照内部收益率的经济含义进行检验：即以这些根作为盈利率，看在项目寿命期内是否始终存在未被回收的投资。

数学上可以证明，对于非常规项目，只要 IRR 方程存在多个正根，则所有的根都不是项目真正的内部收益率。但若非常规项目的 IRR 方程只有一个正根，则这个根就是项目的内部收益率。由于在具有多个 IRR 值的情况下，没有一个答案是正确的，在进行方案评价时，如果能采用其他指标进行评价，则可不计算 IRR 值。若必须用 IRR 指标进行评价，则需要把现金流量中符号的变换限制在一次以内，处理办法是：把零年以后发生的净现金支出以 $MARR$ 为贴现率调整到零年，使现金流成为改变一次符号的结构形式。

6. 对内部收益率法的评价

许多研究表明，内部收益率法比净现值法应用得更加广泛。

优点：与净现值一样，内部收益率既考虑了资金的时间价值，又考虑了项目在整个寿命期内的全部情况。内部收益率是由项目内在因素决定的，与项目外在因素没有关联，它属于项目本身的内涵属性。IRR 是一个反映投资方案所做贡献的效率指标,IRR 法是评价投资效果的一个基本方法。它的表达形式类似利率,一般决策者对利率有着强烈的感受。

缺点:内部收益率指标计算麻烦,非常规项目有无解或多解现象,分析和判别比较复杂。一般来说,内部收益率只适用于独立方案的经济评价和可行性判断,不能用来比较各种投资项目的优劣。因为对于以追求利润最大化的企业而言,收益率大的方案,不一定是最优方案。一个投资额很小的方案,纵然收益率很高,其所提供的利润总额要小于投资额大而收益率略低的方案。当进行多方案比选时,需要确定它们的差额现金流量的收益率,即采用差额内部收益率(ΔIRR)指标进行不同方案的择优。

7. IRR 与 NPV 的比较

IRR 能明确说明项目在寿命期内的单位投资效果,而且 IRR 的计算不需要事先确定基准收益率,只需知道基准收益率的大致范围即可。在计算 NPV 时,需事先确定基准收益率,而事先确定基准收益率并非一件容易的事情。根据 NPV 的计算结果,只能知道项目是否达到了最低目标收益率(即基准收益率)的盈利水平,项目所实现的单位投资使用效率究竟有多大,并不清楚。

但是 IRR 的求解比较复杂,而且对于非常规投资项目,内部收益率的解可能不是唯一的,当出现多解时,用它直接评价经济效果是不合理的,最好采用 NPV 或其他指标进行评价。

对独立方案来说,应用 IRR 法与应用 NPV 法所得的结论是一致的,也就是说,IRR 大于基准收益率的项目,其 NPV 一定大于 0;IRR 小于基准收益率的项目,其 NPV 一定小于 0。

对多方案进行比选时,IRR 法与 NPV 法结论有时是一致的,有时又不一致,可能有这样的情况:内部收益率较高的方案其净现值却较低,而内部收益率较低的方案其净现值却较高,如图 4-9 所示。

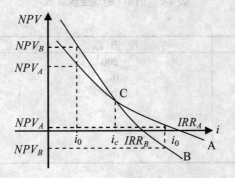

图 4-9　IRR 法与 NPV 法的对比

若以内部收益率最大为选优标准,因为 $IRR_A > IRR_B$,则 A 方案优于 B 方案。

若以净现值最大为选优标准,则有:

当基准收益率 $i_0 < i_c$ 时,$NPV_B > NPV_A$,B 方案优于 A 方案,两种方法结论出现矛盾;
当基准收益率 $i_0 > i_c$ 时,$NPV_A > NPV_B$,A 方案优于 B 方案,两种方法结论相同。

这里的 i_c 是 A、B 两方案 NPV 曲线交点 C 所对应的折现率,它是一个具有特殊意义的值,即差额内部收益率,后面将对它作详细分析。

4.3.2 净现值指数

净现值指数（Net Present Value Index，$NPVI$）也称净现值率，是指项目净现值与项目全部投资现值之比，其经济含义是单位投资现值所能带来的净现值，是一个考察项目单位投资盈利能力的指标。由于净现值没有考虑项目投资额的大小，因而不能直接反映资金的利用效率。为了反映资金的利用效率，常用净现值率作为净现值的辅助评价指标。其计算公式为：

$$NPVI = \frac{NPV}{K_P} = \frac{\sum_{t=0}^{n}(CI-CO)_t(1+i_0)^{-t}}{\sum_{t=0}^{n}K_t(1+i_0)^{-t}} \quad (4-12)$$

式中：$NPVI$——净现值指数；
K_P——项目总投资现值。

应用 $NPVI$ 评价方案时，对于独立方案评价，若 $NPVI \geqslant 0$，方案可行；若 $NPVI < 0$，应予拒绝。对于多方案评价，凡 $NPVI < 0$ 的方案应先行淘汰，在余下方案中，应将投资额、净现值指数结合起来选择方案。

当对比的两个方案投资额相差悬殊时，如果仅以各方案的 NPV 大小来选择方案，可能得出不正确的结论，因为净现值大小只表明盈利总额不能说明投资的利用效果。单纯以净现值最大作为方案选优的标准，往往导致评价人趋向于选择投资大、盈利多的方案，而忽视盈利额较少，但投资更少，经济效果更好的方案。为此，可采用净现值的相对指标（单位投资的净现值），即净现值率进行评价。

例 4-7 某方案的基准收益率为 12%，项目现金流量情况如表所示，用 $NPVI$ 指标判断方案是否可行？

表 4-7 例 4-7 的现金流量表

（单位：万元）

年　份	投　资　额	净现金流量
0	-200	-200
1	0	100
2	-100	0
3	0	100
4	0	100
5	0	100
6	0	100

解：$NPV = -200 + 100(P/A, 12\%, 6) - 100(P/F, 12\%, 2)$
　　　　$= -200 + 100 \times 4.111\ 4 - 100 \times 0.797\ 2$
　　　　$= 131.42$（万元）
　　$K_P = 200 + 100 \times (P/F, 12\%, 2) = 279.72$（万元）
　　$NPVI = \dfrac{NPV}{K_P} = \dfrac{131.42}{279.72} = 0.47 > 0$

本方案的净现值率为 0.47，表明该投资方案除了确保 12% 的基准收益率外，每元投资还可以获得 0.47 的超额现值收益，故本方案可行。

例 4-8 已知某项目有两种建设方案，A 方案的净现值 $NPV_A = 45$ 万元，投资现值

K_{PA}=300万元；B方案的净现值NPV_B=53万元，投资现值K_{PB}=650万元。试比较两种建设方案的优劣。

解：方案的净现值率计算如下：

$$NPVI_A = \frac{NPV_A}{K_{PA}} = \frac{45}{300} = 0.15$$

$$NPVI_B = \frac{NPV_B}{K_{PB}} = \frac{53}{650} = 0.08$$

计算结果表明，虽然$NPV_B > NPV_A$，但是$NPVI_A > NPVI_B$，A方案的投资利用效果更好。综合考虑各种因素，故倾向于选择方案A。

4.3.3 效益费用比值

效益费用比值（Benefit Cost Rate，B/C）是指项目在整个寿命期内收益的现值与成本费用的现值之比，效益费用比值法简称B/C法。其计算公式为：

$$B/C = \frac{\sum_{t=0}^{n} B_t (1+i_0)^{-t}}{\sum_{t=0}^{n} C_t (1+i_0)^{-t}} \tag{4-13}$$

式中：B——收益的现值；
C——成本费用的现值。

效益费用比的判别标准：若$B/C > 1$，则该项目经济上是可行的；反之，经济上应予以拒绝。

例4-9 某设备的购置费为50 000元，每年的运行收入为20 000元，年运行费用为4 000元，4年后该设备可以按3 000元转让，如果基准折现率为18%，问此设备是否值得购买。

解：$B = \sum_{t=0}^{n} B_t (1+i_0)^{-t} = 20\,000(P/A, 18\%, 4) = 53\,802$（元）

$C = \sum_{t=0}^{n} C_t (1+i_0)^{-t} = 50\,000 + 4\,000(P/A, 18\%, 4) - 3\,000(P/F, 18\%, 4)$
$= 59\,213$（元）

$$B/C = \frac{53\,802}{59\,213} = 0.91 < 1$$

因此，该设备不值得购买。

效益费用比值法常用于一些非盈利性项目的评价，如公路建设、图书馆建设、生态环境保护、国防建设等公用事业项目，这类投资的目的是为公众创造福利，并不一定要获得直接的超额收益。B/C比是一种效率型指标，一般只能判断方案本身是否可行。在对多个方案进行比选时，不能简单地根据各方案B/C比值大小择优。

4.3.4 投资收益率

投资收益率又称为投资效果系数，是指项目在正常生产年份的净收益与投资总额的比值。投资收益率表示单位投资每年可获得的净收益，其一般表达式为：

$$R = \frac{NB}{K} \tag{4-14}$$

式中：R——投资收益率；

NB——正常生产年份的净收益或年平均净收益，根据不同的分析目的，NB 可以是利润，也可以是利税总额等；

K——投资总额，$K = \sum_{t=1}^{m} K_t$，K_t 为第 t 年的投资额，m 为建设期。根据不同的分析目的，K 可以是全部投资额（即固定资产投资、建设期借款利息和流动资金之和），也可以是投资者的权益投资额（资本金）。

如果项目生产期内各年的净收益变化幅度较大，则 NB 应取正常生产年份的年平均净收益。

求得投资收益率 R 后，应与标准投资收益率相比较。其准则为：若方案的投资收益率 $R \geq$ 基准投资收益率 E_0，说明该方案经济上可行，应接受此方案；若方案的投资收益率 $R <$ 基准投资收益率 E_0，说明该方案经济上不可行，应予以拒绝此方案。

由于 NB 和 K 的含义不同，投资收益率 R 常见的具体形态有以下几种：

$$\text{投资收益率} = \frac{\text{年利润总额} + \text{折旧与摊销} + \text{利息支出}}{\text{全部投资额}}$$

$$\text{权益投资收益率} = \frac{\text{年利润总额} + \text{折旧与摊销}}{\text{权益投资额}}$$

$$\text{投资利润率} = \frac{\text{年利润总额或年平均利润总额}}{\text{全部投资额}}$$

$$\text{投资利税率} = \frac{\text{年利税总额或年平均利税总额}}{\text{全部投资额}}$$

$$\text{资本金利润率} = \frac{\text{年利润总额或年平均利润总额}}{\text{资本金}}$$

其中，年利润总额 = 年销售收入 − 年销售税金及附加 − 年总成本费用

年利税总额 = 年销售收入 − 年总成本费用

或者，年利税总额 = 年利润总额 + 年销售税金及附加

投资收益率指标没有考虑资金的时间价值，而且舍弃了项目建设期、寿命期等众多经济数据，故一般仅用于技术经济数据尚不完整的项目初步研究阶段。

例 4-10 某项工程一次投资 500 万元，每年净收益 50 万元，试用投资收益率法计算（1）收回全部投资需要多少年？（2）投资收益率是多少，项目是否可行？（$E_0 = 15\%$）

解：$K = 500$ 万元，$NB = 50$ 万元，则有：

（1）$T_P = \frac{K}{NB} = 10$（年）　　　（2）$R = \frac{NB}{K} = 10\%$

由于 $R < E_0$，则该项目经济上不可行，应予以拒绝。

4.3.5 利息备付率

利息备付率也称已获利息倍数，是指项目在借款偿还期内，各年可用于支付利息的税息前利润与当期应付利息费用之比，它从付息资金来源的角度反映项目偿付债务利息的保障程

度。其计算公式为：

$$\text{利息备付率} = \frac{\text{税息前利润}}{\text{当期应付利息费用}}$$

式中：税息前利润＝利润总额＋计入总成本费用的利息费用；

利息备付率应分年计算。通常利息备付率应大于 2。利息备付率高，表明利息偿付的保障程度高，偿债风险小；利息备付率小，表明没有足够资金支付利息，偿债风险很大。

4.3.6 偿债备付率

偿债备付率是指项目在借款偿还期内，各年可用于还本付息的资金与当期应还本付息金额之比，它表示可用于还本付息的资金偿还借款本息的保障程度。其计算公式为：

$$\text{偿债备付率} = \frac{\text{可用于还本付息资金}}{\text{当期应还本付息金额}}$$

可用于还本付息的资金包括：可用于还款的折旧和摊销，在成本中列支的利息费用，可用于还款的税后利润等；当期应还本付息金额包括当期应还本金和计入总成本费用的全部利息。

偿债备付率评价准则：通常情况下应当大于 1，并且越高越好。当它小于 1 时，表明当年资金来源不足以偿付当期债务，需要提高短期借款偿付已到期债务。

4.4 时间型评价指标与方法

4.4.1 投资回收期

投资回收期（Pay Back Period）是指从项目投建之日起，用项目各年的净收入（年收入减年支出）将全部投资回收所需的时间，它是反映项目投资回收能力的指标。投资回收期一般从投资开始年算起，包括建设期。对于投资者来讲，投资回收期越短越好。

投资回收期分为静态投资回收期和动态投资回收期，两者之间的差别在于是否考虑资金的时间价值。

1. 静态投资回收期

静态投资回收期是不考虑资金时间价值的情况下，以项目净收益抵偿项目全部投资所需要的时间。其计算公式为：

$$\sum_{t=0}^{T_P}(CI-CO)_t = 0 \qquad (4-15)$$

式中：T_p——投资回收期；

CI——现金流入量；

CO——现金流出量；

$(CI-CO)_t$——第 t 年的净现金流量。

从以上表达式我们无法直接计算方案的投资回收期。

通常根据投资项目财务分析中使用的现金流量表计算投资回收期，其实用公式为：

$$T_p = T - 1 + \frac{\text{第}(T-1)\text{年的累积净现金流量的绝对值}}{\text{第}T\text{年的净现金流量}}$$

式中，T 为项目各年累积净现金流量首次为正值或零的年份。

用投资回收期评价投资项目时，需要与根据同类项目的历史数据和投资者意愿确定的基准投资回收期相比较。设基准投资回收期为 T_b，判别准则为：

若 $T_p \leq T_b$，则可以考虑接受项目；

若 $T_p > T_b$，则项目应予以拒绝。

例 4-11 某投资项目的投资及年净收入如表 4-8 所示，求投资回收期。（$T_b = 6$ 年）

表 4-8 某项目的现金流量

（单位：万元）

年份 项目	0	1~2	3~9	10
投　资	1300			
销售收入		300	400	350
经营成本		120	100	50

解：投资回收期计算如下表所示：

表 4-9 投资回收期计算表

（单位：万元）

年份	净现金流量	累计净现金流量
0	−1 300	−1 300
1	180	−1 120
2	180	−940
3	300	−640
4	300	−340
5	300	−40
6	300	260
7	300	560
8	300	860
9	300	1 160
10	300	1 460

由上表可知：

$$T_p = 6 - 1 + \frac{|-40|}{300} = 5.13 \text{年} < 6 \text{年}$$

所以该项目可行。

2. 动态投资回收期

为了克服静态投资回收期未考虑资金时间价值的缺点，可采用动态投资回收期。所谓动

态投资回收期,是按照给定的基准折算率,用项目净收益的现值将总投资现值回收所需的时间。其表达公式为:

$$\sum_{t=0}^{T_p}(CI-CO)_t(1+i_0)^{-t}=0 \qquad (4-16)$$

同样,用动态投资回收期 T_p 评价投资项目的可行性需要与根据同类项目的历史数据和投资者意愿确定的基准动态投资回收期相比较。设基准动态投资回收期为 T_b,判别准则为:

若 $T_p \leqslant T_b$,则项目可以被接受,否则应予以拒绝。

例 4-12 仍然用上面的例子,设基准折现率 $i_0=10\%$,基准动态回收期为 8 年,试计算动态投资回收期。

解:据式(4-16),计算各年净现金流量的累积折现值。由于动态投资回收期就是净现金流量累积折现值为零的年限,所以本例不能直接得到 T_p(因为各年的累积折现值均不为零)。通常按下式计算:

$$T_p=(累积折现值出现正值的年数)-1+\frac{上年累积折现值的绝对值}{当年净现金流的折现值}$$

表 4-10 项目各年净现金流的累积折现值计算表

(单位:万元)

年份	净现金流量 (1)	现值系数 (P/F, %, n)(2)	净现金流的折现值 (3) = (1)(2)	累计净现值 (4) = ∑(3)
0	-1 300	1.00	-1 300	-1 300
1	180	0.909	163.6	-1136.4
2	180	0.826	148.7	-987.7
3	300	0.751	225.3	-762.4
4	300	0.683	204.9	-557.5
5	300	0.621	186.3	-371.2
6	300	0.565	169.5	-201.7
7	300	0.513	153.9	-47.8
8	300	0.467	140.1	92.3
9	300	0.424	127.2	219.5
10	300	0.386	115.8	335.3

上式是求动态投资回收期的实用公式。将表中的有关数据代入可得:

$$T_p=8-1+\frac{|-47.8|}{140.1}=7.34<8年$$

$T_p < T_b$,按动态投资回收期检验,该项目可以接受。

投资回收期反映了投资得到回收所需期限的长短,它是一个兼顾经济性和风险性的指标。投资回收期越短,方案的经济性越好,同时方案所面临的投资风险也越小,对项目越有利;反之,投资回收期越长,方案的经济性越差,方案所面临的投资风险也越大。

投资回收期指标的优点在于:它的概念清晰,计算简单,使用方便,并且兼顾反映项目的经济性和风险性。因此,在项目评价中被广泛采用。

投资回收期指标的缺点在于：没有反映回收期以后的收支数据，故不能全面反映项目在寿命期内的真实经济效果，难以对不同方案的比较作出正确判断，所以在实际应用中，投资回收期只能作为辅助性指标，必须结合其他评价方法才能使用。

4.4.2 追加投资回收期

追加投资回收期是指两个方案比较时，在不考虑资金时间价值的条件下，某一方案比另一方案多支出的投资（即追加投资），通过其多获得的净收益（盈利的增加或经营成本的节约）来补偿所需要的时间。一般情况下，对同一项目而言，投资额较大的方案，其生产成本相对较低；而投资额较小的方案，其生产成本相对较高。因此，追加投资回收期可以通过比较两方案的投资和成本求得。其表达公式为：

$$\Delta T = \frac{\Delta K}{\Delta C} = \frac{K_A - K_B}{C_B - C_A} \tag{4-17}$$

式中：K_A、K_B——分别表示 A、B 两方案的总投资；

C_B、C_A——分别表示 A、B 两方案的年经营成本；

ΔT——追加投资回收期。

追加投资回收期的判断准则是：若 $\Delta T \leqslant T_b$，则投资较大的方案较优；否则，投资较小的方案较优。

例 4-13 某项目有 A、B 两个互斥方案，投资额和经营成本如下表所示。若 T_b 为 6 年，试比较这两个方案的优劣。

表 4-11 某项目的投资额和经营成本

（单位：万元）

方 案	投 资 额	经 营 成 本
A	120	30
B	160	20

解：根据已知条件，可求得追加投资回收期为：

$$\Delta T = \frac{\Delta K}{\Delta C} = \frac{160 - 120}{30 - 20} = 4 \text{（年）}$$

由于 $\Delta T < T_b = 6$，因此投资较大的 B 方案较优。

同样，在实际应用中，追加投资回收期只能作为辅助性指标，必须结合其他评价方法才能使用。

4.4.3 贷款偿还期

贷款偿还期是指用项目的净收益总额（包括净利润、折旧等）来偿还贷款本金及利息所需的时间。它是反映项目贷款偿还能力的重要指标。贷款偿还期的表达公式为：

$$K = \sum_{t=1}^{T}(NP_t + D_t + E_t) \tag{4-18}$$

式中：T——贷款偿还期；

K——贷款的本金及利息；
NP_t——第 t 年的利润；
D_t——第 t 年的折旧及摊销费；
E_t——第 t 年的其他收益。

贷款偿还期也可以通过表格计算，其计算方法同投资回收期。一个项目的贷款偿还期不应超过贷款方限定的偿还期限。

4.5 多方案的评价与选择

前面几节详细介绍了技术方案经济效果评价的三种指标：价值型指标、效率型指标和时间型指标。要想正确评价投资项目的经济性，仅对单个方案进行评价指标的计算及判别是不够的，还必须了解方案之间的各种复杂关系，从而根据它们的相互关系确定合适的评价方法和指标，为最终制定正确的投资决策提供科学的依据。

4.5.1 投资方案的分类

企业在进行投资时，往往有多个方案可供选择。根据这些方案之间的关系，可以将它们分为以下三大类。

1. 独立方案

独立方案是指各方案之间互不干扰，即一个方案的采纳不会影响到另一个方案的采纳。方案间具有相容性，只要条件允许，可以选择方案群中的一个或几个或全部方案，也可以一个也不选择。如购买 ERP 管理软件、研发新产品和建生产车间等，这些方案各自解决不同的问题，它们之间不存在明显的联系，可以看做是相互独立的方案。

2. 相关方案

各技术方案之间存在明显的联系，一个方案的采纳会影响到另一个方案的采纳。这一类方案统称为相关方案。相关方案又分为以下几种。

（1）互斥方案。

互斥方案是指在若干备选方案中，采纳其中的一个方案，就必须放弃其他所有方案，方案之间具有排他性。比如，某企业拟投资增加一条生产线，其设备既可以自己生产制造，也可以向国内其他厂商订购，还可以向某外商订货，这三个备选方案就是互斥方案。

（2）互补方案（从属方案）。

在一组方案中，有时一个方案的采纳是以另一方案的采纳为前提的，这样的方案为互补方案，前者称为辅助方案，后者称为前提方案。比如，购买电脑硬件和购买软件是两个互补方案。

（3）财务相关方案。

由于资金总额的限制，前述的所有方案都会有财务上的联系，即采纳其中的一个或几个方案会影响其他方案的采纳，这些方案称为财务相关方案。例如企业有三个独立方案，分别需要投资 8 万元，10 万元和 15 万元，但企业现只有资金 22 万元，若采纳其中的某一个方案，则会影响其他方案的采纳。

3. 混合方案

由独立方案和相关方案组合成的方案群，或由几种类型的相关方案组合成的方案群称为混合方案。

4.5.2 独立方案的经济评价

独立方案的采用与否，只取决于方案本身的经济性，即只需检验它们是否能够通过净现值、净年值或内部收益率指标的评价标准。因此，在没有资金约束的条件下，多个独立方案与单一方案的评价方法是相同的。常用的方法有：净现值法、净年值法、内部收益率法等。

例 4-14 现有 A、B 两个独立方案，现金流量如表 4-12 所示，基准收益率 i_0=15%，标准投资回收期为 6 年，试对它们的经济效果进行评价。

表 4-12 方案 A、B 的现金流量如表

（单位：万元）

方案	A	B
投资	2 000	3 000
年收益	580	780
寿命	10 年	10 年

解：用 NAV、NPV 和 IRR 三种指标对 A、B 两个独立方案进行评价。

（1）用 NAV 指标进行评价。

$$NAV_A = -2\,000(A/P,15\%,10) + 580 = 181 （万元）$$
$$NAV_B = -3\,000(A/P,15\%,10) + 780 = 182 （万元）$$

由于 $NAV_A>0$，$NAV_B>0$，且独立方案不可比，故 A、B 两方案都可行。

（2）用 NPV 指标进行评价。

$$NPV_A = -2\,000 + 580(P/A,15\%,10) = 911 （万元）$$
$$NPV_B = -3\,000 + 780(P/A,15\%,10) = 915 （万元）$$

由于 $NPV_A>0$，$NPV_B>0$，且独立方案不可比，故 A、B 两方案均可行。

（3）用 IRR 指标进行评价。

根据 $\begin{cases} -2\,000 + 580(P/A,IRR_A,10) = 0 \\ -3\,000 + 780(P/A,IRR_B,10) = 0 \end{cases}$

可求得：$IRR_A = 26.28\%$，$IRR_B = 22.79\%$

由于 $IRR_A>15\%$，$IRR_B>15\%$，且独立方案不可比，故 A、B 两方案均可行。

由上例可以看出，对于独立方案而言，不管采用净现值、净年值、内部收益率中哪一种评价指标，评价结论都是完全一致的。

例 4-15 用 NPV 法、B/C 法和 IRR 法进行独立方案的决策。现有 A、B、C 三个独立

方案，具体数据如下。若期望收益率为 12%，试问应选择哪些方案。

表 4-13 三个独立方案的有关数据

方案	投资额（万元）	年净收益（万元）	残值（万元）	寿命（年）
A	30	10	0	20
B	15	2	0	13
C	20	6	4	5

解：以 A 方案为例，计算它的有关指标。

$NPV_A = -30 + 10(P/A, 12\%, 20) = 44.69$（万元）

$B = 10(P/A, 12\%, 20) = 74.69$（万元）

$C = 30$（万元）

则 $B/C = \dfrac{74.69}{30} = 2.49$

由 $-30 + 10(P/A, IRR_A, 20) = 0$ 可得：$IRR_A = 30\%$

同理，计算 B、C 两方案的有关指标。各方案的计算结果如表所式。

表 4-14 例 4-15 的计算结果

方案	NPV_A（万元）	B/C	IRR	决策
A	44.69	2.49	30%	可取
B	−2.15	0.86	9.08%	不可取
C	3.9	1.22	19%	可取

根据计算结果可以得出，在没有资金限制的条件下，A、C 两个方案可取，B 方案不可取。从 IRR 和 B/C 值看，方案 A 最高。虽然独立的方案不可比较，但是从单项投资的赚钱能力看，方案 A 优于方案 C。所以，IRR 和 B/C 反映出投资过程的内在特性——投资的赚钱能力。

4.5.3 互斥型方案的经济评价

1. 各方案寿命期相等的互斥方案选优

各方案寿命期相等的互斥方案进行比较选优，可根据不同情况选用净现值法（或净年值法）和增量分析法（差额净现值法或差额内部收益率法）

（1）用净现值法进行互斥方案选优。

例 4-16 方案 A、B 是互斥方案，其各年现金流如表 4-15 所示，试评价选择（$i_0 = 15\%$）。

表 4-15 方案 A、B 的现金流量如表

（单位：万元）

方 案	A	B
投资	−4 000	−3 000
年收益	920	780
寿命	10 年	10 年

解：分别计算 A、B 方案的净现值指标

$$NPV_A = -4\,000 + 920\,(P/A, 15\%, 10) = 617（万元）$$
$$NPV_B = -3\,000 + 780\,(P/A, 15\%, 10) = 915（万元）$$

由于 $NPV_B > NPV_A > 0$，所以 B 方案优于 A 方案。

（2）增量分析法。

实际上，投资额不等的互斥方案比选的实质是判断增量投资（或称差额投资）的经济合理性，即投资大的方案相对于投资小的方案多投入的资金能否带来满意的增量收益。显然，若增量投资能够带来满意的增量收益，则投资额大的方案优于投资额小的方案；若增量投资不能带来满意的增量收益，则投资额小的方案优于投资额大的方案。增量分析法就是计算两方案的差额净现金流的净现值或内部收益率，并根据它们的大小进行互斥方案的选优。

① 差额净现值（ΔNPV）。

所谓差额净现值（也称增量净现值），是指在给定的基准折现率下，两方案在寿命期内各年净现金流量差额折现的累计值。可以证明，差额净现值等于两方案的净现值之差，即：

$$\Delta NPV_{A-B} = NPV_A - NPV_B \tag{4-19}$$

证：设 A、B 为投资额不等的互斥方案，A 方案比 B 方案投资大，两方案的差额净现值可由下式求出：

$$\Delta NPV_{A-B} = \sum_{t=0}^{n}[(CI-CO)_{At} - (CI-CO)_{Bt}](1+i_0)^{-t}$$
$$= \sum_{t=0}^{n}(CI-CO)_{At}(1+i_0)^{-t} - \sum_{t=0}^{n}(CI-CO)_{Bt}(1+i_0)^{-t}$$
$$= NPV_A - NPV_B$$

式中：ΔNPV ——差额净现值；

$(CI-CO)_{At}$ ——方案 A 第 t 年的净现金流；

$(CI-CO)_{Bt}$ ——方案 B 第 t 年的净现金流；

NPV_A、NPV_B ——分别为方案 A 与方案 B 的净现值。

用增量分析法进行互斥方案比选时，若 $\Delta NPV \geq 0$，表明增量投资可以接受，投资大的方案经济效果好；若 $\Delta NPV < 0$，表明增量投资不可接受，投资小的方案经济效果好。

例 4-17 用差额净现值指标对上例中的 A、B 互斥方案进行选择。

解：A、B 两互斥方案的差额净现金流量如表 4-16 所示。

表 4-16 A、B 两互斥方案的差额净现金流量

（单位：万元）

年 份	0	1～10
各年差额净现金流量（A-B）	-1 000	140

$$\Delta NPV_{A-B} = -1\,000 + 140(P/A, 15\%, 10)$$
$$= -298（万元）$$

由于 $\Delta NPV_{A-B} < 0$，表明增量投资不能带来满意的增量收益，也就是说，增量投资没有达到基准收益率 15% 的水平，为了今后 10 年内每年得到 140 万元的净收益，目前追加 1 000 万元投资是不值得的。故增量投资不可行，应选择投资小的方案，即 B 方案优于 A 方案。

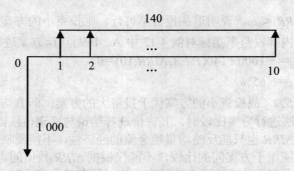

图 4-10 A、B 两方案的差额净现金流量

显然，用增量分析法计算两方案的差额净现值进行互斥方案比选，与分别计算两方案的净现值，再根据净现值最大准则进行互斥方案比选结论是一致的。

值得注意的是，差额净现值指标只能反映增量现金流的经济性，不能反映各方案自身的经济性，所以差额净现值只能用于方案的比较，不能仅根据 ΔNPV 的大小判断方案的取舍。也就是说，通过增量分析法选出的最优方案，只有它的净现值大于零，才是可行的最优方案。

② 差额内部收益率（ΔIRR）。

所谓差额内部收益率（亦称增量内部收益率），简单地说是两方案增量净现值等于零时的折现值。它的一般表达式为：

$$\Delta NPV = \sum_{t=0}^{n}[(CI-CO)_{At}-(CI-CO)_{Bt}](1+\Delta IRR)^{-t}=0 \qquad (4-20)$$

式中：$(CI-CO)_{At}$——投资大的方案第 t 年的净现金流量；

$(CI-CO)_{Bt}$——投资小的方案第 t 年的净现金流量；

ΔIRR——差额内部收益率；

$[(CI-CO)_{At}-(CI-CO)_{Bt}]$——第 t 年两方案净现金流量之差。

差额内部收益率的另一个解释是：使两个方案净现值相等时的折现率。因此，图 4-11 中 C 点所对应的折现率即为差额内部收益率。即 $\Delta IRR = i_c$。

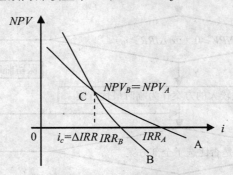

图 4-11 求两方案差额内部收益率

应该指出，采用差额内部收益率法比较和评选方案时，相比较的方案必须寿命期相等或具有相同的计算期。由于差额内部收益率法计算式（4-20）也是高次方程，不易直接求解，故仍采用与求内部收益率相同的方法，即线性内插法求解。

差额内部收益率法的判别标准为：$\Delta IRR > i_0$（基准折现率），说明追加投资可行，则投资大的方案为优；$\Delta IRR < i_0$，说明追加投资不可行，则投资小的方案为优。

例 4-18 用差额内部收益率指标对例 4-17 中 A、B 两互斥方案进行评价选择。

解：当 $\Delta NPV_{A-B} = -1000 + 140(P/A, \Delta IRR, 10) = 0$

可求得 $\Delta IRR_{A-B} = 6.65\%$

由于 $\Delta IRR_{A-B} < 15\%$，故投资小的方案优于投资大的方案，即 B 方案优于 A 方案。所以采用差额内部收益率法进行方案比较时，其评价选择结论与净现值法结论也相同。

应当指出的是，ΔIRR 也只能反映增量现金流的经济性，不能反映各方案自身的经济性，故差额内部收益率只能用于方案间的比较，不能仅根据 ΔIRR 数值的大小判定方案的取舍。也就是说，通过差额内部收益率法选出的最优方案，只有其自身内部收益率大于其基准收益率 i_0，才是可行的最优方案。

当互斥方案的数量较多时，方案间进行两两比较的次数就会很多，计算量很大，常采用淘汰法进行求解。所谓淘汰法是指参加比较的方案只要有一次没有被选中，则被淘汰，不再参加与其他方案的比较。用增量分析法（ΔNPV 法或 ΔIRR 法）对多个互斥方案进行比选的具体步骤为：先按投资大小由小到大排列各方案，并计算第一个方案（投资额最小）的 NPV（或 IRR），这实际上是计算该方案与不投资方案（即 0 方案）的 ΔNPV（或 ΔIRR），如果 $NPV \geq 0$（或 $IRR \geq i_0$），则该方案保留；若 $NPV < 0$（或 $IRR < i_0$），则淘汰该方案，以此类推；再将保留的方案与下一个方案进行比较，计算 ΔNPV（或 ΔIRR），若 $\Delta NPV \geq 0$（或 $\Delta IRR \geq i_0$），则保留投资大的方案；若 $\Delta NPV < 0$（或 $\Delta IRR < i_0$），则保留投资小的方案，被保留方案再与下一个相邻方案相比较，取舍判据同前述，以此类推，直到比较完所有方案，选出最优方案。整个比选过程可以用图 4-12 简洁直观地表示出来。

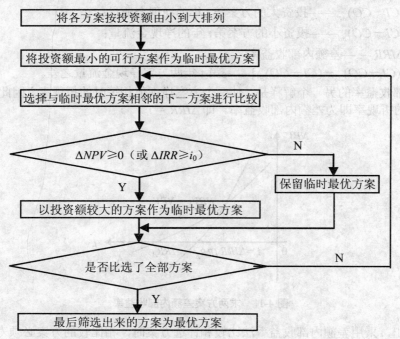

图 4-12 用增量分析法比选多个互斥方案

那么为什么第一个方案要与不投资方案（即 0 方案）进行比较呢？这是因为增量分析法

只能用于方案间的比较，ΔNPV（或 ΔIRR）只能反映增量现金流的经济性，不能反映各方案自身的经济性。为了保证通过增量分析法选出的最优方案是可行的，必须保证第一个被比较的方案是可行的。只有第一个方案的 $NPV \geqslant 0$（或 $IRR \geqslant i_0$），它才是可行的，才能参加后面的比较，否则，若第一个方案的 $NPV < 0$（或 $IRR < i_0$），那么它在经济上是不可行的，应该被淘汰，也就没有必要参加后面的比较。因此，用增量分析法对多方案进行评价和比选时，只要排在最前面的投资最少的方案是可行的，比较到最后所保留的方案一定是最优的、可行方案。

例 4-19　某企业现有四个互斥投资方案，有关数据如表 4-17 所示。如果基准折现率为 10%，资金无限制，哪个方案最佳？

表 4-17　四个互斥方案的数据

（单位：万元）

方案	初始投资额	年净收益	寿命
A	2 000	500	7
B	3 000	900	7
C	4 000	1 100	7
D	5 000	1 380	7

解：（1）用 ΔNPV 法进行互斥方案的比选。

把不投资方案作为零方案，将方案按投资额由小到大排序为：零方案、A、B、C、D。计算 A 方案的 NPV（即计算 A 方案与零方案的 ΔNPV），得 $NPV_A = 434.2$ 万元 > 0，说明 A 方案是一个经济上比不投资方案更合理的方案，选 A 方案作为临时最优方案。

将 B 方案与 A 方案进行比较，先求出它们的现金流量之差，再按基准折现率 10% 计算差额现金流量的净现值 ΔNPV_{B-A}。

$$\Delta NPV_{B-A} = -1\,000 + 400(P/A, 10\%, 7) = 947.4 \text{ 万元} > 0$$

说明 B 方案优于 A 方案，应该舍去 A 方案，保留 B 方案为临时最优方案。

重复上面的步骤，将 C 方案与 B 方案进行比较，计算二者的现金流量的差额净现值 ΔNPV_{C-B}。

$$\Delta NPV_{C-B} = -1\,000 + 200(P/A, 10\%, 7) = -26.3 \text{ 万元} < 0$$

说明投资小的 B 方案优于投资大的 C 方案，应该舍去 C 方案，保留 B 方案为临时最优方案。

同样，将 D 方案与 B 方案进行比较，计算二者现金流量的差额净现值 ΔNPV_{D-B}。

$$\Delta NPV_{D-B} = -2\,000 + 480(P/A, 10\%, 7) = 336.8 \text{ 万元} > 0$$

说明 D 方案优于 B 方案，应舍去 B 方案，保留 D 方案。由于它是最后一个方案，比较结束，故 D 为最优方案。

（2）用 ΔIRR 法进行互斥方案的比选。

计算 A 方案的 $NPV_A = 434.2$ 万元 > 0，或 $IRR_A = 16.34\% > i_0$，选 A 方案作为临时最优方案。

将 B 方案与 A 方案进行比较，计算 B 方案与 A 方案的差额内部收益率 ΔIRR_{B-A}。ΔIRR_{B-A} 是方案 B 与 A 的差额现金流量的净现值 ΔNPV_{B-A} 为零时的折现率，即：

$$\Delta NPV_{B-A} = -1\,000 + 400(P/A, \Delta IRR_{B-A}, 7) = 0$$

可得：$\Delta IRR_{B-A} = 35.15\% > 10\%$

由于这个投资增额内部收益率大于基准收益率10%，所以投资额大的B方案优于投资小的A方案，应该舍去A方案，保留B方案为临时最优方案。

再将C方案与B方案进行比较，求ΔIRR_{C-B}。令：

$$\Delta NPV_{C-B} = -1000 + 200(P/A, \Delta IRR_{C-B}, 7) = 0$$

可得：$\Delta IRR_{C-B} = 9.22\% < 10\%$

说明B方案优于C方案，应舍去C方案，保留B方案为临时最优方案。

最后将D方案与B方案进行比较，计算ΔIRR_{D-B}。

$$\Delta NPV_{D-B} = -2000 + 480(P/A, \Delta IRR_{D-B}, 7) = 0$$

可得：$\Delta IRR_{D-B} = 14.95\% > 10\%$

说明D方案优于B方案，应保留D方案。由于它是最后一个方案，比较结束，故D为最优方案。

（3）用NPV法直接比较。

$NPV_A = -2000 + 500(P/A, 10\%, 7) = 434.2$ （万元）

$NPV_B = -3000 + 900(P/A, 10\%, 7) = 1381.6$ （万元）

$NPV_C = -4000 + 1100(P/A, 10\%, 7) = 1355.3$ （万元）

$NPV_D = -5000 + 1380(P/A, 10\%, 7) = 1718.4$ （万元）

可以看出，四个方案中，D方案的NPV最大，D方案为最优方案。

（4）用各方案的IRR直接比较。

由 $NPV_A = -2000 + 500(P/A, IRR_A, 7) = 0$ 可得：$IRR_A = 16.34\%$。

由 $NPV_B = -3000 + 900(P/A, IRR_B, 7) = 0$ 可得：$IRR_B = 22.95\%$。

由 $NPV_C = -4000 + 1100(P/A, IRR_C, 7) = 0$ 可得：$IRR_C = 19.69\%$。

由 $NPV_D = -5000 + 1380(P/A, IRR, 7) = 0$ 可得：$IRR_D = 19.82\%$。

四个方案的内部收益率大于基准收益率10%，四个方案都是可行的。如果按IRR比选方案，则方案B为最优方案。这一结论与前面三种解法所得的结论是不一致的。前面三种解法的结论都是：D方案为最优方案。

实际上，我们从数学上也可以证明：在正常情况下，对于多个互斥方案的比选，采用增量分析法（ΔNPV法、ΔIRR法）与净现值法所得结论完全相同，而这三种方法与直接采用内部收益率法所得的结论有时是一致的，有时是不一致的。

证：假设A、B为2个互斥的常规投资项目，且B方案投资大。由于前面我们已经证明：$NPV(i)_B - NPV(i)_A = \Delta NPV(i)_{B-A}$。这说明两方案的净现值之差等于两方案的差额净现值。若 $NPV(i)_B > NPV(i)_A$，按NPV比选，则B优于A。

依上面等式，这时有 $NPV(i)_B - NPV(i)_A = \Delta NPV(i)_{B-A} > 0$，而 $\Delta NPV(i)_{B-A} > 0$，意味着方案B优于方案A。所以采用NPV法与采用ΔNPV法结论相同。

由于 $\Delta NPV(i)_{B-A} = \sum_{t=0}^{n}(F_{Bt} - F_{At})(1+i_0)^{-t}$ (4-21)

$$\sum_{t=0}^{n}(F_{Bt} - F_{At})(1+\Delta IRR_{B-A})^{-t} = 0 \qquad (4-22)$$

若 $\Delta IRR_{B-A} > i_0$，则方案B优于方案A。这时因NPV为递减函数，则有：$\Delta NPV_{B-A} = \sum_{t=0}^{n}(F_{Bt}$

$$-F_{At})(1+i_0)^{-t} > \sum_{t=o}^{n}(F_{Bt}-F_{At})(1+\Delta IRR_{B-A})^{-t} = 0$$

而 $\Delta NPV_{B-A} = NPV_B - NPV_A > 0$，得到 $NPV_B > NPV_A$，则方案 B 优于方案 A。

所以，采用差额投资 ΔIRR 法与采用 NPV 法结论也是一致的。

由于 NPV 为单调递减函数，可得 NPV_A、NPV_B 的函数曲线如下：

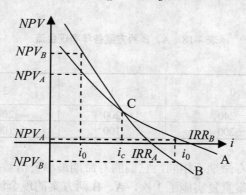

图 4-13　互斥方案的比选

设它们相交于 C 点，其对应的折现率为 i_c。在 C 点，由于 $NPV_A = NPV_B$，即 $\Delta NPV_{B-A} = 0$，故 i_c 为差额内部收益率 ΔIRR_{B-A}，有 $i_c = \Delta IRR_{B-A}$。

当基准收益率 $i_0 > i_c$ 时，$NPV_A > NPV_B$，按 NPV 比选，则方案 A 优于方案 B。

同时由于 $IRR_A > IRR_B$，按 IRR 比选，则方案 A 优于方案 B。NPV 法和 IRR 法的结论一致。

当基准收益率 $i_0 < i_c$ 时，$NPV_A < NPV_B$，B 优于 A。NPV 法和 IRR 法的结论相反。由此可知，采用 NPV 法与 IRR 法所得结论有时一致，有时不一致。

综上所述，对于多个互斥方案的比选，采用 ΔNPV 法、ΔIRR 法与 NPV 法所得结论完全相同，而这三种方法与直接采用 IRR 法所得的结论有时是一致的，有时是不一致的。

在实际工作中，应根据具体情况选择比较方便的比选方法。当有多个互斥方案时，直接用净现值最大准则选择最优方案比增量分析法更为简便。但是，推测各投资方案的收益与费用的绝对值往往是很不容易的。在很多情况下研究各方案不同的经济要素，找出方案之间现金流量的差额却比较容易。研究比较两方案现金流量的差额，由差额净现值，差额内部收益率来判定方案的优劣是有效的方法。

对于多个互斥方案的比选，一般不直接采用内部收益率指标，这是因为 $IRR_A > IRR_B$，并不意味着 $NPV_A > NPV_B$，IRR 最高的方案其 NPV 不一定最高。因此，对于多个互斥方案一般用 NPV 法或增量分析法（ΔNPV 法、ΔIRR 法）进行比选。

2. 寿命期不相等的互斥方案选优

在多数情况下，被比较的几个互斥方案的寿命期往往是不相等的，这样它们就不能直接进行比较。就比选的基本方法而言，寿命期不相等的互斥方案的比选同寿命期相等的互斥方案的比选是一样的。为了满足时间上的可比性，必须对各互斥方案的计算期和计算公式进行适当处理，使各方案在相同的条件下进行比较，才能得出合理的结论。最常用的方法是最小公倍数法、年值法和研究期法。对于某些特殊的项目，可以采用无限长寿命期法。

(1) 最小公倍数法。

最小公倍数法是以不同方案使用寿命的最小公倍数作为共同的分析期，并假定寿命期短于最小公倍数的方案按原方案重复实施，直到其寿命期等于最小公倍数为止，求出计算期内各方案的净现值（或费用现值），净现值较大（或费用现值较小）的为最佳方案。

例 4-20　A、B 两互斥方案各年的净现金流量如下表所示，基准收益率 $i_0=15\%$，试比选方案。

表 4-18　A、B 两方案各年净现金流

（单位：万元）

方案＼年末	0	1	2	3
A	−240	200	200	
B	−200	100	100	100

解：A、B 两方案的寿命期不相同，它们的寿命期最小公倍数为 6 年，在此期间，A 方案重复实施了 2 次，B 方案重复实施了 1 次，A、B 两方案的现金流量图为：

则各方案在此分析期内的净现值为：

$NPV_A = -240 - 240(P/F,15\%,2) - 240(P/F,15\%,4) + 200(P/A,15\%,6) = 198.34$（万元）

$NPV_B = -200 - 200(P/F,15\%,3) + 100(P/A,15\%,6) = 47.12$（万元）

由于 $NPV_A > NPV_B > 0$，故 A 方案较优。

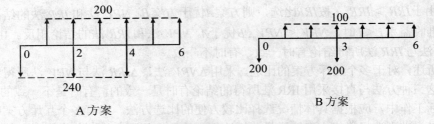

图 4-14　A、B 两方案在最小公倍数寿命期的现金流量

(2) 年值法。

在对寿命不同的互斥方案进行比选时，年值法是最为简便的方法，当参加比选的方案数目众多时，尤其是这样。

用年值法进行寿命不同的互斥方案比选，实际上隐含着这样一种假定：各备选方案在其寿命结束时均可按原方案重复实施无限次。当原方案重复实施无限次时，可认为各方案的寿命为无穷大，则：

$$NPV_\infty = -NPV_{(1)}(1 + \frac{1}{(1+i_0)^n} + \frac{1}{(1+i_0)^{2n}} + \cdots)$$

$$= NPV_{(1)} \times \frac{(1+i_0)^n}{(1+i_0)^n - 1} \times \frac{i_0}{i_0}$$

$$= NAV_{(1)} \times \frac{1}{i_0}$$

(4-23)

所以 NPV_∞ 等于第一个寿命周期的 $NAV_{(1)}$ 乘以常数 $\dfrac{1}{i_0}$。对寿命不等的互斥方案，只需要对比它们的净年值即可，以 $NAV \geqslant 0$，且 NAV 最大者为最优方案。

需要注意的是，对寿命相同的互斥方案进行比选时，NAV 法和 NPV 法的结论是完全一致的。但对寿命不同的互斥方案，NAV 高的方案不一定 NPV 也高，所以不能直接对方案寿命期的 NPV 值进行比较，只能用方案寿命期的 NAV 值进行比选。

例 4-21 试用年值法对上例中的 A、B 两互斥方案进行选优。

解：$NAV_A = 200 - 240(A/P,15\%,2) = 52.37$（万元）

$NAV_B = 100 - 200(A/P,15\%,3) = 12.41$（万元）

由于 $NAV_A > NAV_B > 0$，所以 A 方案较优。

两种方法的结论是一致的。最小公倍数法和年值法实质上都是延长方案寿命期以达到时间可比的要求，一般被认为是合理可行的。但是在某些情况下，这种方案多次重复实施的假设往往是不合理的，因为随着技术进步，一个完全相同的方案在较长的时间内多次重复的可能性不大，甚至是完全不可能的。比如，自然储量有限的不可再生性资源开采项目，设备遭无形磨损需要更新换代的项目等。对于这些寿命期不同的互斥方案的比选，一种较可行的办法是利用研究期法，即按照实际需要确定一个合适的研究期，在此研究期内分析各方案的经济指标。

（3）研究期法。

研究期的确定通常有三种做法：取最大寿命期作为共同的分析计算期；取最短寿命期作为共同的分析计算期；取计划规定年限作为共同的分析计算期。

研究期的选择没有特殊的规定，很显然以各方案中寿命最短者为研究期时，计算最为简便，而且可以完全避免可重复性假设。

不过，值得注意的是，对于实际寿命比共同的研究期要长的方案，存在未使用价值的处理问题，其处理方式有两种：承认方案未使用价值和不承认未使用价值。

例 4-22 仍以例 4-19 的数据为例，试用研究期法对 A、B 两方案进行选优。

解：（1）承认未使用价值。

假定取方案 A 的寿命 2 年作为研究期，并承认 B 方案 2 年以后的未使用价值，即将方案 B 的投资按时间价值分摊到整个寿命期 3 年中，然后取 2 年研究期的净现值与方案 A 的净现值相比较，则有：

$NPV_A = -200(P/A,15\%,2) - 240 = 85.2$（万元）

$NPV_B = [100 - 200(A/P,15\%,3)](P/A,15\%,2) = 20.2$（万元）

由于 $NPV_A > NPV_B$，所以 A 方案较优。

（2）不承认未使用价值。

不承认未使用价值就是舍去方案研究期以后的使用价值，也就是不承认 B 方案的投资可用 3 年。则有：

$NPV_A = 85.2$（万元）

$NPV_B = [100 - 200(A/P,15\%,2)](P/A,15\%,2)$
$= -37.4$（万元）

由于 $NPV_A > NPV_B$，所以 A 方案较优。

例 4-23 某企业购买辅助设备空压机，可供选择的的两种方案 A 和 B，均能够满足相同的工作要求，有关数据见下表，基准收益率为15%，试比较两方案。

表 4-19 两方案的现金流

方案	A	B
投资（元）	30 000	40 000
年运行费（元）	20 000	18 000
残值（元）	5 000	0
寿命（年）	6	9

解：(1) 用最小公倍数法。

A、B 两方案最小公倍数寿命期的现金流量图如下所示。

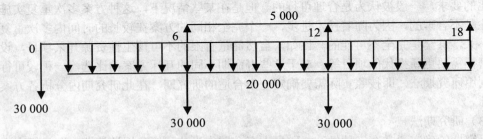

图 4-15 A 方案最小公倍数寿命期的现金流

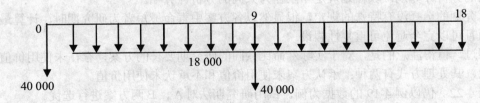

图 4-16 B 方案最小公倍数寿命期的现金流

PC_A = 30 000 + 20 000(P/A,15%,18) + (30 000 − 5 000)(P/F,15%,6) + (30 000 − 5 000)

(P/F,15%,12) − 5 000(P/F,15%,18)

= 30 000 + 20 000 × 6.128 + 25 000 × 0.432 3 + 25 000 × 0.186 9 − 5 000 × 0.080 8

= 16.764（万元）

PC_B = 40 000 + 18 000(P/A,15%,18) + 40 000(P/F,15%,9)

= 40 000 + 18 000 × 6.128 + 40 000 × 0.284 3

= 16.168（万元）

由于 $PC_A > PC_B$，所以方案 B 优于方案 A。

(2) 年值法。

AC_A = 30 000(A/P,15%,6) + 20 000 − 5 000(A/F,15%,6) = 27 355（元）

AC_B = 40 000(A/P,15%,9) + 18 000 = 26 384（元）

由于 $AC_A > AC_B$，所以方案 B 优于方案 A。

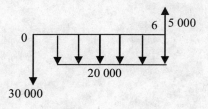
图 4-17 A 方案的现金流

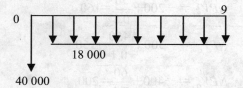
图 4-18 B 方案的现金流

（3）研究期法。

以 6 年作为两方案共同的分析期。若承认 B 方案 6 年后的未使用价值，则有：

$PC_A = 30\,000 + 20\,000(P/A,15\%,6) - 5\,000(P/F,15\%,6) = 103\,528.5$（元）

$PC_B = [40\,000(A/P,15\%,9) + 18\,000] \times (P/A,15\%,6) = 99\,850.2$（元）

由于 $PC_A > PC_B$，所以方案 B 优于方案 A。

若不承认 B 方案 6 年后的未使用价值，则有：

$PC_A = 30\,000 + 20\,000(P/A,15\%,6) - 5\,000(P/F,15\%,6) = 103\,528.5$（元）

$PC_B = [40\,000(A/P,15\%,6) + 18\,000] \times (P/A,15\%,6) = 108\,115.6$（元）

由于 $PC_B > PC_A$，所以方案 A 优于方案 B。

由此可见，承认 B 方案 6 年后的未使用价值与不承认 B 方案 6 年后的未使用价值，所得的结论是不同的。

（4）无限长寿命期的方案比选。

一般情况下，方案的寿命期和计算期都是有限的，但有些工程项目的服务年限可以认为是无限的，如果维修的好，则可以认为其使用寿命无限长，如铁路、公路、隧道、桥梁、运河、水库等。对这种情况，可以用寿命无限大计算 NPV 或将投资转换为年金，计算年费用大小，再选择 NPV 最大的或年费用最小的为最优方案。

例 4-24 企业拟从 A、B、C、D 四种设备中选择一种用于生产某种产品，寿命期无穷大，其数据如下表。若基准收益率为 10%，企业选购哪种设备最经济？

表 4-20 四种设备的现金流

（单位：万元）

方 案	投资 K	净现金流量 R
A	100	10
B	200	36
C	300	45
D	400	60

解：由于寿命趋于无限长，则：

$$NPV_\infty = -K + R(P/A, i_0, \infty) = -K + \frac{R}{i_0}$$

$$NPV_{A\infty} = -100 + \frac{10}{0.1} = 0$$

$$NPV_{B\infty}=-200+\frac{36}{0.1}=160$$

$$NPV_{C\infty}=-300+\frac{450}{0.1}=150$$

$$NPV_{D\infty}=-400+\frac{60}{0.1}=200$$

由于 $NPV_{D\infty}$ 最大，故方案 D 为最优方案。

前面已经证明，无限长寿命期方案的 $NPV_\infty = NAV_{(1)} \times \frac{1}{i_0}$

如果 $NAV_{A(1)} > NAV_{B(1)}$，必有 $NPV_{A\infty} > NPV_{B\infty}$，所以直接比较寿命期不相等的互斥方案第一个周期的 $NAV_{(1)}$ 就可以得到与无穷大寿命法一致的结论。

例 4-25 改造某段高速公路，有 A、B 两个方案可以选择，基准收益率为 10%，问如何选择。

A 方案：投资 9 000 万，可永久使用，年运行费 200 万，每 4 年进行一次大的维修，维修费 500 万。

B 方案：投资 6 000 万，可永久使用，年运行费 400 万，每 3 年进行一次大的维修，维修费 1000 万。

解：若投资用 K 表示，年运行费用 A 表示，维修周期用 n 表示，维修费用 W 表示，则各方案的年费用值为：

$AC = K(A/P, i, \infty) + A + W(A/F, i, n) = Ki + A + W(A/F, i, n)$

$AC_A = 9\,000i + 200 + 500(A/F, 10\%, 4) = 1\,207.75$（万元）

$AC_B = 6\,000i + 400 + 1\,000(A/F, 10\%, 3) = 1\,302.1$（万元）

由于 $AC_B > AC_A$，故方案 A 为最优方案。

4.5.4 受资金限制的方案选择

在大多数情况下，用于投资的资金总是有限的。在有资金限额的条件下，不可能实施所有可行方案，这使得本来不具有排斥性的独立方案也成了相关方案。如何对这类方案进行评价选择，以保证在资金有限的条件下取得最大的投资效益，这是一个关于有限资源最佳利用的问题。有资金约束的独立方案比选通常使用"净现值指数排序法"和"互斥方案组合法"。

1. 净现值指数排序法

所谓净现值指数排序法，就是在计算各方案净现值指数的基础上，将净现值指数大于或等于零的方案按净现值指数大小排序，并依此次序选取项目方案，直至所选取方案的投资总额最大限度地接近或等于投资限额为止，以达到总净现值最大化的目标。

例 4-26 某公司有 5 个独立的投资方案，各方案初始投资和每年净收益如下表所示，5 个方案的计算期均为 10 年，基准收益率 $i_0 = 10\%$，问当总投资额为 2 000 万元时，最优投资方案组合是什么？

表 4-21　各独立方案的现金流

（单位：万元）

方案	A	B	C	D	E
投资	275	350	460	520	700
年净收益	84	92	118	135	180

解：先计算出各方案的 NPV 和 $NPVI$，再按 $NPVI$ 从大到小顺序选择方案，满足资金限制条件的组合方案为 A、B、D、E，所用资金总额为 1 845 万元，总净现值为 1 172.2 万元。

表 4-22　各方案的现金流量及相关指标

（单位：万元）

方案	A	B	D	E	C
投资额	275	350	520	700	460
年净收益	84	92	135	180	118
NPV	241.18	215.34	309.58	406.1	265.11
$NPVI$	0.877	0.615	0.595	0.580	0.576
排序	1	2	3	4	5

按净现值指数排序原则选择项目方案，其基本思想是单位投资的净现值越大，在一定投资限额内所能获得的净现值总额就越大。净现值指数排序法简便易算，这是它的主要优点。但是，由于投资项目的不可分割性，净现值指数排序法在许多情况下，不能保证现有资金的充分利用，不能达到净现值最大的目标。

例 4-27　企业有 6 个相互独立的投资机会，数据见表 4-23。如果企业只能筹集到 35 万的资金，并且基准收益率 $i_0=14\%$。试问企业应该选择那些投资项目加以组合？

表 4-23　6 个投资项目的有关数据

（单位：万元）

投资机会	初始投资	寿命	年净收益
A	10	6	2.87
B	15	9	2.93
C	8	5	2.68
D	21	3	9.50
E	13	10	2.60
F	6	4	2.54

解：计算出各方案的 NPV 和 $NPVI$，并按 $NPVI$ 从大到小排序，则如下表所示。

表 4-24　按 $NPVI$ 排序求解最佳投资机会组合

投资机会	初始投资	NPV	NPV1	排序	累计投资额
F	6	2.57	0.418	1	6
C	8	1.83	0.229	2	14
A	10	1.57	0.157	3	24
D	21	2.37	0.113	4	超额
E	13	0.56	0.043	5	
B	15	−0.54	−0.036	淘汰	

按 $NPVI$ 排序求解投资机会组合方案为：F、C、A，总投资为 24 万，净现值总额为 5.91 万，还有 11 万的投资没有得到利用。如果再加上投资机会 D，投资总额就会超出限额 10 万，由于投资具有不可分割性，所以只能放弃投资机会 D。那么组合方案为：F、C、A 是否为最优？如果去掉投资机会 A，换上投资机会 D，则组合方案变为：F、C、D，总投资为 35 万，净现值总额为 6.71 万，大于 5.91 万，35 万的投资得到也充分利用。显然组合方案：F、C、D 才是最优投资机会组合。可见按 $NPVI$ 排序并不能保证获得最优项目组合方案，需要进行适当的调整后才能获得最优组合方案。

2. 互斥组合法

互斥组合法是在受资金限制的条件下，将相互独立的方案组合成总投资额不超过投资限额的组合方案，各个组合方案之间就变成了互斥关系，再利用前面介绍的互斥方案的比选方法，如净现值法、增量分析法，对互斥方案进行比选，求解出经济效果最好的最优组合方案。

例 4-28　某公司有 3 个独立方案 A、B、C，寿命均为 10 年，期初投资和每年净收益如下表所示，当投资限额为 800 万元时，用互斥方案组合求最优方案组合（$i_0 = 10\%$）。

表 4-25　A、B、C 方案的现金流量

（单位：万元）

方案	A	B	C
投资	200	375	400
每年净收益	42	68	75

解：首先建立所有的互斥方案组合。由于每个方案都有两种可能：选择或拒绝，所以 m 个独立方案可以构成 2^m 个互斥方案，若以 1 代表项目被接受，以 0 代表项目被拒绝，A、B、C 三个独立方案可以构成 8 个互斥方案组合，见表 4-26。

表 4-26　例 4-27 的互斥组合方案

（单位：万元）

组合号	方案组合 A B C	总投资	累计年净收益	累计 NPV
1	0　0　0	0	0	0
2	1　0　0	200	42	58.1
3	0　1　0	375	68	42.9
4	0　0　1	400	75	60.9
5	1　1　0	575	110	101.0
6	1　0　1	600	117	119.0
7	0　1　1	775	143	103.9
8	1　1　1	975	185	该组合超过资金限额

再计算各互斥方案的净现值指标，最后进行方案比选。满足资金约束条件的所有方案组合中，第 6 个方案组合的净现值最大，所以，最优方案组合为 A、C。

当项目个数较少时，这种方法比较简便实用，但当独立项目个数增加时，其组合方案数将成倍增加。比如 5 个独立项目可以组成 32 个（$2^5=32$）互斥方案，而 10 个独立项目可以组成 $2^{10}=1024$ 个互斥方案。因此，当项目数较大时采用这种方法是非常麻烦的。但是由于穷尽了所有可能组合，互斥组合法能够保证得到已知条件下的最优解（组合方案的总净现值最大）。

4.5.5 混合投资方案的选择

混合投资方案是指独立方案中又包含有互斥方案。比如某些大企业或多种经营的企业，投资方向很多，这些投资方向就业务内容而言，是互相独立的，而每个投资方向又可能有几个可供选择的方案，这些方案之间是互斥的，只允许在其中选一个最优方案。像这样的方案选择，我们称之为混合方案的选择。

1. ΔIRR 指标排序法

例 4-29 某公司欲充分利用自有资金，现正研究下表所示的各投资方案选择问题。A、B、C 为 3 个投资对象，它们之间是相互独立的。每个投资对象各有 2 个互斥方案。基准折现率 $i_0=10\%$，各方案寿命均为 8 年。

（1）如果投资没有限制，应如何选择方案；
（2）如果投资限额为 600 万元，该如何选择方案；
（3）若不论效益如何，C 对象都必须上，那么当投资限额为 600 万元时，应如何选择方案。

解：对上述三个问题，我们采用内部收益率指标来分析。分别计算各投资对象的各个互斥方案的内部收益率及差额内部收益率，得到表 4-28 的数据。

（1）由于资金供应无限制，A、B、C 投资对象之间相互独立，对各对象内部互斥方案进行比选，就可以得到最优组合方案。由表 4-28 可知，A 投资对象的两个方案都是可行的，但方案 A_2 优于方案 A_1；B 投资对象的两个方案都是可行的，但方案 B_1 优于方案 B_2；C 投资对象的两个方案都是可行的，但方案 C_1 优于方案 C_2。因此，在投资没有限制时，应选 $A_2+B_1+C_1$ 组合方案，即 A 对象投资 400 万元，B 对象投资 200 万元，C 对象投资 200 万元。

表 4-27　各方案的现金流量

（单位：万元）

投资对象	方案	投资额	年收益
A	A_1	300	90
	A_2	400	113
B	B_1	200	44
	B_2	300	60
C	C_1	200	43
	C_2	300	61

表 4-28 各互斥方案的内部收益率和差额内部收益率

方案	IRR	差额方案	ΔIRR	按 ΔIRR 排序
A_1	25%	A_1—0	25%	1
A_2	22.8%	A_2—A_1	15.3%	2
B_1	14.6%	B_1—0	14.6%	3
B_2	11.8%	B_2—B_1	5.8%<10%	6
C_1	13.9%	C_1—0	13.9%	4
C_2	12.3%	C_2—C_1	8.9%<10%	5

（2）对混合方案的各 ΔIRR 从大到小排序,如表 4-28 所示,并将它们由高到低在坐标系中表示出来。由于有投资限制,三个投资对象的投资方案选择过程如图 4-19 所示。

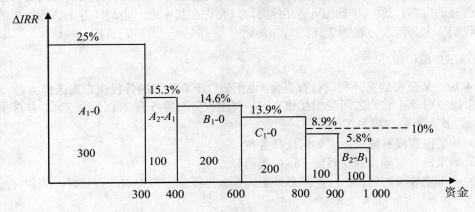

图 4-19 混合方案的 ΔIRR

当投资限额为 600 万时,应选择 $(A_1-0)+(A_2-A_1)+(B_1-0)=A_2+B_1$,最优组合方案为:$A_2$、$B_1$,即 A 对象投资 400 万元,B 对象投资 200 万元,C 对象不投资。

（3）如果 C 对象必须上,则方案 C_1 必须优先选择,方案选择过程变为图 4-20。

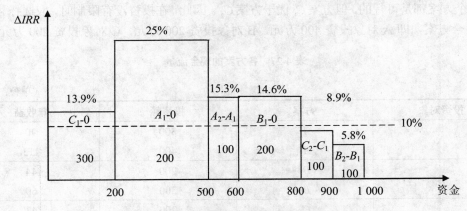

图 4-20 有优先选择的混合方案的 $\triangle IRR$

从图 4-20 可以看出,如果无论效益如何,投资对象 C 都必须上,在投资限额为 600 万元时，最佳组合方案为 $(C_1-0)+(A_1-0)+(A_2-A_1)=C_1+A_2$，也就是对 A 对象投资 400 万元，C 对象投资 200 万元，B 对象不投资。

2. 混合项目的互斥组合法

例 4-30 某公司有 A、B 两个投资对象，它们之间是相互独立的。每个投资对象各有两个互斥方案，数据如下表所示。基准折现率 $i_0=10\%$，各方案寿命均为 8 年。试问：如果投资限额为 600 万元，该如何选择方案。

表 4-29　各方案的现金流量

（单位：万元）

投资对象	方案	投资额	年收益
A	A_1	300	90
	A_2	400	113
B	B_1	200	44
	B_2	300	60

解：该投资项目可以组合成 9 个互斥方案，如表 4-30 所示。

表 4-30　混合项目的互斥组合表

（单位：万元）

组合号	方案组合				总投资	累计年净收益	累计 NPV
	A_1	A_2	B_1	B_2			
1	0	0	0	0	0	0	0
2	0	0	0	1	300	60	20.1
3	0	0	1	0	200	44	34.7
4	0	1	0	0	400	113	202.8
5	1	0	0	0	300	90	180.1
6	0	1	1	0	600	157	237.6
7	0	1	0	1	700	173	该组合超过资金限额
8	1	0	0	1	600	150	200.2
9	1	0	1	0	500	134	214.9

分别计算各组合方案的总投资、累计年净收益、累计 NPV 如表 4-30 所示。如果投资限额为 600 万元，则最优组合方案为：A_2+B_1，累计 NPV 为 237.6 万元。

由于穷尽了所有可能组合，混合项目的互斥组合法也能够保证得到已知条件下的最优解（组合方案的总净现值最大）。但是，当独立投资项目个数较多，或每个项目内的互斥方案数较多时，其组合方案数将十分庞大。如果用 X 表示相互独立的项目数，Y_j 表示第 j 个独立项目中相互排斥的方案个数，则可以组合成的互斥方案数为：

$$Y=\prod_{j=1}^{X}(Y_j+1)=(Y_1+1)(Y_2+1)\cdots(Y_X+1) \tag{4-24}$$

比如，有 3 个独立项目，每个项目内有 3 个互斥方案，则总共可以组合成 $4\times4\times4=64$ 个互斥方案，显然这将是一个非常复杂的计算问题。因此，当组合后的互斥方案数较大时，不宜采用这种方法。

4.6 层次分析法在技术方案综合评价中的应用

4.6.1 层次分析法的概念

层次分析法（The Analytic Hierarchy Process，AHP法）是美国运筹学家T.L.Saaty教授在20世纪70年代提出的一种将定性与定量分析相结合的决策方法。其基本思路是根据问题的性质和要达到的总目标，将复杂系统分解为不同组成因素，并按照因素间的相互关系以及隶属关系将因素按不同层次聚集组合，形成一个由目标层、准则层、项目层（或方案层）等构成的多层次分析结构模型，并最终将系统分析归结为最低层（方案、措施、指标等）相对于最高层（总目标）相对重要程度的权值或相对优劣次序的问题，整个过程体现了分解、判断、综合的系统思维方式。该方法适用于多准则、多目标或无结构特征的复杂问题的决策分析，尤其适合于那些决策目标结构复杂且缺少必要的数据、决策结果难以准确计量、人的定性判断起重要作用的场合。

层次分析法把人的决策思维过程层次化、数量化、模型化，是一种对非定量问题进行定量分析的有效方法。该方法自1982年被介绍到我国以来，已广泛应用于资源规划、管理评价、经济发展比较、科研评价、人员素质测评等方面。

4.6.2 层次分析法应用的程序

下面以投资项目技术方案的综合评价为例，来说明层次分析法求解决策问题的过程。假设某企业的投资项目有三个实施方案可供选择，现采用层次分析法对这三个方案进行技术经济综合评价。

1. 建立递阶层次结构图

首先需要把决策问题条理化、层次化，构造出一个层次分析结构的模型。通过分析，我们将该决策问题建立如图4-21所示的层次分析结构。

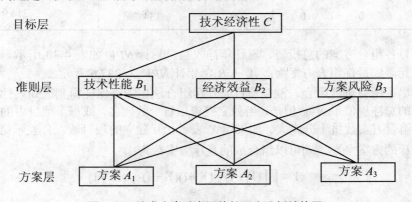

图4-21 技术方案综合评价的层次分析结构图

建立层次分析结构图后，问题分析即归结为各种技术方案相对于总目标的优先次序。对于更一般的问题来说，建立问题的层次分析结构模型是 AHP 法中最重要的一步。它把复杂的问题分解成几个组成部分，并按元素的相互关系及其隶属关系形成不同的层次，同一层的元素作为准则对下一层的元素起支配作用，同时它又受上一层元素的支配。最高层次只有一个元素，它表示决策者所要达到的目标；中间层一般为准则、子准则，表示能否达到目标的判断准则，其包含的内容不应重叠，也不应该遗漏，各准则之间以及各子准则之间应该相对独立；最低一层表示要选用的解决问题的各种措施、方案等。每一层次中的元素一般不超过 9 个，因为同一层次中包含数目过多的元素会给两两比较判断带来困难。

层次结构建立在分析者对问题全面深入认识的基础之上。如果对层次的划分以及各层次的内容举棋不定，最好的办法是重新分析问题。

2. 构造判断矩阵

建立了层次分析结构模型之后，就可以在各层元素中进行两两比较，构造出比较判断矩阵。判断矩阵表示针对上一层的某支配准则，本层与之有关因素之间相对重要性的比较。判断矩阵是层次分析法的最基本信息，也是进行相对重要度计算的重要依据。那么如何建立起两两比较判断矩阵？

假定上一层次元素 B_k 对下一层元素 $A_1, A_2, \cdots, A_n$ 有支配关系，可以建立以 B_k 为判断准则的元素 $A_1, A_2, \cdots, A_n$ 间的两两比较判断矩阵。在这一步中，需要反复回答这样的问题：针对准则 B_k，两个元素 A_i、A_j 哪个更重要，并对重要性的大小赋予一定的数值。判断矩阵中各元素的数值一般采用 1-9 级标度法确定。赋值的根据或来源，可以是由决策者直接提供，或者通过分析者与决策者的对话来确定，或者由分析者通过某种技术咨询而获得，或是通过其他合适的途径来决定。一般的，判断矩阵应由熟悉问题的专家独立地给出。

对于 n 个元素来说，我们得到两两比较判断矩阵 $A=(a_{ij})_{n \times n}$，其中 a_{ij} 表示针对准则 B_k，元素 A_i 相对于元素 A_j 的重要程度。判断矩阵的形式如下：

B_k	A_1	A_2	$\cdots$	A_n
A_1	a_{11}	a_{12}	$\cdots$	a_{1n}
A_2	a_{21}	a_{22}	$\cdots$	a_{2n}
$\cdots$	$\cdots$	$\cdots$	$\cdots$	$\cdots$
A_n	a_{n1}	a_{n2}	$\cdots$	a_{mn}

矩阵 A 中的元素 a_{ij} 有如下性质：

$a_{ij} > 0 \quad (i、j=1,2,\cdots,n)$

$a_{ij} = \dfrac{1}{a_{ji}} \quad (i \neq j)$

$a_{ii} = 1$

由此可见，矩阵 A 是一个正互反矩阵。对正互反矩阵，如果对任意 i,j,k 都有 $a_{ij} \times a_{jk} = a_{ik}$，此时称该矩阵为一致矩阵。但在实际问题求解时，构造的判断矩阵并不一定具有一致性，常常需要进行一致性检验。

根据心理学家的研究：人们区分信息等级的极限能力为 7 ± 2 级。在层次分析法中，为了使决策判断定量化,常常采用 1-9 级标度法。如下表所示。

表 4-31 判断矩阵九级标度及含义

a_{ij} 取值	含 义
1	表示 i,j 两元素相比,具有同等重要性
3	表示 i 元素比 j 元素稍微重要
5	表示 i 元素比 j 元素明显重要
7	表示 i 元素比 j 元素强烈重要
9	表示 i 元素比 j 元素极端重要
1/3	表示 i 元素比 j 元素稍不重要
1/5	表示 i 元素比 j 元素明显不重要
1/7	表示 i 元素比 j 元素强烈不重要
1/9	表示 i 元素比 j 元素极端不重要

而标度 2,4,6,8,1/2,1/4,1/6,1/8,分别介于上述两相邻判断的中间。实际上,凡是较复杂的决策问题,其判断矩阵是由多位专家填写咨询表之后再加以综合而成。

关于上面的例子,假定决策者对技术方案综合评价的态度是:首先要考虑项目的经济效益,其次是方案的风险,最后是方案的技术性能。则准则层对于目标层 C 的判断矩阵为:

C	B_1	B_2	B_3
B_1	1	1/5	1/3
B_2	5	1	3
B_3	2	1/3	1

我们把上述矩阵记为 B,则 B 简写为:

$$B=\begin{bmatrix} 1 & 1/5 & 1/3 \\ 5 & 1 & 3 \\ 3 & 1/3 & 1 \end{bmatrix}$$

同样,我们可以分别写出判断矩阵 A_1(相对于技术性能准则,各技术方案之间的相对重要性比较)、A_2(相对于经济效益准则,各技术方案之间的相对重要性比较)、A_3(相对于项目风险准则,各技术方案之间的相对重要性比较),如下所示。

$$A_1=\begin{bmatrix} 1 & 2 & 5 \\ 1/2 & 1 & 3 \\ 1/5 & 1/3 & 1 \end{bmatrix}, A_2=\begin{bmatrix} 1 & 3 & 1 \\ 1/3 & 1 & 1/3 \\ 1 & 3 & 1 \end{bmatrix}$$

$$A_3=\begin{bmatrix} 1 & 1/7 & 1/3 \\ 7 & 1 & 3 \\ 3 & 1/3 & 1 \end{bmatrix}$$

3. 层次单排序

计算出某层各元素相对于上一层某元素的相对权重，这种排序计算称为层次单排序。也就是说，层次单排序是指根据判断矩阵计算对于上一层某元素而言，本层次与之有联系的元素重要性的权值。

设针对某一准则，各元素的权重向量为：
$$W=(W_1, W_2, \cdots, W_n)^T$$

可以通过求解下列方程得到 W：
$$AW = \lambda_{max} W \tag{4-25}$$

式中 λ_{max} 是矩阵 A 的最大特征值。

从理论上讲，层次单排序可归结为计算判断矩阵的最大特征根及其对应的特征向量。一般来说，计算判断矩阵的最大特征根及其对应的特征向量，并不需要追求很高的精确度，这是因为判断矩阵本身有相当的误差范围。而且，应用层次分析法给出的各种因素有限排序权值从本质上讲是表达某种定性的概念，故用近似法计算判断矩阵的最大特征根及其对应的特征向量即可。这里介绍一种便于计算机编程的方根法。

（1）计算判断矩阵 A 每行所有元素的几何平均值：
$$\overline{W_i} = \sqrt[n]{\prod_{j=1}^{n} a_{ij}} \quad (i=1,2,\cdots,n) \tag{4-26}$$

得到 $\overline{W} = (\overline{W}_1, \overline{W}_2, \cdots, \overline{W}_n)^T$

（2）将 $\overline{W}$ 归一化，即计算：
$$W_i = \frac{\overline{W_i}}{\sum_{j=1}^{n} \overline{W_i}} \quad (i=1,2,\cdots,n) \tag{4-27}$$

得到 $W=(W_1, W_2, \cdots, W_n)^T$ 即为所求特征向量的近似值，这也是各因素的相对权重。

（3）计算最大特征值：$\lambda_{max} = \sum_{i=1}^{n} \frac{(AW)_i}{nW_i}$； $\quad$ (4-28)

式中：$(AW)_i$ 表示向量 AW 的第 i 个元素。

4. 判断矩阵的一致性检验

所谓判断矩阵的一致性是指专家在判断指标重要性时，各判断之间协调一致，不致出现相互矛盾的结果。但对实际问题建立起来的判断矩阵往往满足不了一致性，造成这种情况的原因是多种多样的。比如由于客观事物的复杂性和人们认识上的多样性，以及可能产生的片面性。要求每一个判断矩阵都有完全的一致性显然是不大可能的，特别是因素多规模大的问题更是如此。但是，要求判断具有大体的一致性却是应该的。因此，为了保证应用层次分析法得到的结论合理，还需要对构造的判断矩阵进行一致性检验。

（1）计算一致性指标：$CI = \frac{\lambda_{max} - n}{n-1}$，式中：$n$ 为判断矩阵 A 的阶数。

（2）计算相对一致性指标：$CR = \frac{CI}{RI}$，式中：RI 为平均随机一致性指标，是足够多个根据随机发生的判断矩阵计算的一致性指标的均值，1-10 阶矩阵的 RI 取值如下表所示。

表 4-32　平均随机一致性指标

矩陈阶数 n	1	2	3	4	5	6	7	8	9	10
RI	0	0	0.58	0.90	1.12	1.24	1.32	1.41	1.45	1.49

一般而言，CR 越小，判断矩阵的一致性越好。当 $CR=0$ 时，判断矩阵具有完全的一致性，这时 $\lambda_{max}=n$。比如 $n=1$ 或 2，判断矩阵就具有完全一致性。当 $n>2$ 时，如果 $CR \leq 0.1$，判断矩阵具有满意的一致性，否则就需要重新调整和修正判断矩阵，使之具有满意的一致性。

针对该例，利用这种方法，对各判断矩阵的单排序进行计算和一致性检验，具体结果如下，对于判断矩阵 B，其计算结果为：

$$W=\begin{bmatrix} 0.105 \\ 0.637 \\ 0.258 \end{bmatrix}, \lambda_{max}=3.038, CI=0.019, RI=0.58, CR=0.033$$

对于判断矩阵 A_1，其计算结果为：

$$W=\begin{bmatrix} 0.582 \\ 0.309 \\ 0.109 \end{bmatrix}, \lambda_{max}=3.0037, CI=0.00185, RI=0.58, CR=0.0036<0.10$$

对于判断矩阵 A_2，其计算结果为：

$$W=\begin{bmatrix} 0.428 \\ 0.143 \\ 0.429 \end{bmatrix}, \lambda_{max}=2.9999, CI<0, CR<0.10$$

对于判断矩阵 A_3，其计算结果为：

$$W=\begin{bmatrix} 0.088 \\ 0.669 \\ 0.243 \end{bmatrix}, \lambda_{max}=3.006, CI=0.003, CR=0.006<0.10$$

5. 总排序

总排序是在各层次单排序的基础上，计算出最底层元素相对于最高层（总目标）的相对重要性或相对优劣的排序值。如果将准则层元素对总目标的权重向量记为 $W^{(1)}$；最低层元素相对于准则层元素的单排序结果矩阵记为 $W^{(2)}$，则最底层元素对总目标的权值向量可按下式计算：

$$W=W^{(2)} \times W^{(1)} = \begin{bmatrix} W^{(2)}_{11} & W^{(2)}_{12} & \cdots & W^{(2)}_{1m} \\ W^{(2)}_{21} & W^{(2)}_{22} & \cdots & W^{(2)}_{2m} \\ \cdots & \cdots & \cdots & \cdots \\ W^{(2)}_{n1} & W^{(2)}_{n2} & \cdots & W^{(2)}_{nm} \end{bmatrix} \times \begin{bmatrix} W^{(1)}_1 \\ W^{(1)}_2 \\ \cdots \\ W^{(1)}_m \end{bmatrix} \quad (4-29)$$

在式中：m 为准则的数目，n 为最低层元素个数（方案个数）。

将上面单排序的结果列表如下：

表 4-33 各方案的排序结果

评价指标	技术性能	经济效益	项目风险	总排序
权重系数	0.105	0.637	0.258	
方案 A_1	0.582	0.428	0.088	0.358
方案 A_2	0.309	0.143	0.669	0.296
方案 A_3	0.109	0.429	0.243	0.346

利用公式（4-29）计算总排序，各方案对总目标的权值向量为：

$$W = \begin{bmatrix} 0.582 & 0.428 & 0.088 \\ 0.309 & 0.143 & 0.669 \\ 0.109 & 0.429 & 0.243 \end{bmatrix} \times \begin{bmatrix} 0.105 \\ 0.637 \\ 0.258 \end{bmatrix}$$

$$= (0.358 \quad 0.296 \quad 0.346)^T$$

从最终排序结果来看，对总目标而言，这三个方案的相对重要性权值相差并不很大，它们的相对优先顺序为：方案 A_1、方案 A_3、方案 A_2。

AHP 法计算结果简单明确，易于被决策者理解和掌握。但应该看到，从建立层次结构模型到给出成对判断矩阵，人的主观因素对整个过程的影响很大，这就使得结果的可信度下降。当然采取专家群体判断的办法是克服这个缺点的一种途径。AHP 法只能得出各备选方案相对优劣的排序结果，对那些有较高定量要求的决策问题，单纯用 AHP 法不大合适。对于定量要求不高的决策问题，却可以获得较好的结果。

【习题】

1. 什么常规投资项目"和"非常规投资项目"？这样将项目进行区分有何意义？
2. 在哪种情况下，现金流量的 IRR 有唯一确定的解？
3. 为什么对项目方案进行分析、评价时，各类绝对、相对评价指标要结合使用？
4. 在进行方案比较分析时，哪些评价指标需取相同的分析期，那些指标则不用？
5. 为什么用 NPV、NPVR、IRR 等指标进行方案比较时会出现结论不一致？当出现这种不一致时应如何选择方案？
6. NPV 为负值时说明企业亏本吗？
7. 什么是项目方案比较的增量分析法？增量分析法的意义和基本步骤如何？
8. 静态分析法和动态分析法有哪些共性和区别？什么情况下可采用静态分析法？
9. 层次分析法的基本原理是什么？简述层次分析法的步骤。
10. 根据下表的数据，求下列投资方案的静态和动态投资回收期（$i_0 = 10\%$）。

（单位：万元）

年	0	1	2	3	4	5	6
净现金流量	−60	−40	30	50	50	50	50

11. 某项目初始投资为 8 000 元，在第一年末现金流入为 2 000 元，第二年末现金流入 3000 元，第三、四年末的现金流入均为 4 000 元，请计算该项目的净现值、净年值、净现值率、内部收益率、动态投资回收期（$i_0 = 10\%$）。

12. 在某个项目中，有两种机器可以选用，都能满足生产需要。机器 A 买价为 10 000 元，在第 6 年年末的残值为 2 000 元，前三年的年运行费用为 5 000 元，后三年为 6 000 元。机器 B 买价为 8 000 元，第 6 年年末的残值为 1000 元，其运行费用前三年为每年 5 500 元，后三年为每年 6 500 元。基准收益率是 15%。试用费用现值和费用年值法选择机器。

13. 某项目在前三年各年年初的投资分别为 200 万元、300 万元和 500 万元，其后 10 年每年的净现金流入为 200 万元，固定资产的残值忽略不计。若基准收益率 $i_0=10\%$，问此项目是否可行？若基准收益率 $i_0=15\%$，分析结果又如何？

14. 某项目各年净现金流量如下表所示。试求项目的内部收益率，若基准收益率 $i_0=12\%$，判断该项目是否可行。

（单位：万元）

年份	0	1	2	3	4	5
净现金流量	−200	40	60	40	80	80

15. 互斥方案 A、B、C 的净现金流量如下表所示，问应该选择哪个方案（基准收益率 $i_0=10\%$）。

（单位：万元）

方案\年份	0	1	2	3	4	5	6
A	−5 000	2 000	2 000	2 000	2 000	2 000	2 500
B	−1 600	−1 800	1 800	1 800	1 800	1 800	2 000
C	−1 000	400	400	400	400	400	450

16. 某工程一次投资 500 万元，每年净收益 50 万元，试问：（1）用静态法计算收回全部投资需多少年？（2）静态投资收益率是多少？

17. 某人请一家咨询公司替他进行投资分析：他用 30 000 元买到镇边一块土地，究竟干什么可以取得最好的经济效益。设基准投资收益率为 10%。咨询顾问提出四个方案供他选择，资料如表所示，试从多方案中选优。

（单位：元）

方案	总投资	年收益	20 年末终值
A 土地出租	38 000	4 500	0
B 蔬菜市场	50 000	5 100	30 000
C 煤气站	95 000	10 500	30 000
D 汽车旅馆	150 000	15 000	40 000

18. 某项目生产所需的一台设备投资现值为 120 万元，年作业成本为 30 万元，预计 10 年后的产量将成倍增长，那时尚需要增加一台同样的设备，再投资 120 万，而作业成本将是 60 万元。如果购置大型设备，现在投资为 200 万元，10 年内作业成本为 32 万元 / 年，10 年后产量成倍增长时不再投资，那时年作业成本为 58 万元，假设该厂设备寿命相当长，期望收益率为 8%，试评价采用哪种设备为好。

19. 某工程项目建设期为 2 年，于第一年初投资 2 000 万元，生产期 13 年，投产后预计年均收益 400 万元，生产期末残值 200 万元，试计算项目的 IRR 是多少？

20. 某项目有两个投资方案可供选择，它们的各年现金流量如表所示，试用 ΔNPV 及

ΔIRR 指标比选这两个方案（$i_0 = 10\%$）。

（单位：万元）

年份 投资方案	0	1	2	3
A	−100	40	40	50
B	−120	50	50	60

21. 已知两个方案的数据如下表所示，设 $i_0 = 10\%$，试用 NPV、NAV 指标进行这两个方案的比选。

项 目	方案 A	方案 B
投资（万元）	3 500	5 000
年收益值（万元）	1 900	2 500
年支出（万元）	645	1 383
寿命（年）	4	8

22. 某公司有 3 个独立方案 A，B，C，寿命期均为 10 年，期初投资和每年净收益如表所示，当投资限额为 800 万元时，求最优方案组合（$i_0 = 10\%$，单位：万元）。

（单位：万元）

方 案	A	B	C
投资	200	375	400
每年净收益	42	68	75

23. 某公司欲充分利用自有资金，现正在研究下表所示的各投资方案的选择问题。A，B，C 为投资对象，它们彼此之间是相互独立的，各投资对象分别有 3 个、4 个、2 个互斥的方案，$i_0 = 10\%$。当投资限额为 500 万元，700 万元时，该如何选择方案。

（单位：万元）

	方案	投资额	年收益
A	A1	300	90
	A2	400	95
	A3	500	112
B	B1	100	10
	B2	200	44
	B3	300	60
	B4	400	68
C	C1	200	43
	C2	300	61

24. 某公司下设 3 个工厂 A，B，C，各厂都有几个互斥的技术改造方案，如下表所示，各方案寿命期都是 10 年（$i_0 = 12\%$）。

（1）假如每个工厂都可以采用维持现状的方案（即不投资），那么在投资限额为 4 000 万元时，如何选择方案？

（2）如果 B 厂方案必须上，那么当投资限额为 3 000 万元，4 000 万元时，选择哪些方案为好？

工　厂	A		B			C		
方案	A1	A2	B1	B2	B3	C1	C2	C3
初期投资（万元）	1 000	2 000	1 000	2 000	3 000	1 000	2 000	3 000
比现状增加的年净收益（万元）	272	511	200	326	456	509	639	878

第 5 章 不确定性和风险分析

技术经济分析与评价中所用的投资、成本、产量、价格等基础数据大部分来自于人们对未来事物的预测和估算。由于影响投资方案经济效果的政策法规、经济形势、资源条件、技术发展等因素未来的变化具有不确定性，加上预测方法的局限性，使得预测数据不可避免地带有误差。误差会使方案经济效果的实际值与预计值产生偏离，从而给投资者和经营者带来风险。比如，建设工期拖长，投资超过预算，生产能力达不到设计要求，原材料价格上涨，劳动力成本增加，产品价格波动，市场需求量发生变化，贷款利率以及外币汇率变动等都可能使一个工业投资项目达不到预期的经济效果，甚至发生亏损。因此，为了提高投资决策的可靠性，就必须对投资项目的不确定性和风险进行正确的分析和评价。

5.1 不确定性和风险概述

5.1.1 确定性和风险的概念

不确定性和风险是两个紧密联系的概念。人们对未来事物认识的局限性、可获信息的不完备性以及未来事物本身的不确定性使得未来经济活动的实际结果偏离预期目标，这就形成了经济活动结果的不确定性，从而使经济活动的主体得到高于或低于预期的效益，甚至遭受一定的损失，因此投资活动的风险是客观存在的。正是由于不确定性是风险的起因，不确定性与风险总是相伴而生。如果不从定义上去刻意区分，人们往往将它们混为一谈。即使从理论上刻意区分，实践中这两个名词也常常混用。

从理论上讲，风险（Risk）和不确定性（Uncertainty）是有区别的。两者的不同之处在于决策者是否知道决策所带来的所有可能结果的概率。风险是指决策者有足够的信息确定每一种可能结果发生的概率。而在不确定的条件下，决策者可识别每一种可能结果，但是没有足够的信息来决定每一种可能结果发生的概率。可见，风险是一种不确定性，但不确定性不一定都表现为风险。

5.1.2 企业投资风险的种类

不同的投资方式，其所面临的投资风险会有所差别，但归纳起来，主要有以下三类。

1. 经营风险

经营风险（Operating Risk）是指由于生产经营情况的不确定性而产生赢利能力的变化，从而造成投资者收益或本金减少或亏损的可能性。它主要是指企业在不使用债务时的资产风险。比如，由于提价或产品质量问题使订单减少，利润下降；企业没有优势互补的领导团队，决策能力有限等。一旦类似事情发生，则实际收益将会低于预期水平。经营风险因不同产业而不同,也随着时间的变化而变化。例如,现代食品加工业和零售业常被认为具有较低的经营风险,而一些只生产单一产品的企业常被认为具有较高的经营风险。

2. 财务风险

财务风险(Financial Risk)是指与资金结构有关的风险。企业使用贷款要承担风险,贷款比例越大,风险也越大;当然,相应的获得高额利润的机会也越大。如果项目的投资报酬率高于借款利率,企业将获得额外的税后净利;如果项目的投资报酬率低于借款利率,企业将付出额外的损失。企业在负债融资时,要权衡风险与收益的关系,选择合理的资金结构。

3. 市场风险

市场风险(Market Risk)是指由于企业外部环境的变化而带来的投资结果的不确定性。一般来说,市场风险不是企业自身能力所能够控制的。比如战争、地震等自然灾害,通货膨胀、经济衰退以及利率、汇率变动时,投资者可能遭受的风险,就是市场风险。前面提到的经营风险和财务风险属于企业的内部风险,是可以通过努力得到控制的。而市场风险属于外部环境风险,很难被投资者预测,它们一旦发生,往往给投资者造成巨大损失。

5.1.3 风险与收益的关系

收益是指某项投资在未来一定时期内所能获得的总报酬。在一般情况下,投资者愿意选择预期收益率较高的投资方案,但如果这种预期收益存在着较大的风险,那他就不一定会做出同样的选择。每个投资方案的风险大小不一样,投资于高新技术产业比传统工业风险要大,投资股票比投资债券的风险要大;即使是同一项投资,在不同的地方和不同的时期,其风险也是不一样的。如果两个投资方案的预期收益率相同,而其中一个风险大一些,另一个风险小一些,那么投资者肯定愿意选择后者。这种现象我们称之为"风险厌恶"。

由于存在风险厌恶,投资者选择高风险项目时,所要求的预期收益也必须足够高。人们冒风险是为了获得风险报酬。风险报酬(Risk Premium)是指投资者因冒风险而获得了超过正常报酬(无风险报酬)的额外报酬。风险越大,所要求的风险报酬就越高。由于风险是客观存在的,社会经济的发展需要人们去冒风险,风险报酬是对风险行为的一种鼓励和补偿。当然,由于风险也存在威胁,人们又要尽可能确切地评价风险,并设法回避、减少或转移、分散风险。

由于风险双重特性的存在,导致人们对风险的态度因人、因时、因地、因条件的不同而有很大的不同。在对风险和不确定性项目的评价过程中,必须考虑人的因素。关于风险和不确定性项目评价决策的方法有很多,本章重点介绍常用的盈亏平衡分析法、敏感性分析法、概率分析法以及风险和不确定性决策的其他方法。

5.2 盈亏平衡分析

5.2.1 盈亏平衡分析的含义

盈亏平衡是指企业销售产品时所获得的销售收入,与其所发生的销售成本保持相等,企业正好处于不亏不盈状况(即净收益为零)。盈亏平衡分析(Break-even Analysis)是通过分析投资项目的产品产量（销售量）、成本和利润之间的关系，找出项目不亏不盈时产量、价格、成本等的临界点，据此判断投资项目的风险大小及对风险的承受能力，为投资决策提供依据。盈亏平衡分析也称为量本利分析、损益平衡分析。当项目的收益和成本相等时，盈利与亏损的转折点就是盈亏平衡点（Break-Even Point，BEP）。盈亏平衡点也称保本点，是投资或经营中一个很重要的数量界限。

盈亏平衡点的表达形式有多种。它可以用产量、单价、单位产品可变成本以及年固定成本表示，也可以用生产能力利用率等相对量表示。根据盈亏平衡点的含义，内部收益率就是项目关于利率这一不确定性因素的动态盈亏平衡点。不过，在技术经济分析的实践中，盈亏平衡点常用产量或者生产能力利用率来表示。

5.2.2 独立方案盈亏平衡分析

独立方案盈亏平衡分析的目的是通过分析产品产量、成本与方案盈利之间的关系，找出投资方案产量、产品价格、单位产品成本等方面的临界点，以判断方案在各种不确定因素作用下的风险情况。

根据生产成本、销售收入与产量（销售量）之间是否呈线性关系，盈亏平衡分析可分为：线性盈亏平衡分析和非线性盈亏平衡分析。

1. 线性盈亏平衡分析

假设：

① 产量等于销售量；
② 销售单价不变，销售收入与产量呈线性关系；
③ 项目正常生产年份的固定成本不变，单位可变成本为常数，总可变成本随产量变动呈正比变化；
④ 项目在分析期内，产品市场价格、生产工艺、技术装备、生产方法、管理水平等均无变化；
⑤ 项目只生产一种产品，若生产多种产品，则产品结构不变，且都可以换算为单一产品计算，假定该项目的生产销售活动不会明显地影响市场供求状况，其他市场条件不变，产品价格可以看作一个常数。销售收入与销售量之间的关系为：

$$B=PQ \tag{5-1}$$

式中：B——销售收入；
P——单位产品价格（不含税价格）；
Q——产品销售量。

项目投产后，生产和销售产品的总成本费用为 C。一般来说，总成本费用可以分为固定成本与可变成本两部分。固定成本（C_f）是指在一定的生产规模限度内不随产量的变动而变动的费用，如辅助人员工资、职工福利费、折旧及摊销费、修理费等，它们都与产量增减无关，应划为固定成本。可变成本（C_v）是指随产品产量的变动而变动的费用，如原材料消耗、直接生产用辅助材料、燃料、动力等，它们都与产品产量增减呈正比变化，应划为可变成本。实际上，还有一类成本称为半可变成本，如维修费、加班工人工资、运输费等，这类成本随产品产量的变化而有所变动，但与产量不呈严格的正比例关系，而呈阶梯形变化。半可变成本通常在总成本中所占比例很小，在进行盈亏平衡分析之前，应通过适当的方法近似地将其分解为固定成本与可变成本两部分。

总成本费用是固定成本与可变成本之和，它与产品产量之间的关系为：

$$C = C_f + C_v Q \qquad (5\text{-}2)$$

式中：C——总生产成本；
C_f——固定成本；
C_v——单位产品变动成本。

盈亏平衡点的确定。将式（5-1）和（5-2）式在同一坐标图上表示出来，可以构成线性盈亏平衡分析图。

图 5-1 中纵坐标表示销售收入与产品成本，横坐标表示产品产量。销售收入线与总成本费用线的交点为盈亏平衡点 Q^*（也称 BEP 点），也就是项目盈利与亏损的临界点。在 BEP 点的左边，总成本费用大于销售收入，项目亏损；在 BEP 点的右边，销售收入大于总成本费用，项目盈利；在 BEP 点上，项目不亏不盈。

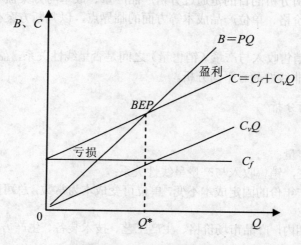

图 5-1　线性盈亏平衡分析图

在销售收入及总成本都与产量呈线性关系的情况下，可以很方便地用解析法求出以产品产量、生产能力利用率、产品销售价格、单位产品变动成本等表示的盈亏平衡点。在盈亏平衡点，销售收入 B 等于总成本 C，即

$$B = C \qquad (5\text{-}3)$$

设盈亏平衡点的产量为 Q^*，则有：

$$PQ^* = C_f + C_v Q^* \qquad (5\text{-}4)$$

$$Q^* = \frac{C_f}{P - C_v} \qquad (5\text{-}5)$$

如果产品是含税的，设 r 为产品销售税率，p 为产品含税价格，则：

$$P = (1 - r)p \qquad (5\text{-}6)$$

$$Q^* = \frac{C_f}{(1 - r)p - C_v} \qquad (5\text{-}7)$$

若项目设计生产能力为 Q_0，则盈亏平衡点的生产能力利用率 E^*：

$$E^* = \frac{Q^*}{Q_0} \times 100\% = \frac{C_f}{(P-C_v)Q_0} \times 100\% \quad (5-8)$$

盈亏平衡点的经济意义是：在项目生产能力许可的范围内，盈亏平衡点越低，说明项目盈利的可能性越大，亏损的可能性越小，项目抗风险能力的能力就越强。

同理，盈亏平衡点生产能力利用率的经济意义是：使项目不亏损时的最低生产能力利用率。E^* 越小，说明只需占用少许的项目生产能力就可以达到盈亏平衡点的产量，意味着项目的风险越小。

由式（5-3）可以推导出以销售价格、固定成本、单位可变成本等表示的盈亏平衡点分别为：

$$P^* = C_v + \frac{C_f}{Q} \quad (5-9)$$

$$C_f = (P-C_v)Q \quad (5-10)$$

$$C_v^* = P - \frac{C_f}{Q} \quad (5-11)$$

例 5-1 某工业项目生产某种产品的设计生产能力为 30 000 件/年，单位产品售价 3 000 元/件，年固定成本 3 000 万元，单位产品变动成本为 1 500 元/件，总变动成本与产品产量成正比例关系，试计算：

（1）以产量、生产能力利用率、销售价格、单位产品变动成本表示的盈亏平衡点，并进行盈亏平衡分析。
（2）该项目的最大可能盈利；
（3）企业如果要求年盈利为 1 000 万元，产量应为多少？
（4）如果年销售量为 15 000 万件，保本点单价应为多少？

解：（1）盈亏平衡点的产量：

$$Q^* = \frac{C_f}{P-C_v}$$

$$Q^* = \frac{3\,000 \times 10\,000}{3\,000 - 1\,500} = 2 \text{（万件）}$$

盈亏平衡点的生产能力利用率：

$$E^* = \frac{Q^*}{Q_0} \times 100\% = \frac{2}{3} \times 100\% = 66.7\%$$

盈亏平衡销售价格：

$$P^* = 1\,500 + \frac{3\,000 \times 10^4}{3 \times 10^4} = 2\,500 \text{（元/件）}$$

盈亏平衡单位产品变动成本：

$$C_v^* = 3\,000 - \frac{3\,000 \times 10^4}{3 \times 10^4} = 2\,000 \text{（元/件）}$$

通过上面的计算，可以对投资方案发生亏损的可能性作出大致判断：如果未来的产品销售价格和成本费用与预计值相同，项目不发生亏损的条件是年销售量不低于 20 000 件，生产能力利用率不低于 66.7%；如果按设计生产能力进行生产并能全部销售，成本费用与预计值相同，项目不发生亏损的条件是产品价格不低于 2 500 元/件；如果销量、产品价格与预计值相同，项目不发生亏损的条件是单位产品变动成本不高于 2 000 元/件。

(2) 该项目的最大可能盈利：
$$L=PQ-C_f-C_vQ=(3\,000-1\,500)\times 3-3\,000=1\,500\text{（万元）}$$

这说明，如果按设计生产能力进行生产，并能以当前价格将产品全部销售出去，企业可获得盈利1 500万元。

(3) 如果企业要求年盈利1 000万元，产量应为：
$$Q=\frac{C_f+L}{P-C_v}=\frac{(3\,000+1\,000)\times 10^4}{3\,000-1\,500}=2.67\text{（万件）}$$

(4) 如果年销售量为15 000万件，保本点单价应为：
$$P^*=1\,500+\frac{3\,000\times 10^4}{1.5\times 10^4}=3\,500\text{（元/件）}$$

这说明，如果年销售量降为15 000万件，以3 500元/件的价格销售，企业只能刚好保本。

2. 非线性盈亏平衡分析

在生产实践中，投资项目的产品价格与单位可变成本不一定是常数。例如，当项目的市场占有率比较大时，其产量的高低可以明显地影响市场供求关系，使市场价格随产量的变化而变化，这时产品销售收入与产量呈非线性关系。同样，单位可变成本在不同的生产规模下也不一定保持不变，例如原材料价格常常与采购量有关，一次性采购量越大，价格所获得的优惠也越多；一些辅助性生产成本随产量的变化而呈阶梯形分布。这两种情况都使单位可变成本发生变化，不再是一个常数。另外，当产量超过一定的范围时，就要增加设备和管理人员等才能保证生产经营活动的正常进行，这样固定成本也相应增大。因此，总成本费用函数与产量也可能呈非线性关系。当销售收入和总成本费用函数都是非线性函数或其中一个是非线性函数时，所进行的盈亏平衡分析为非线性盈亏平衡分析。

以产量为变量，设销售收入函数为：
$$B=f_1(Q) \qquad (5\text{-}12)$$

总成本费用函数为：
$$C=f_2(Q) \qquad (5\text{-}13)$$

销售收入函数曲线和总成本费用函数曲线如下图所示。

在图5-2中，当$B=C$时，有两个盈亏平衡点的产量Q_1^*和Q_2^*。可以看出，当产量$Q<Q_1^*$或$Q>Q_2^*$时，项目处于亏损状态；当$Q_1^*<Q<Q_2^*$时，项目处于盈利状态；当$Q=Q_{\max}$时，项目的利润最大。只有在Q_1^*和Q_2^*之间安排生产，项目才能获得利润。

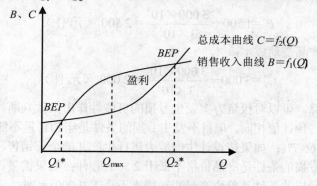

图5-2 非线性盈亏平衡分析图

例 5-2 某投资项目生产一种新产品,年销售收入和年总成本费用都是产量Q的函数。分别为$B=-0.6Q^2+3515Q$, $C=-0.3Q^2+1565Q+2250000$,产量Q的单位为吨,年销售收入和年总成本费用的单位为元。求项目盈亏平衡点的产量,并确定利润最大时的产量。

解:当$B=C$时,有:
$$-0.6Q^2+3515Q=-0.3Q^2+1565Q+2250000$$

解该方程可得盈亏平衡点的产量为:
$$Q_1^*=1500 \text{(吨)}, \quad Q_2^*=5000 \text{(吨)}$$

所以,当产量在 1 500 吨与 5 000 吨之间时,该项目可以盈利。

令$L=B-C$,则$L=-0.3Q^2+1950Q-2250000$

当利润L最大时,$\dfrac{dL}{dQ}=0$,则:
$$Q_{max}=3250 \text{(吨)}$$

因此,利润最大时的产量为 3 250 吨,这时利润总额为 918 750 元。

3. 互斥方案盈亏平衡分析

以上是对单个方案进行的盈亏平衡分析。当不确定因素同时对两个或两个以上互斥方案的经济效果产生不同的影响时,可以通过盈亏平衡分析方法,对互斥方案进行比选。这时的盈亏平衡分析也称为优劣平衡分析。

在对若干个互斥方案进行比选的情况下,如果是某个共同的不确定因素影响这些方案的取舍,可以采用下面的优劣平衡分析方法帮助决策。

设两个互斥方案的经济效果都受某不确定因素x的影响,我们可以把x看作一个共有变量,把两个方案的经济效果指标都表示为x的函数:

$$E_1=f_1(x) \tag{5-14}$$
$$E_2=f_2(x) \tag{5-15}$$

式中E_1和E_2分别为方案 1 与方案 2 的经济效果指标。

当两个方案的经济效果相同时,有
$$f_1(x)=f_2(x) \tag{5-16}$$

求解使这个方程式成立x的值,即为方案 1 与方案 2 的盈亏平衡点,也就是决定这两个方案孰优孰劣的临界点。结合对不确定因素x未来取值范围的预测,就可以作出相应的决策。

例 5-3 生产某种产品有三种工艺方案可以选择,采用方案 1:年固定成本 80 万元,单位产品变动成本为 10 元;采用方案 2:年固定成本 50 万元,单位产品变动成本为 20 元;采用方案 3:年固定成本 30 万元,单位产品变动成本为 30 元。试分析各种方案适用的生产规模。

解:各方案年总成本费用均可表示为产量Q的函数:
$$C_1=C_{f1}+C_{v1}Q=80+10Q$$
$$C_2=C_{f2}+C_{v2}Q=50+20Q$$
$$C_3=C_{f3}+C_{v3}Q=30+30Q$$

各方案的年总成本函数曲线如图 5-3 所示。

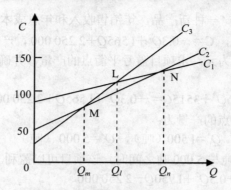

图 5-3　各方案的年总成本函数曲线

由图中可以看出，三个方案的年总成本函数曲线两两相交于 L、M、N 三点，各个交点所对应的产量就是相应的两个方案的盈亏平衡点。在本例中，Q_n 是方案 1 与方案 2 的盈亏平衡点，Q_l 是方案 1 与方案 3 的盈亏平衡点，Q_m 是方案 2 与方案 3 的盈亏平衡点。显然，当 $Q<Q_m$ 时，方案 3 的年总成本最低；当 $Q_m<Q<Q_n$ 时，方案 2 的年总成本最低；当 $Q>Q_n$ 时，方案 1 的年总成本最低。

当 $Q=Q_m$ 时，$C_2=C_3$，有
$C_{f2}=C_{v2}Q_m+C_{v3}Q_m$
$Q_m=\dfrac{C_{f2}-C_{f3}}{C_{v3}-C_{v2}}=\dfrac{50-30}{30-20}=2$（万件）

当 $Q=Q_n$ 时，$C_1=C_2$，有
$C_{f1}+C_{v1}Q_n=C_{f2}+C_{v2}Q_n$
$Q_n=\dfrac{C_{f1}-C_{f2}}{C_{v2}-C_{v1}}=\dfrac{80-50}{20-10}=3$（万件）

因此，当预计年产量低于 2 万件时，应采用方案 3；当预计年产量在 2 万件至 3 万件之间时，应采用方案 2；当预计年产量高于 3 万件时，应采用方案 1。

在上例中，我们用产量作为各互斥方案的共有变量，用年总成本作为经济效果评价指标，对各互斥方案进行优劣平衡分析。在实际中，也可以用投资、销售量、产品价格、利率、经营成本、项目寿命等作为各互斥方案的共有变量，用净现值、内部收益率等作为经济效果评价指标。

例 5-4　生产某种新产品有两种备选方案：方案 A 初始投资为 100 万元，预计年净收益 28 万元；方案 B 初始投资 150 万元，预计年净收益 40 万元。该产品的市场寿命具有较大的不确定性，如果给定基准折现率为 15%，不考虑期末残值，试就项目的寿命期分析两方案取舍的临界点。

解：设项目寿命期为 t，则有：
$NPV_A=-100+28(P/A,15\%,t)$
$NPV_B=-150+40(P/A,15\%,t)$
当 $NPV_A=NPV_B$ 时，则有：
$-100+28(P/A,15\%,t)=-150+40(P/A,15\%,t)$
$(P/A,15\%,t)=4.167$
$t=7$（年）

7年是方案 A 与方案 B 的盈亏平衡点。由于方案 B 的年净收益比较高，项目寿命期延长对方案 B 有利。所以，如果市场预测项目寿命期少于 7 年，则应采用方案 A，如果项目寿命期在 7 年以上，则应采用方案 B。

5.3 敏感性分析

5.3.1 敏感性分析的含义

敏感性分析（Sensitivity Analysis）是在无风险投资分析的基础上，研究投资项目的主要不确定因素如产品售价、产量、经营成本、投资、建设期、利率等发生变化时，项目经济效益评价指标（内部收益率、净现值、投资回收期等）的预计值发生变化的程度。所谓敏感性，是指投资方案的各种因素变化对投资经济效果的影响程度。若某个不确定因素小幅度的变动造成项目经济效果较大幅度的变化，则称该因素为项目的敏感性因素；反之，则称为非敏感性因素。敏感性分析的主要任务就是找出项目的敏感性因素，计算各因素的敏感程度，分析在外部条件发生变化时方案所能够承受的风险，为提高预测的可靠性和决策的准确性提供依据。

我们应把有限的人力和资金用在关键信息的获取和研究方面，以保证项目评价在较低成本下达到较高的准确度。对于敏感度高的因素，应该多花一些时间对它们进行重新调查，重新分析计算数据，以确保数据全面准确。对于那些非敏感性因素，数据可以相对粗略一些。另外，敏感性分析还为对项目评价指标进行风险概率分析提供了方向。

5.3.2 敏感性分析的一般步骤与主要内容

敏感性分析的步骤如图 5-4 所示。其主要内容如下：

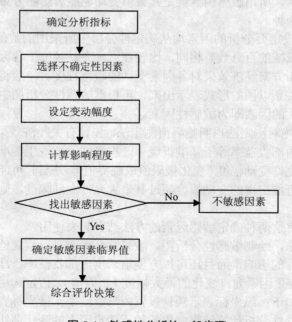

图 5-4　敏感性分析的一般步骤

（1）确定分析指标。投资项目的各种经济效果评价指标，如净现值、净年值、内部收益率、投资回收期等，都可以作为敏感性分析的指标。由于敏感性分析是在确定性分析的基础上进行的，在一般情况下，敏感性分析的指标应与确定性分析所使用的指标相一致，不应超出确定性分析所用指标的范围另立指标。对于某个特定方案来说，不可能也不需要将全部的经济效果指标作为敏感性分析的对象，而应该根据投资者所关心的目标，选择一种或两种指标作为分析指标。如果资金结构中，借款所占比例较大，则可选用投资回收期作为分析指标；如果主要分析价格波动对方案超额净收益的影响，则可选用净现值为分析指标；如果主要分析投资额大小对方案资金回收能力的影响，则可选用内部收益率为分析指标。方案评价所处的阶段和要求深度不同，选用的经济评价指标也有区别：如果在投资机会研究阶段，深度要求不高，可选用静态的评价指标；如果在详细可行性研究阶段，则选用动态评价指标。

（2）选择需要分析的不确定因素，并设定这些因素的变动范围。影响投资方案经济效果的不确定因素有很多，如投资额、项目建设期、产品销售量、产品价格、经营成本、项目寿命期、折现率、外币汇率等。严格地说，任何一个因素的变化都会对投资效果产生影响，但在实际分析中不可能也没有必要对所有的不确定因素都进行敏感性分析。可以根据以下原则选择主要的不确定因素：①预计在可能的变动范围内，这些因素的变动对投资效果影响较大；②这些因素发生变动的概率较大；③投资者特别关心的因素。通常有：总投资额、项目寿命、销售量、经营成本、价格、基准折现率等。在选择需要分析的不确定因素后，应根据实际情况设定这些因素可能的变动范围。不确定因素的变动范围通常使用相对数来表示。相对数是指每个敏感因素在原来取值基础上向上或向下浮动一定的百分比，如±5%、±10%、±15%、±20%、±30%等。

（3）计算不确定性因素对指标的影响程度。计算各不确定因素在可能的变动范围内发生不同幅度变动所导致的方案经济效果指标的变动结果，建立起一一对应的数量关系，并用图或表的形式表示出来。

（4）确定敏感因素，所谓敏感因素就是其数值变动能显著影响方案经济效果的因素。判别敏感因素的方法有两种。

① 相对测定法。设定要分析的因素均从确定性分析中所采用的数值开始变动，且各因素每次变动的幅度（增或减的百分数）相同，比较在同一变动幅度下各因素的变动对经济效果指标的影响，据此判断方案经济效果对各因素变动的敏感程度。一般将不确定性因素与分析指标之间的对应数量关系以图的形式表示出来，再根据敏感性分析图中敏感性曲线的斜率进行判别，斜率绝对值大的因素即为敏感性因素。

② 绝对测定法。绝对测定法也叫临界值测定法。先设有关经济效果指标为其临界值，如令净现值等于零，令内部收益率等于基准折现率，投资回收期等于标准投资回收期等。然后求出特定因素的最大允许变动幅度（变化极限值或临界值），并与其可能出现的最大变动幅度相比较。如果某因素可能出现的变动幅度超过其最大允许变动幅度，则表明项目投资效果对该因素敏感，项目风险大。

在实践中，常常将这两种确定敏感因素的方法结合起来使用。

先通过相对测定法，绘制敏感性分析图。敏感性分析图可以直观地反映出各个变量因素的变化对经济效益指标的影响，而且还可以方便地求出内部收益率、净现值等经济效果指标达到临界点时，各种变量因素允许变化的最大幅度（极限值）。假定选用的经济效果指标为内部收益率，具体方法如下：纵坐标表示项目投资内部收益率，横坐标表示几种不确定因素的变化幅度，图上按敏感性分析计算结果画出各种不确定因素的变化曲线；同时，在图上标出财务基准收益率或社会折现率。某不确定性因素对内部收益率的影响曲线与基准收益率线的交点（临界点）的横坐标，就是该因素允许变化的最大幅度。如果实际变化幅度超过这个极限值，项目就不可行。如果发生这种极限变化的可能性很大，则表明项目承担的风险很大。因此，这个极限对于决策十分重要。

假定选用的经济效果指标为净现值，求不确定性因素变化临界值的方法与上面略有不同。具体方法为：纵坐标表示项目投资净现值，横坐标表示几种不确定因素的变化幅度，图上按敏感性分析计算结果画出各种不确定因素的变化曲线。某不确定性因素对净现值的影响曲线与横轴的交点（临界点）对应的横坐标值，就是该因素允许变化的最大幅度。如果实际变化幅度超过这个极限值，项目就不可行。如果发生这种极限变化的可能性很大，则表明项目承担的风险很大。

（5）综合评价，优选方案。根据确定性分析和敏感性性分析的结果，选择最佳方案。

5.3.3 单因素敏感性分析

敏感性分析主要分为单因素敏感性分析、双因素敏感性分析和多因素敏感性分析。单因素敏感性分析是分析单个不确定因素的变动对方案经济效果的影响程度。也就是说，在计算某个因素的变动对经济效果指标的影响时，假定其他因素均不变。该分析方法类似于数学上求多元函数的偏微分。下面通过举例来加以说明。

例 5-5 已知某投资项目基础方案的财务数据分析预测值如下表所示。基准收益率为 12%，残值为 0。假定贴现率不变，其他因素为不确定性因素，试分别就总投资、销售收入、项目寿命和经营成本四个不确定因素的变化针对财务净现值指标给出单因素敏感性分析，指出其中较为敏感的因素及允许其变化的临界值，并在±20%范围内就不确定因素的变化对项目形成的风险作出评估。

表 5-1 例 5-5 的财务数据预测值

年　　末	0	1~10
初始投资	1 000 万元	
年销售收入		540 万元/年
年经营成本		300 万元/年
净现金流量	－1 000 万元	240 万元/年

解：设总投资、销售收入、经营成本和项目寿命分别用 I、S、C、n 表示，则净现值用这些参数表示为：

$$NPV = -I + (S-C) \times (P/A, 12\%, n)$$

根据财务数据预测值，可以求出基础方案的净现值为：

$$NPV = -1\,000 + 240(P/A, 12\%, 10) = 356 \text{（万元）}$$

令总投资、销售收入、经营成本和项目寿命的变化率分别为 x、y、z、γ，分别计算总投资、销售收入、经营成本和项目寿命各参数变化时对 NPV 的影响。将各参数的变化率分别代入以下各式进行计算。

$$NPV = -1\,000(1+x) + 240(P/A, 12\%, 10) = 356 - 1\,000x$$

$$NPV = -1\,000 + [540(1+y) - 300](P/A, 12\%, 10) = 356 + 3051y$$

$$NPV = -1\,000 + [540 - 300(1+z)](P/A, 12\%, 10) = 356 - 1\,695z$$

$$NPV = -1\,000 + 240(P/A, 12\%, 10+10\gamma)$$

令 x、y、z、γ 的取值为 $\pm 10\%$、$\pm 15\%$、$\pm 20\%$，得净现值的计算结果如下表所示，并据此表数据画出敏感曲线，如图 5-5 所示。

表 5-2 单因素敏感性分析计算表

（单位：万元）

	−20%	−15%	−10%	0	10%	15%	20%
总投资	556	506	456	356	256	206	156
销售收入	−254	−102	51	356	661	814	966
经营成本	696	610	526	356	186	102	16
项目寿命	192	235	278	356	425	456	487

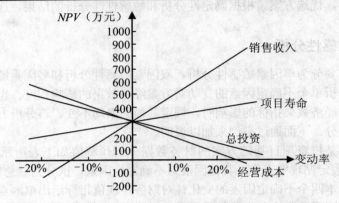

图 5-5 某项目的 NPV 单因素敏感性分析

临界值的计算：令 $NPV=0$，分别求出对应的 x、y、z、γ，即为各因素允许变化的最大幅度（变动临界点），如果在 $\pm 20\%$ 范围内，则项目不安全。也可以通过敏感性分析图近似求出各不确定因素的临界值：各敏感曲线与横轴的交点即为各不确定因素的临界点。各临界点对应的变动百分比就是各因素允许变化的最大幅度。

从敏感性分析图上可以看出，在同样的变动率下，产品销售收入的变动对方案净现值的影响最大，经营成本变动的影响次之，投资额变动的影响再次之，项目寿命变动的影响最小。销售收入允许变化的临界值为 −11%，也就是说，如果其他因素不变，销售收入低于预期值 11% 以上，方案将变得不可接受。而 −11% 在实际可能出现的最大变动幅度 $\pm 20\%$ 之内，因此销售收入是该项目最敏感的因素。从敏感性分析图上还可以看出，总投资的最大允许变动幅度为 35%，也就是说，如果其他因素不变，总投资高于预期值 35% 以上，才会使方案变得不可接受；经营成本的最大允许变动幅度为 21%，项目寿命的变动曲线最为平稳，其最大允许变动幅度约为 −40%，它们的最大允许变动幅度都在实际可能出现的最大变动幅度 $\pm 20\%$ 之外，因此，总投资、经营成本和项目寿命都是该项目的非敏感因素，其中项目寿命是最不敏感因素。

根据上面的分析，投资者对该项目风险有了一定的认识和准备，必要时，应采取一定的对策和措施，避免或减少风险。对于本投资方案来说，销售收入是该项目最敏感的因素。在作出是否采用本方案的决策之前，应该对未来的产品销售收入及其可能的变动范围作出更为精确的预测与估算。如果产品销售收入低于原预期值 11% 以上的可能性较大，则意味着这笔投资有较大的风险。另外，经营成本的最大允许变动幅度在 20% 附近，这一分析结果也提醒我们，如果实施这一方案，经营者要密切关注并严格控制经营成本，防止其增长幅度超过临界值。至于投资额和项目寿命，显然不是本方案的敏感因素，即使投资额增加20%甚至更多一些，或项目寿命减少20%甚至更多一些，也不会影响决策结论。

例 5-6 假设某投资项目基础方案的财务数据预测值同上题。试分别就总投资、销售收入、项目寿命和经营成本四个不确定因素的变化针对内部收益率指标给出单因素敏感性分析，指出其中较为敏感的因素及允许其变化的临界值，并在±20%范围内就不确定因素的变化对项目形成的风险作出评估。

解：根据已知，求解内部收益率的方程可以表示为：

$$NPV = I + (S - C) \times (P/A, IRR, n) = 0$$

根据财务数据预测值，可以求出基础方案的内部收益率，由：

$$-1\,000 + 240(P/A, IRR, 10) = 0$$

可得：$IRR = 20.2\%$

同样令总投资、销售收入、经营成本和项目寿命的变化率分别为 x、y、z、γ，将各参数的变化率分别代入以下方程求解 IRR。

$$-1\,000(1+x) + 240(P/A, IRR, 10) = 0$$
$$-1\,000 + [540(1+y) - 300](P/A, IRR, 10) = 0$$
$$-1\,000 + [540 - 300(1+z)](P/A, IRR, 10) = 0$$
$$-1\,000 + 240(P/A, IRR, 10 + 10\gamma) = 0$$

令 x、y、z、γ 的取值为 ±10%、±15%、±20%，得内部收益率的求解结果如表 5-3 所示，并据此表数据画出敏感曲线，如图 5-6 所示。

表 5-3 不确定性因素变动对 IRR 的影响

	−20%	−15%	−10%	0	10%	15%	20%
总投资	27.2	25.3	23.4	20.2	17.5	16.3	15.2
销售收入	5.4	9.5	13.3	20.2	26.6	29.7	32.9
经营成本	12.5	14.4	16.4	20.2	23.8	25.6	27.3
项目寿命	17.3	18.2	19.1	20.2	21.1	21.4	21.8

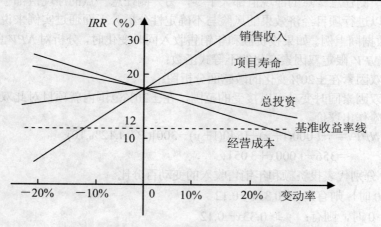

图 5-6 某项目的 IRR 单因素敏感性分析

令 $IRR=12\%$,分别求出各因素允许变化的最大幅度。

由 $-1\,000(1+x)+240(P/A,IRR,10)=0$,得 $x=35.6\%$。

由 $-1\,000+[540(1+y)-300](P/A,IRR,10)=0$,得 $y=-11.7\%$。

由 $-1\,000+[540-300(1+z)](P/A,IRR,10)=0$,得 $z=21\%$。

由 $-1\,000+240(P/A,IRR,10+10\gamma)=0$,得 $\gamma=-40\%$。

临界值也可以在敏感性分析图上近似求得:各敏感曲线与基准收益率线的交点即为各不确定因素的临界点。各临界点的横坐标就是各因素允许变化的最大幅度。

从敏感性分析图上可以看出,当分析指标是 IRR 时,销售收入是敏感因素,总投资、经营成本和项目寿命都是非敏感因素,各不确定性因素的变化临界值也与上题的结果完全相同。

通过对比例 5-6 和例 5-5 的可知,对于同一个项目,采用不同的分析指标进行敏感性分析,所得出的关于各因素对经济效果的影响程度、各因素的最大允许变动幅度、各因素的敏感性排序以及项目的风险性等方面的结果和结论是完全相同的。

5.3.4 双因素敏感性分析

单因素敏感性分析计算简单,分析结果直观明了,但实际上它是一种理想化的方法。现实中,许多因素的变动都具有相关性,一个因素的变动往往会导致其他因素随之变动,只考虑单个因素的变化对经济效果评价指标的影响不能真实地反映实际情况,这是单因素敏感性分析的局限性。多因素敏感性分析可以弥补它的不足。如果假定其他参数保持不变,仅考察两个参数同时变化对经济效果的影响,称为双因素敏感性分析。双因素敏感性分析通常在单因素敏感性分析的基础上进行。一般是先通过单因素敏感性分析确定出两个主要因素,然后用双因素敏感性分析图来反映两个因素同时变化时对经济效果产生的影响。

绘制双因素敏感性分析图的步骤如下。

(1)令坐标图的 x 轴与 y 轴各代表一个因素的变化率,并以参数的预测值为坐标原点(即此时变化率为 0)。

(2)求出经济效果评价指标(如净现值)等于零时两因素变化率的一系列组合,并据此在坐标系中作出一条相应的曲线,称为临界线。由于临界线上任意一点的净现值都等于零,所以临界线的一侧任意一点的净现值都大于零,另一侧任意一点的净现值都小于零。敏感图作出后,就可以进行项目经济效果的风险与不确定性分析。下面通过实例来说明这种方法。

例 5-7 数据同上例。如果投资额和年销售收入同时变化时,分析对 NPV 的影响。要求:

(1)列出 NPV 限定双因素变化的不等式函数;

(2)作出双因素在 $\pm 20\%$ 变化的敏感面分析图;

(3)指出双因素同时变动可以接受的范围,在 $\pm 20\%$ 范围内就项目对此双因素同时变化的敏感性和风险作出评价。

解:(1) $NPV = -1\,000(1+x)+[540(1+y)-300](P/A,12\%,10)$
$\qquad\qquad =356-1\,000x+3\,051y$

式中 x、y 分别代表投资额和年销售收入的变动百分比。

当 $NPV=0$ 时,则有:$y=0.33x-0.12$

当 $NPV>0$ 时,则有:$y>0.33x-0.12$

当 $NPV<0$ 时,则有:$y<0.33x-0.12$

（2）令 $x=0$，则 $y=-12\%$；令 $y=0$，则 $x=36\%$，绘出敏感性曲线。再取 x、y 为 $\pm 10\%$、$\pm 20\%$，围成两个正方形，由斜线将其分成两部分，斜线上方 $NPV>0$，斜线下方 $NPV<0$。双因素在 $\pm 20\%$ 变化的敏感面分析图如图 5-7 所示。

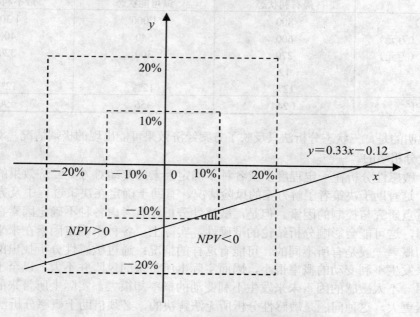

图 5-7 双因素的敏感面分析图

（3）在各正方形中，亏损区面积占总面积的比例表明了投资和年销售收入在正方形内变化，方案发生亏损的可能性大小。由图 5-7 可看出，两因素在 $\pm 10\%$ 的范围内变化时，发生亏损的可能性极小（带阴影的小三角形），而在 $\pm 20\%$ 的范围内变化时，亏损面积几乎占有四分之一，即两因素变化过大，亏损风险也增加了许多。

5.3.5 多因素敏感性分析

多因素敏感性分析是指分析三个或三个以上不确定性因素同时变化对项目经济效果的影响程度，并由此评价项目的风险性。多因素同时发生变化比单因素变化、双因素变化更接近于实际情况。由于每个因素的变化率有多个数值，由此构成的组合数非常多，用手工计算工作量非常大，故目前常用的多因素敏感性分析为三状态分析。所谓三状态分析是以各因素同时变化可能出现的三种特殊状态（即最有利状态、最可能状态、最不利状态）为依据计算其相应的经济效益。

例 5-8 某投资项目基础方案的财务数据预测值同上题。总投资、销售收入、项目寿命和经营成本为不确定因素，试用三状态分析法进行多因素敏感性分析。

解：将投资项目基础方案的财务预测值作为最可能状态的数值，再预测各不确定性因素同时处于最有利状态、最不利状态的数值，并按三状态分别计算方案的经济效果（本例用 NPV 表示）。然后以方案 NPV 的最大变化区间来反映经济效果的风险和不确定性。计算结果如表 5-4 所示。由表可知，投资方案 NPV 的最大变化区间为 1 244 万元～-903 万元。

表 5-4 某投资项目的多因素敏感性分析

参数	三状态预测值		
	最有利状态	最可能状态	最不利状态
投资（万元）	800	1 000	1 300
年销售收入（万元）	600	540	400
年经营成本（万元）	270	300	320
寿命（年）	12	10	8
基准收益率	12%	12%	12%
NPV	1 244	356	−903

应该说明的是，三状态分析法只反映了方案经济效果可能出现的极端情况，对方案风险的分析是十分粗略的。

小结：敏感性分析在一定程度上就各种不确定因素的变动对方案经济效果的影响作了定量描述，这有助于决策者了解方案的风险情况，有助于确定在决策过程中及方案实施过程中需要重点研究与控制的因素。但是，敏感性分析没有考虑各种不确定因素在未来发生变动的概率，这可能会影响分析结论的准确性。实际上，各种不确定因素在未来发生某一幅度变动的概率一般是有所不同的。可能有这样的情况：通过敏感性分析找出的某一敏感因素在未来发生不利变动的概率很小，因而实际上所带来的风险并不大，以至于可以忽略不计，而另一不太敏感的因素未来发生不利变动的概率却很大，实际上所带来的风险比那个敏感因素更大。这种问题是敏感性分析所无法解决的，必须借助于概率分析法。

5.4 概率分析

盈亏平衡分析和敏感性分析在风险评价中的共同缺点是都没有考虑各影响因素变动的概率。它们虽然能够回答各个因素的变动对项目经济效果的影响有多大，但是不能回答这些因素可能的变化以及发生变化的概率。概率分析法正好可以弥补这两种方法的不足之处。

5.4.1 概率分析的含义

概率是指某种结果出现的频率或可能性。大量的社会经济现象都具有概率性质。项目的种种不确定因素的变动及其对项目经济效果的影响也具有概率性。在这种情况下，无论是哪一种项目经济效果评价指标，都可看成是一个随机变量，而且这种随机变量是很多其他随机变量（如产品产量、产品价格、生产成本、投资等）的复杂函数。所谓概率分析是通过研究各种不确定因素发生变化的概率分布及其对方案经济效果的影响，对方案的净现金流量及经济效果指标作出某种概率描述，从而对方案的可能发生的损益或风险情况作出比较准确的判断。概率分析又称风险分析。

概率的确定可以是客观的，也可以是主观的。概率分析中主要是应用主观先验概率，也就是在事件发生前，按过去发生的经验数据人为预测和估计的概率。通常是请专家根据以往同类企业或项目的历史数据，进行参照对比分析得到的经验概率。虽然很多概率的估计都带有主观性，但这并不会降低概率分析的有效性。

5.4.2 投资方案的随机现金流序列

投资方案的现金流序列由投资额、成本、产量、价格等很多因素的取值所决定,而这些影响因素大多数是随机变量,因此投资方案的现金流序列也是随机变量,它服从一定的统计规律。要完整地描述一个随机变量,需要确定其概率分布的类型和参数。在经济分析与决策中,正态分布与均匀分布最为广泛。一般来说,投资项目的随机现金流受许多已知或未知的不确定因素的影响,可以看成是多个独立的随机变量之和,在许多情况下近似地服从正态分布。

期望值和方差是描述随机变量的主要参数。期望值是在大量的重复事件中,随机变量所有可能取值的加权平均值,权重为所有可能取值出现的概率。期望值是最大可能取值,它最接近实际真值。对于一个投资项目来说,未来各年净现金流量的期望值越大,表明该项目收益越大;反之,期望值越小,则表明该项目收益越小。

从数学上看,投资风险可以用未来可能收益水平的分散程度来表示,随机变量取值区间的大小在概率论中是用随机变量的方差来表示的。方差反映了一个随机变量各种可能的实际值与其期望值偏离的程度,这种偏离程度在一定意义上反映了方案风险的大小。而标准差是方差的算术平方根,由于它与经济指标具有相同的量纲,因此是目前运用较为广泛的一种风险衡量指标。

假定某个方案的寿命为 n 个周期(通常取 1 年为一个周期),净现金流量序列为 $x_0, x_1, \cdots, x_n$,周期数 n 和各周期的净现金流量 $x_t(t=0,1,\cdots,n)$ 都是随机变量。为了便于分析,我们假设 n 为常数。从理论上讲,某一特定周期的净现金流量 x_t 可能出现的数值有无限多个,我们将其简化为若干个离散数值 $x_t^{(1)}$, $x_t^{(2)}, \cdots, x_t^{(m)}$,这些离散数值有的出现的概率要大一些,有的出现的概率要小一些,设与各离散数值对应的发生概率为:$P_1, P_2, \cdots, P_m (\sum P_j=1)$,则第 t 周期净现金流量 x_t 的期望值为:

$$E(x_t)=\sum_{j=1}^{m} x_t^{(j)} P_j \tag{5-17}$$

第 t 周期净现金流量 x_t 的方差为:

$$D(x_t)=\sum_{j=1}^{m} [x_t^{(j)}-E(x_t)]^2 P_j \tag{5-18}$$

第 t 周期净现金流量 x_t 的标准差为:

$$\sigma(x_t)=\sqrt{D(x_t)}=\sqrt{\sum_{j=1}^{m} [x_t^{(j)}-E(x_t)]^2 P_j} \tag{5-19}$$

对应的经济效果离差系数为:

$$V(x_t)=\sigma(x_t)/E(x_t) \tag{5-20}$$

5.4.3 投资方案净现值的期望值和方差

我们常用净现值为例讨论方案经济效果指标的概率描述。由于各个周期的净现金流量都是随机变量,因此把各个周期的净现金流折现值求和得到的方案净现值必然也是一个随机变量,称之为随机净现值。大多数情况下,可以认为随机净现值近似地服从正态分布。随机净现值近似的计算公式为:

$$NPV=\sum_{t=0}^{n} x_t (1+i_0)^{-t} \tag{5-21}$$

根据各周期净现金流量的期望值 $E(x_t)(t=0,1,\cdots,n)$，可以求出方案净现值的期望值：

$$E(NPV)=\sum_{t=0}^{n}E(x_t)(1+i_0)^{-t} \tag{5-22}$$

方案净现值的方差大小与各个周期的随机现金流之间是否存在相关关系有关，如果方案寿命期内任意两个随机现金流之间不存在相关关系，或者不考虑随机现金流之间的相关关系，方案净现值的方差的计算公式为：

$$D(NPV)=\sum_{t=0}^{n}D(x_t)(1+i_0)^{-2t} \tag{5-23}$$

实际上，如果能够通过统计分析或主观判断给出方案寿命期内影响方案现金流量的不确定因素可能出现的各种状态及其发生概率，就可以通过对各种因素的不同状态进行组合，求出所有可能出现的方案现金流量序列及其发生概率。在这个基础上，可以不必计算各年净现金流量的期望值和方差，而直接计算方案净现值的期望值与方差，这样会大大简化计算过程。

如果影响方案现金流量的不确定因素可能出现的各种状态均可以视为独立事件，则由各因素的某种状态组合所决定的方案净现金流序列的发生概率应为各因素的相应状态发生概率的乘积。假设有 A、B、C 三个影响方案现金流量的不确定因素，它们分别有 p,q,r 种可能出现的状态，三种因素可能的状态组合有 $p\times q\times r$ 种。每一种状态组合对应着一种可能出现的方案净现金流序列。由 A 因素的第 i 种可能状态 θ_{Ai}、B 因素的第 j 种可能状态 θ_{Bj}、C 因素的第 k 种可能状态 θ_{Ck} 的组合 $\theta_{Ai}\cap\theta_{Bj}\cap\theta_{Ck}$ 所决定的方案净现金流序列的发生概率为：

$$P=P_{Ai}P_{Bj}P_{Ck} \tag{5-24}$$

上式中，P_{Ai}、P_{Bj}、P_{Ck} 分别为 θ_{Ai}、θ_{Bj}、θ_{Ck} 的发生概率。在得知所有可能出现的方案净现金流状态及其发生概率的基础上，就可以计算出方案净现值的期望值和方差。设有 l 种可能出现的方案现金流序列，各种现金流序列为 $\{x_t|(t=0,1,\cdots,n)\}^{(j)},(j=1,2,\cdots,l)$，它们对应的发生概率为：$P_j(j=1,2,\cdots,l,\sum_{j=1}^{l}P_j=1)$，则在第 j 种状态下，方案净现值为

$$NPV^{(j)}=\sum_{t=0}^{n}x_t^{(j)}(1+i_0)^{-t} \tag{5-25}$$

上式中，$x_t^{(j)}$ 是第 j 种状态下，第 t 周期的净现金流。方案净现值的期望值为：

$$E(NPV)=\sum_{j=1}^{l}NPV^{(j)}P_j \tag{5-26}$$

方案净现值方差的计算公式为：

$$D(NPV)=\sum_{j=1}^{l}[NPV^{(j)}-E(NPV)]^2P_j \tag{5-27}$$

净现值的方差与净现值具有不同的量纲，为了方便分析，通常使用与净现值具有相同量纲的参数标准差反映随机净现值取值的离散程度。净现值的标准差为：

$$\sigma(NPV)=\sqrt{D(NPV)} \tag{5-28}$$

净现值指标的离差系数为：

$$V(NPV)=\sigma(NPV)/E(NPV) \tag{5-29}$$

例 5-9 某企业对投资掌上多媒体播放器项目的未来经济技术环境进行了调研，得到了投资方案在寿命期内可能出现的 4 种状态的现金流序列及其发生概率，见表 5-5 所示，假定各种状态之间互相独立，各年份的净现金流之间互不相关，基准折现率为 15%，求方案净现

值的期望值、方差、标准差、离差系数。

表 5-5 某投资方案的 4 种状态

(单位：万元)

状态及概率 年份	θ_1 $P_1=0.2$	θ_2 $P_2=0.5$	θ_3 $P_3=0.2$	θ_4 $P_4=0.1$
0	−100	−120	−130	−140
1~4	50	56	60	70
5	60	60	60	60

解：对于状态 θ_1 有：
$$NPV^{(1)}=-100+50(P/A,15\%,4)+60(P/F,15\%,5)=72.7（万元）$$
对于状态 θ_2 有：
$$NPV^{(2)}=-120+56(P/A,15\%,4)+60(P/F,15\%,5)=69.8（万元）$$
对于状态 θ_3 有：
$$NPV^{(3)}=-130+60(P/A,15\%,5)=71.1（万元）$$
对于状态 θ_4 有：
$$NPV^{(4)}=-140+70(P/A,15\%,4)+80(P/F,15\%,5)=99.8（万元）$$
方案净现值的期望值为：
$$E(NPV)=\sum_{j=1}^{l}NPV^{(j)}P_j=73.6（万元）$$
方案净现值的方差为：
$$D(NPV)=\sum_{j=1}^{l}[NPV^{(j)}-E(NPV)]^2 P_j=80$$
方案净现值的标准差为：
$$\sigma(NPV)=\sqrt{D(NPV)}=8.94（万元）$$
净现值指标的离差系数为：
$$V(NPV)=\sigma(NPV)/E(NPV)=0.121$$

期望值与标准差之间的权衡问题。先看下面的例子。

例 5-10 某项目的投资有两个方案：方案 A 是采用大规模生产，该方案在没有竞争对手的情况下可获净现值 3 000 万元，在有竞争对手的情况下净现值变为 500 万元；方案 B 是采用小规模生产，该方案在没有竞争对手的情况下可获净现值 1 800 万元，在有竞争对手的情况下可获净现值 1 300 万元。通过多方征求专家意见，认为"有竞争"的概率为 0.25，"没有竞争"的概率为 0.75。试求两个方案净现值的期望值和标准差，并确定哪个方案较好。

解：对于方案 A：
$$E(NPV_1)=3\,000\times 0.75+500\times 0.25=2\,375（万元）$$
$$\sigma(NPV_1)=\sqrt{D(NPV_1)}=\sqrt{(3\,000-2\,375)^2\times 0.75+(2\,375-500)^2\times 0.25}=1\,082.5（万元）$$
$$V(NPV_1)=0.456$$
对于方案 B：
$$E(NPV_2)=1\,800\times 0.75+1\,300\times 0.25=1\,675（万元）$$

$$\sigma(NPV_2)=\sqrt{D(NPV_2)}=\sqrt{(1800-675)^2\times0.75+(1675-1300)^2\times0.25}=216.5\text{（万元）}$$
$$V(NPV_2)=0.129$$

一般来说：

（1）在方案净现值的期望值相同的情况下，则标准差大的方案，风险也大。由于人们对风险大多数持回避态度，因此，标准差大的方案是不利方案。

（2）在方案净现值的期望值不相同的情况下，可能有下列几种情况。

① 方案甲期望值大，标准差小，则方案甲有利；

② 方案甲期望值小、标准差大，则方案乙有利；

③ 方案甲期望值大、标准差大或方案乙期望值小、标准差小，则两方案取舍比较困难。胆小、怕担风险的决策者常常挑选方案乙，这样选择风险是小了，但同时也失去了获得较高经济效益的机会。而胆大、敢冒风险的决策者常常挑选方案甲。

（3）离差系数（也叫标准差系数或变异系数）是对标准差指标的补充。一般而言，离差系数越小，则项目的风险越小；反之，离差系数越大，风险越大。标准差虽然可以反映随机变量的离散程度，但它是一个绝对量，其大小与变量的数值及期望值大小有关。在一般情况下，变量的期望值越大，其标准差也越大。当需要对不同方案的风险程度进行比较时，标准差往往不能够准确反映风险程度的差异，在这种情况下，常常要借助离差系数来分析。离差系数是一个相对数，代表了每单位期望值的风险程度，能更好地反映投资方案的风险程度。如果两个方案的期望值与标准差均不相同，则离散系数较小的方案风险更低。

再看上面的例子，虽然 $E(NPV_1)>E(NPV_1)$，但是 $\sigma(NPV_1)>\sigma(NPV_1)$，且 $V(NPV_1)>V(NPV_1)$，对于不同风格的决策者会有不同的选择。胆大、敢冒风险的人会挑选方案 A，而更多的人会采取谨慎的态度，选择风险较小的方案 B。

5.4.4 投资方案风险估计的方法

通过上面的计算我们得到了投资方案经济效果指标（如净现值、内部收益率等）的期望值和标准差，这样就可以估计方案的风险。一般情况下，方案风险估计主要是根据项目净现值的期望值和方差，计算净现值大于和等于零的累计概率。该累计概率越大，表明方案所承担的风险越小。方案风险估计的重点是确定变量的概率分布状况，通常采用的方法有解析法、图解法、模拟法等，下面分别进行介绍。

1. 解析法（以净现值作为分析的主要指标）

如果方案的经济效果指标（如净现值）服从某种典型概率分布，并且已知其期望值和标准差，就可以用解析法进行方案的风险估计。

由概率论的知识可知，若存在连续随机变量 X 服从参数为 μ、σ 的正态分布，即：$X\sim N(\mu,\sigma^2)$，则其密度函数为：

$$f(x)=\frac{1}{\sqrt{2\pi}\sigma}e^{-\frac{(x-\mu)^2}{2\sigma^2}},x\in(-\infty,+\infty),(\sigma>0) \tag{5-30}$$

X 的分布函数为：

$$F(x)=\frac{1}{\sqrt{2\pi}\sigma}\int_{-\infty}^{x}e^{-\frac{(t-\mu)^2}{2\sigma^2}}dt \tag{5-31}$$

上式可以化为标准正态分布函数，即：

$$F(x)=\frac{1}{\sqrt{2\pi}}\int_{-\infty}^{\frac{x-\mu}{\sigma}}e^{-t^2/2}dt \qquad (5\text{-}32)$$

令 $Z=\frac{X-\mu}{\sigma}$，则变量 Z 服从标准正态分布，记为 $Z\sim N(0,1)$。

由标准正态分布函数表可以直接查出 $X<x_0$ 的概率值。

$$P(X<x_0)=P(Z<\frac{x_0-\mu}{\sigma})$$
$$=\Phi(\frac{x_0-\mu}{\sigma}) \qquad (5\text{-}33)$$

上式中：μ——随机变量 X 的期望值；

σ——随机变量 X 的标准差。

如果把方案净现值 NPV 看成是连续随机变量，并服从正态分布，则：

$$\mu=E(NPV),\ \sigma=\sigma(NPV)$$
$$Z=\frac{NPV-E(NPV)}{\sigma(NPV)}\sim N(0,1) \qquad (5\text{-}34)$$

例 5-11 某项目投资方案的净现值服从正态分布，净现值的期望值和标准差分别为 1120（万元）、860（万元），试计算：

（1）净现值大于或等于 0 的概率；

（2）净现值小于 500 万元 的概率；

（3）净现值大于或等于 1 500 万元 的概率。

解：$\mu=E(NPV)=1120$（万元）

$\sigma=\sigma(NPV)=860$（万元）

$NPV\sim N(1120,860^2)$，亦即 $\frac{NPV-1120}{860}\sim N(0,1)$

（1）净现值大于或等于 0 的概率：

$$P(NPV\geqslant 0)=1-P(NPV<0)$$
$$=1-P(Z<\frac{0-1120}{860})$$
$$=1-P(Z<-1.302\,3)$$
$$=P(Z<1.302\,3)$$

由标准正态分布表可查得：

$$P(Z<1.302\,3)=\Phi(1.302\,3)=0.903\,2$$

因此，$P(NPV\geqslant 0)=90.32\%$

（2）净现值小于 500 万元 的概率：

$$P(NPV<500)=P(Z<\frac{500-1120}{860})$$
$$=P(Z<-0.720\,9)$$
$$=1-P(Z<0.720\,9)$$
$$=23.57\%$$

(3) 净现值大于或等于 1500 万元 的概率：
$$P(NPV \geqslant 1500)=1-P(NPV<1500)$$
$$=1-P(Z<\frac{1500-1120}{860})$$
$$=1-P(Z<0.4419)$$
$$=32.99\%$$

由上面的计算结果可以进行风险分析：该项目能够取得满意经济效果（$NPV \geqslant 0$）的概率为 90.32%，不能取得满意经济效果（$NPV<0$）的概率为 9.68%，净现值小于 500 万元 的概率为 23.57%，净现值大于或等于 1 500 万元 的概率为 32.99%。

对于净现值服从正态分布的投资项目，只要计算出净现值的期望值和标准差，即使不进行详细的概率计算，也可以根据正态分布的特点，对方案的风险情况作出大致判断。对于服从正态分布的随机变量，它的实际值落在区间 $(\mu-\sigma,\mu+\sigma)$ 的概率为 68.27%，落在区间 $(\mu-1.96\sigma,\mu+1.96\sigma)$ 的概率为 95%，落在区间 $(\mu-2\sigma,\mu+2\sigma)$ 的概率为 95.4%，落在区间 $(\mu-2.58\sigma,\mu+2.58\sigma)$ 的概率为 99%。

对例 5-11 来说，有 68.27% 的概率（置信度）保证，方案的实际净现值在 $1\,120\pm860$ 万元范围内，即实际净现值在区间（260 万元，1 980 万元）的可能性有 68.27%。

2. 图解法

如果方案经济效果指标的概率分布不明，或者不能用典型概率分布描述，则可用图解法（概率树法）求解，即通过对其状态分布参数的预测和分析计算，描图得到其概率分布状况。图解法分析的一般步骤是：

（1）列出要考虑的各种主要风险因素，如投资、经营成本、销售价格等，并假定它们是相互独立的；
（2）设想这些风险因素可能发生的状态，即确定它们可能的几个取值或变化率；
（3）分别确定各种状态可能出现的概率，并使可能发生状态概率之和等于 1；
（4）用概率树组合全部可能事件，计算每一可能事件发生的概率和相应状态下的评价指标值；
（5）求评价指标值的期望值（均值）；
（6）求出评价指标值可行的累计概率；
（7）对概率分析结果作出说明。

例 5-12 某投资项目方案寿命为 10 年，项目投资发生在建设期初，基准收益率 $i_0=12\%$，期末残值为 0。投资额、1～10 年的年度收入、年度费用三个相互独立的不确定因素可能的取值以及相应概率如表 5-6 所示。试确定该项目净现值的期望值及净现值大于等于零的累计概率。

表 5-6 不确定因素的可能取值及其概率

投资额 I（万元）		年度收入 B（万元）		年度费用 C（万元）	
可能取值	概率	可能取值	概率	可能取值	概率
240	0.6	96	0.5	48	0.5
200	0.3	80	0.4	40	0.4
160	0.1	64	0.1	32	0.1

第 5 章 不确定性和风险分析

解：根据给定条件，一共可以组合出 27 种互不相容的可能事件（可能状态），由它们构成一个全概率事件组，如图 5-8 所示。图中连线上及圆圈内数字分别为各不确定因素可能的取值以及相应概率，在概率图的右边是每种状态的组合概率及所对应的净现值计算结果。

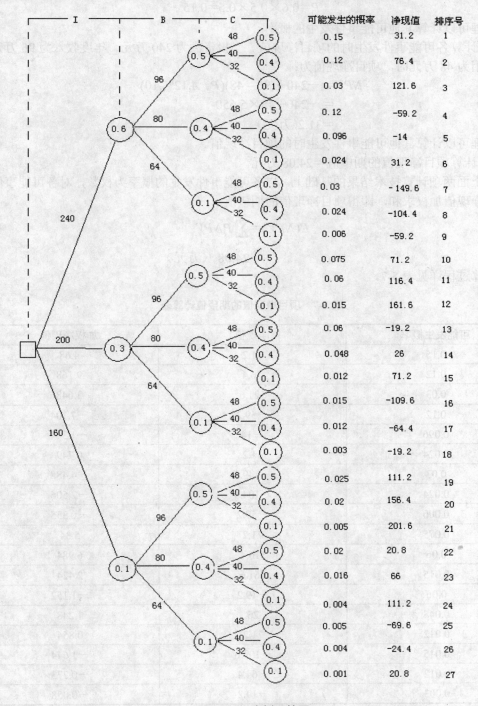

图 5-8 概率树计算图

计算过程说明如下：

① 计算各个可能事件发生的概率。以图 5-8 中最上部的可能事件为例，它表示投资额为 240 万元、年度收入为 96 万元、年度费用为 48 万元，其概率为：

$$P_i = 0.6 \times 0.5 \times 0.5 = 0.15$$

同理可以计算其他可能事件发生的概率。

② 计算各可能事件发生时的项目净现值。当投资额为 240 万元、年度收入为 96 万元、年度费用为 48 万元时，项目净现值为：

$$NPV_1 = -240 + (96 - 48)(P/A, 12\%, 10)$$
$$= -240 + 48 \times 5.650$$
$$= 31.2 （万元）$$

同理可以计算其他可能事件发生时的项目净现值。

③ 计算项目净现值的期望值＝24.08 万元。

在上面两项计算技术结果的基础上，以各可能事件发生的概率为权数，对各可能事件发生时的净现值加权求和，即得项目净现值的期望值。

$$E(NPV) = \sum_{i=1}^{27} P_i NPV_i$$
$$= 24.08 （万元）$$

计算过程详见表 5-7。

表 5-7 项目净现值的期望值计算表

可能发生概率	净现值	加权净现值
0.15	31.2	4.68
0.12	76.4	9.168
0.03	121.6	3.648
0.12	−59.2	−7.104
0.096	−14	−1.344
0.024	31.2	0.749
0.03	−149.6	−4.488
0.024	−104.4	−2.506
0.006	−59.2	−0.355
0.075	71.2	5.34
0.06	116.4	6.984
0.015	161.6	2.424
0.06	−19.2	−1.152
0.048	26	1.248
0.012	71.2	0.854
0.015	−109.6	−1.644
0.012	−64.4	−0.773
0.003	−19.2	−0.058

（续表）

可能发生概率	净现值	加权净现值
0.025	111.2	2.78
0.02	156.4	3.128
0.005	201.6	1.008
0.02	20.8	0.416
0.016	66	1.056
0.004	111.2	0.445
0.005	−69.6	−0.348
0.004	−24.4	−0.098
0.001	20.8	0.021
净现值的期望值=24.08 万元		

④ 计算项目净现值大于等于零的累计概率。

$$P(NPV \geq 0) = \sum_{i=1}^{27} P_i \mid NPV_i \geq 0$$
$$= 62.5\%$$

或

$$P(NPV \geq 0) = 1 - \sum_{i=1}^{27} P_i \mid NPV_i < 0$$
$$= 62.5\%$$

项目净现值大于等于零的累计概率为 62.5%，说明项目承担的风险比较大。计算过程详见表 5-8。

表 5-8 累计概率计算表（NPV 从小到大重新排序）

净现值	可能发生概率	累计概率
−149.6	0.03	
−109.6	0.015	0.045
−104.4	0.024	0.069
−69.6	0.005	0.074
−64.4	0.012	0.086
−59.2	0.120	0.206
−59.2	0.006	0.212
−24.4	0.004	0.216
−19.2	0.06	0.276
−19.2	0.003	0.279
−14	0.096	0.375
20.8	0.02	0.395
20.8	0.001	0.396
26	0.048	0.444

(续表)

净现值	可能发生概率	累计概率
31.2	0.15	0.594
31.2	0.024	0.618
66	0.016	0.634
71.2	0.075	0.709
71.2	0.012	0.721
76.4	0.12	0.841
111.2	0.025	0.866
111.2	0.004	0.870
116.4	0.06	0.930
121.6	0.03	0.960
156.4	0.02	0.980
161.6	0.015	0.995
201.6	0.005	1.000

累计概率图详见图 5-9。

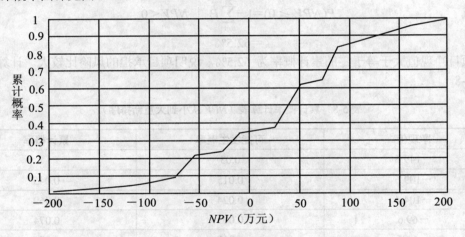

图 5-9　累计概率图

图解法根据随机净现值的离散数据直接绘制风险分析图,从图上我们可以近似判断净现值大于或小于某个具体值的累计概率。比如净现值小于 50 万元的概率大约为 62%。由于图解法未对概率分布类型作任何假定,因此利用图解法进行方案风险分析不仅适合于方案经济指标服从典型概率分布的情况,也适合于方案经济指标的概率分布类型不明或无法用典型概率分布描述的情况。在后一种情况下,解析法是无能为力的。

3. 模拟法

计算机使企业决策应用模拟技术既可行又经济。模拟就是一种把某些事件模型化的规划工具。如果已知影响方案经济效果的不确定因素的概率分布,就可以采用模拟法进行方案风险分析。模拟法也称蒙特卡罗技术,是用反复进行随机抽样的方法模拟各种随机变量的变化,再计算方案经济效果指标,进而了解该指标概率分布的一种分析方法。

模拟法的实施步骤如下。

(1) 通过敏感性分析,确定不确定因素(风险随机变量)及其概率分布。在一般情况下,用一个适当的理论分布(如均匀分布、正态分布等)来描述随机变量的经验概率分布。如果缺乏可以直接引用的理论分布,则一般可以根据历史统计数据资料或经验判断,来估计分析指标的初始概率分布。

(2) 通过随机数表或计算器给出随机数,将它作为累计概率的随机值,根据累计概率的随机值由概率分布图求出相应的不确定因素随机值。在 0.000~0.999 范围内反复抽取随机值,就可以通过模拟累计概率的变化进而模拟项目各不确定因素的变化。不断重复随机抽样过程,就可以得到相当多组不确定因素的可能值。

(3) 计算经济评价指标值。将每组不确定因素的可能值输入到模拟(仿真)模型中,求出评价指标值。该指标可以是净现值、净年值、内部收益率等。例如,某企业计划开发一种新产品,模拟的因素可能包括投资、销售量、市场价格、固定成本、可变成本变量等,把这些因素的每组可能值输入到模型中,通过计算可以得到对应的项目净现值。将每组不确定因素值逐一计算,就可以得到一系列评价指标值。

(4) 整理模拟结果,根据有限模拟推断评价指标的期望值、方差、标准差和它的概率分布及累积概率,绘制累计概率图,计算项目可行或不可行的概率。在实际模拟中,由电脑软件进行多次模拟运算(可能运行百次以上)。模拟次数越多,模拟结果的可靠性越高,项目指标的平均值越接近实际。借助于计算机建立数学模型计算,可以达到相当高的模拟精度。所以,模拟法最适宜评价大型项目。

例 5-13 一家生产巧克力的公司正在考虑投资一台新的原料混合机器,其成本为 10 万元,预期寿命为 5 年,此机器每年的折旧为 2 万元,该厂商的边际税率为 50%。每年的需求量、销售价格、单位生产成本和销售成本均为随机变量。试用模拟法模拟出项目的净现值。

解:每年的净现金流量计算公式为:

$$NCF = [qp - q(c+s) - D](1-t) + D$$

式中,q 为销售量、p 为单位销售价格、c 为单位生产成本(不包括折旧),s 为单位销售成本,D 为年折旧费,t 为厂商的边际税率。

假定第一次模拟投入变量的随机值选为:

$q = 2\,000$ 件,$p = 10$ 元,$c = 2$ 元,$s = 1$ 元,把 $D = 20\,000$ 元,$t = 50\%$ 代入上式,得到:

$NCF = [20000 \times 10 - 20\,000(2+1) - 20\,000](1-0.50) + 20\,000 = 80\,000$(元)

如果净投资等于该机器的折旧成本(10 万元),此项目寿命期内每年的净现金流量相同,$MARR = 10\%$,那么第一次模拟得出的年净现金流量为 80 000 元,相应的净现值为:

$$NPV = \sum_{t=1}^{5} \frac{80\,000}{(1+0.10)^t} - 100\,000 = 80\,000 \times 3.791 - 100\,000 = 203\,280 \text{(元)}$$

经过多次重复模拟,把模拟运算的结果画成此项目净现值的概率分布图,会形成一种正态分布。它的期望净现值为 12 万元,标准差为 6 万元。根据这个结果就可以找到项目净现值等于或小于 0 的概率(即可能产生亏损的概率)。当 $NPV = 0$,对应的标准正态分布的"Z"值:$Z = \dfrac{0 - 120\,000}{60\,000} = -2.0$。

从标准正态分布表中可以查到，小于平均值 2.0 个标准差的值的概率为 2.28%，也就是说，此项目的实际净现值有 2.28%的可能性是负值。

模拟法是一种有效的方法。它能够模拟几个变量同时发生变化时的情景。它不仅提供了期望值，还给出了标准差，能够帮助决策者在风险与预期收益之间进行权衡；通过模拟可以得到净现值的概率分布，为决策者提供丰富的信息。

模拟法的主要缺点：收集每一种投入变量的信息和正确建立模型都需要相当的时间和努力，费用也很高，这就限制了它应用的可行性。一般只用于大型项目的决策；这里的模拟例子是假定各变量之间是相互无关的，如果不是这样，比如，产品的价格对销量有很大的影响，那么就一定要把这种相互影响因素加到模型当中，从而使模型变得更加复杂。

5.5 风险决策

概率分析给出了方案经济效果指标的期望值和标准差以及经济效果指标的实际值落在某一区间的概率，这样为人们在风险条件下决定方案取舍提供了依据。风险决策就是在概率分析的基础上，明确风险决策的条件，确定风险决策的原则，根据风险与收益的关系，寻求利益最大化、风险损失最小化的决策。

5.5.1 风险决策的条件

风险决策的条件包括：

(1) 存在决策人希望达到的目标（如收益最大或损失最小）；
(2) 存在两个或两个以上的方案可供选择；
(3) 存在两个或两个以上不以决策者的意志为转移的自然状态；
(4) 可以计算出不同方案在不同自然状态下的损益值；
(5) 在可能出现的不同自然状态中，决策者不能肯定未来将出现哪种状态，但能够确定每种状态出现的概率。

例 5-14 某企业拟开发一种新产品取代将要滞销的老产品，新产品的性能优于老产品，但生产成本要比老产品高，投入市场后可能面临 4 种前景：

(1) 很受欢迎，产品很畅销（我们称之为状态 1，记作 θ_1）；
(2) 销路一般，产品能够以适当的价格销售出去（记作 θ_2）；
(3) 销路不太好（记作 θ_3）；
(4) 没有销路（记作 θ_4）。

经过周密的市场研究，销售部门作出判断：

状态 1 出现的概率 $P(\theta_1)=0.3$
状态 2 出现的概率 $P(\theta_2)=0.4$
状态 3 出现的概率 $P(\theta_3)=0.2$
状态 4 出现的概率 $P(\theta_4)=0.1$

技术部门提出了三种方案。

A_1：立即停止老产品的生产，改造原生产线生产新产品，这一方案投资比较小，但是有停产损失，而且生产规模有限；

A_2：改造原生产线生产新产品，并把部分零部件委托其他厂生产，以扩大生产规模；

A_3：暂时维持老产品生产，新建一条高效率的生产线生产新产品，这一方案投资较大。

这三种方案在不同的状态下，具有不同的经济效果，在一定计算期内，各方案在不同状态下的净现值见表 5-9。

表 5-9 各方案在不同状态下的净现值

（单位：万元）

方案	θ_1 $P(\theta_1)=0.3$	θ_2 $P(\theta_2)=0.4$	θ_3 $P(\theta_3)=0.2$	θ_4 $P(\theta_4)=0.1$
A_1	140	100	10	-80
A_2	210	150	50	-200
A_3	240	180	-50	-500

这是一个典型的风险决策问题。企业的目标是取得最好的经济效果，决策者面临三个备选方案和四种可能状态，并且已经了解各种方案在不同状态下的经济效果指标以及各种状态发生的概率，决策者要解决的问题是确定应选择哪个方案。

5.5.2 风险决策的原则

通常采用的风险决策原则有五种。

1. 优势原则

在 A 与 B 两个备选方案中，如果不论在什么状态下，A 总是优于 B，则可以认定 A 相对于 B 是优势方案，或者说 B 相对于 A 是劣势方案。劣势方案一旦认定，就应该从备选方案中剔除，这就是风险决策的优势原则。在有两个以上备选方案的情况下，应用优势原则一般不能决定最佳方案，但能减少备选方案的数目，缩小决策范围。在采用其他决策原则进行方案比选之前，应首先运用优势原则剔除劣势方案。

2. 期望值原则

期望值原则是指根据各备选方案损益值的期望值大小进行决策，如果损益值用费用表示，应选择期望值最小的方案；如果损益值用收益表示，则应选择期望值最大的方案。在上面的例子中，根据表 5-9 中的数据，方案 A_1、A_2、A_3 的期望净现值为：$E(NPV)_1=76$（万元），$E(NPV)_2=113$（万元），$E(NPV)_3=84$（万元）。

按照期望值原则应该选择方案 A_2。

3. 最小方差原则

方差越大，实际发生的损益值偏离期望值的可能性也越大，从而方案的风险也越大，所以有时人们倾向于选择损益值较小的方案，这就是最小方差原则。在备选方案期望值相同或收益期望值大（费用期望值小）的方案其损益值方差小的情况下，期望值原则与最小方差原则没有矛盾，最小方差原则无疑是一种有效的决策原则。但是，在更多的情况下，期望值原则与最小方差原则并不具有一致性。

在上面的例子中，方案 A_1、A_2、A_3 的净现值的方差为：
$$D(NPV)_1 = 4\,764, \quad D(NPV)_2 = 13\,961, \quad D(NPV)_3 = 48\,684$$

按照最小方差原则，应该选择方案 A_1，这显然与按照期望值原则选择的结论不一致。对于在按照期望值原则与最小方差原则选择不一致的情况下如何权衡的问题，目前还没有找到广泛接受的解决办法，这是因为不同投资者的风险偏好程度是不一样的。投资者对风险的态度，一方面取决于决策者本人的胆识与冒险精神，另一方面取决于投资主体对风险的承受能力。

4. 最大可能原则

从各状态中选择一个概率最大的状态来进行决策，而置其余状态于不顾，这就是最大可能原则。一个事件其概率越大，发生的可能性就越大，我们将这种状态视作肯定状态，再根据这种状态下各方案损益值的大小进行判断。按照最大可能原则进行风险决策实质上是将风险型决策问题当作确定型决策问题来对待。

必须指出的是，当某一自然状态发生的概率比其他状态发生的概率大得多，而相应的损益值相差不大时，才可采用该准则。在前面的例子中，状态 θ_2 发生的概率最大，如果按照最大可能原则，应该选择在 θ_2 下净现值最大的方案 A_3。但是，必须注意到，θ_2 发生的概率 0.4 与其他状态发生的概率差别不大，而且方案 A_3 在不同状态下净现值相差较大，所以，在例 5-14 中使用最大可能原则进行决策是不大合适的。

5. 满意原则

最优准则是理想化的准则，在实际工作中，决策者往往只能把目标定在满意的标准上，以此选择能达到这一目标的最大概率方案，即选择出相对最优方案。满意的标准是决策者想要达到的收益水平，或想要避免损失的水平，因此，满意原则是一种比较现实的决策原则。满意原则适用条件是：在选择最优方案花费过高或在没有得到其他方案的有关资料之前就必须决策的情况下，应采用满意度准则决策。

在例 5-14 中，假定满意目标是净现值不小于 30，各方案达到此目标的概率分别为：

方案 A_1： $P(NPV \geqslant 30) = P(\theta_1) + P(\theta_2) = 0.7$

方案 A_2： $P(NPV \geqslant 30) = P(\theta_1) + P(\theta_2) + P(\theta_3) = 0.9$

方案 A_3： $P(NPV \geqslant 30) = P(\theta_1) + P(\theta_2) = 0.7$

方案 A_2 达到满意目标的可能性最大，故按照满意原则应选择方案 A_2。

5.5.3　风险决策的方法

常用的风险决策方法有矩阵法和决策树法，这两种方法采用的决策原则都是期望值原则。下面分别进行介绍。

1. 矩阵法

风险决策矩阵模型的一般形式如表 5-10 所示。

$$\diamondsuit V = \begin{bmatrix} v_{11} & v_{12} & \cdots & v_{1n} \\ v_{21} & v_{22} & \cdots & v_{2n} \\ \vdots & \vdots & & \vdots \\ v_{m1} & v_{m2} & \cdots & v_{mn} \end{bmatrix}$$

$$P = \begin{bmatrix} P_1 \\ P_2 \\ \vdots \\ P_n \end{bmatrix} \quad E = \begin{bmatrix} E_1 \\ E_2 \\ \vdots \\ E_m \end{bmatrix}$$

表 5-10 风险决策矩阵模型

损益值 概率 方案	状态 θ_1	θ_1	…	θ_j	…	θ_n
	P_1	P_2		P_j		P_n
A_1	v_{11}	v_{12}	…	v_{1j}	…	v_{1n}
A_2	v_{21}	v_{22}	…	v_{2j}	…	v_{2n}
$\vdots$	$\vdots$	$\vdots$		$\vdots$		$\vdots$
A_i	v_{i1}	v_{i2}		v_{ij}		v_{in}
A_m	v_{m1}	v_{m2}		v_{mj}		v_{mn}

V 称为损益矩阵，P 称为概率向量，E 称为损益期望值向量，E 中的元素 $E_i(i=1,2,\cdots,m)$ 为方案 A_i 的损益期望值。利用矩阵运算可以很方便地求出

$$E = VP \tag{5-35}$$

当损益值为费用时，$Min\{E_i | i=1,2,\cdots,m\}$ 对应的方案为最优方案；当损益值为收益时，$Max\{E_i | i=1,2,\cdots,m\}$ 对应的方案为最优方案。

当备选方案数目和状态数目都很大时，采用矩阵法便于利用现代化的计算手段进行风险决策。

2. 决策树法

风险决策问题还可以用决策树技术来描述和求解。例 5-14 中的决策问题用决策树描述为图 5-10。

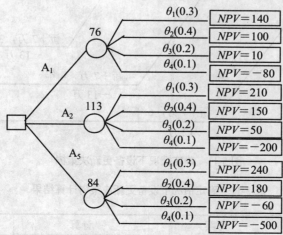

图 5-10 用决策树描述的风险决策问题

（1）决策树技术简介。

决策树由不同的节点与分支组成。符号"□"表示的节点为决策点，从决策点引出的每一条分支表示一个可供选择的策略方案，分支数反映可能的方案数；符号"○"表示的节点为状态点，从状态点引出的每一条分支为概率分支，表示一种可能发生的状态，每个分支上注明自然状态及出现的概率，分支数反映可能的自然状态数，每一概率分支"末梢"的数值为方案在相应状态下的损益值。根据各种状态发生的概率以及对应的损益值分别计算每一方案的损益期望值，并将它标在相应的状态点上方，再根据各方案的期望损益值，就可以直观地判断出应选择哪个方案。决策树的计算方法是从右向左依次进行，逐次确定各状态点和各决策点的数值，直到最左边的决策点表示最后决策。决策树技术常用于多阶段的风险决策。

运用决策树技术进行决策的步骤：
① 绘制决策树图；
② 预计可能事件（可能出现的自然状态）及其发生的概率；
③ 计算各方案在各种自然状态下的损益值；
④ 计算各方案的损益期望值；
⑤ 比较各方案的损益期望值，进行择优决策。若决策目标是效益，应取期望值大的方案；若决策目标是费用或损失，应取期望值小的方案。

（2）确定情况下决策树的应用。

由于技术进步，市场上出现了更高效率的设备，是继续使用旧设备，还是购置新设备代替旧设备？若继续使用旧设备，运行成本（包括维修费、能源消耗等）会日益增加；购置新设备，一次投入可能很大。因此，需要进行合理的技术经济分析，寻找一个适当的机会更换旧设备。现在通过决策树技术来解决这一问题。

例 5-15 在图 5-11 中有三个决策点，从各决策点引出的两条分支分别代表继续使用旧设备和购置新设备两个方案。分支上方的数字为现金流入，而分支下方的数字为投资成本。由最右的决策点入手，选择最佳方案，依次倒推，重复评价方案，直至最左边的决策点，求出最佳决策。

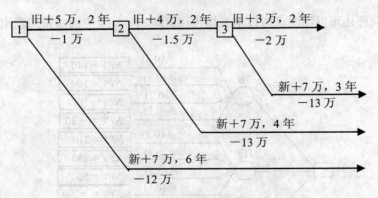

图 5-11 确定情况下设备更新决策树

表 5-11 确定情况下设备更新决策树计算结果

（单位：万元）

决策点	方案	计算	抉择
3	旧	3×2−2=4	旧
	新	7×2−13=1	

（续表）

决策点	方案	计算	抉择
2	旧 新	4＋4×2－1.5＝10.5 7×4－13＝15	新
1	旧 新	15＋5×2－1＝24 7×6－12＝30	新

从表 5-11 的计算结果可知，第三决策点以继续使用旧设备为最佳；第二决策点以更新旧设备为最佳；最后的决策点以更新旧设备为最佳。所以该问题的最后决策是现在立即更新旧设备。此例没有考虑货币的时间价值。如果考虑货币的时间价值，决策树的计算结果如表 5-12 所示。考虑货币的时间价值后，最后的决策是现在立即更新旧设备。

（3）风险情况下决策树的应用。

例 5-16 某企业计划生产一种新产品，有两种方案可选：建大工厂或建小工厂，两者的寿命期都是 10 年。大工厂需要投资 500 万元，小工厂需要投资 200 万元。两个方案的每年损益以及自然状态的概率如表 5-12 所示，决策树如图 5-12 所示。

表 5-12 例 5-16 的基本数据

（单位：万元）

自然状态	概率	大工厂	小工厂
畅销	0.6	160	60
滞销	0.4	－40	－10

表 5-13 确定情况下考虑时间价值的决策树计算结果

（单位：万元， 利率：15%）

决策点	方案	计算	抉择
3	旧 新	$3×(P/A,15\%,2)－2＝2.88$ $7×(P/A,15\%,2)－13＝－1.62$	旧
2	旧 新	$2.88×(P/F,15\%,2)＋4×(P/A,15\%,2)－1.5＝7.18$ $7×(P/A,15\%,4)－13＝6.99$	旧
1	旧 新	$7.18×(P/F,15\%,2)＋5×(P/A,15\%,2)－1＝12.56$ $7×(P/A,15\%,6)－12＝14.49$	新

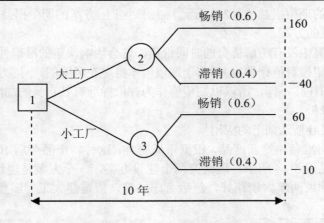

图 5-12 例 5-16 的决策树

计算各点的期望值:

点 2: $0.6 \times 160 \times 10 + 0.4 \times (-40) \times 10 - 500 = 300$(万元)

点 3: $0.6 \times 60 \times 10 + 0.4 \times (-10) \times 10 - 200 = 120$(万元)

结论:两者比较后可知,建大工厂的方案是比较合理。

例 5-17 假定对上面的例子分为前六年和后四年两期考虑。根据市场预测,前六年畅销的概率为 0.6。而如果前六年畅销,则后四年销路也好的概率为 0.9;如果前六年销路不好,则后四年销路肯定差。在这种情况下,大工厂和小工厂两个方案哪个较好?

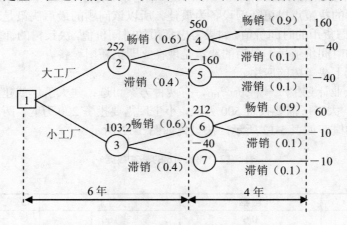

图 5-13 例 5-17 的决策树

画出决策树,如图 5-13 所示。计算各节点的期望值。

点 4: $160 \times 4 \times 0.9 + (-40) \times 4 \times 0.1 = 560$(万元)

点 5: $(-40) \times 4 \times 1.0 = -160$(万元)

点 6: $60 \times 4 \times 0.9 + (-10) \times 4 \times 0.1 = 212$(万元)

点 7: $(-10) \times 4 \times 1.0 = -40$(万元)

点 2: $(160 \times 6 + 560) \times 0.6 + (-40 \times 6 - 160) \times 0.4 - 500 = 252$(万元)

点 3: $(60 \times 6 + 212) \times 0.6 + (-10 \times 6 - 40) \times 0.4 - 200 = 103.2$(万元)

决策分析与方法评价:

① 大工厂方案的期望损益值(252 万元)大于小工厂方案的期望损益值(103.2 万元),因此建大工厂是较优的方案。

② 在什么的计算中没有考虑资金的时间价值,这会影响决策的准确性。

③ 本例根据期望损益值评价方案,由于期望值本身是有风险的,不同方案的期望值相同,他们所包含的风险却往往不同,所以以期望值作为评价标准有其自身的局限性。最后决策还要进行风险程度的分析。

(4)决策树在贝叶斯法则下的应用[①]。

例 5-18 某公司准备生产新产品,根据市场研究,这种新产品今后 10 年的销路可能出现下列三种情况,见表 5-14 所示。现研究两个建设方案,一个方案是建设大工厂;另一方案是建设小工厂,如果两年内销路好,然后考虑扩建。假定建大工厂需要投资 400 万,在

---

① 贾春霖,李晨. 技术经济学[M]. 长沙:中南大学出版社,2004.

前两年中如果销路好每年可得利润 86.1 万元；如果销路差每年可得利润 59.8 万元。如前两年销路好后 8 年销路仍然好，每年可得利润 165 万元；如果后 8 年销路变差，每年可得利润 85.4 万元。建小工厂需要投资 260 万。扩建投资为 317.8 万元。如前两年销路好并进行扩建，扩建后销路仍然好，每年可得利润 183 万元；如果扩建后销路变差，每年可得利润 47.1 万元；如前两年销路好但并未进行扩建，则后 8 年销路好时，每年可得利润 82.5 万元；如果后 8 年销路不好，则每年可得利润 58.9 万元。若小工厂销路差，每年可得利润 69.7 万元。试比较两方案。

表 5-14　某新产品今后 10 年的销路

概　率		第一期（2 年）	第二期（8 年）	符　号
2/5	畅销货	销路好（H_1）	销路好（H_2）	(H_1, H_2)
1/5	时髦货	销路好（H_1）	销路差（L_2）	(H_1, L_2)
2/5	滞销货	销路差（L_1）	销路差（L_2）	(L_1, L_2)

解：第一步：绘出该项目的决策树图，如图 5-14 所示。

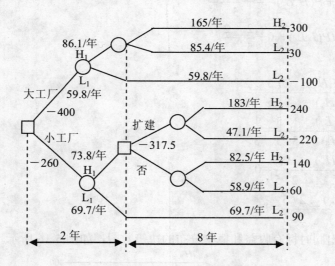

图 5-14　例 5-18 的决策树

第二步：计算各分支的净现值。

由于决策树图上注明的收益和费用是在不同时间发生的，因此应折现进行计算，若 MARR 为 15%，则：

第一条和第二条线的净现值为：

$NPV_1 = -400 + 86.1(P/A, 15\%, 2) + 165(P/A, 15\%, 8)(P/F, 15\%, 2) = 300$（万元）

$NPV_2 = -400 + 86.1(P/A, 15\%, 2) + 85.4(P/A, 15\%, 8)(P/F, 15\%, 2) = 30$（万元）

同理计算其他各条线的的净现值，并且记在相应线的末端。

第三步：计算各种自然状态出现的概率。

先绘出自然状态的概率决策图，见图 5-15。

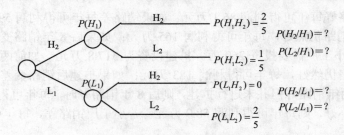

图 5-15　计算各种自然状态出现的概率

由表 5-14 可知：产品为畅销货的概率为 $P(H_1H_2)=\frac{2}{5}$；产品为时髦货的概率为 $P(H_1L_2)=\frac{1}{5}$；产品为滞销货的概率为 $P(L_1L_2)=\frac{2}{5}$。由于这三个数值为已知的，所以可以由它们求出 $P(H_1)$，$P(L_1)$，$P(H_2/H_1)$，$P(L_2/H_1)$，$P(H_2/L_1)$，$P(L_2/L_1)$ 的值。由图 5-15 可以看出：

$$P(H_1)=P(H_1H_2)+P(H_1L_2)=\frac{2}{5}+\frac{1}{5}=\frac{3}{5}$$

$$P(L_1)=P(L_1H_2)+P(L_1L_2)=0+\frac{2}{5}=\frac{2}{5}$$

按照贝叶斯法则：

$$P(H_2/H_1)=\frac{P(H_1H_2)}{P(H_1)}=\frac{2/5}{3/5}=\frac{2}{3}$$

$$P(L_2/H_1)=\frac{P(H_1L_2)}{P(H_1)}=\frac{1/5}{3/5}=\frac{1}{3}$$

$$P(H_2/L_1)=\frac{P(L_1H_2)}{P(L_1)}=\frac{0}{2/5}=0$$

$$P(L_2/L_1)=\frac{P(L_1L_2)}{P(L_1)}=\frac{2/5}{2/5}=1$$

第四步：重新绘出同时标有收益和概率分布的决策数图，如图 5-16 所示。

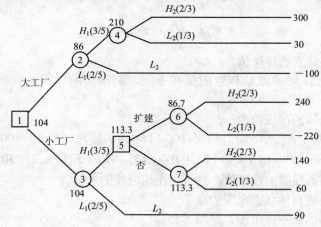

图 5-16　收益和概率分布的决策数图

计算各点的期望值：

点 4：$\frac{2}{3}\times 300+\frac{1}{3}\times 30=210$（万元）

点 2：$\frac{3}{5}\times 210+\frac{2}{5}\times(-100)=86$（万元）（大工厂的期望净现值）

点 6：$\frac{2}{3}\times 240+\frac{1}{3}\times(-220)=86.7$（万元）（扩建方案的期望净现值）

点 7：$\frac{2}{3}\times 140+\frac{1}{3}\times 60=113.3$（万元）（不扩建的期望净现值）

不扩建的期望净现值为 113.3 万元，而扩建方案的期望净现值为 86.7 万元，两者相比，以不扩建方案为好。划掉扩建方案，并将 113.3 万元移到点 5。

点 3：$\frac{3}{5}\times 113.3+\frac{2}{5}\times 90=104$（万元）（小工厂方案的期望净现值）

将 104 万元与 86.7 万元比较，小工厂方案比较优。把 104 万元移到点 1。

决策分析：应该采取小工厂方案，该方案的期望净现值为 104 万元。

5.6 不确定性决策

不确定性决策技术的理论基础是博弈论（Game Theory）。由于博弈论思想善于解决不完全信息情况下的决策问题，因此它适合于分析不确定条件下的投资决策。不确定条件下的投资决策主要研究在概率无法预测情况下的决策方法。这种决策方法适用于以下情况：有几个方案可供选择，每个方案都存在几种不同的自然状态和收益值；但每一种收益可能实现的概率却不知道。我们可把决策者和"市场"视为博弈的双方，市场未来可能出现的状态可视为"市场"在博弈中将采取的不同策略行动，而市场未来的状态又会对决策者不同决策的收益产生直接影响。对于这种不确定条件下的决策，根据博弈原理可以采用不同的原则。不同原则的选择取决于决策者主观上从乐观到悲观的程度、决策者的直观判断以及外在环境的影响。

例 5-19 某公司欲进行一项风险投资，有 4 种方案备选。各方案的运作前景与市场状况密切相关。根据预测今后市场可能存在三种自然状态：很好，一般，差。每种自然状态发生的概率无法预知，但各方案在不同市场状态下的收益见表 5-15。问如何进行这项投资方案的决策？

表 5-15 三种自然状态下各方案的收益值

（单位：万元）

方案	很好	一般	差
方案一	1 200	320	−880
方案二	900	280	−350
方案三	1 500	460	−1 210
方案四	1 400	380	−790

下面介绍 5 种决策方法，虽然这些方法不能给决策者提供确切的答案，但有助于决策者获得更重要的信息。这 5 种方法可能会给出相互矛盾的结论，决策者可根据个人偏好进行选择。

1. 最大最小或最小最大准则（悲观准则）

这种准则认为决策者具有悲观倾向，冒险精神不足，风险承受能力较弱。因此，在决策分析时，从最保守的观点出发，对每一方案的评价都从最坏的结果发生来考虑，然后选择收益最大的方案。

具体做法是：对收益而言，采用最小最大准则，即先求每个策略方案在各种自然状态下的最小收益值，再求各最小收益值中的最大值，那么这个最大值所对应的方案最优；对费用或损失而言，采用最大最小准则，即先求每个策略方案在各种自然状态下的最大费用值或损失值，再求各最大费用值或损失值中的最小值，那么这个最小值所对应的方案最优。

悲观准则是一种十分保守的决策准则，它的优势在于：由于决策从最坏的结果出发，去争取最大的收益，因而投资所承担的未来风险相对较小。但是对于投资决策者而言，在选择风险较小方案的同时，也意味着选择了收益也相对较少的方案，这与投资预期最大化的普遍原则是不太一致的。保守投资的决策思路通常在企业财务存在危机时，或外部投资环境较为恶劣的情况下是可行的并且是有效的。

按悲观准则决策，方案二是最优方案。见表 5-16 所示。

表 5-16　各方案的最小收益值

（单位：万元）

方案一	方案二	方案三	方案四
−880	−350	−1 210	−790

2. 最大最大或最小最小准则（乐观准则）

乐观准则是风险偏好者进行投资决策的选择依据。它假定投资决策者对投资的不确定性持乐观态度，对每种方案只考虑出现一种可能的结果，而且是最好的结果。具体做法是：对收益而言，采用最大最大准则，先求每个策略方案在各种自然状态下的最大收益值，再求各最大收益值中的最大值，那么这个最大值所对应的方案最优。对费用或损失而言，采用最小最小准则，先求每个策略方案在各种自然状态下的最小费用值或损失值，再求各最小费用值或损失值中的最小值，那么这个最小值所对应的方案最优。

事实上，任何投资项目都有一定的风险性，当某一方案的收益最大时，其伴随的风险也相对较高，因此隐含的风险损失也就较大。因此应用乐观准则要冒很大的风险，应十分慎重。一般只有在没有损失或损失不大时或有十分把握时才可采用。

按乐观准则决策，方案三是最优方案。见表 5-17 所示。

表 5-17　各方案的最大收益值

（单位：万元）

方案一	方案二	方案三	方案四
1 200	900	1 500	1 400

3. 赫维茨准则（折衷准则）

折衷准则是决策者在过分悲观和过分乐观之间找到一个折衷的办法。它认为并不存在纯粹的风险厌恶者或风险偏好者，投资决策者在实际选择决策标准时，并不绝对地从最有利或最不利的极端角度进行方案的优选,而是介于两者之间。不同的决策者其区别仅仅在于他们对投资过程和投资预期所持的态度是乐观多一点,还是悲观多一点。为此,折衷准则建议对每个方案的最好结果和最坏结果进行加权平均计算,然后将加权平均收益最大的方案作为最优方案。用于计算的权数称为乐观系数,乐观系数 α 的取值范围是 $0 \leq \alpha \leq 1$。当决策者对未来持有比较乐观的看法时,α 的取值在 0.5~1 之间;而当决策者对未来持有比较悲观的看法时,α 的取值在 0~0.5 之间。当 $\alpha=0$ 时,决策者对未来持有完全悲观的看法;当 $\alpha=1$,决策者对未来持有完全乐观的看法。

折衷准则的具体做法是:先确定乐观系数 α 的取值,再利用 α 对每个方案的最好结果和最坏结果进行加权平均,求出每个方案的折衷评价值 Z。其计算方法是:

折衷评价值 $Z = \alpha \times$ 最好结果 $+ (1-\alpha) \times$ 最坏结果

最后对各方案的折衷评价值进行比较,取折衷收益值最大的方案为最佳方案。

这种方法采用不同的权数会得出不同的选择结果。α 反映了决策者对待风险的态度,不同决策者会选择不同的权重。

假设 $\alpha=0.7$,各方案的折衷评价值为:

$Z_1 = 0.7 \times 1200 + 0.3 \times (-880) = 576$(万元)

$Z_2 = 0.7 \times 900 + 0.3 \times (-350) = 525$(万元)

$Z_3 = 0.7 \times 1500 + 0.3 \times (-1210) = 687$(万元)

$Z_4 = 0.7 \times 1400 + 0.3 \times (-790) = 743$(万元)

按折衷准则决策,方案四是最优方案。

4. 最小最大后悔值准则

与前面三种准则不同,在不确定性决策中,该准则并不强调决策者对未来是持乐观态度,还是持悲观态度。因为无论你持何种态度,都是决策者的主观预测。决策者选择了某一方案,而当以后出现的某种自然状态说明他本应选择另一方案时,他会感到后悔和遗憾。如果他事先完全知道今后会出现哪种自然状态,那么他必然会选择收值最大的方案,这个收益与他原来采取的方案收益之差称为后悔值。当然决策者尽量避免产生后悔,并最低限度地使最大后悔值最小,这就是最小最大后悔值准则的原理。

具体做法是:将每种状态下的收益最高值作为理想目标,并将它与该状态中的其他值相减,所得之差称为未达到理想的后悔值;比较每个方案在各种状态下的后悔值,从中找出该方案的最大后悔值;比较各方案的最大后悔值,其中最大后悔值最小的方案为最优方案。

将这个准则应用到例 5-19。先求各方案在各自然状态下的后悔值,即用每种状态下的最大收益值减去该方案的收益值,再通过比较找出各方案的最大后悔值,见表 5-18 所示。

表 5-18 各方案的后悔值

(单位:万元)

方案	很好	一般	差	方案最大后悔值
方案一	300	140	530	530
方案二	600	180	0	600
方案三	0	0	860	860
方案四	100	80	440	440

最后取最大后悔值中的最小值方案为最优方案，从表 5-18 中可以看出，方案四是最优方案。

与其他决策准则相比，最小最大后悔值准则是一种更精确更加接近实际的方法。按照这个准则选择方案，可以保证决策者今后可能遭受的损失最小。这是一种比较安全可靠的结果，但其倾向性是保守的。最小最大后悔值准则强调了次优决策方案的机会成本。

5. 贝叶斯—拉普拉斯准则（等概率准则）

该准则认为，由于无法预测未来各种状态出现的概率，决策者会假定他们发生的机会是相等的，因此就对各种状态"一视同仁"，即认为各种自然状态出现的概率是相等的。然后，按风险型决策问题的期望值准则进行决策。

按等概率准则决策，方案四是最优方案。见表 5-19 所示。

表 5-19　等概率计算的各方案期望收益值

（单位：万元）

方案一	方案二	方案三	方案四
213	277	250	330

在不知道各种自然状态出现的概率的情况下，假设它们出现的概率是相等的，这看起来具有一定的合理性。但是它完全没有考虑决策者对风险的态度。

按照不同决策准则选择方案，所得到的结果如表 5-20 所示。

表 5-20　五种不确定性决策方法比

决策准则	最优方案	决策准则	最优方案
悲观准则	方案二	最小最大后悔值准则	方案四
乐观准则	方案三	等概率准则	方案四
折衷准则	方案四		

从表 5-20 中可以看出，不同的决策准则所得的结论是不一致的。这些方法都不能给出确切的决策建议。虽然如此，决策者可以根据自身的风险偏好或对风险的态度，选择一个或多个方法进行分析，以帮助决策者对所选方案的特性有更多的了解，提高决策的可靠性。在本例中，可以重点考虑方案四，因为它是被选择最多的方案。

小结：以概率分析为基础的风险决策是一种定量分析的方法，它使决策者能够对项目的风险水平作出比较准确的判断。但是概率分析中的概率分布大多数是依靠历史经验预测出来的，不可避免地带有一定的主观随意性，因为未来的变化不会是历史事件的简单重复。因此，在进行以概率分析为基础的风险决策时，要综合应用多种方法，尽量使估测接近实际。

不确定性决策的难点在于无法预测未来各种状态发生的概率。由于博弈论思想善于解决不完全信息情况下的决策问题，因此它成为不确定性决策的理论基础。不确定性决策的各种技术给我们提供了分析不确定投资决策的思维方式和操作技术。但这并不意味着这些方法的采用可以完全避免投资风险的产生和影响。风险是客观存在的，它的发生机制和影响因素极其复杂。我们能够做到的是，在有限的时间和空间内改变风险存在和发生的条件，降低其发生的频率，减少损失程度。

当然掌握的信息越多，则面临的风险越小。但信息是有价的，过分追求信息的完整性会导致成本较高，而带来负面的经济效果。因此对风险性和不确定性的分析可以确立一条简单的原则——只要对未来的研究所产生的节约能够大于研究所花费的成本,就可以进行研究。

5.7 风险管理

5.7.1 风险控制的基本方法

1. 风险回避

风险回避是投资主体有意识地放弃风险行为,完全避免特定的损失风险。简单的风险回避是一种最消极的风险处理办法,因为投资者在放弃风险行为的同时,往往也放弃了潜在的目标收益。应该慎重地采用风险回避对策,只有在对风险的存在与发生,对风险损失的严重性有充分的把握后,采用这种方法才有积极意义。此方法一般适用于以下几种情况。

(1) 投资主体对风险极端厌恶。
(2) 风险可能带来的损失很大,项目无法承受,且发生的频率较高。
(3) 采用其他风险对策代价太高,得不偿失。

2. 风险抑制

风险抑制不是放弃风险,而是制订计划和采取措施减少风险实现概率和实际损失。控制的阶段包括事前、事中和事后三个阶段。事前控制的目的主要是为了降低风险发生的概率,事中和事后的控制主要是为了减少实际发生的损失。比如几家银行共同向某一项目发放贷款,从而分散了原来由一家银行承担的风险。同样项目发起人在融资时采用多方出资的方式也是分散风险的一种方法。

3. 风险转移

风险转移是指通过契约方式在风险事故发生时将损失的一部分转移给他人。通过风险转移有时可大大降低经济主体的风险程度。风险转移的主要形式是合同转移、保险转移和出售转移。

(1) 合同转移。通过签订合同、在合同中列入开脱责任条款,可以将部分或全部风险转移给一个或多个其他参与者。

(2) 保险转移。保险是使用最为广泛的风险转移方式。只要向保险公司缴纳一定的保费,当事故发生时就能够获得保险公司的补偿,从而将风险转移给了保险公司。

4. 风险保留

风险保留即风险承担,是指对一些无法避免和转移的风险采取现实的态度,在不影响投资者根本或大局利益的前提下承担下来。风险保留实际上是一种积极的风险控制对策。投资者为承受风险,事先在人、财、物等方面均作好必要的准备,并使工作安排富有弹性,努力将风险损失降低到最低程度。

5.7.2 项目决策时的避险措施

回避风险最常用的方法是增加必要的信息和采取多样化投资。

1. 增加必要的信息

在很多情况下，决策所面临的风险是因缺乏信息或信息不够确切而产生的。例如，在决定开发和销售一种新产品时，市场是否接受这种新产品就存在很大的不确定性。为了减少这种风险，很多厂家会在一个有限的区域内进行市场调查，或者向消费者代表提供这种产品，请他们来评价。这些调研都会给公司提供重要的信息。还可以向一些专家或咨询公司购买信息，他们掌握着决策者想知道的情况。正常情况下，获得的信息越多，付出的代价也越大。只要获得信息的边际价值超过其边际成本，谋求财富最大化的厂家就会愿意为增加信息而支付费用。

2. 投资

大多数投资者是厌恶风险的，他们追求较高的收益率并要求风险很小。降低非系统风险的方法是组合投资（分散投资）。对于组合投资的优点，"当代证券投资组合"理论的创始人马可维兹（Harry M. Markowitz）以股票投资为研究对象发现：若干种股票的总收益，等于这些个别股票的加权平均收益，而总风险却可能小于这些股票的加权平均风险。一个"组合"风险的大小不仅取决于构成这个组合的各个股票的风险，而且取决于各股票之间相互关联的程度。受各种因素的影响，各股票之间价格变动的方向和幅度可能各不相同，可能完全相同或相似，也可能不同或完全相反。这就是投资组合可能在不降低投资总收益的前提下降低投资非系统风险的根本原因。在对风险投资项目进行决策时，为达到投资者期望收益最大化和风险最小化这个看似矛盾的决策目标，必须对项目精心选择和搭配，并注意项目之间的相关程度。为确定项目的合理性，可通过组合的期望值、相关系数和协方差等指标予以判断。

【习题】

1. 什么是盈亏平衡分析？它的主要作用是什么？
2. 总成本、固定成本、变动成本的概念及三者间的关系。
3. 敏感性分析的含义和目的是什么？
4. 如何进行单因素敏感性分析？
5. 概率分析与盈亏平衡分析、敏感性分析相比有何特点和优点？
6. 几种不确定性分析方法的各有什么特点？分别适用于什么情况？
7. 某工业项目年设计生产能力为生产某种产品 3 万件，单位产品售价 3 000 元/件，总成本费用为 7 800 万元，其中固定成本 3 000 万元，总变动成本与产量成正比例关系，求以产量、生产能力利用率、销售价格和单位产品变动成本表示的盈亏平衡点。
8. 某企业的生产线设计能力为年产 100 万件，单价 450 元，单位变动成本 250 元，年固定成本为 8 000 万元。试计算盈亏平衡点产量。如果销售量为 50 万件，保本单价为多少。若年目标利润为 700 万元，产量应该为多少。
9. 某拟建新项目，预计项目投产后年销售收入为 $S=900x-0.03x^2$，年变动成本为 $C_v=300+0.02x^2$，年固定成本为 $F=100$ 万元。试对该项目进行盈亏平衡分析。
10. 某厂为生产 X、Y 两类系列产品，有 A、B、C 三种机器可供选择，使用各机型时每月的固定费用（包括机器的资本回收费用）及每个产品的变动费用如表所示。产品 X、Y 的售价各为 600 元及 800 元。通过预测可知两种产品的总需求量不会超过 15 000 个/月，营业部门根据以往的经验或同行的动向，仍无法确切地求得其概率，则此类问题应以何种方法来分析为好？

设备	总固定费用（万元）	变动费用（元）	
		产品 X	产品 Y
A	100	350	500
B	150	150	550
C	350	150	250

11. 某投资项目的数据如下表所示，其中销售税金占销售收入的10%，设基准折现率为10%，用净现值指标分别对投资额、销售收入和经营成本三个不确定因素作单因素敏感性分析，设三个不确定因素变动范围在±20%之内，现金流量的单位为万元。要求：

（1）通过计算，编制敏感性分析表，画出敏感性分析图；
（2）评价各因素的变化对项目经济指标的影响；
（3）比较各因素的相对敏感性，找出敏感性因素；
（4）如果产品年销售收入很可能在1 900～2 200万元之间波动，试评价该项目的风险性。

年份	0	1	2～10	11
投资	1 500			
销售收入			2 200	2 200
经营成本			1 520	1 520
销售税金			220	220
期末残值				200
净现金流量	−1 500	0	460	460＋200

12. 已知某工业投资方案各年净现金流量的期望值与标准差（见下表）。假定各年的随机现金流量之间互不相关，基准折现率为12%，求下列概率，并对方案的风险大小作出判断。

（1）净现值大于或等于零的概率；
（2）净现值小于−50万的概率；
（3）净现值大于500万的概率。

年份	0	1	2	3	4	5
净现金流量期望值（万元）	−900	500	500	500	500	500
净现金流量标准差（万元）	300	300	350	400	450	500

13. 某项目的基础资料见下表，销售收入与经营成本为不确定因素，已知其概率分布如表所示。设基准折现率为12%，试对该项目进行概率分析。

年份	1	2	3	4	5	6	7	8
投资额	600	400						
销售收入			900	900	900	900	900	900
经营成本			500	500	500	500	500	500

因素＼幅度	＋20%	0	−20%
销售收入	0.6	0.3	0.1
经营成本	0.5	0.4	0.1

第 6 章 投资项目的可行性研究

可行性研究（Feasibility Study）是综合运用多门学科知识对拟建项目从技术、经济、社会和环境等各方面进行调查研究和综合论证，以判断项目是否可行并从多个可能方案中选择一个最优方案的一种研究方法。作为一项工作来说，可行性研究是项目建设过程中的一个关键环节，是在投资决策前对拟建项目的技术先进性、经济合理性、社会公正性、和环境适应性所作的综合评价与优化选择。其中经济评价是可行性研究的核心内容。

可行性研究的基本任务是：以市场调查为前提，以经济效益为主要目标，全面考察拟建项目的可行性。从市场需求预测开始，通过拟订多个方案进行比较论证，研究项目的建设规模、工艺技术方案、原材料动力供应、设备选型、厂址选择、投资估算、资金筹措与偿还、生产成本等，对工程项目的建设方案进行详细规划，评价项目的财务盈利能力和经济上的合理性，同时给出环境影响、社会效益等方面的分析和评价，以及工程项目抗风险能力等结论，为投资者的最终决策提供科学依据。

6.1 可行性研究概述

6.1.1 可行性研究的产生和发展

可行性研究起源于 20 世纪 30 年代的美国。在开发田纳西河流域工程时，事先对该工程项目的建设必要性、技术先进性、经济合理性等进行了科学的分析论证，这对田纳西河流域的开发和综合利用起了很大的作用。二战以后，西方工业发达国家普遍采用这种方法，并不断加以充实完善。在 20 世纪 50 年代，特别是进入 20 世纪 60 年代后，随着科学技术、经济和管理的不断发展，可行性研究得到了迅速发展，形成了一套比较完善的理论、工作程序和评价方法。1978 年，联合国工业发展组织为了推动和帮助发展中国家的经济发展，编写了《工业可行性研究编制手册》一书，系统地说明了工业项目可行性研究的内容和方法；1980 年又出版了《工业项目评价手册》（与阿拉伯国家工业发展中心共同编制），从而为各国特别是发展中国家开展工程建设项目的可行性研究提供了较完备的参考材料，也为在国际上推广可行性研究工作创造了条件。目前，可行性研究已经渗透到非工程建设领域，应用范围十分广泛。

可行性研究在我国得到真正的重视始于 20 世纪 70 年代末。从 80 年代初开始，我国在总结建国 30 多年经济建设经验教训的基础上，引进了西方的可行性研究。1981 年，国家计委正式发布文件，明确规定："把可行性研究作为建设前期工作中一个重要技术经济论证阶段，纳入基本建设程序。" 1983 年，国家计委又下达了《关于建设项目进行可行性研究的试行管理办法》，重申"建设项目的决策和实施必须严格遵守国家规定的基本建设程序。"规定事前没有进行可行性研究的项目，一律不得列入年度建设计划，更不准仓促开工。该文件对我国基本建设项目可行性研究的编制程序、内容、审批等进行了规定，1991 年又对它进行了修订。

国家计委和建设部于 1987 年颁发了《建设项目经济评价方法与参数》一书，该书填补了我国经济项目评价方面的空白，成为各单位进行投资项目评价的指导性文件，也是各级主管部门审批可行性研究报告和金融机构审查投资贷款的重要依据。经过两次修订，《建设项目经济评价方法与参数》第三版已于 2006 年出版。2002 年，中国电力出版社出版了《投资项目可行性研究指南》。这些文献使可行性研究更加紧密联系我国的经济建设实际，成为市场经济环境下投资决策的重要工具。

6.1.2 可行性研究的作用

可行性研究作为投资前时期的重要工作内容，在基本建设程序中占有十分重要的地位，可行性研究的作用主要体现在以下几个方面。

1. 为拟建项目投资决策提供依据

投资项目决策的科学化是企业最重要的事情。对项目进行可行性研究是实现项目决策科学化的必由之路，其目的在于最大限度地避免风险和提高投资效益。中外企业的实践证明，投资项目可行性研究和经济评价是行之有效的科学方法。

2. 可作为资金筹措和向银行申请贷款的依据

世界银行、亚洲开发银行等国际金融组织对每一笔贷款都要进行严格的可行性论证，因此他们的投资决策成功率都很高。投资项目的资金来源包括两个方面：一是资本金；二是债务资金，即向银行和非银行金融机构借入的资金，其中又以银行贷款为主。各银行在接受贷款申请时，首先要对贷款项目进行全面细致的分析评估，只有在确定项目具有偿债能力、银行不会承担太大风险时，才会同意贷款。而在向财政部门申请拨款、向社会发行股票时，财政部门、社会团体和个人也会考察项目的盈利能力。可行性研究不仅评价投资项目的盈利能力，而且要评价项目的偿还能力和抗风险能力。由此可见，可行性研究是资金筹措和向银行申请贷款的依据。国内外承担可行性研究任务的咨询公司或设计院等单位，为了对投资者、国家和贷款者负责，同时也为了自身信誉，对可行性研究报告的编制都采取审慎的态度，力求客观真实。

3. 可作为与有关部门谈判和签订协议或合同的依据

投资项目从筹建开始到正常运转，需要各行各业的协作和支持，需要与工程设计单位、施工建设单位、机器设备供应商、原材料和燃料、水电等方面的供应商、经销商等进行谈判，并签订相应的协议或合同。可行性研究报告是项目投资者与其他单位进行谈判、签订协议或合同的重要依据。

4. 可作为向当地政府及环境保护部门申请建设施工的依据

在可行性研究报告确认可行，并经过投资部门和计划部门评审以后，建设项目在设计与施工之前，还必须通过地方规划部门和环保部门的审查，审查的主要内容涉及环境保护、三废治理以及选址对城市、区域规划布局的影响等。只有可行性研究报告中上述因素全部符合市政规划或区域规划以及当地环保要求，才发给建设许可证书。

5. 可作为开展全面设计和建设工作的依据

可行性研究报告对项目的选址、建设规模、建设方案、工艺流程、主要设备以及总图布置等作了较为详细的技术经济论证，为开展设计工作打下了基础。建设项目应严格按照批准的可行性研究报告内容开展设计和建设工作，不得随意更改报告中已经确定的规模、方案、标准、厂址及投资等控制性指标。批准后的可行性研究报告是开展全面设计和建设工作的依据。

6. 为企业组织机构设置、劳动定员和职工培训等工作提供依据

7. 可作为项目后评价的依据

按照国际惯例，对已经竣工投产并且生产运营一段时间的工程项目要进行项目后评价，分析项目的实际情况与预测情况的差距，找出存在的问题，为今后改进项目准备、决策、管理监督等工作积累经验。可行性研究报告就是项目后评价的参照标准。

6.1.3 基本建设程序和可行性研究的阶段

一个建设项目从提出到完成一般要经历三个时期和九个阶段。三个时期是：投资前时期、投资时期及生产经营期。九个阶段是：机会研究阶段、初步可行性研究阶段、详细可行性研究阶段、评价和决策阶段、谈判和签订合同阶段、项目设计阶段、安装施工阶段、试运转阶段、正式生产阶段。其全过程如图6-1所示。

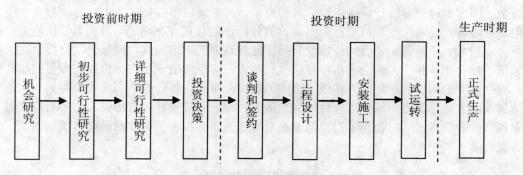

图 6-1 投资项目基本建设程序

投资前期是决定工程项目经济效果的关键时期，是研究和控制的重点。可行性研究是项目投资前时期的主要工作，也是项目基本建设程序中的第一个环节和关键环节。如果在项目实施过程中才发现工程费用过高，投资不足，或原材料不能保证等问题，将会给投资者造成巨大的损失。因此，无论是工业发达国家还是发展中国家，都把可行性研究视为工程建设的首要环节。投资者为了排除盲目性，减少风险，在竞争中取得最大利润，宁肯在投资前花费一定的代价，也要进行投资项目的可行性研究。在这方面，我国有过许多深刻的历史教训，比如文革前的经济建设，由于不按技术经济规律办事，遭受了沉重打击，如大跃进、三线建设等。现在，一些房地产开发项目由于建设资金不足被迫停止施工，最终成为烂尾楼；有的项目在建成以后由于原材料、能源的缺乏而被迫停产等，这些都是因为没有进行可行性研究，或可行性研究工作做得不严谨、不细致而造成。

可行性研究一般可以分为机会研究、初步可行性研究和详细可行性研究、项目评价和决策四个阶段。

机会研究又称为投资机会鉴别。政府机构或行业主管部门根据国家、地区、部门经济发展战略规划和市场要求提出投资意向,企业根据这种意向,结合自身发展和经营规划,提出投资方向的设想和建议,并对设想进行粗略分析,确定有无必要进行进一步的研究。机会研究可分为一般机会研究和具体机会研究。一般机会研究又可划分为三种:一是地区研究,通过研究某一地区的自然地理状况、人文特点以及在国民经济体系中的地位,再结合自身的优劣势寻找投资机会;二是行业研究,研究某一行业由于技术进步、国内外市场变化而出现的新的投资发展机会;三是以资源利用为基础的研究,旨在分析由于自然资源的开发和综合利用而出现的投资机会。发展中国家一般机会研究通常由政府部门或专门机构进行,作为政府制定国民经济长远发展规划的依据。

根据一般机会研究的结论,当某项目具有投资条件时,就可进行具体机会研究,即具体研究某一项目得以成立的可能性。机会研究的结果以项目建议书的形式提出。由于机会研究是进行项目可行性研究前的预备性调查研究,要求时间短,花费少,因此机会研究比较粗略,投资额、成本等基本经济要素的估算往往采用最简单的方法,估算误差要求在±30%之内,所需时间一般为1~2月,所需研究费用约占总投资的0.2%~1.0%。一旦认为项目有利可图,就可以转入下一步研究。

一些大型投资项目仅靠机会研究还不能决定投资项目的取舍,是否值得去做详细可行性研究尚不清楚,这时就要做初步可行性研究。初步可行性研究又称为预可行性研究,其主要任务是在项目建议书的基础上,进一步确认项目建设的必要性,初步进行方案的比较和选择,判断是否需要进行详细可行性研究。这一阶段主要解决以下问题:一是弄清工程项目的概貌,包括建设规模、产品方案、原材料供应、厂址、工艺技术、组织机构设置、建设进度;二是对关键问题进行专题的辅助性研究;三是初步估算投资额、成本和收入,计算主要经济效益指标;四是对众多的备选方案进行初步筛选,淘汰一些希望不大的方案,剩下较少的方案进入详细可行性研究阶段。

初步可行性研究和详细可行性研究的基本内容相同,只是研究深度与广度不同。这一阶段投资与成本估算的偏差要求控制在±20%以内,一般需要4~6个月,所需研究费用约占总投资的0.25%~1.25%。对于一些小型项目,有时可以省去初步可行性研究这一阶段,直接进行详细可行性研究。

详细可行性研究也称为最终可行性研究,也就是我们通常说的可行性研究,它是整个可行性研究的关键阶段,其主要任务是对工程项目进行深入细致的技术经济论证,包括市场需求、生产规模、建厂地点、原材料燃料供应、生产工艺与技术设备、组织机构与人员配备、项目实施进度、投资额与成本估算、经济效益评价、环境保护等,为项目决策提供技术、经济、社会和环境方面的可靠依据。详细可行性研究的最终成果是可行性研究报告,可行性研究报告必须对拟建项目给出明确的可行或不可行的结论。这一阶段要对多个方案进行比较与选优,工作量较大。对财务数据的估算,误差要求控制在±10%的范围内,有时可达±5%,需要的时间长,所花的费用也较多。

项目评价和决策是对可行性研究报告进行评估和审查,分析它的内容是否全面,所采用的研究方法是否正确,判断可行性研究结论的可靠性和真实性,对项目作出最终决策。

可行性研究各阶段的对比参照表6-1。

表 6-1 项目可行性研究各阶段的对比

工作阶段	目的任务	估算精度	研究费用占总投资的百分比	需要时间
机会阶段	选择项目、寻求投资机会，包括地区、行业、资源和项目的机会研究	±30%	0.2%~1.0%	1~2个月
初步可行性研究	对选定的投资项目进行市场分析，进行初步技术经济评价，确定是否需要进行更深入的研究	±20%	0.25~1.25%	4~6个月
详细可行性研究	对项目进行深入细致的技术经济论证，重点是财务分析、经济评价，需作多方案比较，提出结论性报告，这是关键步骤	±10%	中小项目 1.0%~3.0% 大项目 0.25%~1%	中小项目 5~12个月 大项目 1~2年或更长
评价和决策	对可行性研究报告提出评价报告、最终决策	±10%	—	—

以上四个阶段是一环套一环的，前者是后者的基础，后者是前者的深入。一旦某一步不可行，则停止下一步的工作。可行性研究的步骤和内容并不是绝对不变的，可以根据项目的规模、性质和复杂程度的不同，进行适当的调整。如果有关项目建设的一些关键问题已经明朗，把握性很大，就可以越过前面的两个阶段而直接进行详细可行性研究。

6.2 可行性研究的内容

可行性研究通常包含以下内容。

1. 项目总论

总论作为可行性研究报告的开头，要综合描述研究报告中各章节的主要问题和研究结论，并对项目的可行与否提出最终建议，为可行性研究的审批提供方便。总论包括项目背景资料、可行性研究结论、存在问题及建议和主要技术经济指标表几个部分。其中主要技术经济指标表是各章节中主要技术经济指标的汇总，根据项目有所不同，一般包括：生产规模、全年生产数、全厂总定员、主要原材料、燃料、动力年用量及消耗定额、全厂综合能耗及单位产品综合能耗、全厂占地面积、全员劳动生产率、年总成本、单位产品成本、年总产值、年利税总额、年利润、财务内部收益率、借款偿还期、经济内部收益率、投资回收期等。

2. 项目兴建理由与预期目标

根据已确定的初步可行性研究报告（或项目建议书），从总体上进一步论证项目提出的依据、背景、理由和预期目标，以确定项目建设的必要性。

（1）项目兴建理由。

项目兴建理由一般应从项目本身和国民经济两个层次进行分析。从项目层次分析项目投资人兴建项目的理由：新建或者扩大企业生产能力，在向社会提供产品、服务的同时获取合法利润或投资回报；或是为了促进国家、地区经济和社会发展，项目层次的分析应侧重从项目产品和投资效益角度论证兴建理由是否充分合理；有些项目兴建的理由从项目层次看是合理的、可行的，但从国民经济全局看就不一定合理、可行。因此对那些受宏观经济条件制约较大的项目，应进行国民经济层次分析。例如，分析拟建项目是否符合合理配置和有效利用资源的要求；是否符合区域规划、行业发展规划、城市规划、水利流域开发规划、交通路网规划的要求；是否符合国家技术政策和产业政策的要求；是否符合保护环境、可持续发展的要求等。

（2）项目预期目标。

分析论证的内容主要有：项目建设内容和建设规模；技术装备水平；产品性能和档次；成本、收益等经济目标；项目建成后在国内外同行业中所处的位置或者在经济和社会发展中的作用等。通过分析论证，判别项目预期目标与兴建理由是否相吻合，预期目标是否具有合理性与现实性。

3. 市场分析和建设规模

（1）市场分析的主要内容。

① 市场现状调查。

a. 供应现状。包括在国际国内两个市场上，项目产品的总生产能力（含现有企业和在建项目）、总产量以及在各国和各地区的分布；主要生产企业的分布情况，以及产量、品种、性能、档次等。

b. 需求现状。包括在国际国内两个市场上，项目产品的市场消费总量以及在各国和各地区分布，不同消费群体对产品品种和服务的要求，消费结构状况，近期内市场需求的满足程度等。

c. 价格现状调查。调查项目产品的国际国内市场价格及形成机制，调查产品价格是市场形成价格还是政府调控价格，价格变化过程及变化规律，最高价格和最低价格出现的时间和原因，有无垄断或倾销等情况。

d. 市场竞争力现状调查。主要是分析项目产品目前国内外市场竞争程度，主要竞争者的生产、营销及其竞争力情况等。

② 产品供需预测。

产品供需预测是利用市场调查所获得的信息资料，对项目产品未来市场供应和需求的数量、品种、质量、服务进行定性与定量分析。进行产品供需预测应考虑的因素：

a. 国民经济与社会发展对项目产品供需的影响；

b. 相关产业产品和上下游产品的情况及其变化，对项目产品供需的影响；

c. 产品结构变化，产品升级换代情况，特别是高新技术产品和新的替代产品，对项目产品供需的影响；

d. 项目产品在其生命周期中所处阶段（投入期、成长期、成熟期、衰退期）对项目产品供需的影响。

③ 价格预测。

对影响价格形成与导致价格变化的各种因素进行分析，初步设定项目产品的销售价格和投入品的采购价格。

④ 竞争力分析。

分析与竞争对手相比，在资源占有、生产工艺技术、关键设备、研发能力、市场营销、价格、品牌和商誉等方面具有的优势和劣势，预测拟建项目在国内外市场竞争中获胜的能力和可能性。

⑤ 市场风险分析。

分析未来市场上某些重大不确定因素（如出现新的替代品、市场竞争加剧、政治经济环境发生巨大变革等）发生的可能性，以及可能对项目造成的损失。市场风险分析既可以定性描述，也可以定量计算风险发生概率。

（2）建设规模与产品方案。

建设规模与产品方案研究是在市场预测和资源评价（指资源开发项目）的基础上，论证比选拟建项目的建设规模和产品方案（包括主要产品和辅助产品及其组合），作为确定项目技术方案、设备方案、工程方案、原材料燃料供应方案及投资估算的依据。

① 建设规模选择。

建设规模也称设计生产能力，是指项目设定的正常生产运营年份可能达到的生产规模。不同类型项目建设规模的表述不同，工业项目通常以年产量、年加工量等表述；农林水利项目以年产量、种植面积、灌溉面积、防洪治涝面积、水库库容、供水能力等表述；交通运输项目以运输能力、吞吐能力等表述；城市基础设施项目和服务行业项目以年处理量、建筑面积、服务能力等表述。生产多种产品的项目应以主要产品的生产能力表示该项目的建设规模。确定建设规模一般应考虑以下主要因素：合理经济规模，市场容量对项目规模的影响，环境容量对项目规模的影响，资金、原材料以及主要外部协作条件等对项目规模的满足程度。

② 产品方案。

生产多种产品的拟建项目，应研究其主要产品、辅助产品、副产品的种类及其生产能力的合理组合，以便为下一步研究技术、设备、原材料燃料供应等方案提供依据。确定产品方案一般应考虑以下主要因素：市场需求、产业政策、专业化协作、资源综合利用、环境条件、原材料燃料供应、技术设备条件、生产储运条件等。

4. 建设条件与厂址选择

（1）资源条件评价。

资源条件评价主要是对拟开发利用资源的可利用量、资源品质、赋存条件、开发价值进行评价。

① 资源可利用量。

根据拟建项目性质，研究矿产资源的可采储量或水利水能资源的蕴藏量或森林资源的蓄积量，提出合理的开发（开采）规模和年限。

② 资源自然品质。

根据拟建项目特点研究资源品质，为制定项目技术方案提供依据。金属矿和非金属矿开采项目，应分析研究矿石品位、物理性能和化学组分、洗选难易程度；煤炭开采项目，应分析研究煤炭的热值、灰分、硫分、结焦性能等；石油天然气开采项目，应分析研究油气的化学组分、物理性能（黏度、凝固点等）；水利水能开发项目，应分析研究河床稳定性、泥沙含量、有机物含量、水体形态（水位、水温、流速）等。

③ 资源赋存条件。

研究分析资源的地质构造和开采难易程度，以便确定开采方式和设备方案。矿产开采项目，应分析地质构造、岩体性质、矿体结构、矿层厚度、倾斜度、埋藏深度、灾害因素、涌水量等；石油天然气开采项目，应分析研究油气藏压力、含油气地质构造、孔隙率、渗透率等；水利水能开发项目，应分析研究拟建项目河段内地质构造、地震活动和其他危害因素，以及水能梯级分布情况。

④ 源开发价值。

矿产开采项目，应分析计算每吨矿产品生产能力投资、每吨矿产品的开采成本等指标；森林采伐项目，应分析每立方米原木生产能力投资；水利水能开发项目，应分析每吨供水能力投资、每千瓦电力装机容量投资，以及防洪、灌溉、航运、养殖等综合利用的效益。

(2) 厂址选择。

厂址选择是在初步可行性研究规划选址已确定的建设地区和地点范围内，进行具体坐落位置选择，习惯上称为工程选址。

① 厂址选择的基本要求。

a. 节约用地，少占耕地。建设用地应因地制宜，优先考虑利用荒地、劣地、山地和空地，尽可能不占或少占耕地，并力求节约用地。

b. 减少拆迁移民。工程选址、选线应着眼于少拆迁、少移民，尽可能不靠近、不穿越人口密集的城镇或居民区。

c. 有利于场区合理布置和安全运行。厂址选择应满足生产工艺要求，场区布置紧凑合理，有利于安全生产运行。

d. 有利于保护环境和生态，有利于保护风景区和文物古迹。

② 厂址选择研究内容。

a. 厂址位置。研究拟选位置是否符合当地发展规划，与周边村镇、工矿企业等关系是否协调，当地政府和群众对项目厂址能否接受，以及厂址能否满足项目建设和生产运营的要求。

b. 占地面积。根据项目建设规模，参照同类项目，计算拟建项目需要占用的土地面积。分期建设的项目，占地面积应考虑留有发展余地。

c. 地形地貌气象条件。应研究拟选厂址的地形、地貌、气象条件，能否满足项目建设规模和建设条件的要求，并计算挖填土石方工程量及所需工程费用。

d. 地震情况。研究拟选厂址所在地区及其周围的地震活动情况，包括地震类型、地震活动频度、震级、烈度，以及抗震设防要求。

e. 工程地质和水文地质条件。研究工程地质和水文地质条件能否满足项目建设的要求。

f. 征地拆迁移民安置条件。研究拟选厂址征地拆迁移民安置方案，包括移民数量、安置途径、补偿标准，移民迁入地情况，以及拆迁安置工作量和所需投资。

g. 交通运输条件。研究拟选厂址的交通运输条件，如港口、铁路、公路、机场、通信等，能否满足项目的需要。

h. 水电等供应条件。根据拟选厂址所在地的水、电的供应（数量、质量、价格）现状及发展规划，研究其对项目的满足程度。项目厂址在缺水地区的，应对可供水量和供水可靠性进行充分论证。

i. 环境保护条件。研究拟选厂址的位置能否被当地环境容量所接受，是否符合国家环境保护法规的要求。例如，不得在水源保护区、风景名胜区、自然保护区内建设项目；产生严重粉尘、气体污染的项目，厂址应处于城镇的下风向；生产或使用易燃、易爆、辐射产品的项目，厂址应远离城镇和居民密集区等。

j. 法律支持条件。研究拟选厂址所在地有关法规对项目建设和运营的支持程度及约束条件。境外投资项目选择场址时，应特别重视对所在国法律、法规支持条件的研究。

k. 生活设施依托条件。研究拟选厂址所在地的生活福利设施（住宅、学校、医院、文化、娱乐、体育等）满足项目需要的程度。

1. 施工条件。研究拟选厂址的场地、用电、用水等条件能否满足工程施工的需要。技改项目应研究利用企业现有场地、公用设施和辅助设施的可能性。

对厂址的各种条件进行详细勘察后，一定要对厂址的多个备选方案从工程条件、成本费用等方面进行综合评价、比较，最后提出推荐的厂址方案。

5. **技术方案、设备方案和工程方案**

技术、设备与工程方案构成项目的主体，体现项目的技术和工艺水平，也是决定项目是否经济合理的重要基础。

（1）技术方案选择。

① 生产方法选择。

研究与项目产品相关的国内外各种生产方法，分析其优缺点及发展趋势，采用先进适用的生产方法；研究拟采用的生产方法是否与采用的原材料相适应；研究拟采用生产方法的技术来源的可得性，若采用引进技术或者专利，应比较购买技术或者专利所需的费用；研究拟采用生产方法是否符合节能和清洁生产要求，力求能耗低、物耗低，废弃物少。

② 工艺流程方案选择。

研究工艺流程方案对产品质量的保证程度；研究工艺流程各工序之间的合理衔接，工艺流程应通畅、简捷；研究选择先进合理的物料消耗定额；研究选择主要工艺参数，如压力、温度、真空度、速度、纯度等；研究工艺流程的柔性安排，既能保证主要工序生产的稳定性，又能根据市场需要的变化，使生产的产品在品种规格上保持一定的灵活性。

③ 技术方案的比选论证。

技术方案的比选内容主要有：技术的先进程度，技术的可靠程度，技术对产品质量性能的保证程度，技术对原材料的适应性，工艺流程的合理性，自动化控制水平，技术获得的难易程度，对环境的影响程度，以及购买技术或者专利费用等技术经济指标。技改项目技术方案的比选论证，还要与企业原有技术方案进行比较。

比选论证后提出推荐方案。应绘制主要工艺流程图，编制主要物料平衡表，车间组成表，主要原材料、辅助材料及水、电、汽等消耗定额表。

（2）主要设备方案选择。

设备方案选择是在初步确定技术方案的基础上，对所需主要设备的规格、型号、数量、来源、价格等进行研究比选。

① 主要设备选择内容。

根据建设规模、产品方案和技术方案，研究提出所需主要设备的规格、型号和数量；通过对国内外有关制造企业的调查和初步询价，研究提出项目所需主要设备的来源与投资方案；拟引进国外设备的项目，应提出设备供应方式，如合作设计合作制造、合作设计国内制造以及引进单机或成套引进等；选用超大、超重和超高设备，应提出相应的运输和安装的技术措施方案。技改项目利用或改造原有设备的，应提出利用或改造方案。

② 主要设备方案比选。

主要比选各设备方案对建设规模的满足程度，对产品质量和生产工艺要求的保证程度，设备使用寿命，物料、能源消耗指标，备品备件保证程度，安装试车技术服务，以及所需设备投资等。比选方法主要采用定性分析，辅之以定量分析方法。

(3) 原材料、燃料供应。
① 主要原材料供应方案。
a. 研究确定所需主要原材料的品种、质量和数量;
b. 研究确定供应来源与方式;
c. 研究确定运输方式;
d. 研究选取原材料价格。
② 燃料供应方案。
a. 研究确定所需燃料的品种、质量和数量;
b. 研究确定燃料运输方式和来源;
c. 研究确定燃料价格。
③ 主要原材料燃料供应方案比选。
主要原材料燃料供应方案应进行多方案比选。比选的主要内容为:满足生产要求的程度;采购来源的可靠程度;价格和运输费用是否经济合理。
(4) 总图运输与公用辅助工程。
总图运输与公用辅助工程是在已选定的厂址范围内,研究生产系统、公用工程、辅助工程及运输设施的平面和竖向布置,以及工程方案。
① 总图布置方案。
a. 研究项目的建设内容,确定各个单项工程建筑物、构筑物的平面尺寸和占地面积;
b. 研究功能区(包括生产系统、辅助生产系统和非生产系统)的合理划分;
c. 研究各功能区和各单项工程的总图布置(平面布置和竖向布置);
d. 合理布置场内外运输、消防道路、火车专用线走向,以及码头和堆场的位置;
e. 合理确定土地利用系数、建筑系数和绿化系数。
② 总图布置方案比选。
总图布置方案应从技术经济指标和功能方面进行比选,择优推荐布置紧凑、流程顺畅、经济合理的方案。
③ 厂内外运输方案。
运输方案研究主要是计算运输量,选择运输方式,合理布置运输线路,选择运输设备和建设运输设施。
④ 公用工程和辅助工程方案。
包括给水排水设施方案、供电通信设施方案、供热设施方案、空分机、空压机制冷设施方案、维修设施方案、仓储设施方案。
(5) 土建工程方案。
土建工程是指工厂所有建筑物、构筑物的建筑与结构设计。在可行性研究阶段仅需对主要生产厂房、重要构筑物以及特殊基础工程作原则性的叙述和方案选择建议,描述采取的建筑形式和标准、结构造型、基础类型和需要采用的重要技术措施等。对一般构筑物只做综合说明、估算工程量、选取单位造价指标即可。

6. 环境保护与劳动安全

(1) 环境保护。
① 环境影响评价内容。
a. 自然环境。调查项目所在地的人气、水体、地貌、土壤等自然环境状况。

b. 生态环境。调查项目所在地的森林、草地、湿地、动物栖息、水土保持等生态环境状况。
　　c. 社会环境。调查项目所在地居民生活、文化教育卫生、风俗习惯等社会环境状况。
　　d. 特殊环境。调查项目周围地区名胜古迹、风景区、自然保护区等环境状况。
　　② 污染环境因素分析。
　　a. 废气。分析气体排放点，计算污染物产生量和排放量、有害成分和浓度，研究排放特征及其对环境危害程度。
　　b. 废水。分析工业废水（废液）和生活污水的排放点，计算污染物产生量和排放量、有害成分和浓度，研究排放特征及其对环境危害程度。
　　c. 固体废气物。分析计算固体废气物产生量和排放量、有害成分，研究其对环境造成的污染程度。
　　d. 噪声。分析噪声源位置，计算声压等级，研究噪声特征及其对环境造成的污染程度。
　　e. 粉尘。分析粉尘排放点，计算产生量和排放量，研究成分与特征、排放方式及其对环境造成的危害程度。
　　f. 其他污染物。分析生产过程中产生的电磁波、放射性物质等污染物发生的位置、特征，计算强度值及其对周围环境的危害程度。
　　③ 破坏环境分析。
　　分析项目建设施工和生产运营过程中对环境可能造成的破坏因素，预测其破坏程度，造成的破坏主要包括以下三个方面。
　　a. 对地形、地貌等自然环境的破坏。
　　b. 对森林草地植被的破坏。
　　c. 对社会环境、文物古迹、风景名胜区、水源保护区的破坏。
　　④ 环境保护措施。
　　在分析环境影响因素及其影响程度的基础上，按照国家有关环境保护法律、法规的要求，研究提出治理方案。应根据项目的污染源和排放污染物的性质，采用不同的治理措施。对环境治理的各局部方案和总体方案进行技术经济比较，并做出综合评价。比较、评价的主要内容有：技术水平对比，治理效果对比，管理及监测方式对比，环境效益对比。治理方案经比选后，提出推荐方案。
　　(2) 劳动安全卫生与消防。
　　① 危害因素和危害程度分析。
　　a. 有毒有害物品的危害。分析生产和使用带有危害性的原料、材料和产品，包括爆炸品类，易燃、易爆、有毒气体类，易燃液体类，易燃固体类，氧化剂和过氧化物类，毒害品类，腐蚀品类，辐射物质类，以及工业粉尘类等。分析有毒有害物品的物理、化学性质，引起火灾爆炸危险的条件，对人体健康的危害程度以及造成职业性疾病的可能性。
　　b. 危险性作业的危害。分析高空、高温、高压作业，井下作业，辐射、振动、噪声等危险性作业场所，可能造成对人身的危害。
　　② 安全措施方案。
　　a. 选择安全生产和无危害的生产工艺和设备方案。
　　b. 对危险部位和危险作业应提出安全防护措施方案。
　　c. 对危险场所，按劳动安全规范提出合理的生产工艺方案和设置安全间距。煤炭、冶金等矿井开采项目,应提出防止瓦斯爆炸、矿井涌水、塌方冒顶等技术和安全措施方案。
　　d. 对易产生职业病的场所,应提出防护和卫生保健措施方案。
　　③ 消防设施。

　　7. 企业组织和劳动定员

　　(1) 组织机构设置及其适应性分析。
　　根据拟建项目出资者的特点,研究确定相适应的组织机构模式;根据拟建项目的规模大小,研究确定项目的管理层次;根据建设和生产运营特点和需要,设置相应的管理职能部门。经过比选提出推荐方案,并应进行适应性分析。主要分析项目法人的组建方案是否符合《公司法》和国家有关规定的要求;项目执行机构是否具备指挥能力、管理能力和组织协调能力;组织机构的层次和方式能否满足建设和生产运营管理的要求;项目法人代表和主要经营管理人员的素质能否适应项目建设和生产运营管理的需要,能否承担项目筹资建设、偿还债务等责任。
　　(2) 人力资源配置。
　　研究制定合理的工作制度与运转班次,根据行业类型和生产过程特点,提出工作时间、工作制度和工作班次方案;研究员工配置数量,根据精简、高效的原则和劳动定额,提出配备各职能部门、各工作岗位所需人员数量。技改项目应根据改造后技术水平和自动化水平提高的情况,优化人员配置,所需人员首先由企业内部调剂解决;研究确定各类人员应具备的劳动技能和文化素质;研究测算职工工资和福利费用;研究测算劳动生产率;研究提出员工选聘方案,特别是高层次管理人员和技术人员的来源和选聘方案。
　　(3) 员工培训。
　　研究提出员工培训计划,包括培训岗位、人数,培训内容、目标、方法、地点和培训费用。为保证项目建成后顺利投入生产运营,应重点培训生产线关键岗位的操作人员和管理人员。

　　8. 项目实施进度

　　(1) 建设工期计算。
　　计算确定建设期中土建施工、设备采购与安装、生产准备、设备测试、联合试运转和交付使用等各阶段所需的工作时间。
　　(2) 实施进度安排。
　　根据建设工程实施各阶段所需的时间,对时序作出大体安排,并使各阶段工作相互衔接。大型建设项目,应根据项目总工期要求,制定主体工程和主要辅助工程的建设起止时间及时序表。最后编制项目实施进度表(横线图)。

　　9. 投资估算与资金筹措

　　(1) 投资估算。
　　① 建设投资估算。分别估算建筑工程费、设备及工器具购置费、安装工程费、基本预备费、涨价预备费和建设期利息,求出建设投资总额。
　　② 流动资金估算。对构成流动资金的各项流动资产(包括应收账款、存货和现金)和流动负债(应付账款)分别进行估算,求出流动资金总额,并估算出各年的流动资金增加额。
　　(2) 融资方案。
　　① 资本金筹措。确定资本金的来源及数额、出资人、出资方式和资本金认缴进度等。

② 债务资金筹措。债务资金主要可采用信贷融资、债券融资两种方式筹措。对于信贷融资方案，要说明拟提供贷款的机构及其贷款条件，包括支付方式、贷款期限、贷款利率、还本付息方式及其他附加条件等；对于债券融资方案，要说明发行债券的种类、数量、利率和有效期限。

③ 融资方案分析。在初步确定项目的资金筹措方式和资金来源后，应进一步对融资方案进行融资来源可靠性、资金结构、融资成本和融资风险方面的分析，比选并推荐资金来源可靠、资金结构合理、融资成本低和融资风险小的方案。

10. 财务评价及国民经济评价

（1）财务评价。

是根据国家现行财务和税收制度以及现行价格，分析测算拟建项目未来的效益费用。考察项目建成后的获利能力、债务偿还能力及外汇平衡能力等财务状况，以判断建设项目在财务上的可行性，即从企业角度分析项目的盈利能力等。财务评价采用动态分析与静态分析相结合，以动态分析为主的办法进行。评价的主要指标有财务净现值、财务内部收益率、投资回收期、贷款偿还期、投资利润率等，以满足项目决策部门的需要。

财务评价指标根据财务评价报表的数据得出，主要财务评价报表有：财务现金流量表、利润表、资产负债表、借款还本付息计划表、财务外汇平衡表等。用财务评价指标分别和相应的基准参数——财务基准收益率、行业平均投资回收期、平均投资利润率、投资利税率相比较，以判别项目在财务上是否可行。

（2）国民经济评价。

对建设项目进行经济评价时，除了要从投资者的角度考察项目的盈利状况及借款偿还能力外，还应从国家整体的角度考察项目对国民经济的贡献和需要国民经济付出的代价，后者称为国民经济评价。它是项目经济评价的核心部分，是决策部门考虑项目取舍的重要依据。

建设项目国民经济评价采用费用—效益分析方法，运用影子价格、影子汇率、影子工资和社会折现率等经济参数，计算项目对国民经济的净贡献，评价项目在经济上的合理性。

国民经济评价包括国民经济赢利能力分析和外汇效果分析，以经济内部收益率作为主要评价指标。根据项目的具体特点和实际需要，也可计算经济净现值指标，涉及产品出口创汇或替代进口节汇的项目，要计算经济外汇净现值、经济换汇成本或经济节汇成本。

国民经济评价中的经济内部收益率指标与社会折现率对比，大于或等于社会折现率，表明项目对国民经济的净贡献超过或达到要求的水平。

国民经济评价中采用的重要参数，如社会折现率、影子汇率等由国家统一测算分布，在可行性研究中采用。重要投入物和主要产出物的影子价格，应由评价人员在可行性研究中采用统一的方法自行测算使用。

国民经济评价采用的基本报表有：国民经济费用—效益流量表，经济外汇流量表和国内资源流量表。

（3）不确定性分析。

在对建设项目进行评价时，所采用的各种数据多数来自预测和估算。由于资料和信息来源的有限性，将来的实际情况可能与此有较大的出入，即评价结果具有不确定性，这对项目的投资决策会带来风险。为了避免或尽可能减少这种风险，要分析不确定性因素对项目经济评价指标的影响，以确定项目的经济上的可靠性。这项工作称为不确定性分析。

根据分析内容和侧重面不同,不确定性分析可分为盈亏平衡分析、敏感性分析和概率分析,盈亏平衡分析只用于财务评价,敏感性分析和概率分析可同时用于财务评价和国民经济评价,在可行性研究中,一般都要进行盈亏平衡分析,敏感性分析和概率分析可视项目情况而定,不确定性分析的具体做法,见本书第五章。

(4) 社会评价。

分析预测项目可能产生的正面影响和负面影响,具体包括项目对所在地区居民收入、生活水平、生活质量的影响;项目对所在地区居民就业的影响;项目对所在地区科技、文化、教育和卫生的影响;项目对当地基础设施、社会服务容量和城市化进程的影响;项目对当地居民的宗教、少数民族风俗习惯的影响;项目对合理利用自然资源的影响;项目对保护环境和生态平衡的影响等;项目对国家政治和社会稳定的影响,包括增加就业机会、减少待业人口带来的社会稳定的效益,改善地区经济结构、提高地区经济发展水平等。

近一、二十年来,西方发达国家对投资项目普遍开展社会评价工作。由于国际社会日益重视环境问题与社会发展问题,世界银行、亚洲开发银行等国际金融组织的贷款项目,已要求不仅进行项目的经济评价,还要进行项目的社会评价。社会评价中安全、就业、环保等方面的内容,已成为我国政府对项目评审的要点,也是争取国际金融组织贷款的需要。

11. 可行性研究结论与建议

主要内容有:对推荐的拟建方案建设条件、产品方案、工艺技术、经济效益、社会效益、环境影响的结论性意见;对主要的对比方案进行说明;对可行性研究中尚未解决的主要问题提出解决办法和建议;对应修改的主要问题进行说明,提出修改意见;对不可行的项目,提出不可行的主要问题及处理意见;可行性研究中主要争议问题的结论。

6.3 可行性研究报告的编制

6.3.1 可行性研究报告的编制步骤

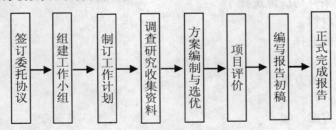

图 6-2 可行性研究报告的编制步骤

6.3.2 可行性研究报告的编制依据

可行性研究报告的编制依据主要有:

(1) 项目建议书(初步可行性研究报告)及其批复文件;

(2) 国家和地方的经济和社会发展规划、行业部门发展规划,如江河流域开发治理规划;

（3）铁路公路路网规划、电力电网规划与森林开发规划等；
（4）国家有关法律、法规和政策；
（5）国家矿产储量委员会批准的矿产储量报告及矿产勘探最终报告；
（6）有关机构分布的工程建设方面的标准、规范、定额；
（7）中外合资、合作项目各方签订的协议书或意向书；
（8）编制报告的委托合同。

6.3.3 可行性研究报告的格式

1. 一般格式

可行性研究报告的编写格式随项目的不同而有所差异。现根据联合国工业发展组织编写的《工业可行性研究编制手册》和我国的实践经验，给出新建工业项目可行性研究报告的目录如下。

第一章 总论
（1）项目及承办单位
（2）项目工作依据
（3）项目概况
（4）结论与建议

第二章 项目背景与发展概况
（1）项目提出的背景
（2）投资环境
（3）建设的必要性
（4）项目发展概况

第三章 市场需求预测与建设规模
（1）市场调查
（2）市场预测
（3）产品方案与建设规模

第四章 建设条件与厂址选择
（1）资源与原材料
（2）建设地点的选择
（3）厂址选择

第五章 工程技术方案
（1）项目组成
（2）生产技术方案
（3）总平面布置及运输
（4）土建工程
（5）公用与辅助工程
（6）生活福利设施
（7）地震设防

第六章 环境保护与劳动安全
（1）环境保护的可行性研究
（2）厂址与环境保护

（3）主要污染源与污染物
（4）综合利用与治理方案
（5）环境影响评价
（6）劳动保护与安全卫生
（7）消防

第七章 企业组织与劳动定员
（1）企业组织
（2）人员配备与培训

第八章 建设实施进度安排
（1）项目实施时期的各项工作
（2）建设实施细则与进度表

第九章 投资估算与资金筹措
（1）固定资产投资估算
（2）流动资金估算
（3）资金筹措

第十章 财务评价
（1）生产成本与销售收入
（2）财务评价
（3）财务评价结论

第十一章 国民经济评价和社会效益分析
（1）国民经济评价
（2）社会效益分析
（3）评价结论

第十二章 不确定性与风险分析
（1）盈亏分析
（2）敏感性分析
（3）概率分析

第十三章 结论与建议
（1）结论
（2）建议

2. 可行性研究报告附件
（1）研究工作依据文件
① 项目建议书
② 初步可行性研究报告
③ 各类批文及协议
④ 调查报告和资料汇编
⑤ 试验报告等
（2）厂址选择报告书
（3）资源勘探报告书
（4）贷款意向书
（5）环境影响报告书

（6）需要单独进行可行性研究的单项或配套工程的可行性研究报告
（7）生产技术方案、总体平面布置方案及比选说明
（8）对国民经济有重要影响的产品市场调查报告
（9）引进设备的建设项目考察报告、设备交货协议
（10）利用外资项目的各类协议文件
（11）其他
（12）附图
① 厂址地形或位置图
② 总平面布置方案图
③ 工艺流程图
④ 主要车间布置方案图
⑤ 其他（施工网络图）
（13）附表
① 基本报表
- 全部投资现金流量表
- 自有资金现金流量表
- 损益表
- 资金来源与运用表
- 资产负债表
- 财务外汇平衡表
- 国民经济评价报表
- 全部投资国民经济效益费用流量表
- 国内投资国民经济效益费用流量表
- 经济外汇流量表
② 辅助报表
- 固定资产投资估算表
- 流动资金估算表
- 投资计划与资金筹措表
- 主要产出物与投入物使用价格依据表
- 单位产品生产成本估算表
- 固定资产折旧费估算表
- 无形及递延资产摊销估算表
- 总成本费用估算表
- 产品销售收入和销售税金及附加估算表
- 借款还本付息计算表

6.3.4 可行性研究报告的要求

1. 报告的深度要求

可行性研究报告应能充分反映项目可行性研究工作的成果，内容齐全，结论明确，数据

准确，论据充分，满足决策者制定项目方案的要求。

报告所选用主要设备的规格、参数应能满足预订货的要求，引进技术设备的资料应能满足合同谈判的要求。

报告中的重大技术、经济方案，应有两个以上方案的比选。

报告中确定的主要工程技术数据应能满足项目初步设计的要求。

报告中构造的融资方案，应能满足银行等金融部门信贷决策的需要。

报告中应反映在可行性研究过程中出现的某些方案的重大分歧及未被采纳的理由，以供委托单位与投资者权衡利弊进行决策。

报告中应附有评估、决策（审批）所必需的合同、协议、意向书和政府批文。

2. 报告编制单位及人员资质要求

可行性研究报告的质量取决于编制单位和编制人员的资质，承担可行性研究报告编制的单位及人员，应符合下列要求：

报告编制单位应具有经国家有关部门审批登记的资质登记证明。

编制单位应具有承担编制可行性研究报告的能力和经验。

可行性研究人员应具有所从事专业的中级以上专业职称，并具有相关的知识技能和工作经历。

3. 可行性研究报告的编制

可行性研究报告的编制，应由技术经济专家作负责人，还应有市场研究专家、专业工程师、土建工程师和财务专家等人参加。此外，应聘请法律、环保以及其他方面的专家为顾问，以便给予协助或咨询。

在可行性研究实践中，为了顺利通过审批，不惜编造虚假数据，捏造事实，把可行性研究变成可批性研究的情况不少。从事可行性研究工作的有关人员应坚持可行性研究的真实性和科学性。

6.4 投资项目的财务评价

投资项目经济评价是在完成市场调查与预测、生产规模设计、营销策划、资源优化、技术方案设计、投资估算与资金筹措等工作的基础上，对拟建项目各方案的投入与产出的基础数据进行预测、估算，对各方案进行评价和选优的过程。经济评价是投资主体决策的重要依据。项目经济评价主要分为财务评价和国民经济评价。本节主要介绍财务评价的主要内容及其理论和方法。

6.4.1 项目财务评价概述

1. 财务评价的概念

财务评价亦称财务分析，是站在企业角度根据国家现行财税制度和价格体系，分析测算项目直接发生的财务效益和财务费用，编制财务报表，计算评价指标，考察项目的盈利能力、偿债能力以及外汇平衡等财务状况，据此判别项目的财务可行性。

1987年，国家计委正式颁布、并于1993年修订后由国家计委和建设部又重新颁布的《建设项目经济评价方法和参数》一书，对建设项目财务评价的内容、方法和指标等都作了明确的规定和具体说明，并发布了一些主要部门和行业的经济评价基本参数。该书第三版已于2006年出版，它是我们开展投资项目评估的指导性文件。

2. 财务评价的作用

（1）考察项目的财务盈利能力。

项目的财务盈利水平如何，能否到达国家规定的基准收益率，项目投资的主体能否取得预期的投资效益，项目的清偿能力如何，是否低于国家规定的投资回收期，项目债权人权益是否有保障等，是项目投资主体、债权人，以及国家、地方各级决策部门、财政部门共同关心的问题。因此，一个项目是否值得兴建，首先要考察项目的财务盈利能力等各项经济指标，进行财务评价。

（2）为项目制定适宜的资金规划。

确定项目实施所需资金的数额，根据资金的可能来源及资金的使用效益，安排恰当的用款计划及选择适宜的筹资方案，都是财务评价要解决的问题。项目资金的提供者据此安排各自的出资计划，以保证项目所需资金能及时到位。

（3）为协调企业利益和国家利益提供依据。

有些投资项目是国计民生所急需的，其国民经济评价结论好，但财务评价不可行。为了使这些项目具有财务生存能力，国家需要用经济手段予以调节。财务分析可以通过考察有关经济参数（如价格、税收、利率等）变动对分析结果的影响，寻找经济调节的方式和幅度，使企业利益和国家利益趋于一致。

（4）为中外合资项目提供双方合作的基础。

对中外合资项目的外方合营者而言，财务评价是作出项目决策的唯一依据。项目的财务可行性是中外双方合作的基础。中方合营者视审批机关的要求，需要时还要进行国民经济的评价。

3. 财务评价的程序

（1）收集、整理和计算有关基础财务数据资料。
（2）编制基本财务报表。
（3）财务效益分析指标的计算与评价。
（4）进行不确定性分析。
（5）作出项目财务效益分析的最终结论。

6.4.2 财务评价的内容

判断一个项目财务上可行的主要标准是：项目盈利能力、债务清偿能力、外汇平衡能力及承受风险的能力。因此，为判别项目的财务可行性所进行的财务评价应该包括以下基本内容。

（1）识别财务收益和费用。

正确识别费用和收益是编制财务报表的前提。费用、收益的正确识别必须以项目的财务目标为准则，项目的财务目标主要就是为企业赢得最大利润。因此，凡让利润减少的就是费用，凡对利润有贡献的就是收益。项目的财务收益主要表现为生产经营的产品销售（营业）收入；财务费用主要表现为建设项目投资、经营成本和税金等各项支出。此外，项目得到的各种补贴、项目寿命期末回收的固定资产余值和流动资金等，也是项目得到的收入，在财务评价中视做收益处理。

（2）收集、预测财务评价的基础数据。

收集、预测的数据主要包括：预计产品销售量及各年度产量；预计的产品价格，包括近期价格和预计的价格变动幅度；固定资产、无形资产、递延资产和流动资金投资估算；成本及其构成估算。这些数据大部分是预测值，因此这一步骤又称为财务预测。财务预测的质量是决定财务分析成败和质量的关键。财务预测的结果可用若干基础数据表归纳处理，主要有：投资估算表、折旧表、成本表等。

（3）编制财务报表。

财务评价报表包括基本报表和辅助报表两大类。财务评价基本报表是用来计算财务评价指标，分析项目盈利能力、清偿能力和外汇平衡能力，并得出财务评价结论所用的报表。财务评价基本报表主要包括现金流量表、损益表、资产负债表、资金来源与运用表和财务外汇平衡表。

财务评价辅助报表是用来对财务评价的基础数据进行测算，为基本报表提供数据，并作为辅助分析所用的报表。财务评价辅助报表主要报表有：固定资产投资估算表、流动资金投资估算表、投资计划与资金筹措表、主要投入物和产出物使用价格依据表、单位产品生产成本估算表、固定资产折旧估算表、无形资产及递延资产摊销估算表、总成本费用估算表、产品销售收入和销售税金及附加估算表、固定资产投资借款还本付息计算表以及其他报表。

现对有关报表说明如下。

现金流量表包括全部投资现金流量表和自有资金现金流量表两种。全部投资现金流量表的现金流入由销售（营业）收入、回收固定资产余值、回收流动资金组成，现金流出由投资、经营成本、税金组成，项目计算期各年的净现金流量为各年现金流入量减对应年份的现金流出量。自有资金现金流量表的现金流入与全部投资现金流量表相同，现金流出的数值取自投资计划与资金筹措表。

资金来源与运用表反映项目在计算期内各年的资金盈余额或短缺情况，用于选择资金筹措方案，制定适宜的借款及偿还计划，并为编制资产负债表提供依据。它由资金来源、资金运用、盈余资金和累计盈余资金四部分组成。项目的资金筹措方案和借款及偿还计划应能使表中各年度的累计盈余资金额始终大于或等于零，否则，项目将因资金短缺而不能按计划顺利运行。

财务损益表主要反映项目在计算期内各年的利润总额、所得税以及税后利润的分配情况。根据损益表和总投资估算数据可以计算投资利润率、投资利税率、资本金利润率等评价指标，并与行业平均水平或投资主体要求达到的水平比较，以判断项目或技术方案单位投资的盈利能力。

资产负债表综合反映项目在计算期内各年末资产、负债和所有者权益的增减变化及对应关系，用以考察项目资产、负债、所有者权益的结构是否合理，进行清偿能力分析等。资产负债表由资产、负债、所有者权益三部分组成，并且符合"资产＝负债＋所有者权益"这一恒等式。其中，资产包括流动资产、在建工程、固定资产净值、无形资产及递延资产净值，流动资产总额为应收账款、存货、现金、累计盈余资金之和；负债包括流动负债和长期负债；所有者权益包括资本金、资本公积金、累计盈余公积金及累计未分配利润。

借款还本付息计算表是反映项目建设投资借款在偿还期内借款支用、还本付息和可用于偿还借款的资金来源情况，用于计算建设投资借款偿还期指标，进行清偿能力分析的表格。

财务外汇平衡表主要适用于有外汇收支的项目，用以反映项目计算期内各年外汇余缺程度，进行外汇平衡分析。外汇平衡表主要由外汇来源、外汇运用、外汇余缺额三部分组成。

（4）财务评价指标的计算与评价。

由上述财务报表，可以比较方便地计算出各项财务评价指标。通过与评价标准或基准值的对比分析，即可对项目的盈利能力、清偿能力及外汇平衡等财务状况做评价，判别项目的财务可行性。财务评价的盈利能力分析要计算财务内部收益率、净现值、投资回收期等主要评价指标，根据项目的特点及实际需要，也可计算投资利润率、投资利税率、资本金利润率等指标。清偿能力分析要计算资产负债率、借款偿还期、流动比率、速动比率等指标。

（5）不确定性分析。

不确定性分析用于估计项目可能承担的风险及项目的抗风险能力，进行项目在不确定情况下的财务可靠性分析。

财务评价的不确定性分析通常包括盈亏平衡分析和敏感性分析，根据项目特点和需要，有条件时还应进行概率分析。

为便于学习，现将项目财务评价的评价内容、基本报表、评价指标及相互之间的联系归纳在下表中。

表 6-2 财务评价的内容、基本财务报表与评价指标的对应关系

评价内容	基本报表	静态指标	动态指标
盈利能力分析	全投资现金流量表	全投资投资回收期	财务内部收益率 财务净现值 动态投资回收期
	资本金现金流量表		财务内部收益率 财务净现值
	损益和利润分配表	投资利润率 投资利税率 资本金利润率	
清偿能力分析	借款偿还计划表 资金来源与运用表	借款偿还期 偿债备付率 利息备付率	
	资产负债表	资产负债率 流动比率 速动比率	
外汇效果分析	外汇流量表 外汇平衡表		财务外汇净现值 财务换汇成本 财务节汇成本
不确定性分析	盈亏平衡分析	平衡点产量	
	敏感性分析		财务内部收益率 财务净现值
	概率分析		净现值期望值大于等于零的累计概率

6.4.3 项目资金筹措分析

1. 权益融资与债务融资

（1）权益融资是指拟建项目为了获取可供长期或永久使用的资金而采取的资金融通方

式。这种方式所筹集的资金直接构成了项目的资本金，其性质是项目的自有资金。权益融资通常采用直接融资的方式，如投资者通过对外发行股票、直接吸引投资者参与项目的合资与合作及企业内部的资金积累等方式筹集资金。

(2) 债务融资是指拟建项目投资者通过信用方式取得资金，并按预先规定的利率支付利息的一种资金融通方式。就其性质而言，债务融资不发生资金所有权变化，只发生资金使用权的临时让渡，融资者必须在规定的期限内偿还本金，同时要按期支付利息。从理论上说，债务融资形式一般不受时间、地点、范围的限制，甚至不受资本的限制。只要融资者有足够的资信水平，就可以获得超过资本金数倍的资金。

2. 建设项目的资金来源渠道

在估算出拟建项目所需要的资金量后，应根据资金的可得性、供应的充足性、融资成本的高低选择资金渠道。资金渠道主要有以下几个方面。

(1) 项目法人自有资金。

(2) 政府财政性资金，包括财政预算内及预算外的资金。政府的资金可能是无偿的，也可能是作为项目资本金投资，或者以贷款的形式。

(3) 国内外银行等金融机构的信贷资金，包括国家政策性银行、国内外商业银行、区域性及全球性国际金融机构的贷款。

(4) 国内外证券市场资金，包括发行股票或债券。

(5) 国内外非银行金融机构的资金，如信托投资公司、投资基金公司、风险投资公司。

3. 资本金的筹措

资本金是指项目总投资中必须包含一定比例的、由项目投资者提供的资金，对项目来说是非债务资金，也是获得债务资金的信用基础，投资者可以转让其出资，但不能以任何方式抽回。

(1) 项目资本金制度。

为了建立投资风险约束机制、有效地控制投资规模、提高投资效益，国家对经营性项目试行资本金制度，规定了经营性项目的建设都要有一定数额的资本金，并提出了各行业项目资本金的最低比例要求。在可行性研究阶段，应根据新设项目法人融资或是既有项目法人融资组织形式的特点，研究资本金筹措方案。

(2) 项目资本金的来源。

公司融资项目资本金的来源主要有：①企业现有的现金；②未来生产经营中获得的可用于项目的资金；③企业资产变现；④企业发行股票筹集资金；⑤投资者以准资本金方式投入资金，包括优先股、可转换债、股东借款等；⑥政府财政性资金；⑦接受赠予资金。

4. 债务资金的筹措

债务资金是项目投资中除资本金外，需要从金融市场借入的资金。债务资金的来源主要有以下几个方面。

(1) 信贷融资。

国内信贷资金主要有政策性银行和商业银行等提供的贷款，国外信贷资金主要有商业银行的贷款，以及世界银行、亚洲开发银行等国际金融机构贷款，外国政府贷款，出口信贷及信托投资公司等非银行金融机构提供的贷款。信贷融资方案应说明拟提供贷款的机构及其贷款条件,包括支付方式、贷款期限、贷款利率、还本付息方式及其他附加条件等。

(2) 债券融资。

债券融资是指项目法人以自身的财务状况和信用条件为基础,通过发行企业债券筹集资金,用于项目建设的融资方式。

5. 融资成本分析

融资成本是指项目为筹集和使用资金而支付的费用。融资成本的高低是判断项目融资方案是否合理的重要因素之一。

(1) 资金成本的概念。

资金成本是为取得资金使用权所支付的费用,主要包括筹资费和资金的使用费。筹资费是指在筹集资金过程中发生的各种费用,比如委托金融机构代理发行股票、债券而支付的注册费和代理费等,向银行贷款而支付的手续费等。资金的使用费是指因使用资金而向资金提供者支付的报酬,如使用发行股票筹集的资金,要向股东支付红利;使用发行债券和银行贷款借入的资金,要向债权人支付利息等。项目投资后所获利润额必须能够补偿资金成本,然后才能有利可言。因此,基准收益率最低限度不应小于资金成本,否则便无利可图。

资金成本一般用资金成本率来反映。在通常分析中,资金成本率就是资金成本。资金成本率一般用下式计算:

$$K = \frac{D}{P-C} \tag{6-1}$$

或

$$K = \frac{D}{P(1-f)} \tag{6-2}$$

式中:K——资金成本率;

P——筹集资金总额;

D——使用费;

C——筹资费;

f——筹资费费率(即筹资费占筹集资金总额的比率)。

(2) 资金成本的计算方法。

企业筹集资金的渠道一般有长期借款、发行债券、发行优先股股票、发行普通股股票、留用利润等,其中前两者统称债务资金,后三者统称权益资金。由于债务资金成本和权益资金成本在确定方法上有很大的差别,故分别说明。

① 债务成本。

债务成本主要有长期借款成本和债券成本。债务成本的一个显著的特点是债务成本具体表现为利息,计入企业财务费用,从而在所得税前支付。因此,企业实际负担的利息为:利息×(1+所得税税率)

a. 长期借款成本。

企业长期借款的成本可按以下公式计算:

$$K_1 = \frac{(1-t) \times i}{1-f} \tag{6-3}$$

式中:K_1——长期借款成本;

i——贷款年实际利率;

t——企业所得税率;

f——长期借款筹资费用率。

长期借款的筹资费用主要是借款手续费,一般数额很小,在实务中也可以略去不计,企业长期借款成本的计算公式为:

$$K_1=\frac{I_1(1-t)}{L} \tag{6-4}$$

式中:I_1——长期借款年利息;

L——长期借款筹资额,即借款本金。(其他同上公式中)

例 6-1 某项目从银行贷款 200 万元,年利率为 8%,在借款期内每年支付利息 2 次,所得税为 33%,筹资费率为 1%。试计算该借贷资金的资金成本。

解:首先将名义利率折算为实际利率,有:

$$i_{eff}=(1+\frac{r}{m})^m-1=(1+\frac{8\%}{2})^2-1=8.16\%$$

再根据公式(6-3),有:

$$K_1=\frac{1-t}{1-f}\times i_{eff}=\frac{1-33\%}{1-1\%}\times 8.16\%=5.44\%$$

b. 债券成本。

债券成本中的利息可在税前列支,与长期借款不同的是债券的筹资费用比较高,它一般包括发行债券的手续费、注册费、印刷费以及上市摊销费等。这些费用的发生与债券发行量有一定的联系,但不一定是线性关系。

从债券的发行来看,发行价格有平价发行、溢价发行和折价发行。这些价格体现了债券的票面利率与市场利率之间的关系。但不管债券是以什么价格发行,有两点必须明确:一是债券利息应按面值计算,二是债券的筹资额应该按实际的发行价格进行计算。债券成本的计算公式为:

$$K_b=\frac{I_b(1-t)}{B(1-f_b)} \tag{6-5}$$

式中:K_b——债券成本;

I_b——债券年利息;

f_b——债券筹资费用率;

t——企业所得税税率;

B——债券筹资额,按发行价格计算。

例 6-2 为筹集某项目投资资金,发行面额为 300 万元的长期债券,发行价格为 350 万元,票面利率为 10%,发行费用占发行价格的 5%。所得税税率为 33%,则该债券的成本为:

$$\frac{300\times 10\%\times(1-33\%)}{350\times(1-5\%)}=6.05\%$$

本例中的债券是以溢价发行的,若按平价发行,则债券的成本为:

$$\frac{300\times 10\%\times(1-33\%)}{300\times(1-5\%)}=7.05\%$$

若按折价发行,总发行价格为 250 万元,则债券成本为:

$$\frac{300 \times 10\% \times (1-33\%)}{250 \times (1-5\%)} = 8.46\%$$

在实际中，由于债券的利率和发行费用都比长期借款高，因此，债券成本一般高于长期借款成本。

② 权益资金成本。

权益资金是企业所有者投入的资本金，主要有优先股、普通股和留存收益。各种权益的形式不同，其资金成本也不同。与债务资金成本不同的是权益资金的成本不能进入企业的成本，而是以所得税后净利润支付的，不能在税前支付。

a. 优先股成本。

优先股的特点是股利率是固定的，因为其成本可按下式计算：

$$K_P = \frac{D_P}{P_P(1-f_P)} \tag{6-6}$$

式中：K_P——优先股成本；
　　　D_P——优先股年股利；
　　　P_P——优先股筹资额；
　　　f_P——优先股筹资费用率。

例 6-3 某公司发行优先股股票，票面价格为 100 元，实际发行价格为 98 元，股息率为 9%，筹资费率为 1%。试计算该优先股的资金成本。

解：根据式（6-6），有：

$$K_P = \frac{F_P \times i_P}{P_P(1-f)} = \frac{100 \times 9\%}{98(1-1\%)} = 9.28\%$$

b. 普通股成本。

普通股与优先股相比，除了具有参与公司经营决策权外，主要表现为股利的分配是不确定的。

从理论上讲，人们认为普通股的成本是普通股股东在一定的风险条件下所要求的最低投资报酬。而且在正常情况下，这种报酬应该表现为逐年增长的。因此，基于以上的基本假设，需要对这一最低报酬率以及股利的逐年增长率加以合理估计。若普通股每年以固定的比率 g 增长，第一年的股利为 D_C，则普通股成本的计算公式可以简化如下：

$$K_C = \frac{D_C}{P_C(1-f)} + g \tag{6-7}$$

式中：K_C——普通股成本；
　　　P_C——普通股筹资额；
　　　f——普通股筹资费用率。

例 6-4 为筹集建设资金，某公司发行普通股总价格为 600 万元，筹资费用率为 3%，第一年的股利率为 15%，以后每年增长 4%，试计算该普通股的资金成本。

解：根据式（6-7），有：

$$K_C = \frac{600 \times 15\%}{600 \times (1-3\%)} + 4\% = 19.46\%$$

c. 留存收益资金成本。

留存收益是企业税后净利润在扣除发放的股利后形成的。它包括提取的盈余公积金和未分配利润。留存收益的所有权属于普通股股东。它既可以用作未来股利的分配，也可以作为企业扩大再生产的资金来源。从表面上来看，留存收益属于公司股东，使用这部分资金好像不需要任何代价。但事实上，它的使用存在一种机会成本。一般而言，将留存收益视同普通股股东对企业的再投资，并参考普通股成本的计算方法计算它的资金成本，但留存收益资金没有发行费用。

③ 综合资本成本。

对于大多数企业，正常经营所需要的资本实际上是不同来源资本的组合。因此要全面衡量企业的筹资成本，还需要计算综合资本成本。综合资金成本是企业全部长期资本的加权成本，通常是以各种资本占全部资本的比重为权重，对个别资本进行加权平均确定的，故也称加权平均资本成本。其计算公式为：

$$K_w = \sum_{j=1}^{n} K_j W_j \qquad (6-8)$$

式中：K_w——综合资本成本；

K_j——第 j 种个别资本成本；

W_j——第 j 种个别资本占全部资本的比重，$\sum_{j=1}^{n} W_j = 1$。

例 6-5 某企业筹集长期资金结构和各种资金来源资金的税后成本如表 6-3 所示，求该企业的加权平均成本。

表 6-3　某企业资金结构

资金来源	金额（万元）	资金税后成本（%）	占资金总额的比重（%）
长期借款	800	5	16
公司债券	900	6	18
优先股	400	10	8
普通股	1 600	15	32
留存收益	1 300	14	26
总计	5 000		100

解：根据式（6-8），有：

$K_w = 5\% \times 16\% + 6\% \times 18\% + 10\% \times 8\% + 15\% \times 32\% + 14\% \times 26\% = 11.12\%$

该企业的加权平均成本为 11.12%。

6.4.4　融资结构分析

融资结构分析主要分析项目融资方案中的资本金与债务资金的比例、股本结构比例和债务结构比例是否合理，并分析其实现条件。

项目资金结构的一个基本比例是项目的资本金（即权益投资）与负债融资的比例，称为项目的资本结构。从投资者的角度考虑，项目融资的资金结构追求以较低的资本金投资争取较多的负债融资，同时要争取尽可能低的对股东的追索。而对于提供债务融资的债权人，希望债权得到有效的风险控制，而通常项目有较高的资本金比例可以承担较高的市场风险。在一般情况下，资本金比例越高，债务资金比例越低，项目贷款的风险越低，贷款的利率可以越低,反之贷款利率越高。当资本金比例降低到银行不能接受的水平时,银行将会拒绝贷款。合理的资金结构需要由各个参与方的利益平衡来决定。

负债比例是指项目所使用的借贷资金与资本金的数量比例。财务杠杆是指负债比例对资本金收益率的放大或缩小作用。项目资本金收益率不仅与项目收益率有关,也与负债比例密切相关。

设全部资金为 K,资本金为 K_O,借款为 K_L,项目投资利润率为 R,借款利率为 R_L,资本金利润率为 R_0,由资金利润率公式可得:

$$K = K_O + K_L$$

$$R_O = \frac{(K \times R - K_L \times R_L)}{K_O} = \frac{(K_O + K_L) \times R - K_L \times R_L}{K_O} = R + \frac{K_L}{K_O} \times (R - R_L) \tag{6-9}$$

由式可知,当 $R > R_L$ 时,$R_0 > R$;当 $R < R_L$ 时,$R_0 < R$。因此,资本金利润率与全部资金利润率的差别被负债比例放大,这种放大效应就称为财务杠杆效应。

例 6-6 某拟建项目的未来收益有三种可能:比预期差、正常、比预期好,全部资金利润率分别为 5%、10%、15%,借款利率为 10%。试比较负债比例分别为 0、1 和 4 时的项目资本金利润率。

解:利用上述公式,不同负债比例下的资本金利润率计算结果如表 6-4 所示。

表 6-4 不同负债比例下的资本金利润率

项目未来收益可能	负债比例		
	$K_L/K_O = 0$	$K_L/K_O = 1$	$K_L/K_O = 4$
比预期差($R=5\%$)	5%	0%	−15%
正常($R=10\%$)	10%	10%	10%
比预期好($R=15\%$)	15%	20%	35%

6.4.5 项目偿债能力分析

项目偿债能力分析主要是考察项目寿命期内各年的财务状况及偿债能力。依据借款还本付息估算表、资金来源与运用表、资产负债表等基本财务报表,计算借款偿还期、资产负债率、流动比率、速动比率等评价指标。

1. 借款偿还期

固定资产投资借款偿还期是指在国家财政规定及项目具体财务条件下,项目投产后可用于还款的利润、折旧及其他收益偿还固定资产投资借款本金和利息所需要的时间。其计算公式为:

$$I_d = \sum_{t=1}^{P_d} (R_d + D + R_0 - R_t)_t \tag{6-10}$$

式中:I_d——固定资产借款本利和;

P_d——借款偿还期(从建设开始年计算;当从投资年算起时,应予以注明);

R_d——年利润总额;

D——可用作还款的年折旧;

R_0——可用作还款的其他年收益;

R_t——还款期的年企业留利;

$(R_d+D+R_0-R_t)_t$——第 t 年的可用于还贷的收益额。

若 P_d 不为整数年,则:

$$P_d = (借款偿还开始出现盈余的年份 - 1) + \frac{当年应偿还借款数}{当年可用于还款的收益额}$$

计算出的贷款偿还期如果小于银行所规定的期限,则表明企业有足够的偿还能力。如果计算出的贷款偿还期大于银行规定的还款期限,则说明企业还款能力不足,当这种情况出现时,要进行分析,并在财务上、甚至在技术方案及投资计划上采取措施,直至偿债能力与银行的规定期限一致。

2. 资产负债率

$$资产负债率 = 负债总额 / 资产总额$$

资产负债率是负债总额与资产总额之比,反映了项目各年面临的财务风险程度及偿债能力。这一比率越低,则偿债能力越强。对于企业管理者来说,要权衡负债经营的报酬和风险之间的关系,把握好负债与自有资金的比例,以求获得最大的经济效益。

3. 流动比率

流动比率是反映项目各年偿付流动负债能力的指标,计算公式为:

$$流动比率 = 流动资产总额 / 流动负债总额$$

流动比率反映企业在短期内偿还债务的能力。这一比率越高,则偿还短期负债的能力越强。但是流动比率过高也不好,说明企业没有充分利用负债经营或滞留在流动资产上的资金太多,这些都会影响企业的经济效益。一般认为流动比率在 200%左右比较合适,即 1 元流动负债应有 2 元的流动资产作为后盾,保证项目的短期偿债。该指标主要是给提供贷款的机构参考。

4. 速动比率

$$速动比率 = \frac{速动资产总额}{流动负债总额} = \frac{流动资产 - 存货}{流动负债总额}$$

速动比率是反映企业快速偿付流动负债能力的指标。通常认为速动比率在 100%左右较合适。这一比率越高,则表明企业立即偿还短期负债的能力越强。

6.4.6 项目盈利能力分析

我们知道,投资、产量、成本、价格等因素直接影响企业投资的经济效果,这些因素是由技术方案和市场环境决定的,即由项目本身的特性决定的,它们是影响经济效果的主要因素。同时应该看到,资金来源的构成、借贷资金偿还方式等因素也影响现金流,从而影响企业的经济效果,这些因素与项目特性无关,而只与财务条件有关。在进行财务分析时,须分两步考察经济效果。第一步,排除财务条件的影响,把全部资金都看作自有资金,这种分析称为"全投资"财务效果评价。第二步,分析包括财务条件在内的全部因素影响的结果,这种分析称为"自有资金"财务效果评价。

1. 全投资财务效果评价

（1）全投资现金流量表的编制。

全投资现金流量表是站在项目全部投资的角度，或者说是在设定项目全部投资均为自有资金的条件下，项目现金流量的表格式反映。

① 现金流入：产品销售（营业）收入、回收固定资产余值、回收流动资金及其他。如果国家对项目有补贴，则补贴也应作为现金流入。

其中，产品销售（营业）收入的各年数据取自损益表。固定资产余值和流动资金均在计算期最后一年回收，流动资金回收额为项目全部流动资金。

② 现金流出：建设投资、流动资产投资、经营成本及税金。其中建设投资（含投资方向调节税）和流动资金的数额取自投资计划与资金筹措表，经营成本取自总成本费用估算表。销售税金、附加、所得税来自损益表。

③ 项目计算期各年的净现金流量为各年现金流入量减对应年份的现金流出量，各年累计净现金流量为本年及以前各年净现金流量之和。

（2）指标的计算与评价。

由于不分投资资金来源，从由全部投资作为计算基础编制的全部投资现金流量表，可以计算全部投资所得税前及所得税后财务内部收益率、财务净现值及投资回收期等评价指标，以此考察项目全部投资的盈利能力，为各个投资方案（不论其资金来源及利息多少）进行比较建立共同基础。

① 财务内部收益率（FIRR）。指标计算可根据现金流量表中净现金流量，用第四章介绍的方法进行。将求出的财务内部收益率与行业的基准收益率或设定的折现率（i_0）比较，当 $FIRR \geq i_0$ 时，表明项目达到最低标准，具有财务可行性。

② 静、动态投资回收期（T_p、T_p^*）。可根据现金流量表中有关数据计算得出。求出的静、动态投资回收期（T_p、T_p^*）与行业的基准投资回收期（T_b）比较，当 T_p、$T_p^* \leq T_b$ 时，表示项目投资能在规定的时间内收回，具有财务可行性。

③ 财务净现值（FNPV）。项目全部投资财务净现值可由表中现金流量系列求得。$FNPV \geq 0$ 时，即认为从全部投资角度看，项目盈利能力已满足最低要求，在财务上值得进一步研究。

2. 自有资金财务效果评价

（1）自有资金现金流量表的编制。

自有资金现金流量表是站在项目投资主体角度考察项目的现金流入、现金流出情况，该表与"全投资现金流量表"的主要区别在于对借贷资金的处理上，其编制的原则是：从项目投资主体的角度看，取得贷款是现金流入，但又同时将贷款用于项目投资，则构成同一时点相同数额的现金流出，两者相抵对净现金流量的计算无实际影响。因此，表中投资只计自有资金。另一方面，现金流入又是因项目全部投资所获得，故应将借款本金的偿还及利息支付计入现金流出。自有资金现金流量表可在全投资现金流量表的基础上编制。

① 现金流入各项的数据来源与全部投资现金流量表相同。

② 现金流出项中，自有资金数额取自投资计划与资金筹措表。借款本金偿还额、利息的支付额与贷款偿还的方式有关，数据来源于借款还本付息计算表。现金流出中其他各项与全投资现金流量表中相同。

③ 项目计算期各年的净现金流量为各年现金流入量减对应年份的现金流出量。

还款方式不同，自有资金现金流量表也不同，因而自有资金投资效果指标也不同。当全投资内部收益率大于贷款利率时，晚还款的内部收益率比早还款的内部收益率大。

自有资金财务效果与全投资财务效果的区别在于：当全投资内部收益率大于贷款利率时，自有资金内部收益率大于全投资内部收益率；且贷款比例越高，则自有资金内部收益率越高；当全投资内部收益率大于基准折现率、且基准折现率大于借款利率时，自有资金净现值大于全投资净现值。

(2) 生产经营期借款利息的计算。

生产经营期借款利息＝建设投资借款利息＋流动资金借款利息

① 建设投资借款利息计算方式。

a. 等额利息法：每期等额付息，期末还本，最后一期归还本金和当期利息。

$$偿还利息额：I_t = L_a \cdot i \quad (t=1\sim n)$$

$$偿还本金额：CP_t = \begin{cases} 0 & (t=1\sim n-1) \\ L_a & (t=n) \end{cases}$$

式中：I_t——第 t 期付息额；

CP_t——第 t 期还本额；

n——贷款期限；

i——银行贷款利率；

L_a——贷款总额。

b. 等额本金法：每期等额还本并付相应利息。

$$I_t = \left[L_a - \frac{L_a}{n}(t-1)\right] \cdot i \quad (t=1\sim n)$$

$$CP_t = \frac{L_a}{n} \quad (t=1\sim n)$$

式中各符号的意义同前。

c. 等额摊还法：每期等额偿还本利。

$$I_t + CP_t = L_a(A/P, i, n) \quad (t=1\sim n)$$

式中各符号的意义同前。

d. 一次性偿付法：期末一次偿还本利。

$$I_t + CP_t = \begin{cases} 0 & (t=1\sim n-1) \\ L_a(F/P, i, n) & (t=n) \end{cases}$$

式中各符号的意义同前。

e. 量入偿付法（"气球法"）：任意偿还本利，到期末全部还清。

在以上建设投资借款的还本付息方式中，最常用的是量入偿付法。对于量入偿付法，建设投资借款在生产期发生的利息计算公式为：

每年支付利息＝年初本金累计额×年利率

② 流动资金借款利息。

流动资金利息＝流动资金借款累计金额×年利率

注意：按照国家财政部门的确定，生产经营期借款利息（包括建设投资借款利息和流动资金借款利息）属于财务费用，是总成本费用的一部分，不包含在经营成本中，在自有资金现金流量表作为现金流出单列。

（2）指标的计算与评价。

由自有资金现金流量表，可以计算自有资金财务内部收益率，财务净现值等评价指标，考察项目自有资金的盈利能力。指标的计算方法与上述计算全部投资财务内部收益率及财务净现值的方法相同。

需要注意的是，贷款还款方式不同，自有资金现金流量表不同，因而自有资金的财务效果指标也不同。

6.4.7 创汇、节汇能力及外汇平衡分析

创汇、节汇项目应进行外汇效果分析，计算财务外汇净现值、换汇成本及节汇成本等，进行外汇平衡分析。

1. 财务外汇净现值（NPVF）

NPVF 指标可以通过外汇流量表直接求得，该指标衡量项目对国家创汇的净贡献（创汇）或净消耗（用汇）。NPVF 的计算公式如下：

$$NPVF = \sum_{t=0}^{n}(FI-FO)_t(1+i)^{-t} \tag{6-11}$$

式中：FI——外汇流入量；

FO——外汇流出量；

$(FI-FO)_t$——第 t 年的净外汇流量；

i——折现率，一般可取外汇贷款利率；

n——计算期。

当项目有产品替代进口时，可按净外汇效果计算外汇净现值。

2. 财务换汇成本及财务节汇成本

财务换汇成本是指换取 1 美元外汇所需要的人民币金额，以项目计算期内生产出口产品所投入的国内资源的现值与出口产品的外汇净现值之比表示，其计算公式为：

$$财务换汇成本 = \frac{\sum_{t=0}^{n}DR_t(1+i)^{-t}}{\sum_{t=0}^{n}(FIFO)_t(1+i)^{-t}} \tag{6-12}$$

式中：DR_t——第 t 年生产出口产品投入的国内资源（包括投资、原材料、工资及其他投入）。

当项目产品内销属于替代进口时，也应计算财务节汇成本，即节约 1 美元外汇所需要的人民币金额。它等于项目计算期内生产替代进口产品所投入的国内资源现值与生产替代进口产品的外汇净现值之比。

3. 外汇平衡分析

项目外汇平衡分析主要是考察涉及外汇收支的项目在计算期内各年的外汇余缺程度，需编制财务外汇平衡表。

外汇平衡表主要由"外汇来源"项和"外汇运用"项组成。其中"外汇来源"项包括产品销售外汇收入、外汇借款、其他外汇收入；"外汇运用"项包括固定资产投资中外汇支出、进

口原材料、进口零部件、技术转让费、偿付外汇借款利息、其他外汇支出和外汇余缺。

"外汇余缺"项可直接反映项目计算期内各年外汇余缺程度，进行外汇平衡分析。对外汇不能平衡的项目，即"外汇余缺"出现负值的项目应根据其外汇短缺程度，提出切实可行的具体解决方案。

"外汇余缺"可由表中其他各项数据按照外汇来源等于外汇运用的等式直接推算。其他各项数据分别来自与收入、投资、资金筹措、成本费用、借款偿还等相关的估算报表或估算资料。

6.5 国民经济评价

财务评价是站在企业的角度对项目进行的评价，而企业利益并不总是与国家利益相一致。如黄河上游的一些造纸厂，由于原材料、劳动力价格低廉，企业取得了较好的经济收益。但造纸厂排放的大量废水、废气和废渣严重破坏了周围的生态环境，造成黄河大面积的污染。因此，仅根据财务评价的结论，还不能充分判定项目本身给国民经济带来的是增长还是降低，对社会总资源的配置是有效利用还是浪费，还需要进行国民经济评价，也就是站在全社会的角度判别项目配置经济资源的合理性。本节主要介绍国民经济评价与财务评价的关系，国民经济效益和费用的识别、计量，国民经济评价参数和方法。

6.5.1 国民经济评价概述

1. 国民经济评价的概念

所谓国民经济评价，是指按合理配置资源的原则，从国家整体角度考察项目的总效益和总费用，采用货物影子价格、影子工资、影子汇率和社会折现率等经济参数，分析和计算项目对国民经济的净贡献，评价项目的经济合理性和宏观可行性。

国家早有规定：对于效益和费用计算比较简单，建设期、生产期比较短，不涉及进出口平衡的项目，如果财务评价的结果能够满足最终决策的需要，可以只做财务评价。对于涉及国民经济许多部门的重大项目和严重影响国计民生的重要项目，有关稀缺资源开发和利用的项目，涉及产品或原材料、燃料进出口或替代进口项目，中外合资经营项目，以及产品和原料价格明显不合理的项目，除了进行财务评价外，必须进行国民经济评价。

2. 国民经济评价的作用

（1）国民经济评价能够真实地反映项目对整个国民经济的净贡献。

在现实经济生活中，由于种种原因，不少产品和资源的市场价格与实际价值严重脱节甚至背离。按这种失真的价格计算项目的投入和产出，不能真实地反映投资项目给国民经济带来的效益和费用支出。国民经济评价采用反映资源真实价值的影子价格来计算投资项目的效益和费用，能够准确地反映项目对国民经济的贡献和国民经济为项目所付出的代价。

如果把国民经济看作一个大系统，任何项目都是这个大系统中的一个小系统。项目的费用和效益不仅体现在它的直接投入物和产出物中，还体现在它的外部环境中，这就是项目的间接费用和间接效益，通常称为"外部效果"。比如，造纸厂的排废会使附近地区的鱼类养殖产量下降，建设水电站产生的防洪和灌溉效益使周围农民的粮食产量增加等。项目的财务评价并没有包含这类外部效果，而这类外部效果又确实给国民经济整体带来了损失或利益，这是不容忽视的。因此，只有通过项目国民经济评价才能全面分析项目的"内部效果"和"外部效果"，即项目对国民经济整体的净贡献。

（2）国民经济评价是宏观上合理配置国家资源的需要。

由于国家的资源（包括资金、外汇、土地、劳动力以及其他自然资源）都是有限的，因此对资源的利用必须在各种竞争的用途中进行选择。而这种选择必须借助于国民经济评价。国民经济评价是一种宏观评价，它站在国家整体的立场上，而不是企业的立场上考察项目的盈利能力。只有绝大多数项目的建设符合国民经济整体发展的需要，才能使有限资源得到合理的配置和有效利用，使国民经济获得最大的净收益。

（3）国民经济评价是投资决策科学化的需要。

进行国民经济评价，还有以下两个重要作用：第一，有利于引导投资方向。运用影子价格、影子汇率等经济参数计算投资项目的效益和费用，可以起到鼓励或抑制某些行业或项目发展的作用，促进国家有限资源的合理分配。第二，有利于合理控制投资规模。当投资规模膨胀时，可以适当提高社会折现率，使一些项目不能通过国民经济评价。

国家计委和建设部颁发的《建设项目经济评价方法与参数》中明确规定，只有财务评价和国民经济评价都可行的项目才能被通过。国民经济评价不可行的项目，一般应予否定；对于一些国计民生急需的项目，如果国民经济评价可行，而财务评价不可行，应重新考虑方案，必要时可提出财务方面的建议，调整项目的财务条件，使项目在财务上可行。由此可见国民经济评价在项目经济评价中的地位。

3. 国民经济评价与财务评价的关系

（1）国民经济评价与财务评价的相同点。

① 评价目的相同。国民经济评价与财务评价都是为了寻求最有利的投资项目或方案。

② 评价的基础工作相同。两种评价都要在完成产品需求预测、厂址选择、工艺技术选择、投资估算、资金筹措方案等的基础上进行。

③ 评价的方法相同。两种评价都是以现金流量分析（国民经济评价中称效益费用流量分析）为主要方法，通过编制基本报表计算内部收益率、净现值等主要评价指标。

（2）国民经济评价与财务评价的不同点。

① 评价的角度不同。财务评价是站在微观经济角度考察项目的盈利能力和偿债能力，以确定投资行为的财务可行性。国民经济评价是从宏观经济角度考察项目对国民经济的贡献以及需要国民经济付出的代价，以确定投资行为的经济合理性。

② 费用和效益的含义和划分范围不同。财务评价只根据项目的直接财务收支计算项目的费用和效益，国民经济评价则从全社会的角度考察项目的费用和效益。有些在财务评价中视为效益和费用的财务收支，如补贴、税金和银行贷款利息等，由于没有发生资源的实际耗用和有形产品的增加，属于国民经济内部的"转移支付"，故在国民经济评价中不能作为效益和费用；财务评价中不考虑的项目间接效益和间接费用，如项目对环境的破坏或改善等，在国民经济评价中却必须视为效益和费用。

③ 采用的价格体系不同。财务评价采用实际可能的市场价格计算项目的效益和费用；国民经济评价则采用能够反映资源最优配置时的影子价格来计算项目的效益和费用。

④ 采用的评价参数不同。财务评价采用官方汇率和行业基准收益率，而国民经济评价采

用国家统一测定的影子汇率和社会折现率。财务基准收益率因分析的问题和行业不同而不同，而社会折现率则全国各行业各地区都是一致的。

⑤ 评价的内容不同。财务评价主要包括盈利能力和清偿能力分析，必要时还应进行外汇平衡分析，国民经济评价只进行盈利能力分析和外汇效果分析，不必进行清偿能力分析。

⑥ 应用的不确定性分析方法不同。盈亏平衡分析只适用于财务评价，敏感性分析和风险分析可同时用于财务评价和国民经济评价。

4. 国民经济评价的程序

（1）国民经济效益与费用的识别。

在国民经济评价中，应从整个国民经济的角度来划分和考虑项目的效益与费用。效益是项目对国民经济所作的贡献，包括项目本身的直接效益和由项目带来的间接效益；费用是指国民经济为项目付出的代价，包括项目本身的直接费用和由项目带来的间接费用。

（2）影子价格的确定。

正确确定和采用项目投入物和产出物的影子价格是保证国民经济评价正确的关键。在国民经济评价中，应选择既能反映资源本身真实经济价值，又能够反映供求关系的影子价格。

（3）基础数据的调整。

影子价格确定后，应将项目的各项经济基础数据按照影子价格进行调整，计算项目的各项国民经济效益与费用。

（4）编制报表。

根据计算和调整所得的项目各项国民经济效益与费用数值，编制国民经济评价报表。

（5）国民经济效益分析。

根据国民经济评价报表和社会折现率等经济参数，计算项目的国民经济评价指标，分析项目的国民经济效益和经济合理性。此外，应对难以量化的外部效果进行定性分析，应从整个社会的角度来考虑和分析项目对社会目标的贡献，即进行社会效益分析。

（6）做出评价结论与建议。

结合项目财务评价结果，做出项目经济评价的最终结论，提出相应建议。

5. 国民经济评价指标

国民经济评价的内容包括国民经济盈利能力分析和外汇效果分析。此外，还应对难以量化的外部效果进行定性分析。与国民经济评价内容相对应的国民经济评价指标、基本报表如表 6-5 所示。其中，经济内部收益率为主要评价指标。根据项目特点和实际需要，也可计算经济净现值等指标。产品出口创汇及替代进口节汇的项目，要计算经济外汇净现值、经济换汇成本或经济节汇成本等指标。

表 6-5 国民经济评价内容、基本报表和指标

评价内容	基本报表	国民经济评价指标
盈利能力分析	项目国民经济效益费用流量表	经济内部收益率、经济净现值
	国内投资国民经济效益费用流量表	经济内部收益率、经济净现值
外汇效果分析	经济外流量表	经济外汇净现值 经济换汇成本 经济节汇成本

6.5.2 国民经济评价的效益与费用

国民经济效益分为直接效益和间接效益,国民经济费用分为直接费用和间接费用。直接效益和直接费用可称为内部效果,间接效益和间接费用可称为外部效果。

1. 直接效益与直接费用——内部效果

(1) 直接效益。

直接效益是项目产出物直接生成,并在项目范围内用影子价格计算的经济效益。一般表现为:若项目的产出物或服务用以增加国内市场的供应量,其效益就是所满足的国内需求,它等于所增加供给量的国内消费者支付意愿;若项目的产出物或服务用以替代效益较低的同类企业的产出物或者服务,使被替代企业减产(停产),其效益就是被替代企业因减产(停产)从而减少国家有用资源耗费或者损失的效益,等于这部分资源的支付意愿;若项目的产出物或服务没有导致国内市场供应量的增加,项目的产出物或服务用以增加出口或者减少进口,其效益为增加或节约的外汇。

(2) 直接费用。

直接费用是项目使用投入物所产生的并在项目范围内用影子价格计算的费用。一般表现为:其他部门为供应本项目投入物,需要扩大生产规模所耗费的资源费用;减少对其他项目或者最终消费投入物的供应而放弃的效益;若项目的产出物来自于进口的增加或出口的减少,其费用为增加进口或者减少出口从而耗用或减少的外汇。

2. 间接效益与间接费用——外部效果

外部效果是指项目对国民经济作出的贡献与国民经济为项目付出的代价中,在直接效益与直接费用中未得到反映的那部分效益与费用。外部效果应包括以下几个方面:

(1) 产业关联效果。

例如建设一个水电站,一般除发电、防洪灌溉和供水等直接效果外,还必然带动养殖业和水上运动的发展,以及旅游业的增收等间接效益。此外,农牧业还会因土地淹没而遭受一定的损失(间接费用)。

(2) 环境和生态效果。

主要的环境影响包括:排放污水造成水污染、排放有毒气体和粉尘造成大气污染、发出各种声音产生噪音污染、放射性污染、临时性或永久性的交通阻塞和航道阻塞、自然环境的改变对生态造成破坏等。项目造成的环境污染和生态破坏是项目的一种间接费用,一般较难计量,可参照同类企业所造成的损失来计算,或按恢复环境质量所需的费用估计,至少应做定性的描述。

(3) 技术扩散效果。

建设一个技术先进的项目会培养和造就大量的技术人员和管理人员。由于技术人才的流动、技术的交流和推广,整个社会都会受益。这就是技术的扩散效果。这类间接费用通常都难以定量计算,一般只能做定性的描述。

3. 转移支付

项目的某些财务收益和支出,从国民经济角度看,并没有造成资源的实际增加或减少,而是国民经济内部的"转移支付",不计为项目的国民经济效益与费用。转移支付的主要内容包括:

（1）国家和地方政府的税收。
（2）国家和地方政府给予项目的补贴。
（3）国内贷款的还本付息。

如果国民经济评价是在财务评价的基础上进行的，应注意从原效益和费用中剔除其中的转移支付。

6.5.3 影子价格

1. 影子价格的概念

我国同大多数发展中国家一样，由于产业结构不合理、劳动力过剩、过度保护本国工业、通货膨胀、外汇短缺以及部分行业政府调控价格、调控工资等原因，现行价格存在较为严重的扭曲与失真。许多价格既不反映资源的真实价值，也不反映供求关系。显然，这样的价格不能用于国民经济评价。国民经济评价应该采用能够准确地反映项目对国民经济的贡献和国民经济为项目所付出的代价的合理价格，这就是影子价格。

影子价格的概念是20世纪30年代末、40年代初由荷兰数理经济学家、计量经济学创始人詹恩·丁伯根和前苏联数学家、经济学家及诺贝尔经济学奖获得者康特罗维奇分别提出的。

影子价格是指当社会经济处于某种最优状态时，能够反映社会劳动的消耗、资源稀缺程度和最终产品需求情况的价格。也就是说，它不是市场上形成的交换价格，而是依据一定原则确定的，能够反映投入物和产出物的真实经济价值，反映市场供求状况，反映资源稀缺程度，使资源得到合理配置的价格。所以，影子价格是人为确定的、比交换价格更合理的价格。

2. 影子价格的确定

（1）外贸货物的影子价格。

外贸货物是指生产和使用会直接或间接影响国家进出口水平的货物。外贸货物中的进口品应满足：国内生产成本大于到岸价，否则不应进口；外贸货物中的出口品应满足：国内生产成本小于离岸价，否则不应出口。外贸货物影子价格的确定基础是口岸价格。

（2）非外贸货物的影子价格。

非外贸货物是指生产和使用不影响国家进出口水平的货物。它包括：“天然"不能进行外贸的货物或服务，如国内运输、大部分电力和国内电讯等，它们的使用和服务天然地限于国内；由于经济上不合理而不能进行外贸的货物，如货物国内生产成本大于离岸价，不应出口，货物国内生产成本小于到岸价，不应进口；受国内外政策的限制而不能进出口的货物。市场定价的非外贸货物的影子价格按下述公式计算。

产出物的影子价格（出厂价格）＝市场价格－国内运杂费
投入物的影子价格（到厂价格）＝市场价格＋国内运杂费

3. 由政府调控价格的货物的影子价格

考虑到效率优先兼顾公平的原则，市场经济条件下有些货物或者服务不能完全由市场机制形成价格，而需由政府调控价格，例如政府为了帮助城市中低收入家庭解决住房问题，对经济适用房和廉租房制定指导价和最高限价。政府调控的货物或服务的价格不能完全反映其真实价值，确定这些货物或服务影子价格的原则是：投入物按机会成本分解定价，产出物按消费者支付意愿定价。下面是政府主要调控的水、电、铁路运输等作为投入物和产出物时的影子价格的确定方法。

(1) 水作为项目投入物的影子价格，按后备水源的边际成本分解定价，或者按恢复水资源存量的成本计算。水价作为项目产出物的影子价格，按消费者支付意愿或者按消费者承受能力加政府补贴计算。

(2) 电力作为项目投入物时的影子价格，一般按完全成本分解定价，电力过剩时按可变成本分解定价。电力作为项目产出物的影子价格，可按电力对当地经济边际贡献率定价。

(3) 铁路运输作为项目投入物的影子价格，一般按完全成本分解定价，对运能富余的地区，按可变成本分解定价。铁路运输作为产出物的影子价格，可按铁路运输对国民经济的边际贡献率定价。

4. 特殊投入物的影子价格

下面的特殊投入物是指项目使用的劳动力、土地和自然资源等。这些特殊投入物的影子价格应分别采用不同的方法确定。

(1) 影子工资（即劳动力的影子价格）。

影子工资反映国家和社会为项目使用劳动力所付出的真实代价，由劳动力的机会成本和劳动力转移而引起的新增资源耗费两部分组成。劳动力机会成本是指劳动力如果不就业拟建项目而从事于其他经营活动所创造的最大效益。它与劳动力的技术熟练程度和供求状况有关，技术越熟练，稀缺程度越高，其机会成本越高，反之越低。新增资源耗费是指社会为劳动力就业所付出的、而职工又未得到的其他代价，如搬迁费、培训费等。在国民经济评价中，影子工资作为费用计入经营费用。

影子工资一般通过影子工资换算系数计算。影子工资换算系数是影子工资与项目财务评价中劳动力的工资和福利费之和的比值，由国家统一制订发布。根据我国劳动力市场状况，技术性工种劳动力的影子工资换算系数为1，非技术性工种劳动力的影子工资换算系数为0.8，在建设期内大量使用民工的项目，如水利、公路项目等，其民工的影子工资换算系数为0.5。影子工资的计算公式为：

$$影子工资 = 名义工资 \times 影子工资换算系数$$

式中名义工资等于财务评价中的工资及职工福利费之和。

(2) 土地的影子价格。

土地影子价格由土地的机会成本和土地用于拟建项目而使社会新增的资源消耗两部分组成。土地的机会成本是指土地用于该拟建项目后，不能再用于其他项目而放弃的国民经济效益。土地影子价格的确定按以下原则进行：

① 若项目占用的土地是没有用处的荒山野岭，其机会成本可视为零；

② 若项目占用的土地是农业用地，其机会成本为原来的农业净收益，新增的资源消耗包括拆迁费用和劳动力安置费；

③ 若项目占用的土地是城市用地，应以土地市场价格计算土地的影子价格，主要包括土地出让金、基础设施建设费、拆迁安置补偿费等。

(3) 自然资源影子价格。

各种自然资源是一种特殊的投入物，项目使用的矿产资源、水资源、森林资源等都是对国家资源的占用和消耗。矿产等不可再生资源的影子价格按资源的机会成本计算，水和森林等可再生自然资源的影子价格按资源再生费用计算。

（4）外汇的影子价格——影子汇率。

影子汇率是指能反映外汇真实价值的汇率。在国民经济评价中，影子汇率通过影子汇率换算系数计算，影子汇率换算系数是影子汇率与国家外汇牌价的比值。投资项目投入物和产出物涉及进出口的，应采用影子汇率换算系数计算影子汇率。目前我国的影子汇率换算系数取值为 1.08。

$$影子汇率＝官方汇率×影子汇率换算系数$$

（5）资金的影子价格——社会折现率。

社会折现率是从国民经济角度对资金机会成本和资金时间价值的估量，也即资金的影子价格，代表社会资金被占用应获得的最低收益率，并用作不同年份资金价值换算的折现率。采用适当的社会折现率进行投资项目的国民经济评价，有利于正确地引导投资，控制建设规模，调节资金的供求平衡，促进资金在短期与长期项目之间的合理配置。社会折现率的取值实质上反映的是国家希望投资项目获得的最低期望收益率，一个项目是否可行，首先看它是否能够达到或超过这一期望收益率水平。所以，社会折现率可作为经济内部收益率的判别标准。社会折现率可根据国民经济发展多种因素综合测定，各类投资项目的国民经济评价都应采用有关专门机构统一分布的社会折现率作为计算经济净现值的折现率。据有关资料介绍，世界银行经济专家对我国社会折现率测算估计值为 10%～16%。根据对我国国民经济运行的实际情况、投资收益水平、资金供求状况、资金机会成本以及国家宏观调控等因素的综合分析，目前社会折现率取值为 10%。

6.5.4 国民经济评价报表

编制国民经济评价报表是进行国民经济评价的基础工作。下面介绍国民经济评价报表的种类和报表的编制方法。

1. 国民经济评价报表种类

（1）项目国民经济效益费用流量表。

该表以全部投资作为分析对象，计算项目全部投资的经济内部收益率和经济净现值，以考察全部投资的盈利能力，其格式如表 6-6 所示。

表 6-6 项目国民经济效益费用流量表

（单位：万元）

序号	项目	计算期					
		1	2	3	4	…	n
	生产负荷%						
1	效益流量						
1.1	产品销售收入						
1.2	回收固定资产余值						
1.3	回收流动资金						
1.4	项目间接效益						

（续表）

序号	项目	计算期					
		1	2	3	4	…	n
2	费用流量						
2.1	建设投资						
2.2	流动资金						
2.3	经营费用						
2.4	项目间接费用						
3	净效益流量（1-2）						

计算指标：项目经济内部收益率、项目经济净现值

（2）国内投资国民经济效益费用流量表。

该表以国内投资作为分析对象，将国外借款本金和利息偿付作为费用流出，计算项目国内投资的经济内部收益率和经济净现值，以考察国内投资的盈利能力，其格式如表 6-7 所示。

表 6-7 国内投资国民经济效益费用流量表

（单位：万元）

序号	项目	计算期					
		1	2	3	4	…	n
	生产负荷%						
1	效益流量						
1.1	产品销售收入						
1.2	回收固定资产余值						
1.3	回收流动资金						
1.4	项目间接效益						
2	费用流量						
2.2	流动资金中国内资金						
2.3	经营费用						
2.4	流到国外的资金						
2.4.1	国外借款本金偿还						
2.4.2	国外借款利息支付						
2.4.3	其他						
2.5	项目间接费用						
3	国内投资净效益流量(1-2)						

计算指标：国内投资经济内部收益率、国内投资经济净现值

（3）经济外汇流量表。

对于涉及产品出口及替代进口的项目，需要编制经济外汇流量表，用以计算外汇效果指标，其式如表 6-8 所示。

表 6-8 经济外汇流量表

（单位：万美元）

序号	项目	计算期					
		1	2	3	4	…	n
	生产负荷%						
1	外汇流入						
1.1	产品销售外汇收入						
1.2	外汇借款						
1.3	其他外汇收入						
2	外汇流出						
2.1	固定资产投资中外汇支出						
2.2	进口原材料						
2.3	进口零部件						
2.4	技术转让费						
2.5	偿付外汇借款本息						
2.6	其他外汇支出						
3	净外汇流量（1-2）						
4	产品替代进口收入						
5	净外汇效果（3+4）						

计算指标：经济外汇净现值、经济换汇成本或经济节汇成本

（4）国民经济评价投资调整计算表。

表 6-9 国民经济评价投资调整计算表

（单位：万元、万美元）

序号	项目	财务评价			国民经济评价			国民经济评价比财务评价增减
		外币	人民币	合计	外币	人民币	合计	
1	建设投资							
1.1	建设工程费							
1.2	设备购置费							
1.3	安装工程费							
1.4	工器具购置费							
1.5	工程建设其他费用							
1.5.1	其中：土地费用							
1.5.2	专利及专有技术							
1.6	基本预备费							
1.7	涨价预备费							
1.8	建设期利息							
2	流动资金							
3	项目投入总资金（1+2）							

(5) 国民经济评价经营费用调整计算表。

表6-10　国民经济评价经营费用调整计算表

(单位：元、万元)

序号	项目	单位	年耗量	财务评价		国民经济评价	
				单价	年费用	单价	年费用
1	外购原材料						
1.1	原材料A						
1.2	原材料B						
1.3	原材料C						
1.4	…						
2	外购燃料及动力						
2.1	煤						
2.2	水						
2.3	电						
2.4	汽						
2.5	重油						
2.6	…						
3	工资及福利费						
4	修理费						
5	其他费用						
6	合计						

(6) 国民经济评价销售收入调整计算表。

表6-11　国民经济评价销售收入调整计算表

(单价单位：元、美元；销售收入单位：万元、万美元)

序号	产品名称	年销售量				财务评价				国民经济评价				合计
		单位	内销	外销	合计	内销		外销		内销		外销		
						单价	销售收入	单价	销售收入	单价	销售收入	单价	销售收入	
1	投产第一年负荷(%) 　A产品 　B产品 　小计													
2	投产第二年负荷(%) 　A产品 　B产品 　小计													
3	正常生产年份负荷(%) 　A产品 　B产品 　小计													

2. 国民经济评价报表的编制

一般在项目财务评价基础上进行调整编制，有些项目也可以直接编制。

（1）在财务评价基础上编制国民经济评价报表应注意以下问题。

① 剔除转移支付，将财务现金流量表中列支的销售税金及附加、所得税、特种基金、国内借款利息作为转移支付剔除。

② 计算外部效益与外部费用，并保持效益费用计算口径的一致。

③ 调整建设投资。用影子价格、影子汇率逐项调整建设投资中的各项费用，剔除涨价预备费、税金、国内借款建设期利息等转移支付项目。进口设备购置费通常要剔除进口关税、增值税等转移支付。建筑安装工程费按材料费、劳动力的影子价格进行调整；土地费用按土地影子价格进行调整。

④ 调整流动资金。财务账目中的应收、应付款及现金并没有实际耗用国民经济资源，在国民经济评价中应将其从流动资金中剔除。

⑤ 调整经营费用。用影子价格调整各项经营费用，对主要原材料、燃料及动力费，用影子价格进行调整；对劳动工资及福利费，用影子工资进行调整。

⑥ 调整销售收入。用影子价格调整计算项目产出物的销售收入。

⑦ 调整外汇价值。国民经济评价各项销售收入和费用支出中的外汇部分，应用影子汇率进行调整，计算外汇价值。从国外引入的资金和向国外支付的投资收益、贷款本息，也应用影子汇率进行调整。

（2）直接编制国民经济评价报表。

有些行业的项目可能需要直接进行国民经济评价，以判断项目的经济合理性。可按以下步骤直接编制国民经济评价报表。

① 确定国民经济效益、费用的计算范围，包括直接效益、直接费用和间接效益、间接费用。

② 测算各种主要投入物和产出物的影子价格。

③ 编制国民经济效益费用流量表等有关报表。

6.5.5 国民经济评价指标的计算与评价

1. 国民经济盈利能力分析指标

（1）经济净现值（ENPV）。

经济净现值是反映项目对国民经济净贡献的绝对指标，是用社会折现率将项目计算期各年的净效益流量折算到建设期初的现值之和。其计算公式为：

$$ENPV=\sum_{t=0}^{n}(B-C)_t(1+i_s)^{-t} \tag{6-13}$$

式中：$ENPV$——经济净现值；
　　　B——国民经济效益流量；
　　　C——国民经济费用流量；
　　　$(B-C)_t$——第 t 年的国民经济净效益流量；
　　　i_s——社会折现率；
　　　n——计算期。

若经济净现值等于或大于零,表示国家为拟建项目付出代价后,可以得到符合社会折现率的社会盈余,或除得到符合社会折现率的社会盈余外,还可以得到以现值计算的超额社会盈余,这时可认为项目是可行的;若经济净现值小于零,则项目是不可行的。

(2) 经济内部收益率(EIRR)。

经济内部收益率是反映项目对国民经济净贡献的相对指标,它表示项目占有资金所获得的动态收益率,也是项目在计算期内各年经济净效益流量的现值累计等于零时的折现率。其表达式为:

$$\sum_{t=0}^{n}(B-C)_t(1+EIRR)^{-t}=0 \qquad (6-14)$$

式中:EIRR——经济内部收益率。其余符号的含义同前。

评价准则:$EIRR \geq i_S$,可行;反之,不可行。

按分析效益费用的口径不同,可分为整个项目的经济内部收益率和经济净现值、国内投资经济内部收益率和经济净现值。如果项目没有国外投资和国外借款,全投资指标与国内投资指标相同;如果项目有国外资金流入与流出,应以国内投资的经济内部收益率和经济净现值作为项目国民经济评价的指标。

2. 外汇效果分析指标

对产品出口创汇及替代进口节汇的项目,要计算经济外汇净现值、经济换汇成本或经济节汇成本等指标

(1) 经济外汇净现值($ENPV_F$)。

$ENPV_F$ 是反映项目实施后对国家外汇收支直接或间接影响的重要指标,用以衡量项目对国家外汇真正的净贡献(创汇)或净消耗(用汇)。经济外汇净现值可以通过经济外汇流量表计算求得,其表达式为:

$$ENPV_F=\sum_{t=0}^{n}(FI-FO)_t(1+i_s)^{-t} \qquad (6-15)$$

式中:FI——外汇流入量;
FO——外汇流出量;
$(FI-FO)_t$——第 t 年的净外汇流量;
i_s——社会折现率;
n——计算期。

一般情况下,经济外汇净现值等于或大于零的项目,从外汇获取或节约的角度看,应是可以考虑接受的。当项目有产品替代进口时,可按净外汇效果计算外汇净现值。

(2) 经济换汇成本。

当项目有产品直接出口时,应计算经济换汇成本。它是指用货物的影子价格、影子工资和社会折现率计算的为生产出口产品而投入的国内资源现值(以人民币表示)与生产出口产品的经济外汇净现值(出以美元表示)之比,即换取 1 美元外汇所需要的人民币金额。其计算公式为:

$$经济换汇成本=\frac{\sum_{t=0}^{n}DR_t(1+i_s)^{-t}}{\sum_{t=0}^{n}(FI'-FO')_t(1+i_s)^{-t}} \qquad (6-16)$$

式中：DR_t——项目在第 t 年为出口产品投入的国内资源（元）；
FI'——生产出口产品的外汇流入（美元）；
FO'——生产出口产品的外汇流出（美元）。

其余符号的含义同前。

经济换汇成本是分析评价项目实施后在国际上的竞争力、进而判断其产品是否应出口的指标。当经济换汇成本小于或等于影子汇率时，表明项目生产出口产品是有利的；当经济换汇成本大于影子汇率时，则是不利的。

（3）经济节汇成本。

当项目产品替代进口时，应计算经济节汇成本，它等于项目计算期内生产替代进口产品所投入的国内资源现值与生产替代进口产品的经济外汇净现值之比。即节约 1 美元外汇所需要的人民币金额。其计算公式为：

$$\text{经济节汇成本} = \frac{\sum_{t=0}^{n} DR_t''(1+i_s)^{-t}}{\sum_{t=0}^{n} (FI''-FO'')_t(1+i_s)^{-t}} \quad (6-17)$$

式中：DR_t''——项目在第 t 年为生产替代进口产品投入的国内资源（元）；
FI''——生产替代进口产品所节约的外汇（美元）；
FO''——生产替代进口产品的外汇流出（美元）。

经济节汇成本指标可以反映项目产品以产顶进在经济上是否合理。当经济节汇成本小于或等于影子汇率时，表明项目的产品替代进口是有利的；否则，替代进口是不利的。

6.6 案例分析

某新建项目的财务评价[①]

某新建项目主要技术和设备拟从国外引进，项目位于某市近郊，占用农田约 30 公顷，地址靠近铁路、公路和港口码头以及主要原料和燃料产地，交通运输方便，资源充足，水电供应有保证，对项目的财务分析评价情况如下。

1. 项目基础数据

（1）生产规模和产品方案。

年产 A 产品 50 万吨。

（2）实施进度。

项目拟两年建成，第三年投入运行。第一年产量 20 万吨，达到设计能力的 40%，第二年产量 30 万吨，负荷率为 60%，第三年达到设计能力 50 万吨，生产期限 10 年。

（3）投资估算与资金筹措。

① 固定资产投资估算。

项目估算的固定资产投资为 5 亿元。其中，外币 2 000 万美元，折合人民币 1.74 亿元（汇

---
① 魏国梁. 某新建项目的财务评价. http://gs.cqit.edu.cn/n34c14.aspx.

率：1 美元＝8.7 元人民币），全部通过中国银行向国外借款，贷款期限 6 年，年利率 9%，宽限期 2 年，建设期利息资本化，本金分 4 年等额偿还；人民币 3.26 亿元，包括资本金 1 亿元，向建设银行借款 2.26 亿元，贷款期限 7 年，年利率 9.72%，宽限期 3 年，建设期利息复利至投产后第一年支付，本金分年度不等额偿还。

② 流动资金估算。

项目估算需流动资金 1.2 亿元。其中，项目自有资金 3 600 万元，向中国工商银行借款 8 400 万元，年利率 10.98%。三年投产期间，各年投入的流动资金分别为 4 800 万元、2 400 万元 4 800 万元。

项目投资计划与资金来源见附表 1 投资计划与资金来源表

（4）工资及福利费。

项目定员 2 000 人，工资及福利费按每人每年 4 800 元计算，全年工资及福利费为 1 094 万元，其中，福利费按工资的 14%计提。

（5）销售收入估算。

预测建设期末 A 产品售价（不含增值税）为每吨 900 元。投产第一年销售收入 1.8 亿元，第二年 2.7 亿元，以后各年均为 4.5 亿元。

（6）销售税金及附加。

① 产品增值税率 17%，进项税额见产品成本费用；
② 城市维护建设税按增值税的 7%计提；
③ 教育附加按增值税的 3%计算。

（7）产品成本和费用估算。

项目总成本费用在正常年份为 2.361 6 亿元，其中，经营成本 1.759 4 万元。总成本费用估算见附表 3 总成本费用估算表。

① 按预测到建设期末的价格（不含增值税）估算，原材料费为 1 亿元，燃料动力费 1 500 万元，进项增值税额合计 1 925 万元。
② 项目固定资产原值 5.259 7 亿元，使用年限 10 年，残值 2 597 万元，按直线法折旧，年折旧额 5 000 万元。
③ 项目无形资产 1 000 万元，按 10 年摊销，年摊销费 100 万元。
④ 固定资产和流动资金借款利息计算见附表 4 借款还本付息表。

（8）利润总额及分配。

项目利润总额按包括增值税计算，所得税率 33%，盈余公积金按税后利润的 10%提取，达到注册资本的 50%后不再提取。国内外贷款本金偿还后若还有盈余时，按 10%提取应付利润，详细计算参见附表 5 项目损益表。

由于项目生产期的长期借款利息计入产品成本费用且是税后还贷，因此，当计算项目固定资产投资国内借款偿还期时，损益表需与还本付息表、总成本费用表逐年联合计算。还款期间，将未分配利润、折旧费和摊销费全部用于还款。

2. 项目财务分析

（1）盈利能力分析。

测算的项目全部投资现金流量和自有资金现金流量见附表 6 和附表 7。据此计算的各项评价指标如下表所示。

表 6-12 项目财务盈利能力指标

序号	指标名称	所得税后	所得税前
1	按全部投资计算		
1.1	内部收益率 FIRR	23.50%	28.70%
1.2	净现值 FNPV（$i_c=20\%$）	6 967 万元	18 278 万元
1.3	投资回收期 Pt	5.9 年	5.5 年
2	按自有资金计算		
2.1	内部收益率 FIRR	34.63%	
2.2	净现值 FNPV（$i_c=20\%$）	12 601 万元	

计算的项目内部收益率大于财务基准收益率，投资回收期也在期望的回收期以内。根据收益表计算的项目各项静态评价指标为：投资利润率 23.7%，资本金利润率 114.2%。以上指标表明项目在财务具有较好的盈利能力。

3. 清偿能力分析

项目计算期内各年资金盈余情况见附表 8 项目资金来源与应用表。项目投产后的第二年开始出现盈余资金，计算期末累计盈余资金为 10.943 3 亿元，固定资产投资国内借款偿还期为 6.3 年。

项目计算期各年资产负债情况见附表 9。项目建成后的资产负债率为 81.3%，偿债期间各年的资产负债率最高为 71.2%，最低为 17.8%，其后的年份最高为 14.5%，说明项目的债务风险不是很大，具有较强的偿债能力；项目投产后的流动比率最低为 146%，投产后的第 5 年达到 284.4%，流动资产在短期债务到期以前可以变现为现金，表明项目偿还流动负债的能力是较强的；项目投产后的速动比率，除前 4 年低于 100% 外，其余年份均在 204.4% 以上，表明项目各年速动资产可立即用于偿付流动负债的能力也是较强的。

3. 不确定性分析

（1）盈亏平衡分析。

项目达到设计能力和还清借款时的年总成本费用为 2.361 6 亿元，其中，年固定总成本为 1.119 4 亿元，年变动总成本为 1.242 2 亿元，年销售税金及附加为 537 万元，则所得税前盈亏平衡时的生产能力利用率为：

BEP＝年固定总成本/ 年产品销售收入－年变动成本－年销售税金及附加）
　　＝11 194 /（45 000－12 422－573）＝34.98%

项目产销量达到设计能力的 34.98%，年产量达到 17.5 万吨时，项目即可盈亏持平，所以项目具有较强抗产销量风险变化的能力。盈亏平衡分析图见图 6-3。

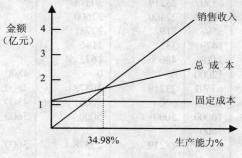

图 6-3 项目盈亏平衡图

(2) 敏感性分析。

主要就销售收入 S、经营成本 C 和固定资产投资 I 变化对项目所得税前全部投资内部收益率的影响进行单因素敏感性分析。计算结果如表 6-13 所示。

表 6-13 项目敏感性分析表

变动 FIRR 因素	−10%	0%	+10%
销售收入 S	23.79%	28.70%	33.25%
经营成本 C	30.70%	28.70%	26.68%
固定资产投资 I	31.24%	28.70%	26.47%

据此作出的敏感性分析图如图 6-4 所示。

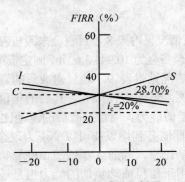

图 6-4 项目敏感性分析图

由表 6-13 和图 6-4 可知,在以上三个变动因素中,项目对销售收入的变化较为敏感,对其他两个因素变化不太敏感。当销售收入减少略超过 17% 时,项目财务内部收益率将低于基准收益率,项目将变得不能接受。如果项目销售未来可能发生大于 17% 的负面变化,项目将因为销售收入的变化而存在较大的风险。

附表 1 投资计划与资金来源表

(单位:万元)

序号	项 目	合计	建设期		投产期		达产期
			1	2	3	4	
1	总投资	65597	23219	30378			
1.1	固定资产投资	50000	22400	27600			
1.2	建设期利息	3597	819	2778			
1.2.1	国外借款利息	1479	333	1146			
1.2.2	建设银行借款利息	2118	486	1632			
1.3	流动资金	12000	0	0	4800	2400	4800
2	资金来源	65597	23219	30378	4800	2400	4800
2.1	自有资金	13600	5000	5000	4800		
2.1.1	固定资产投资	10000	5000	5000	3600		
2.1.2	流动资金	3600					
2.2	固定资产借款	43579	18219	25378	3600		
2.2.1	国外借款 当年借款	17400	7400	10000			

（续表）

序号	项　目	合计	建　设　期		投　产　期		达产期
			1	2	3	4	
2.2.2	待还利息	1479	333	1146			
	建设银行借款	22600	10000	12600			
	当年借款	2118	486	1632			
	待还利息						
2.3	流动资金借款	8400			1200	2400	4800

附表2　销售收入与销售税金及附加估算表

（单位：万元）

序号	项　目	投　产　期					达　产　期				
		3	4	5	6	7	8	9	10	11	12
1	生产负荷%	40	60	100	100	100	100	100	100	100	100
2	销售收入	18000	27000	45000	45000	45000	45000	45000	45000	45000	45000
2.1	销税及附加	2519	3778	6298	6298	6298	6298	6298	6298	6298	6298
2.1.1	增值税	2290	3435	5725	5715	5715	5725	5725	5725	5725	5725
2.1.2	销项税额	3060	4590	7650	7650	7650	7650	7650	7650	7650	7650
2.2	进项税额	770	1155	1925	1925	1925	1925	1925	1925	1925	1925
2.3	城市建设税	1600	240	401	401	401	401	401	401	401	401
	教育附加	69	103	172	172	172	172	172	172	172	172

附表3　总成本费用估算表

（单位：万元）

序号	项　目	合计	投　产　期					达　产　期			
			3	4	5	6	7	8	9	10	11	12
1	生产负荷（%）		40	60	100	100	100	100	100	100	100	100
2	外购原材料燃料动力	90000	4000	6000	10000	10000	10000	10000	10000	10000	10000	10000
3	工资及福利	13500	600	900	1500	1500	1500	1500	1500	1500	1500	1500
4	修理费	10940	1094	1094	1094	1094	1094	1094	1094	1094	1094	1094
5	折旧费	25000	2500	2500	2500	2500	2500	2500	2500	2500	2500	2500
6	推销费	50000	500	500	500	500	500	500	500	500	500	500
7	利息支出	1000	100	100	100	100	100	100	100	100	100	100
7.1	长期借款利息	29064	4234	4254	11647	2941	1378	922	922	922	922	922
7.2	流动资金利息	21161	4102	3859	10725	2019	456	922	922	922	922	922
8	其他费用	7903										
9	总成本费用	25000	2500	2500	2500	2500	2500	2500	2500	2500	2500	2500
9.1	固定成本	244504	13250	39550	92250	92250	92250	23616	23616	23616	23616	23616
9.2	变动成本	164440	20028	22348	34341	25635	24072	111194				
10	经营成本		10694	12994	17594	17594	17594	12422 17594	17594	17594	17594	17594

附表4　借款还本付息表

(单位：万元)

序号	项 目	利率	建设期			投产期		达产期	
			1	2	3	4	5	6	7
1	借款及还本付息								
1.1	年初借款累计				43597	40754	32385	21122	3620
	国外借款				18879	14159	9439	4719	0
	建行借款				24718	24718	22946	16403	4690
	短期借款					1877	0	0	0
1.2	本年借款								
	国外借款								
	建行借款								
	短期借款			18219	1877				
1.3	本年应计利息			7733	4102	3859	10725	2019	456
	国外借款			10486	1699	1274	8495	425	0
	建行借款				2403	2403	2230	1594	456
	短期借款	9%	17400	22600		182	0	0	0
1.4	本年偿还本金	9.72%	7400	10000	4720	8369	11263	16432	4690
	国外借款	9.72%	10000	12600	4720	4720	4720	4719	0
	建行借款					1772	6543	11713	4690
	短期借款		819	2778		1877	0	0	0
1.5	本年支付利息		333	1146	4102	3859	10725	2019	456
	国外借款		486	1632	1699	1274	8495	425	0
	建行借款				2403	2403	2230	1594	456
	短期借款					182	0	0	0
2	偿还借款本金资金来源				4720	8369	11263	16432	16066
2.1	利润				-2257	3269	6163	11332	10966
2.2	折旧				5000	5000	5000	5000	5000
2.3	摊销				100	100	100	100	100
2.4	短期借款				1877				

附表5　项目损益表

(单位：万元)

序号	项 目	合计	投产期					达产期				
			3	4	5	6	7	8	9	10	11	12
	生产负荷(%)		40	60	100	100	100	100	100	100	100	100
1	产品销售收入	473850	21060	31590	52650	52650	52650	52650	52650	52650	52650	52650
	(销项税额)	68850	3060	4590	7650	7650	7650	7650	7650	7650	7650	7650
2	销售税及附加	56681	2519	3778	6298	6298	6298	6298	6298	6298	6298	6298
	其中：增值税	51525	2290	3435	5725	5725	5725	5725	5725	5725	5725	5725
3	总成本费用	261829	20798	23503	36266	27560	25997	25541	25541	25541	25541	25541
	(进项税额)	17325	770	1155	1925	1925	1925	1925	1925	1925	1925	1925
4	利润总额	155340	-2257	4309	10086	18792	20355	20811	20811	20811	20811	20811
5	所得税	51173	0	6777	3238	6201	6717	6868	6868	6868	6868	6868
6	税后利润	104167	-2257	3632	6848	12591	13638	13943	13943	13943	13943	13943
6.1	盈余公积金	7853	0	363	685	1259	1364	1394	1394	1394	0	0
6.2	应付利润	8334	0	0	0	0	1364	1394	1394	1394	1394	1394
6.3	未分配利润	87980	-2257	3269	6163	11332	10910	11155	11155	11155	12549	12549
7	累计未分利润		-2257	1012	7175	18507	29417	40572	51727	62882	75431	87980

附表6 项目全部投资现金流量表

(单位：万元)

序号	项目	合计	建设期 1	建设期 2	投产期 3	投产期 4	达产期 5	达产期 6
	生产负荷（%）				40	60	100	100
1	现金流入	419597			18000	27000	45000	45000
1.1	销售收入	405000			18000	27000	45000	45000
1.2	回收固定资产余值	2597						
1.3	回收流动资金	12000						
2	现金流出	282769	22400	27600	15723	16414	26205	24368
2.1	固定资产投资	50000	22400	27600				
2.2	流动资金	12000			4800	2400	4800	
2.3	经营成本	164440			10694	12994	17594	17594
2.4	城建税及教育附加	5156			229	343	573	537
2.5	所得税	51173				677	3238	6201
3	净现金流量	136828	-22400	-27600	2277	10586	18795	20632
4	累计净现金流量		-22400	-50000	-47723	-37137	-18342	2290
5	所得税前净现金流量		-22400	-27600	2277	11263	22033	26833
6	所得税前累计净现金流量	188001	-22400	-50000	-47723	-36460	-14427	12405

(续表)

序号	项目	达产期 7	达产期 8	达产期 9	达产期 10	达产期 11	达产期 12
	生产负荷（%）	100	100	100	100	100	100
1	现金流入	45000	45000	45000	45000	45000	59597
1.1	销售收入	45000	45000	45000	45000	45000	45000
1.2	回收固定资产余值						2597
1.3	回收流动资金						12000
2	现金流出	24884	25035	25035	25035	25035	25035
2.1	固定资产投资						
2.2	流动资金						
2.3	经营成本	17594	17594	17594	17594	17594	17594
2.4	城建税及教育附加	573	573	573	573	573	573
2.5	所得税	6717	6868	6868	6868	6868	6868
3	净现金流量	20116	19965	19965	19965	19965	34562
4	累计净现金流量	22406	42371	62336	82301	102266	136828
5	所得税前净现金流量	26833	26833	26833	26833	26833	41430
6	所得税前累计净现金流量	39239	66072	92905	119738	146571	188001

计算指标：	税后	税前
财务内部收益率 $FIRR$：	23.50%	28.70%
财务净现值 $FNPV$（$i_c = 20\%$）：	6967 万元	18278 万元
投资回收期 Pt：	5.9 年	5.5 年

附表7 自有资金现金流量表

(单位：万元)

序号	项 目	合 计	建 设 期		投 产 期		达 产 期	
			1	2	3	4	5	6
	生产负荷（%）				40	60	100	100
1	现金流入	421474			19877	27000	45000	45000
1.1	销售收入	405000			18000	27000	45000	45000
1.2	短期借款	1877			1877			
1.3	回收固定资产余值	2597						
1.4	回收流动资金	12000						
2	现金流出	308907	5000	5000	23477	26637	44315	43741
2.1	自有资金	13600	5000	5000	3600			
2.2	借款本金偿还	58563			4720	8369	11263	16432
2.3	借款利息支付	29064			4234	4254	11647	2941
2.4	经营成本	164440			10694	12994	17594	17594
2.5	城建税及教育附加费	5156			229	343	573	573
2.6	所得税	51173				677	3238	6201
3	净现金流量	112567	−5000	−5000	−3600	363	685	1259

(续表)

序号	项 目	达 产 期					
		7	8	9	10	11	12
	生产负荷（%）	100	100	100	100	100	100
1	现金流入	45000	45000	45000	45000	45000	59597
1.1	销售收入	45000	45000	45000	45000	45000	45000
1.2	短期借款						
1.3	回收固定资产余值						2597
1.4	回收流动资金						12000
2	现金流出	30952	25957	25957	25957	25957	25957
2.1	自有资金						
2.2	借款本金偿还	4690					
2.3	借款利息支付	1378	922	922	922	922	922
2.4	经营成本	17594	17594	17594	17594	17594	17594
2.5	城建税及教育附加费	573	573	573	573	573	573
2.6	所得税	6717	6868	6868	6868	6868	6868
3	净现金流量	14048	19043	19043	19043	19043	33640

计算指标：财务内部收益率 $FIRR$：34.63%

财务净现值 $FNPV$（$i_c=20\%$）：12601 万元

附表8 项目资金来源与应用表

(单位：万元)

序号	项 目	合 计	建设期		投产期		达产期	
			1	2	3	4	5	6
	生产负荷（%）				40	60	100	100
1	资金来源	288411	23219	30378	9520	11809	19986	23892
1.1	利润总额	155340			-2257	4309	10086	18792
1.2	折旧费	50000			5000	5000	5000	5000
1.3	摊销费	1000			100	100	100	100
1.4	长期借款	43597	18219	25378				
1.4.1	国外借款	18879	7733	11146				
1.4.2	建行借款	24718	10486	14232				
1.5	流动资金借款	8400				2400	4800	
1.6	其他短期借款	1877			1200			
1.7	自有资金	13600	5000	5000	1877			
1.7.1	用于固定资产投资	10000	5000	5000	3600			
1.7.2	用于流动资金	3600						
1.8	回收固定资产余值	2597						
1.9	回收流动资金	12000						
2	资金运用	178978	23219	30378	9520	11446	19301	22633
2.1	固定资产投资	50000	22400	27600				
2.2	建设期利息	3597	819	2778				
2.3	流动资金	12000			4800	2400	4800	6201
2.4	所得税	51173				677	3238	
2.5	应付利润	8334						16432
2.6	长期借款本金偿还	43597			4720	6492	11263	4719
2.6.1	国外借款	18879			4720	4720	4720	11713
2.6.2	建行借款	24718				1772	6543	
2.7	流动资金借款本金偿还	8400						
2.8	其他短期借款本金偿还	1877				1877		
3	盈余资金	109433	0	0	0	363	685	1259
4	累计盈余资金					363	1048	2307

(续表)

序号	项 目	达产期						上年余值
		7	8	9	10	11	12	
	生产负荷（%）	100	100	100	100	100	100	
1	资金来源	25455	25911	25911	25911	25911	25911	14597
1.1	利润总额	20355	20811	20811	20811	20811	20811	
1.2	折旧费	5000	5000	5000	5000	5000	5000	
1.3	摊销费	100	100	100	100	100	100	
1.4	长期借款							
1.4.1	国外借款							
1.4.2	建行借款							
1.5	流动资金借款							
1.6	其他短期借款							
1.7	自有资金							
1.7.1	用于固定资产投资							
1.7.2	用于流动资金							
1.8	回收固定资产余值							2597
1.9	回收流动资金							12000

（续表）

序号	项目	达产期					上年余值
		7	8	9	10	11	12	
2	资金运用	12771	8262	8262	8262	8262	8262	8400
2.1	固定资产投资							
2.2	建设期利息							
2.3	流动资金							
2.4	所得税	6717	6868	6868	6868	6868	6868	
2.5	应付利润	1364	1394	1394	1394	1394	1394	
2.6	长期借款本金偿还	4690						
2.6.1	国外借款							
2.6.2	建行借款	4690						
2.7	流动资金借款本金偿还							8400
2.8	其他短期借款本金偿还							
3	盈余资金	12684	17649	17649	17649	17649	17649	6197
4	累计盈余资金	14991	32640	50289	67938	85587	103236	109433

附表9 项目资产负债表

（单位：万元）

序号	项目	建设期		投产期		达产期	
		1	2	3	4	5	6
1	资产	23219	53597	53969	51968	53025	49184
1.1	流动资产总额	0	0	5472	8571	14728	15987
1.1.1	应收账款	0	0	2025	3037	5062	5062
1.1.2	存货	0	0	3229	4843	8071	8071
1.1.3	现金	0	0	218	328	547	547
1.1.4	累计盈余资金	0	0	0	363	1084	2307
1.2	在建工程	23219	53597				
1.3	固定资产净值			47597	42597	37597	32597
1.4	无形及递延资产净值			900	800	700	600
2	负债及所有者权益	23219	53597	53969	51968	53025	49184
2.1	流动负债总额	0	0	3749	4608	10080	10080
2.1.1	应付账款	0	0	672	1008	1680	1680
2.1.2	流动资金借款	0	0	1200	3600	8400	8400
2.1.3	其他短期借款	0	0	1877			
2.2	长期借款	18219	43597	38877	32385	21122	4690
	负债小计	18219	43597	42626	36993	31202	14770
2.3	所有者权益	5000	10000	11343	14975	21823	34414
2.3.1	资本金	5000	10000	13600	13600	13600	13600
2.3.2	资本公积金	0	0	0	0	0	0
2.3.3	累计盈余资金	0	0	363	1048	2307	
2.3.4	累计未分配利润	0	0	−2257	1012	7175	18507
计算指标：							
1. 资产负债率（%）		78.5	81.3	79.0	71.2	58.8	30.0
2. 流动比率（%）		0	0	146.0	186.0	146.1	158.6
3. 速动比率（%）		0	0	59.8	80.9	66.0	78.5

(续表)

序号	项　目	达产期					
		7	8	9	10	11	12
1	资产	56768	69317	81866	94415	106964	
1.1	流动资产总额	28671	46320	63969	81618	99267	
1.1.1	应收账款	5062	5062	5062	5062	5062	
1.1.2	存货	8071	8071	8071	8071	8071	
1.1.3	现金	547	547	547	547	547	
1.1.4	累计盈余资金	14991	32640	50289	67938	85587	
1.2	在建工程						
1.3	固定资产净值	27597	22597	17597	12597	7597	
1.4	无形及递延资产净值	500	400	300	200	100	
2	负债及所有者权益	56768	69317	81866	94415	106964	
2.1	流动负债总额	10080	10080	10080	10080	10080	
2.1.1	应付账款	1680	1680	1680	1680	1680	
2.1.2	流动资金借款	8400	8400	8400	8400	8400	
2.1.3	其他短期借款						
2.2	长期借款						
	负债小计	10080	10080	10080	10080	10080	
2.3	所有者权益	46688	59237	71786	84335	96884	
2.3.1	资本金	13600	13600	13600	13600	13600	
2.3.2	资本公积金	0	0	0	0	0	
2.3.3	累计盈余资金	3671	5065	6459	7853	7853	
2.3.4	累计未分配利润	29417	40572	51727	62882	75431	
计算指标:							
1. 资产负债率（%）		17.8	14.5	12.3	10.7	9.4	8.4
2. 流动比率（%）		284.4	459.5	634.6	809.7	984.8	1159.9
3. 速动比率（%）		204.4	379.5	554.5	729.6	904.7	1079.8

【习题】

1. 什么是可行性研究，其作用意义如何？
2. 可行性研究与基本建设程序的关系如何？
3. 可行性研究和报告包括那些内容？
4. 财务评价包括哪些主要指标和报表？
5. 什么是投资项目的国民经济评价？其与项目财务评价有何异同？
6. 什么是影子价格、影子工资、影子汇率、社会折现率？
7. 当项目财务评价结论与国民经济评价结论不一致时，应如何确定项目方案的取舍或作出某种相应处理？
8. 在国民经济评价的效益与费用中，哪些项目属于转移支付？如何认识转移支付？
9. 某投资项目筹集资金8 000万元，其中发行债券2 000万元，债券利率10.5%，发行费用18万元;发行股票4 000万元,资金成本14.7%;留用盈余资金1 000万元,其机会成本为14.7%;借贷资金1 000万元,利息12%,试求资金平均成本率。

10. 某投资项目筹集资金5 000万元,其中发行债券1 000万元,债券利率10%,发行费用15万元;发行股票2 000万元,资金成本15%;留用盈余资金1 000万元,其机会成本15%,借贷资金1 000万元,利息率12%,问:在不考虑所得税对资金成本有影响的情况下,该投资项目所筹资金的加权平均成本是多少?

11. 假定企业投入资金总额600万元,全投资利润96万元,试求在下列三种情况下自有资金的利润率。

(1) 全部资金均为自有资金;
(2) 借入资金与自有资金的比例为1:3,借款利息率为10%;
(3) 借入资金与自有资金的比例为1:1,借款利息率为17%。

12. 某新建化学纤维厂,固定资产投资为42 542万元,固定资产方向调节税为2 127万元,建设期利息为4 319万元,预计达到设计能力生产期正常年份的年销售收入为35 420万元,年销售税金及附加为2 689万元,年总成本费用为23 815万元,流动资金为7 084万元,试估算投资利润率为多少?

13. 某项目第4年资产总计51 736万元,其中流动资产总额5 997万元,流动负债总额为3 872万元,长期贷款为31 484万元,另外流动资产中存货为4 769万元,试计算资产负债率、流动比率、速动比率。

14. 已知某工程项目在寿命周期($n=18$年)内的现金流量表(全部投资)如下表所示,若$i_0=12\%$,试计算NPV。

(单位:万元)

序号	年份\项目	建设期			投产期			达到设计生产能力		
		1	2	3	4	5	6	7	8	9
1	现金流入				24794	31878	35420	35420	35420	35420
2	现金流出	8935	24570	11164	22621	24888	27250	26657	26961	27352

表1 续表

序号	年份\项目	达到设计生产能力								
		10	11	12	13	14	15	16	17	18
1	现金流入	35420	35420	35420	35420	35420	35420	35420	35420	45067
2	现金流出	27503	27494	27494	27494	27579	27579	27579	27579	27579

15. 已知某工业项目需投资200万元,其中贷款100万,年利息为10%,按半年计息。该项目建设期为2年,每年末等额投入建设资金,第三年投产,当年达产,运营期为8年。流动资金35万元,于竣工时一次投入。固定资产按直线法计提折旧,寿命期末有10万元残值,投产后每年等额归还本金并每年付清利息,预计投产后每年可获得营业利润18万元,流动资金于终结点一次回收,试根据所给资料进行项目财务分析。

16. 某新建电子配件厂,基础数据如下:
(1) 生产规模。
该项目建成后拟生产目前市场上所需的计算机配件,设计生产规模为年产100万件。

（2）实施进度。

该项目拟二年建成，第三年投产，当年生产负荷达到设计生产能力的70%，第四年达到90%，第五年达到100%。生产期按12年计算，计算期为14年。

（3）建设投资估算。

经估算，该项目建设投资总额为5 700万元（不含建设期利息），其中：预计形成固定资产4 910万元，无形资产490万元，其他资产300万元。

（4）流动资金估算。

该项目的流动资金估算总额为1 150万元。

（5）投资使用计划与资金来源。

建设投资分年使用计划按第一年投入2 000万元，第二年投入3 700万元；流动资金从投产第一年开始按生产负荷进行安排。

该项目的资本金为2 110万元，其中用于建设投资1 700万元，其余用于流动资金。建设投资缺口部分由中国建设银行贷款解决，年利率为6%；流动资金缺口部分由中国工商银行贷款解决，年利率为4%。

（6）销售收入和销售税金及附加估算。

根据市场分析，预计产品的市场售价（不含税）为80元/件。本产品采用价外计税，增值税税率为17%，城市维护建设税和教育费附加的税率分别为7%和3%。

（7）产品总成本估算。

① 该项目正常年份的外购原材料、燃料动力费（不含税）为5 000万元；

② 据测算，该项目的年工资及福利费估算为150万元；

③ 固定资产折旧费按平均年限法计算，折旧年限为12年，残值率为5%；

④ 无形资产按10年摊销，其他资产按5年摊销；

⑤ 修理费按折旧费的40%计取；

⑥ 年其他费用为320万元；

⑦ 项目在生产经营期间的应计利息全部计入财务费用。建设投资借款在生产经营期按全年计息；流动资金当年借款按全年计息。

（8）利润测算。

① 所得税率按25%考虑；

② 盈余公积金按税后利润的10%计取。

（9）评价参数。

设基准收益率为15%；基准投资利润率和资本金净利润率分别为20%和30%；基准的静态投资回收期和动态投资回收期分别为7年和10年；中国建设银行对这类项目所要求的借款偿还期不能超过6年。

要求对该项目进行财务评价。

（1）分析计算基础数据，编制辅助财务报表。

包括：投资使用计划与资金筹措表、销售收入和销售税金及附加估算表、固定资产折旧估算表、无形及其他资产摊销估算表、借款还本付息估算表、总成本费用估算表等。

（2）编制基本财务报表。

包括：项目财务现金流量表、资本金财务现金流量表、损益及利润分配表。

（3）计算财务评价指标，分别进行盈利能力和清偿能力分析。

包括：财务净现值、内部收益率、静态和动态投资回收期；投资利润率、资本金净利润率；借款偿还期等指标。

(4) 对项目进行风险分析。

① 盈亏平衡分析。

通过计算产量、生产能力利用率、单位产品售价的盈亏平衡点进行分析。

② 敏感性分析。

分别就建设投资、经营成本和销售收入变动（假设变动范围为±10%，变动幅度为5%）时对项目内部收益率的影响进行单因素敏感性分析。要求找出因素变动的临界值、绘制敏感性分析图等。

(5) 从财务评价的角度，全面分析判断该项目的可行性。

第7章 价值工程

技术经济学除了要评价投资项目的经济效果和社会效果外，还要研究如何用最低的寿命周期成本可靠地实现产品或服务的必要功能。随着各行各业竞争日趋白热化，品质好、功能多不再是产品畅销的先决条件。面对顾客需求的多样化，产品成本降低20%~30%的市场压力，如何优化产品的功能和性能？如何给顾客提供所需的高性价比的产品？企业往往通过加强采购管理、压缩工时、控制支出等方式降低成本以提高产品价值，但收效甚微。价值工程是一种技术与经济相结合的方法，它既是一种简单、实用的管理技术，又是一种有效的思维方式。价值工程的发展已有数十年历史，目前正在全世界各行业发挥其卓越功效。

7.1 价值工程概述

7.1.1 价值工程的产生和发展

价值工程（Value Engineering，VE），又称为价值分析（Value Analysis，VA），它起源于20世纪40年代的美国。第二次世界大战期间，美国军火工业迅速发展，但同时出现了资源奇缺、物价飞涨和原材料供不应求的问题。当时在通用电气公司负责物资采购工作的工程师麦尔斯（Miles）研究发现，采购某种材料的目的并不在该材料本身，而在于该材料的功能。在某些情况下，虽然买不到某一种指定的材料，但是可以找到具有同样功能的材料来代替，仍然可以满足其使用效果。当时轰动一时的"石棉板事件"就是一个典型的例子。由于公司急需一种耐火材料——石棉板，这种材料价格很高而且奇缺。麦尔斯就想，"为什么要石棉板？它的功能是什么呢？"原来购买石棉板是为了在给产品喷刷涂料的时候，把它铺在地上，避免弄脏地板引起火灾。弄清这种材料的功能后，麦尔斯找到了一种廉价的防火纸来替代石棉板以达到同样的目的。经过试用和检验，美国消防部门通过了这一代用材料。

后来，麦尔斯带领一班人不断完善他的这种价值分析理论。他们逐渐摸索出一套特殊的工作方法，把技术设计和经济分析结合起来考虑问题，并进一步把这种分析思想和方法推广到产品开发、设计、制造及经营管理等方面，也获得了很大成功。1947年，麦尔斯以《价值分析程序》为题发表了他的研究成果，"价值工程"正式产生。由于在价值工程方面的杰出贡献，麦尔斯被誉为"价值工程之父"。

到20世纪60年代，价值工程开始传入日本，日本企业把价值工程和全面质量管理结合起来，形成具有日本特色的管理方法，取得了极大成功。1978年以后，价值工程被介绍到我国，为许多企业所采用，取得了很大的经济效益。现在，价值工程已被公认是一种行之有效的现代管理技术。北京奥运会主场馆"鸟巢"曾经在2004年7月被暂停施工，原因是实际支出可能超出预算的50%~70%。为了"节俭办奥运"，北京市委组织有关专家对"鸟巢"设计方案进行了修改，要求尽最大努力降低工程造价。通过反复修改论证，投资预算最终可以减少 3 亿多元。这些由政府投资和主导的项目能够提高效率、节约资金，得益于价值工程在设计和建设过程中的应用。对过去 30 多年世界各国应用价值工程的情况统计显示，实施价值工程平均可节省工程成本和产品制造成本 5%～20%，而价值工程分析的成本仅为总项目成本的 0.2%左右，实施价值工程的投入回报率超过 20 倍。

7.1.2 价值工程的基本概念

1. 价值工程的含义

价值工程是以最低的寿命周期成本，可靠地实现产品或服务的必要功能，着重于功能分析的有组织的活动。一项价值工程活动包括了对产品的功能、寿命周期成本和价值的分析。

2. 功能

所谓功能（Function），是指产品或服务的功用、效用、作用等，也可称之为性能、效能，是产品能满足用户某种需求的属性。用户购买和使用一个产品，实质上是购买和使用这个产品的功能。任何产品都具有功能，例如，钟表的功能是"显示时间"，卡车的功能是"装载物品"，电视机的功能是"显示图像"和"发出伴音"。具有同样功能的不同产品，给用户带来的满足程度通常是不一样的。如 18 英寸的黑白电视机与 34 英寸的彩色电视机，给用户带来的满足程度是很不同的。同样功能的不同产品的这种差别，是功能水平的差别。功能水平是功能的实现程度，它由一系列技术经济指标和综合特性指标表示，如产品的类型、规格、各种性能指标、体积、重量、可靠性、安全性、使用和维修的方便性、能源消耗、使用寿命、外形装饰等。

价值工程追求的是以恰当的功能水平可靠地实现用户要求的必要功能。恰当的功能水平也就是应该达到的标准功能水平。标准功能水平主要决定于用户，决定于用户使用功能的环境条件和费用支出能力。由于标准功能水平是用户的要求，因此功能不足或功能过剩都是不适宜的。

3. 功能分类

（1）按功能的重要性不同，功能可分为基本功能和辅助功能。基本功能是产品得以独立存在的基础，是用户购买它的目的。例如，冰箱的基本功能是冷藏食品，变速箱的基本功能是改变速度等；辅助功能是相对于基本功能而言的，是用户对基本功能以外所要求的其他次要功能。例如，电视机的遥控功能，是为电视机的基本功能得到更好的实现而附加的次要功能。价值工程的工作重点往往是针对辅助功能而展开的，改善辅助功能和消除不必要的功能，可以大大降低成本。

（2）按功能的性质不同，功能可分为使用功能和美学功能。使用功能是产品的实际用途和使用价值，一般包括其可靠性、安全性和维修性等。美观功能反映的是艺术性，它是指产品的外观、形状、色彩、图案等，即人们对美的享受功能。一般消费品都同时有美学功能和使用功能，而对于机器设备而言，基本上只看重它的使用功能。

（3）按用户的要求分类，功能可分为必要功能和不必要功能。必要功能是指符合使用者要求的必备功能，即设备的使用价值。不必要功能是指使用者不需要的功能，即多余的功能。它包括过剩功能、无用功能和重复功能等。例如，在手表上装上指南针，对于一般人来讲，根本用不上，这就是不必要的功能。价值分析应努力发现和剔除不必要功能，提高产品价值。

4. 寿命周期成本

寿命周期成本（总成本）是指产品从设计、制造、使用到报废全过程所付出的费用总和。寿命周期成本 C 包括两部分：产品的生产成本 C_1 和产品的使用成本 C_2，用公式表示为：

$$寿命周期成本 C = 生产成本 C_1 + 使用成本 C_2$$

生产成本是企业生产产品所必须付出的费用，包括科研、设计、试制、制造及销售过程中的费用。使用成本是用户为了使用产品必须付出的费用，包括产品使用过程中的能源消耗、维修费以及"三废"处理等费用，还包括报废以后的清理费用。一般来说，在技术经济条件不变的情况下，随着产品功能水平的提高，生产成本和使用成本有着相反的变化，即生产成本一般随着功能水平的提高而提高，而使用成本则通常随着功能水平的提高而下降。

寿命周期成本呈"U"形变化，寿命周期成本 C 与功能 F 的关系如图7-1所示。因此寿命周期成本有一个最低点 C_{min}，产品功能 F 则相应有一个最适宜水平 F_0。价值工程就是要努力寻求寿命周期成本的最低点。

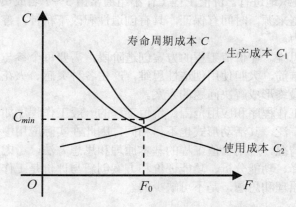

图7-1 产品寿命周期成本与产品功能的关系

5. 价值

这一概念在人们的生活中是不乏其例的。当人们购买物品时，一要看货，二要问价，三要想一想"值得不值得？"在这里，"值得不值得"就是价值在起作用，也就是购买者在考虑这个商品是否物美价廉，它的性能价格比是高还是低。因此，价值工程中的"价值"，不同于政治经济学中的商品价值，价值工程的价值是分析对象的功能与该功能的寿命周期成本之比。价值的一般表达式为：

$$价值 = \frac{功能}{成本}，\quad 即 \quad V = \frac{F}{C}$$

式中，V 表示价值系数；F 表示价值化了的功能；C 表示寿命周期成本。

根据功能、成本与价值的关系，提高价值有五种途径：

（1）功能不变，降低成本；

（2）成本不变，提高功能；

（3）小幅度降低功能，大幅度降低成本；

（4）小幅度提高成本，大幅度提高功能；

（5）既提高功能又降低成本，这是提高价值的是最佳方法。

7.1.3 价值工程的特点

（1）**以提高产品价值为目的**。也就是用最低的寿命周期成本实现必要的功能，使用户和企业都得到最大的经济利益。因此，价值工程不同于传统的成本管理，单纯地控制消耗，降低成本；也不同于传统的质量管理，单纯地改进功能，提高质量。它把功能的提高和成本的降低有机地结合起来，致力于功能和成本的匹配、价值的提高。

（2）**以功能分析为核心**。价值工程不是通过一般性措施来降低成本，而是通过对功能的系统分析，找出存在的问题，提出更好的方法来实现功能，从而达到降低成本的目的。这样降低成本，就有了可靠的依据，方法也更科学，因而也就能取得比较大的效益。

（3）**价值工程是一项有组织的依靠集体智慧的系统活动**。一般来说，企业各部门的人员各有专长。科研人员有大量专门知识，销售人员了解用户的要求，采购人员熟悉供应情况，生产人员熟悉产品装配，美工人员熟悉产品的外观造型等。只有把他们组织起来，群策群力，集思广益，才能发挥巨大的能量。价值工程整个过程庞大、复杂，因此必须依靠全体职工，有领导、有计划、有组织地进行。价值工程工作小组通常由3～7名成员组成，他们对所研究的领域熟悉，知道数据来源，时间有保证，具有创造性和改革精神，善于合作，并具有相关部门和人员的动员能力。

（4）**强调创造性思维**。在价值工程的方案创造阶段，需要每个参与人员突破传统思维条条框框的限制，开动脑筋，大胆使用创造性思维，产生各种灵感、火花、创意和点子，并毫无保留地贡献出来，最终形成解决问题的方案。

（5）**价值工程的工作程序和应用范围**。价值工程的一般工作程序如下表7-1所示。由于价值工程的应用范围广泛，其活动形式也不尽相同，因此在实际应用中，可参照这个工作程序，根据对象的具体情况，应用价值工程的基本原理和思想方法，考虑具体的实施措施和方法步骤。但是对象选择、功能分析、功能评价和方案创新与评价是工作程序的重要内容，体现了价值工程的基本原理和思想，是不可缺少的。

表7-1 价值工程一般工作程序

工作阶段	工作步骤		价值工程的提问
	基本步骤	详细步骤	
准备阶段	确定目标	1. 对象选择	1. 这是什么
		2. 信息搜集	
分析阶段	功能分析	3. 功能定义	2. 这是干什么用的
		4. 功能整理	
	功能评价	5. 功能成本分析	3. 它的成本是多少
		6. 功能评价	4. 它的价值是多少
		7. 确定改进范围	
创新阶段	制定改进方案	8. 方案创造	5. 有其他方法实现这一功能吗
		9. 概略评价	
		10. 调整完善	6. 新方案的成本是多少
		11. 详细评价	
		12. 提出提案	7. 新方案能满足功能要求吗
实施阶段	实施评价成果	13. 审批	
		14. 实施与检查	8. 偏离目标了吗
		15. 成果鉴定	

麦尔斯从研究材料的代用问题开始,在后来的工作中不断完善了他的价值分析理论和方法。由于原理简单,行之有效,价值工程的思想和方法在机械、电子、房地产、纺织、化工、交通、农业等许多部门和行业得到了广泛的应用。价值工程的应用范围主要体现在以下几个方面:

① 设计过程,包括新产品的设计分析,老产品的改进分析;
② 制造过程,包括工艺流程、工艺方法分析,技术改造措施分析,零部件、原材料、能源的利用分析等;
③ 供销分析,包括原材料、外协件的供应管理分析;
④ 管理过程,包括机构设置、人事安排、管理方法等。
(6) 建筑工程设计与施工过程。

7.2 价值工程的对象选择

正确选择价值工程的改进对象是开展价值工程活动的基本环节。一个企业生产许多产品,每个产品又由大量的零部件组成,对全部产品和零部件作价值分析既无必要,也不经济。因此,我们必须有目的有重点地选择那些可能获得最大经济效益的产品和零部件作为价值工程的改进对象。那么如何选择价值工程的研究对象呢?

选择价值工程的对象要根据本企业的发展方向、经营目的、存在的问题和薄弱环节,有重点地选择那些可能获得最大经济效益的产品和零部件,以提高生产效率,改进质量,降低成本,提高经济效益为目标。通常有以下几种基本方法。

7.2.1 经验分析法(初选)

经验分析法(或称因素分析法)是一种对象选择的定性分析方法,是目前企业较为普遍使用的、简单易行的价值工程的对象选择方法。它实际上是利用一些长期在本单位工作、有丰富实践经验的同志对所存在问题的直接感受,通过主观判断确定价值工程对象的一种方法。运用这种方法进行对象选择,要对设计、制造、销售和经济等方面的因素进行综合分析,分清主次,找出关键因素,对那些各个方面或几个方面问题比较突出的对象予以优先选择,重点考虑以下因素。

市场角度:市场需要量大或潜在需求量大的产品;市场竞争激烈的产品;用户意见大、使用成本高的产品;正在研制的市场急需的新产品。

社会角度:对国计民生影响较大的产品;能量消耗高、"三废"问题严重的产品。

设计角度:结构复杂、技术落后、零部件多、工艺复杂落后的产品;体积大、重量大、材料贵、性能差的产品。

生产角度:批量大、产量大的产品;原材料消耗高的产品;返工率高、次品率高、废品率高的产品。

效益角度:成本高、利润低、经济效益差的产品。

实施角度:情报收集较容易的产品;在技术、人才方面有优势的产品;改进牵涉面不用消耗大量人力、物力的产品;容易成功的产品。

7.2.2 费用比重分析法（初选）

这种方法主要用于节约原材料或能源时，选择价值工程活动的产品对象。比如，某企业要降低油耗，那么油耗大的产品就应列入价值分析的对象。该企业共有 A、B、C、D、E、F 等六种产品，它们的油耗比重如下表 7-2 所示。

表 7-2 某企业六种产品的油耗比重

产品	A	B	C	D	E	F	合计
油耗%	55	25	8	7	3	2	100

其中 A 产品的油耗比重最大，应选为价值分析对象。如果企业有能力，也可以对 A、B 两产品进行分析，因为它们的油耗比重为 80%，还有很大的降低空间。

费用比重分析法简单易行，它的缺点是仅仅从一个指标上进行选择，缺乏对各产品的综合分析，因此，必须同经验分析法等结合使用。该方法不仅适用于对产品对象的选择，而且也适合对部件进行选择。

7.2.3 ABC 分析法（初选）

对具有很多零部件的产品，我们可以选择其中的一部分零部件作为价值分析的对象。ABC 分类法（也称成本比重法）的基本思想是处理任何事情都要分清主次轻重，区别关键的少数和次要的多数，根据不同的情况进行分析。根据成本分布的统计规律：在一个产品中，占零件数 10%左右的零件，其成本往往占整个产品的 60～70%，这类零件归入 A 类；占零件数 20%左右的零件，其成本也占整个产品的 20%，这类零件归入 B 类；占零件数 70%左右的零件，其成本仅占整个产品的 10～20%，这类零件归入 C 类。如图 7-2 所示。

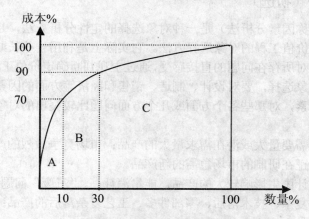

图 7-2 ABC 分析曲线图

价值工程正是利用成本的这一分布规律，选择 A 区零件作为价值分析的对象。若有条件，也可将 A、B 两区的零件都作为价值分析的目标。ABC 分类法的具体作法是：首先将零件按成本从大到小依此排队，然后分别求出各零件的累计成本和累计成本占总成本的百分比、各零件累计件数和累计数所占全部零件总数的百分比，最后分出 A、B、C 三类。首先以 A 类，其次再以 B 类为 VE 对象，C 类则无需花费精力研究它。我们用一个例子来说明 ABC 分类法的原理，见表 7-3 所示。

表 7-3　ABC 分类法的应用实例

零件名称	件数	累计件数	累计件数百分比	零件单价（元）	零件成本（元）	累计成本（元）	累计成本百分比	分类
A	1	1	1	40	40	40	20	A 类
B	2	3	3	19	38	78	39	
C	1	4	4	16	16	94	47	
D	7	11	11	5.9	41	135	67.5	
E	2	13	13	4.5	9	144	72	B 类
F	4	17	17	2	8	152	76	
G	4	21	21	2	8	160	80	
H	3	24	24	4.3	13	173	86.5	
I	1	25	25	6	6	173	86.5	
J	4	29	29	1	4	177	88.5	
K	3	32	32	1	3	180	90	C 类
…	…	…	…	…	…	…	…	
L	1	98	98	1	1	199	99.5	
M	2	100	100	0.5	1	200	100	
总计	100				200			

ABC 分类法的优点是能抓住重点，把数量少而成本大的零部件或工序选为 VE 对象，利于集中精力，重点突破，取得较大成果。ABC 分类法的缺点是在实际工作中，由于成本分配不合理，常会出现有的零部件功能比较次要而成本高，而有的零部件功能比较重要但成本却低。对于后一种零部件，本应选为 VE 对象，提高其功能水平，但因其成本较低未被选上。解决的方法是结合其他方法综合分析，避免应入选的未被选中，而不应入选的却入选了。

7.2.4　价值系数法（复选）

价值系数法的基本思想是产品的每一个零部件成本应该与该零部件功能的重要性相称。它根据产品零部件价值系数的大小，最后确定价值工程活动的重点对象。

$$价值系数 = \frac{功能评价系数}{成本系数}$$

$$功能评价系数 = \frac{零件的累计得分}{全部零件总分}$$

功能评价系数通常也称为功能重要性系数，计算零件的功能重要性系数有很多方法，如强制确定法（Forced decision method，FD 法）、直接评分法、倍比法等。后面两种方法将在下一节介绍。这里先介绍常用的 FD 法，这种方法根据被选对象的功能重要程度进行强制打分，计算功能重要性系数，系数值越大，则零件的功能越重要。FD 法又分为"0-1"评分法和"0-4"评分法。

"0-1"评分法的具体做法是：请 5～10 个对产品熟悉的人员各自参加功能的评价。在 ABC 分类法的基础上，找出占总成本比重大的部分零件，把它们排列起来，各零件两两进行比较，重要者得 1 分，不重要者得 0 分，自己和自己相比不得分，用"×"表示。然后把各零件得分累计起来，除以得分总数，得出零件的功能重要性系数。为避免最不重要的零件得分小计为 0，可给每个零件加 1 分底分（也可以不加）进行修正。例如，某产品有 5 个零件，以某个评价人员为例，如下表 7-4 所示。如果请 10 个评价人员进行评分，则要把 10 个人的评价系数求平均，得到各个零件的平均功能重要性系数。

表 7-4 "0-1"评分法求功能重要性系数

零件	一对一比较结果					得分小计	功能重要性系数
	A	B	C	D	E		
A	×	1	0	1	1	4	0.27
B	0	×	0	1	1	3	0.20
C	1	1	×	1	1	5	0.33
D	0	0	0	×	0	1	0.07
E	0	0	0	1	×	2	0.13
合计						15	1.0

"0—1"评分法的功能重要程度差别仅为 1 分，不能拉开档次。为弥补不足，可以采用"0—4"评分法。得分规则如下：非常重要的功能得 4 分，很不重要的功能得 0 分；比较重要的功能得 3 分，不太重要的功能得 1 分；两个功能重要程度相同时各得 2 分；自身对比不得分。在任何情况下，两者得分之和都为 4 分。"0—4"评分法的功能重要性系数计算方法与"0—1"评分法的完全相同。

成本系数表示零部件在产品实际总成本中所占的比重，计算公式为：

$$功能评价系数 = \frac{零件的累计得分}{全部零件总分}$$

对价值系数计算的结果有以下三种情况。

价值系数小于 1，说明零件功能比重小于成本比重，应作为 VE 活动的改进对象，设法降低成本。价值系数大于 1，说明功能重要但成本分摊的太少，可作为 VE 活动的研究对象，如果是费用投入太少，必要功能得不到实现，应适当追加一点成本以补足功能；如果存在富余功能，应剔除它。价值系数等于 1，说明零件功能与成本匹配合理，不作为 VE 研究对象。

某产品经 ABC 分类法初选出 5 个零件，利用价值系数法进一步确定 VE 重点改进对象的过程如下表 7-5 所示。

表 7-5 求某产品各零件的价值系数

零件名称	功能评价系数	现实成本（元）	成本系数	价值系数
A	0.27	73.8	0.246	1.10
B	0.20	139.5	0.465	0.43
C	0.33	30.9	0.103	3.20
D	0.07	21.6	0.072	0.97
E	0.13	34.2	0.114	1.14
合计	1.000	300	1.000	—

根据国内外经验，一般价值系数大于 3 或小于 0.5 的可作为重点对象。另外，成本绝对值大，而且价值系数小于 1 的也可以加以考虑。因此本例选择零件 B、C 作为 VE 重点改进对象。

7.2.5 最合适区域法

最合适区域法（又称田中法）是日本东京大学教授田中于 1973 年提出的一种方法，它在上述价值系数法的基础上利用一个所谓的最合适区域来精选 VE 对象。在求出某零件或某功能的价值系数后，即可画出功能成本系数图。如图 7-3 所示，x 轴为成本系数，y 轴为功能系数，其中的 $V=1$ 是标准价值系数。

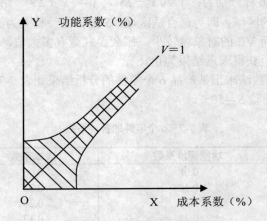

图 7-3 功能成本系数图

在一般情况下，零件或功能的价值系数很少恰好等于 1。如果将 $V\neq 1$ 的零件或功能都选为 VE 对象的话，工作量可能太大，花费高而效果不一定好。因此，我们可以认为在 $V=1$ 附近的点所代表的零件或功能是合适的，不再选为 VE 对象。这样就存在一个最合适区域，价值工程仅仅选择位于该区域之外的零件或功能作为其改进对象。另外，价值系数相同的零件，由于功能评价系数和成本系数的绝对值不同，因而对产品价值的实际影响有很大差异，在选择 VE 对象时，不应把价值系数相同的零件同等看待，而应优先选择对产品价值影响大的作为对象。例如，有 A、B、C、D 等 4 个零件，有关数据如表 7-6 所示。

表 7-6 4 种零件的有关数据

零件名称	现实成本（元）	功能评价系数	成本系数	价值系数
A	400	0.176	0.2	0.88
B	40	0.0176	0.02	0.88
C	400	0.4	0.2	2.00
D	40	0.04	0.02	2.00
合计	2000	1	1.000	—

零件 A 与 B 的价值系数相同，但是成本系数和功能重要性系数的绝对值不同，所以价值系数的变动对产品的成本或功能的影响不同。如果将零件 A 的价值系数提高 0.12，则成本可

降低 48 元, 而 B 的价值系数提高 0.12, 则成本仅降低 4.8 元。同样, 如果将零件 C 的价值系数降为 1, 则需要将 C 的成本增加 400 元, 而将零件 D 的价值系数降为 1, 则仅需将 D 的成本增加 40 元。由此可见, 它们对产品成本或功能的影响是有很大差别的。显然, 根据价值系数选择 VE 对象时, 应严控那些成本系数和功能重要性系数大的对象, 不允许它们的价值系数偏离 $V=1$ 过大。而对于成本系数和功能重要性系数小的对象, 则可放宽要求, 即使对 $V=1$ 的偏离较大, 也不作为价值工程的工作对象。这在功能成本系数图上就表现为离原点越远的点, 允许其与直线 $V=1$ 的差异应越小。

最合适区域的两条曲线是这样确定的。令任意一点 $Q(x,y)$ 到直线 $V=1$ 的距离为 R, 过 Q 点作 $V=1$ 的垂线, 垂足为 P, P 到原点的长为 L, 且令 $R \times L =$ 常数 S。则经过推导、计算后, 可得到 Q 点的两条曲线方程分别为: $y=\sqrt{x^2-2S}$, $y=\sqrt{x^2+2S}$ (请读者自行推导)。

这两条双曲线围成的区域, 即为最合适区域。S 是依据经验人为给定的常数, 若 S 较大, 则最合适区域也大, 从而 VE 的对象就较少。那么 S 究竟取多大值, 往往是在应用时通过试验, 代入不同的 S 值直至获得满意结果为止。

例 7-1 利用价值系数法求出某产品 6 个零件的分析结果如表 7-7 所示, 试利用最合适区域法选择 VE 对象 (依经验 $S=50$)。

表 7-7　6 个零件的各种系数

零件名称	功能评价系数	成本系数	价值系数
A	0.08	0.06	1.33
B	0.30	0.25	1.20
C	0.18	0.20	0.90
D	0.21	0.17	1.23
E	0.17	0.24	0.71
F	0.06	0.08	0.75
合计	1.000	1.000	—

功能成本系数图中标出 6 个零件之后, 可知 B、D、E 的点落在最合适区域之外, 应列为 VE 对象。

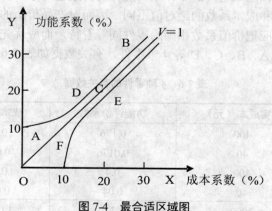

图 7-4　最合适区域图

最合适区域法的优点是确定的 VE 对象更准确, 缺点是常数 S 要由经验决定, 而且作图麻烦, 给应用造成一定困难。

当我们确定主要零件之后, 就可以围绕这些零件来收集技术经济情报, 情报的内容主要包括零件的制造成本、加工工艺、材质和工作条件等。

7.3 功能分析

  价值工程的核心工作就是功能分析。用户购买产品，实质上就是购买产品的功能。当价值工程的分析对象确定后，我们就要利用搜集到的有关情报资料对它进行功能分析。功能分析抛开产品的具体结构，以产品的功能研究为中心，对事物进行本质思考，有利于启发设计者大胆创新。例如手表的突破，若从原有表的结构体系进行研究，怎样也摆脱不了机械表的范围；而从显示时间的功能出发进行研究，才有可能导致电子表的出现。通过功能分析，设计者才能开阔思路，采用新技术，达到以最低成本实现产品必要功能的目的。功能分析主要包括功能定义、功能整理和功能评价三部分内容。

7.3.1 功能定义

  任何产品都有其特定的功能，例如电灯的功能是照明，钟表的功能是指示时间等。功能是产品或劳务能够满足消费者某种需求的一种属性。在分析产品的功能时，必须对其功能下一个确切的定义。相对于产品结构而言，产品功能是一个抽象的概念。通过对功能下定义可以加深对功能的理解，突破产品原有结构的束缚，抓住问题的本质，为创造出高价值的方案打下基础。一个产品或一个项目往往不止一个功能。产品的功能是指产品总体的用途，零件的功能是指零件本身在产品总体上承担的职能或作用。我们应该把产品作更细的分解，分解成部件、组件、一直到零件，才能发现问题，提高价值。因此，功能定义的对象不仅包括产品本身而且包括产品的零部件。

  所谓功能定义，就是对产品及其零部件的各种功能用简洁准确的语言加以描述，以限定其内容，区别于其他事物。一般用一个"动词"和一个"名词"把功能简捷地表达出来。例如，机床的功能是"切削工件"，电线的功能是"传递电流"，杯子的功能是"盛水"。在进行功能定义时，不要把人的作用考虑进去，也就是不要用主语；动词部分也十分重要，必须准确，并且要尽量使用有利于发挥创造性的抽象词汇。这样才能在以后的方案创新阶段，不受研究对象现有结构与实现功能手段的局限，而是重新根据用户所要求的功能，对实现功能的手段进行创造性的改进。作为宾语的名词部分要使用可以测定的词汇，比如变压器的功能定义为"调节电"是不合适的，因为电是不可测定的，如果定义为"调节电压"就比较合适，因为电压是可以测定的。比如，鸿运扇构件的功能定义如表 7-8 所示。

表 7-8　鸿运扇构件的功能定义

序号	构件名称	构件的功能定义
1	电动机	产生动力
2	扇叶	旋转空气
3	导风轮	改变风向
4	档位开关	控制风力大小
5	定时开关	控制关机时间
6	插头连线	接通电源
7	壳体	保护机体、形成外观

7.3.2 功能整理

为了弄清功能之间的关系，还必须对产品各种功能进行整理。所谓功能整理，就是在功能定义和功能分类的基础上，运用系统的原理和编制功能卡片的方法，对产品或零部件各功能进行分析，按照功能间的逻辑关系，把所有的功能排列成一张功能系统图（如图7-5所示），以便掌握必要功能，发现和消除不必要功能，明确功能改善区域。

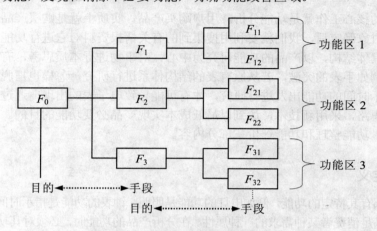

图 7-5 功能系统图基本模式

1. 功能整理的逻辑。

在产品的许多功能之间，存在着上下关系和并列关系。功能的上下关系是指在一个功能系统中某些功能之间存在着目的和手段关系。如甲功能是乙功能的目的，乙功能是实现甲功能的手段，而乙功能可能又是丙功能的目的，丙功能则是实现乙功能的手段，依此类推。起"目的"作用的功能称为上位功能（放在左边），起"手段"作用的功能称为下位功能（放在右边）。上下位功能都是相对的，一个功能对于它的下位功能来说是目的，对它的上位功能来说则是手段。当对一个功能追问"它的目的是什么"时，就可以找到它的上位功能；当追问"它的手段是什么"时，就可以找到它的下位功能。以小型手电筒为例，对于电珠发光这一目的，"加热灯丝"则是手段；对于"加热灯丝"这个目的，"通过电流"又是手段。如果称"发光"是上位功能，"加热灯丝"则是下位功能；如果称"加热灯丝"是上位功能，"通过电流"则是下位功能，这种关系可如图7-6所示。

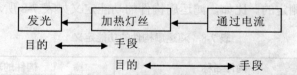

图 7-6 举例说明目的与手段的关系

功能的并列关系是指在较复杂的功能系统中，在上位功能之后，往往有几个并列的功能存在，这些并列功能又可能各自形成一个子系统，构成一个功能区，或称功能领域。功能领域反映了功能之间的依存关系。改进功能时可以选一个功能区作为对象进行分析，并尽可能地从功能区的上位功能入手，这样可以较大幅度地提高产品的价值。

在图 7-5 中，F_0 是最终功能或最上位功能，分功能 F_1、F_2、F_3 是 F_0 的下位功能，是并列的二级功能；子功能 F_{11} 与 F_{12}、F_{21} 与 F_{22}、F_{31} 与 F_{32} 也是并列关系，它们分别是 F_1、F_2、F_3 的下位功能，也称末位功能。

2. 功能整理的方法。

功能整理的目的就是根据"目的——手段"的逻辑，将各个功能之间的相互关系加以系统化，编制出功能系统图。在进行功能整理前，首先要编制功能卡，每个卡片记录一个功能，包括功能内容、构成要素、零部件名称、功能成本等，把全部功能都一一填入卡片。根据功能之间的逻辑关系进行功能整理可以有两种方法。

（1）由目的寻找手段。

从产品的最终目的出发，逐级向下追问手段功能。可以提出这样的问题："该功能是通过什么办法实现的？"由此得到其手段功能，然后再以这一手段功能为目的，进一步追问其手段，如此一步步追问下去，最终将其全部功能整理出来。这种方法多用于新产品的开发设计，因为一般的新产品并无固定结构，通常是由用户提出对最终功能的要求。

（2）由手段寻找目的。

从产品的具体结构即最终手段出发，逐级向上追问目的功能。由于零件的功能都属于手段功能，因此只要定义得当，功能系统图上的末位功能必与零件的功能相对应。也就是说，从零部件功能开始追寻目的功能，就能够建立功能系统图。可以提出这样的问题："该功能的目的是什么？"由此得到其目的功能，然后再以这一目的功能为手段，进一步追问其目的，如此一步步追问下去，最终将其全部功能整理出来。这种方法多用于老产品的更新改造，因为改造老产品许多是从某一具体存在的问题入手分析的。它适用于比较简单的产品，复杂的产品有成千上万个零部件，从零部件功能开始进行功能整理实际上是不可能的。

功能系统图是一个完整的产品功能体系，它反映设计者用什么样的设计思想去实现用户的要求，给人一个整体而明确的认识。把功能体系分解为各个功能领域，便于找出创新应从哪一级入手比较恰当。图 7-7 是电视机遥控系统的功能系统图。

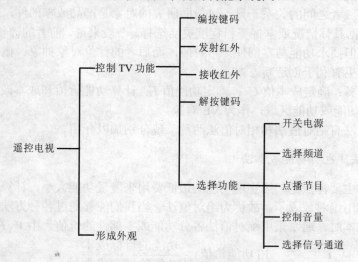

图 7-7　电视机遥控系统的功能系统图

3. 功能整理的作用

（1）明确必要功能。功能整理能够彻底找出研究对象各功能的上位功能、下位功能，最终得到完整的功能系统图。功能系统图可以明确地把功能的重要性表示出来，并让设计者更加明确哪些是必要功能。

（2）消除不必要功能。在功能整理过程中，可能会出现没有上位功能的功能，这个功能就可以认为是多余的不必要功能，应剔除它。

（3）把握价值改善的功能领域。在分析产品或零部件的改善方案时，通常应抛开原产品的设计结构，以产品的功能研究为中心，大胆创新。而只有画出了功能系统图才会明确要改善的功能领域，不至于牵一发而动全身，造成不必要的人力、时间等方面的浪费。

（4）明确改善对象的等级。从功能系统图可以看出，功能是逐级得以实现的。如果不进行功能整理，就不知道要改善的功能处于哪个位置。一般越靠近上位功能，改进后价值提高的幅度越大，因此功能整理可以帮助我们选择靠近上位的功能作为价值改善的对象。

7.3.3 功能评价

功能评价实际上就是计算功能的价值。在经过功能定义和功能整理后，明确了功能系统及其范围，但还不能确定改善应从哪里入手，功能评价就是解决这一问题的。具体来说，功能评价就是找出实现某一必要功能的最低成本（称为功能评价值），以功能评价值作为目标成本，通过与实现这一功能的现实成本相比较，求出两者的比值（称为功能的价值）和两者的差值（称为节约期望值），然后选择价值低，改善期望值大的功能，作为改善的重点对象。功能评价使用的公式是：

$$V = F/C$$

其中：F——功能评价值（目标成本）；

C——功能或功能区域的现实成本；

V——功能的价值或价值系数。

在这里，功能评价使用的公式与前面价值工程概述中使用的公式实质相同，都是反映价值、功能、成本三者之间的关系。只不过前面研究的对象是产品或零部件，而这里研究的对象是功能，可根据具体情况或掌握资料程度灵活选择。一般来说，前者的评价对象具体实在，评价过程简单，但要求功能与零部件一一对应；而后者的评价对象抽象、概念化，评价难度大，但更科学，更有利于创造新方案。

功能评价步骤：确定成本值 C；确定功能值 F；计算功能价值和成本改善期望值；选择 V 低，$C-F$ 大的功能或功能区域，作为 VE 对象。

功能评价方法有绝对值法和相对值法两种，现分别加以介绍。

1. 绝对值法（也称功能成本法）

这种方法的主要特点是：用实现功能的最低费用来度量功能大小，计算出价值系数。由于功能与成本都用绝对数表示，故称为绝对值法。当我们能够通过各种方法求得各分功能或零部件的目标成本时，通常采用绝对值法各分功能或零部件的价值。由 $V=F/C$ 得出：

$$V(功能价值) = \frac{功能的目标成本}{功能的现实成本}$$

(1) 功能现实成本的计算。

企业的成本核算，一般是以产品或产品的零部件为对象的，这是比较容易实现的。价值工程的分析对象是功能，要计算功能的成本则相对困难一些。在产品中，一种功能往往通过几个零件来完成，而一个零件又往往具有几种功能。因此计算功能的现实成本，就需要把零件的成本按功能进行分配。

计算功能的现实成本可以通过填表方式进行（如表 7-9 所示）。假设要求 $F_1 \sim F_5$ 五种功能的现实成本，这五种功能由五种零件实现。先将与功能相对应的零件名称及现实成本填入表中，再将功能领域 $F_1 \sim F_5$ 填入表中。将各零件的现实成本逐一分摊到有关功能上去。比如 B 零件具备 F_2、F_3 两种功能，就将 B 的成本 120 元分摊到两种功能上，分摊的比例要依据零件对两种功能所起的作用来确定。由于零件 B 对 F_2 所起的作用是 F_3 的 2 倍，因此将成本 120 元分摊给 F_2 80 元，分摊得 F_3 40 元。最后将每项功能分摊到的成本加以汇总，得出 $F_1 \sim F_5$ 五种功能的现实成本。例如 F_2 分摊到的成本为 210 元。

表 7-9 功能现实成本分析表

产品的组成部分			功能领域				
序号	名称	成本/元	F_1	F_2	F_3	F_4	F_5
1	A	400	200				100
2	B	120		80		100	
3	C	230	100		40		
4	D	80		30	30	100	50
5	E	300	120	100			80
合计		1130	420	210	70	200	230

(2) 功能评价值的确定。

功能评价值是指实现用户要求的必要功能的最低成本。实际上，功能评价值是个理论数值，在实际工作中要准确确定它是很困难的。通常都是求算一个近似值来代替它。求算功能评价值近似值的方法有很多，这里介绍几种常用的方法。

① 最低成本法。

最低成本法是指广泛收集同行业、同类产品的情况，从中找出实现此功能的最低费用作为该功能的目标成本。可以这样认为：依据已经掌握的情报，在目前的条件下，该成本是实现必要功能的最低成本，是最理想的成本。这种方法确定的目标成本是现实存在的，既具有先进性，又具有可行性，即经过努力是能够达到的。这种方法看似不大科学，比较粗糙，但既简便又切实可行，是价值工程求算功能评价值比较常用的一种方法。

② 经验估算法。

这种方法是由价值工程人员以及一些有经验的技术人员、专家对实现某一功能的几个方案进行成本估算，取成本最低的为目标成本。在要求精度不高的情况下，这是一种简便有效的方法。

③ 理论计算法。

有些功能成本可以根据物理学、材料力学等其他的工程计算方法进行计算，直接求出实现该功能的最低成本，进行功能评价。这种方法比较科学可靠，应用简便，但它往往考虑不到实际情况,所以运用这种方法计算出的功能目标成本还要进一步结合市场行情、企业状况、国家政策等综合考虑。

2. 相对值法(也称价值系数法)

这种方法的主要特点是:用功能评价系数(也称功能重要性系数)度量功能大小,用成本系数度量成本大小。由于功能与成本都用相对数表示,故称为相对值法。

前面选择价值工程改进对象时,介绍了价值系数法、田中法,这里的相对值法的原理与它们的完全相同的,只不过前面研究的对象是产品或零部件,而这里研究的对象是功能。

在实际工作中,往往容易获得整个产品(或最终功能)的目标成本(功能评价值),而不容易获得各个零件或分功能的目标成本,这种情况通常采用相对值法。由 $V=F/C$:

$$价值系数 = \frac{功能评价系数}{成本系数}$$

$$功能评价系数 = \frac{功能的累计得分}{全部功能总分}$$

$$成本系数 = \frac{各功能现实成本}{产品现实成本}$$

计算功能评价系数即功能重要性系数有很多方法,除了前面介绍的强制确定法即 FD 法外,还有直接评分法(如表 7-10 所示)、倍比评分法(如表 7-11 所示)等,这里不再进行详细介绍。

表 7-10 直接评分法——由专业人员对各功能直接打分

评价人员\功能	1	2	3	4	5	6	7	8	9	10	各功能得分	功能评价系数
A	30	30	20	20	30	30	10	20	20	20	230	0.23
B	20	20	20	20	30	20	20	20	20	20	210	0.21
C	30	30	40	30	10	30	40	30	40	40	320	0.32
D	10	10	10	20	10	10	10	20	10	10	130	0.13
E	10	10	10	10	10	10	20	10	10	10	110	0.11
合计	100	100	100	100	100	100	100	100	100	100	1000	1.00

表 7-11 倍比法评分

功能	重要度倍数	得分	功能重要度系数
F_1		9	0.51
F_2	$F_1/F_2=2$	4.5	0.26
F_3	$F_2/F_3=1.5$	3	0.17
F_4	$F_3/F_4=3$	1	0.06
合计		17.5	1.00

按照 $V=F/C$,采用上面两种方法对功能价值进行计算,会出现三种情况:

$V=1$,实现功能的现实成本与目标成本相符合,这是理想情况;

$V<1$,实现功能的现实成本高于功能评价值,应设法降低其功能现实成本,提高其价值;$V>1$,先检查功能是否恰当,再检查成本低的原因,如由功能不足造成,应提高功能。

上面介绍的两种方法既可以把产品的各个功能作为分析对象,从中选择价值大于 1,或小于 1 的功能作为价值改善的对象,也可以将产品的各个零件作为分析对象,从中选择价值改善的对象。值得注意的是,对于同一功能或同一零件,采用两种方法计算的价值系数和成本节约期望值会略有差异,我们应根据掌握的资料来选择采用哪一种方法。

3. 功能评价方法的应用

下面通过一个实例来说明这两种方法的求解过程。

例 7-2 某厂生产电脑配件,现欲对该厂的一种产品(普通光机鼠标)进行价值分析。该产品主要由 6 种零件组成。通过广泛调查,收集到 6 种零件的最低成本,将它们作为 6 种零件的目标成本,采用绝对值法计算其价值和节约期望值,进而确定改善对象。具体计算结果见表 7-12。

表 7-12　6 种零件的有关数据

	控制电路板	光栅轮	滚球	外壳及按键	USB 插头及连线	发光二极管	总计
功能评价(目标成本)(元)	10	3	2	4	2	1	22
现实成本(元)	12	6	1	4.2	3.3	0.6	27.1
价值系数	0.83	0.5	2	0.95	0.60	1.67	
成本降低幅度(元)	2	3	-1	0.2	1.3	-0.4	
节约期望值(元)	2	3	0	0.2	1.3	0	6.5

为了进一步对普通光机鼠标的功能和成本进行分析,我们对各零件的重要度系数采用"0-1"评分法计算,见表 7-13。

表 7-13　采用"0-1"评分法计算各零件的重要度系数

零件	控制电路板	光栅轮	滚球	外壳及按键	USB 插头及连线	发光二极管	得分小计	功能重要度系数
控制电路板	×	1	1	1	1	1	6	0.29
光栅轮	0	×	1	1	1	1	5	0.24
滚球	0	0	×	1	1	1	4	0.19
外壳及按键	0	0	0	×	1	1	3	0.14
USB 插头及连线	0	0	0	0	×	1	2	0.09
发光二极管	0	0	0	0	0	×	1	0.05
光栅轮	2	1	2	2				
合计							21	1.00

再采用相对值法计算其价值和节约期望值,计算数据见表 7-14。

表 7-14 采用相对值法计算各零件价值系数和节约期望值

	控制电路板	光栅轮	滚球	外壳及按键	USB插头及连线	发光二极管	总计
重要度系数	0.29	0.24	0.19	0.14	0.09	0.05	1.00
按重要度分配目标成本（元）	6.38	5.28	4.18	3.08	1.98	1.10	22
现实成本（元）	12	6	1	4.2	3.3	0.6	27.1
成本系数	0.44	0.22	0.04	0.16	0.12	0.02	1.00
价值系数	0.66	1.09	4.75	0.88	0.75	2.50	
成本降低幅度（元）	5.62	0.72	-3.18	1.12	1.32	-0.5	
节约期望值（元）	5.62	0.72	0	1.12	1.32	0	8.78

经过用两种方法进行评价后，最后确定将控制电路板、光栅轮、USB插头及连线作为重点改进对象。

在实际工作中，我们往往容易得到整个产品的目标成本，而不易得到各个零件（或分功能）的成本，在这种情况下采用相对值法计算其价值和节约期望值比较合适。

7.4 方案的创造与评价

某一产品通过功能分析和功能评价后，确定了价值工程的改善对象与目标成本。目标成本的实现，取决于能否创造出具体可行的最优方案。方案创造有两种基本形式：一种是新产品的设计。通常是从最终功能出发，一步一步构想手段，最终创造出一个全新的设计方案。另一种形式是老产品的改造。通常是以产品的功能系统图为依据，从某一功能入手，创造出一个老产品改造的方案来。

7.4.1 方案的创造

方案创造是价值工程的关键环节。如果创造不出好的方案，前面的所有准备工作都是做无用功，因此应该高度重视方案创造。进行方案创造，应该解放思想，大胆创新，要敢于打破条条框框，不受原设计的束缚，充分发挥集体的智慧和才能。切忌墨守成规，避免一孔之见。

常用的方案创造方法有以下几种。

1. 头脑风暴法（简称 BS 法）

头脑风暴法是美国人奥斯本 1941 年提出的，其特点是能够最大限度地挖掘专家们的潜能，使他们能够无拘无束地表达自己关于某问题的意见和提案，让各种思想火花自由碰撞，好像掀起一场头脑风暴，一些有价值的新观点和新创意可能在"风暴"中产生。具体做法是召集 10 名左右有经验、有专长的人参加会议，会前将讨论的内容通知大家。开会时，要求会议的气氛热烈、协调，环境优美。为了节省时间，要求发言者言简意赅，不需详细论述，也不要互相评议。头脑风暴法应遵守如下原则。

（1）庭外判决原则。开会时，不能对别人的意见提出批评和评价，对各种方案的评判都放到最后。

（2）欢迎各抒己见，自由鸣放。创造一种自由的气氛，激发参加者提出各种荒诞的想法。

（3）追求数量。意见越多，产生好创意的可能性越大。

（4）探索取长补短和改进办法。

2. 模糊目标法（哥顿法）

哥顿法是美国人哥顿1964年提出的。它是头脑风暴法演变出来的一种方法。但它与头脑风暴法有所区别：头脑风暴法要明确提出主题，哥顿法与此相反，它是在给出模糊抽象的主题之后，寻求卓越的构想。例如，在寻求烤面包器的构想时，哥顿法采取以"烧制"作为主题，寻求各种有关烧制方法的设想。在这种技法中，有关的成员完全不知道真正的课题，只有领导人知道。当讨论的议题获得了满意的答案后，主持人才把真实意图告诉与会者，并与他们一起研究解决问题的最佳方案。

3. 德尔菲法（专家函询法）

德尔菲法是美国著名的咨询机构兰德公司首先提出的。该方法要求组织者将所要解决的问题用通信的方式向专家们提出，让他们分别书面发表看法，得到答复后，把各种意见归纳、整理后再反馈给各位专家，进一步征询意见。如此反复多次，最终引出几个较优的创新方案。这种方法具有匿名性、反馈性、统计性的特点。

7.4.2 方案评价和选择

方案评价是在方案创造的基础上对新构思方案的技术、经济和社会效果等几方面进行的评估，以便选择最佳方案。方案评价分为概略评价和详细评价两个阶段。不论是概略评价还是详细评价都包括技术评价、经济评价、社会评价以及它们的综合评价。

1. 技术评价

技术评价是以用户需要的功能为依据，包括：功能实现程度、可靠性、维修性、操作性、安全性、整个系统的协调与环境条件的协调。

（1）直接打分评价法。

为了把用不同计量单位表示的技术性能和无法用数量表示的技术要求用一个统一尺度来判断，工程上常用直接打分的办法来评价方案的优劣，完成得好的给高分，完成得差的给低分。例如，某机械产品的设计有4个方案，现根据这4个方案对功能的满足程度，分别对各技术因素打分，其结果如表7-15所示。

表7-15 各方案的技术性能评分表

方案	各项技术因素得分							
	可靠性	工艺性	安全性	重量	操作性	维修性	合计	选择
A	2	9	3	10	10	10	44	×
B	7	7	5	7	8	4	38	×
C	6	10	9	9	9	8	51	采纳
D	5	10	4	9	10	7	45	保留

(2) 加权打分评价法。

加权打分评价法与直接打分评价法的区别,是把目标判据的重要性考虑进去,而不是像直接打分那样把目标判据都按同等重要性看待,这样更切合实际一些。对上例假定各因素重要程度如下表所示,则根据加权评分后的结果,显然 C 方案最优,B 方案次之。

表 7-16 各方案的技术性能加权评分表

方案	各项技术因素得分						合计	选择
	可靠性 45%	工艺性 10%	安全性 15%	重量 8%	操作性 12%	维修性 10%		
A	2×45%	9×10%	3×15%	10×8%	10×12%	10×10%	5.25	×
B	7×45%	7×10%	5×15%	7×8%	8×12%	4×10%	6.52	保留
C	6×45%	10×10%	9×15%	9×8%	9×12%	8×10%	7.65	采纳
D	5×45%	10×10%	4×15%	9×8%	10×12%	7×10%	6.47	×

2. 经济评价

进行技术评价之后,就要对可行的方案进行经济评价。一个项目的经济性指标主要有以下几种。

(1) 成本。包括生产此产品的料、工、费三方面。比较两个方案时,可用两个方案的年成本,也可以用总成本。

(2) 项目的一次性投资。同样质量、同样功能的两个方案,当然是一次性投资越少越好。

(3) 追加投资效果系数和追加投资回收期。

(4) 项目的利润。

3. 社会评价

方案的社会评价主要是谋求企业利益与用户利益及社会利益的一致,其内容视具体情况而定。通常考虑的因素有国家和政府的有关政策法令;有无严重的污染、噪音;是否破坏生态平衡等。

4. 综合评价

上面的评价都是从方案的一个侧面进行分析,而一个方案的好坏并不完全取决于某一方面,因此必须对方案进行综合评价,最后决定取舍。综合评价不仅包括技术、经济、社会方面的评价,也包括市场、原材料、能源、劳动力资源、科技发展情况等方面的分析。方案的综合评价是在技术评价、经济评价和社会评价的基础上,对方案作全面整体的评价。

7.5 价值工程应用案例

7.5.1 案例一:价值工程在通信服务企业产品评价中的应用研究[①]

通信服务企业是为客户提供信息的沟通和传递服务的企业,我国目前有中国电信、中国

---

① 陈文沛. 价值工程在通信服务企业产品评价中的应用研究. 价值工程,2003,05.

移动、中国联通、中国网通、中国邮政和其他提供类似服务的企业。本文以其中一家（A 公司）为例，就价值工程在通信服务企业的服务产品评价中的应用作一个初步研究。

1. 对象选择

A 公司的主要产品是基本话音业务、短信服务、彩信业务和数据业务等。根据其 2006 年的年报，其话音业务的通话费收入占营业收入的 73%以上，是其核心竞争力，故选为研究对象。

2. 功能定义和整理

话音业务的功能是即时提供高质量的通话和服务，有 5 方面要求，进一步细分整理成功能系统图，如图 7-7 所示。

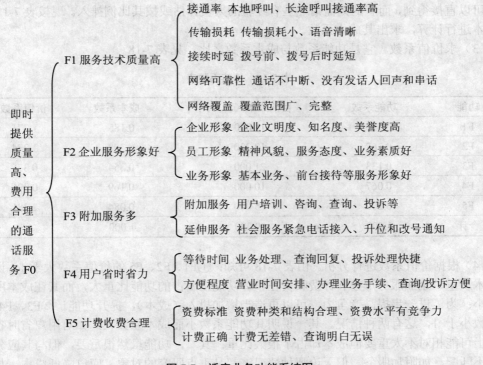

图 7-7　话音业务功能系统图

3. 功能价值评价

功能价值评价目的是分析功能，找出低价值功能，以明确改进的具体功能。方法是在已经明确功能系统图的基础上评定各功能价值系数。本例以其一级子功能（F1～F5）为对象进行评价。

（1）求功能重要性系数，选用强制确定法评价，结果如表 7-17。

表 7-17　功能重要性系数评价表

功能因素	F1	F2	F3	F4	F5	合计得分	功能系数
F1 服务技术质量高	1	1	1	1	1	5	0.333
F2 企业服务形象好	0	1	1	1	1	4	0.267
F3 附加服务多	0	0	1	0	1	2	0.133
F4 用户省时省力	0	0	0	0	1	1	0.067
F5 计费收费合理	0	0	1	1	1	3	0.200
合计						15	1.000

由表 7-17 可以看出，服务技术质量的功能最重要，其次是企业服务形象，这是基础。

（2）求成本系数。这里，要查出各项功能的成本值十分困难；但在各功能的成本组成中，有的可以直接得到，而有的则需请一些有经验的人员评估或按其比例摊入。现按表 7-18 所列的成本进行计算，求出其成本系数。

（3）求价值系数。它是功能系数与成本系数之比，见表 7-18。

表 7-18　价值系数表

功能	功能系数	目前成本（百万元）	成本系数	价值系数
F1	0.333	11 000	0.185	1.771
F2	0.267	12 230	0.208	1.284
F3	0.133	21 000	0.354	0.376
F4	0.067	10 000	0.169	0.396
F5	0.200	5 000	0.084	2.381
合计	1.000	59 320	1.000	—

（4）根据价值系数进行分析。由表 7-18 可知：①F1、F2、F5 的价值系数大于 1，说明服务技术质量、企业服务形象和计费收费在整体功能上所占的功能比重大，而其在成本所占的比重小；为了进一步提高竞争力，可以再造当增加投入（成本），提升功能。②F3、F4 的价值系数小于 1，这有两种情况。其一说明其功能系数小而成本系数大，如对用户省时省力，整体上可能相对不太重要但成本却占了很大比重；其二，功能虽然很重要，但与其应分担的成本不匹配，如附加服务。但无论那种情况，都是重点研究的对象，应该降低成本，与功能匹配。价值系数近于或等于 1，这是价值工程追求的合理目标，但这种情况在本例中未出现。

4. 制订改进方案

现以价值系数小于 1 的 F3 附加服务为例提出改进方案。可以通过专家检查法或者小组讨论法等不同方法提出改进方案，集思广益。提出的多种改进意见并非完全着眼于降低成本，有通过成本不变而提高其价值，也可以实现价值工程的目标。首先，实施差异化服务，按 20% 的客户提供 80% 利润的原则，加强对高端客户的服务，同时对低端客户提供一般的服务，可望在保持成本不变的前提下，通过高端客户多消费而增加价值；其次，对前台人员实施服务质量评价和考核制度，这可能使成本略有提高，但通过将评价和考核结果与薪酬制度直接联系，可以促进前台人员服务质量的提高，从而使服务价值提高；第三，主动向客户提供延伸服务和增值服务，例如就某些新业务向用户提供培训服务、咨询服务、定期向重点客户提供话费清单、将投诉处理结果及时回复等，重视这些看起来不起眼的小问题，虽然增加了一些费用，但服务价值将大大提高。

7.5.2 案例二：价值工程应用的实证研究[①]

某仪表厂具有几十年历史，是生产汽车、拖拉机和内燃机用仪表专业厂，产品技术改造的压力很大。该企业非常重视运用价值工程的原理和方法改进产品设计，降低生产成本，提高产品市场竞争力，获得了较好的效果。

一、应用价值工程改进产品设计、提高产品竞争力的实例分析

该仪表厂年产各种规格仪表 50 多万套，产品行销全国 14 个省市。为各汽车厂、拖拉机厂主机配套和市场维修服务。近几年来，面对激烈的市场竞争，他们通过市场调查与预测分析做出了对策：在保证和提高产品质量的前提下，运用价值工程进行产品改造，在提高产品结构工艺性能的同时，降低产品成本，在此基础上适当调整仪表价格，提高产品的竞争能力。

1. 选择重点分析对象

（1）价值工程活动的产品选择。该仪表厂生产的汽车、拖拉机和内燃机用仪表有十几种。从近一、二年订货来看，各种仪表年订货总量在 52 万只左右，其中 WT－2 温度表每年都超过 30 万只，占 58%，从市场占有率、销售增长率和销售利润率三方面分析，该产品正处在由成长期进入成熟期阶段，产品市场特征表现为生产、销售量大，利润较高，同时生产厂家多，竞争十分激烈。因此，选择 WT－2 温度表为价值工作活动的对象产品。

（2）价值工程活动的重点零部件选择。WT－2 温度表由 36 种零件构成，可大致分为热敏器件、传感部件、传动机构、指示机构和壳体五大部件。它们的零件数量与部件成本见表 1。应用 ABC 分析法归类，热敏器件和传动机构共 11 个零件，只占零件总数的 23.4%，成本却高达 70%，应归为 A 类，见图 7-8。因此，价值工程活动的重点对象应为敏感器件与传动机构两个部件。

表 7-19 WT－2 温度表部件成本的比重

序号	部件名称	零件种数	零件数量				部件成本（元）			
			数量	占全部%	累计	累计占全部%	成本	占产品成本%	累计	累计占产品%
1	热敏器件	7	7	14.9	7	14.9	2.15	42.7	2.15	42.7
2	传动机构	4	4	8.5	11	23.4	1.375	27.3	3.525	70
3	传感部件	2	2	4.2	13	27.6	0.62	12.4	4.145	82.4
4	壳体	8	14	29.4	27	57	0.57	11.3	4.715	93.7
5	指标机构	15	20	43	47	100	0.315	6.3	5.03	100
	合计	36	47	100	-	-	5.03	100	-	-

[①] 陶虎. 价值工程应用的实证研究[J]. 价值工程，2005，9

2. 搜集情报

围绕提高 WT-2 温度表产品质量和降低其成本，该厂组织有关人员搜集和查阅了大量厂内、外关于这种产品的设计、试制、制造、材料、协作以及销售和使用等方面的技术和经济情报，为开展价值工程活动提供了依据。

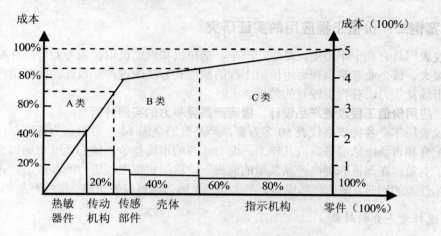

图 7-8 WT-2 温度表部件成本分布图

3. 进行功能分析

WT-2 温度表的基本功能是显示温度，测量拖拉机、柴油机冷却系统水温和润滑系统油温，以保证发动机正常工作。其中热敏器件的基本功能是传递温度信号。WT-2 温度表的功能系统如图 7-9 所示。

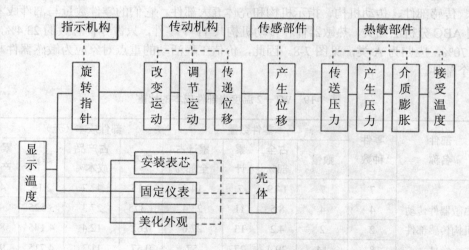

图 7-9 WT-2 温度表功能系统图

通过绘制功能系统图，更进一步明确了仪表各部件的基本功能以及实现这些功能的手段，在此基础上采用强制确定法进行功能评价。

（1）计算功能评价系数。该厂组织七位工程技术人员和熟悉产品的老工人用"0-1"评分法对敏感器件和传动机构 11 个零件进行打分，评价结果如表 7-20。

表 7-20 功能重要程度综合评分结果

序号	零件名称	各评分者评分数							评分总计	平均评分值	功能评价系数
		一	二	三	四	五	六	七			
1	温包	5	4	5	5	8	6	3	36	5.1428	0.0935
2	毛细管	8	9	8	6	6	8	9	54	7.7143	0.1403
3	外套螺母	8	8	9	9	10	10	8	62	8.8571	0.1610
4	保护管	6	4	7	6	5	6	4	38	5.4286	0.0987
5	铜头	3	6	5	4	4	3	5	30	4.2857	0.07792
6	塞子	5	5	4	6	3	4	7	34	4.8571	0.08831
7	雷丝螺母	2	1	2	1	2	1	0	9	1.2857	0.02337
8	机芯	7	6	6	7	8	7	9	50	7.1428	0.1298
9	接头	10	10	8	9	8	8	7	60	8.5714	0.1558
10	小轴	1	2	0	1	1	1	1	7	1	0.01818
11		0	0	1	1	0	1	2	5	0.7142	0.01298
	合计	55	55	55	55	55	55	55	385	55	1.0000

（2）计算零件的成本系数。根据 11 种零件的现实成本，计算出各零件的成本系数，见表 7-21。

表 7-21 功能评价综合计算表

序号	零件名称	功能评价系数	现实成本（元）	成本系数	价值系数	目标成本（元）	成本降低幅度（元）	采取措施及可降低成本（元）
		(1)	(2)	(3)=(2)/3.525	(4)=(1)/(3)	(5)=(1)×3.025	(6)=(2)−(5)	
1	温包	0.0935	0.26	0.07375	1.2678	0.283	−0.023	暂不动
2	毛细管	0.1403	0.54	0.1532	0.9158	0.424	0.116	暂不动
3	外套螺母	0.1610	0.52	0.1475	1.0915	0.487	0.033	暂不动
4	保护管	0.0987	0.45	0.12766	0.7731	0.30	0.015	暂缓改动
5	铜头	0.07792	0.18	0.05106	1.526	0.236	−0.056	暂不动
6	塞子	0.08831	0.14	0.03972	2.2233	0.267	−0.127	暂不动
7	雷丝螺母	0.02337	0.06	0.1702	1.3731	0.07	−0.01	暂不动
8	机芯	0.1298	0.80	0.2270	0.5718	0.40	0.40	改曲柄连杆增加 0.30 元代机芯可降低 0.80 元
9	接头	0.15578	0.5	0.1418	1.0987	0.47	0.03	暂不动
10	小轴	0.01818	0.05	0.01418	1.2821	0.055	−0.005	暂不动
11	连杆	0.1298	0.025	0.00709	1.8307	0.33	−0.008	暂不动
	合计	1.0000	3.525	1.0000	—	3.025	0.50	0.50

（3）计算零件的价值系数。零件价值系数的计算结果见表 7-21，其中温包、外套螺母、接头等 8 种零件价值系数 $V>1$，说明分配在这些零件上的成本比例偏低，应检查是否有因成本偏低

而造成功能不足的问题。毛细管、保护管和机芯三种零件的价值系数 $V<1$，说明分配在这些零件上的成本比例偏高，应降低成本。应将这三种零件作为价值工程进一步研究的重点对象。

（4）确定目标成本。WT－2 温度表，具有竞争力的市场价格为 5.13 元/只左右，企业的目标利润为 0.60 元/只，通过分析降低产品成本的各种措施，对比各期成本资料，确定 WT－2 温度表的目标成本为 4.53 元/只，比产品现实成本降低了。热敏器件和传动机构的现实成本是 3.525 元，由其承担降低整个产品成本的任务，则两部件的目标成本应为 3.025 元。

根据功能评价系数求出的各零件的目标成本和成本改善幅度，见表 7-21。

4. 制订改进方案

对应改进的零件机芯、保护管和毛细管逐一进行分析。毛细管系 $\mathcal{C}$ 1.3 的紫铜管，它的基本功能是传递压力，目前尚找不出更合适的替代材料；保护管的基本功能是保护毛细管不断裂漏气，其材料是 65 锰弹簧钢丝，成本较高，实验用其他材料代替，均因强度或韧性不够未获成功；机芯是由齿轮和游丝构成的传动机构，它的基本功能是传递运动，辅助功能是调节运动。这种传动机构适用于高精度的 1－2 级仪表，WT－2 温度表是 4 级精度仪表，显然有功能过剩的问题。可采用成本较低的曲柄连杆机构来代替机芯的齿轮转动。该方案须增减零件及成本变化，情况如表 7-22 示，由此可达到降低成本 0.5 元/只的目标。

表 7-22　增加零件及成本变化情况

零件名称	需增加零件					机芯	可降低成本（元）
	衬板	铜夹板	转轴	调节件	合计		
成本（元）	0.10	0.05	0.07	0.08	0.30	0.80	0.50

5. 方案的实施与评价

改进后的传动机构经过产品实验室小批试制，技术性能完全符合国家有关部委颁布的标准，于是正式投产。生产中随时了解各环节动态，加强工序质量控制，使其质量处于稳定状态。改进前后技术性能对照如表 7-23 示。

表 7-23　WT—2 温度表传动机构技术性能对照

项目	技术要求		改进前	改进后
示值	<80℃	±6℃	±4℃	±5℃
误差	>80 ℃	±4℃	±3℃	±4℃
振动实验	300 小时以上		450 小时	550 小时
寿命实验	1500 小时以上		1600 小时	1700 小时
密封	防水	不允许进水	达到	达到
实验	防尘	不允许进尘	达到	达到
交变实验	正常		正常	正常
外观	美观		较好	有提高

经济效益评价：

（1）全年净节约额＝（改进前成本－改进后成本）×年产量－价值工程活动费用
　　　　　　　　＝（5.03－4.53）×300 000－20 000
　　　　　　　　＝130 000（元）

（2）节约百分数 $=\dfrac{5.03-4.53}{5.03}\times 100\%=10\%$

（3）收益比 $=\dfrac{130000}{20000}=6.5$

通过这次价值工程活动，使 WT-2 温度表提高了功能，降低了成本，在激烈的市场竞争中取得了有利地位。

二、分析与评价

该仪表厂运用价值工程改进产品设计，降低产品成本，虽然是一个常规的、涉及范围非常微观的应用实例，但它也能带给我们许多有益的启示。

第一，价值工程应用在加工制造业的产品开发和改造中，将会产生可观的效益。当前，世界加工制造业正在不断向我国转移，甚至有的制造业跨国集团也在考虑将其研发中心放在中国。因此，中国的制造企业正面临着生存与发展的严峻挑战。我国制造业老企业为数众多，技术改造和产品开发的任务十分繁重，价值工程是投资少见效快、内生性提升产品竞争力的有效途径。

第二，价值工程在产品开发和改造中的应用，应与现代整体产品的概念相结合，并与并行工程、精益生产、流程再造等现代管理方法相结合，才能更加系统地、有效地发挥价值工程的作用。现代整体产品的概念共有三个层次：①在生产阶段形成的核心层，其价值形式为产品价值（产品功能/产品生产总成本）。提高产品价值的途径是以尽可能低的生产制造总成本，实现尽可能高的产品固有功能，这是 VE 研究的一般对象。②在销售阶段形成的产品形式层，其表现形式为产品的外观、特色、商标、价格、包装等。原来的产品通过存储、运输、广告、分销、促销、服务等营销活动，成为商品。在产品固有功能的基础上，增加了告知、方便、服务、附加利益等商品功能，是用户购买的重要依据。也同时产生了销售费用，其价值形式为商品价值，即：（产品功能+服务功能）/（生产成本+销售费用）。提高价值的途径是以尽可能低的销售费用提供尽可能高的服务功能。③在使用阶段形成产品的延伸层（或附加利益层），其表现形式为送货、安装、调试、培训、保证、买方信贷、维修、改装升级等。商品成为使用品，增加了不同形式的添加功能和相关费用以及使用费用。其价值形式为用品价值，可表示为：（产品功能+服务功能+添加功能）/（生产成本+销售成本+附加和使用费用）。提高价值的途径是以尽可能低的附加和使用费用，使用户获得尽可能高的附加功能和保证产品固有功能。整体产品概念的多层次化，形成了产品立体交叉的市场竞争。要提高产品的价值，提升产品的市场竞争力，运用价值工程对产品创新的研究，也应该是多层次的，立体化的，需要企业或组织多方面人员的普遍参与。

第三，价值工程应用的范围和成果可大可小，应用的内容可简可繁，关键在于企业高层管理者重视，并积极在企业中推广应用。使企业各层管理者、工程技术人员和生产者能以价值工程的基本原理，去思考和解决企业生产经营与管理中的问题。从这一角度出发，可以认为价值工程不仅是一种现代管理技术和方法，更是一种管理思想和管理哲学。我国从 20 世纪 70 年代引进了价值工程等一系列现代化管理方法，80 年代中期在长达三年的全国厂（矿）长分期统考培训中推广这些方法。1988 年国家领导人题词"价值工程常用常新"，同年颁布了《价值工程基本术语和一般工作程序》的国家标准。我国北京、广东、中国机械工程学会、全国高校等也都先后成立了专门研究和推广价值工程的学会组织，理论和应用研究也从开始的针对单一实施对象的简单模拟应用，深化到现在运用博弈论、规划论等定量方法对企业或组织的整个价值链的研究。但是至今在我国众多的企业或组织中，价值工程的运用并不普及。

本文认为其中重要原因之一就是只将价值工程同其他现代化管理方法一样看作是一种方法、手段，而不是一种重要的管理思想。在被称作知识经济已经到来的今天，知识和信息在不同的行业或领域已经或正在成为核心生产要素，各个领域和层面的不断创新，是企业或组织生存和发展的支撑。把价值工程不仅作为一种管理方法和技术加以推广，更重要的是将其作为一种管理思想或思维方式注入企业或组织，必将会大大激活企业或组织的创新力。

【习题】

1. 价值工程应用的范围、目标、作用意义及基本步骤如何？
2. 为什么说功能分析是价值工程的基础和核心内容？
3. 价值工程研究对象是什么？其中选择分析对象与确定改进对象有何联系与区别？
4. 什么是价值？提高价值有哪些途径？
5. 什么是功能定义，其在价值工程分析中有何意义？功能定义的基本要求和具体方法如何？
6. 什么是功能整理，其目的意义、方法步骤如何？
7. 什么是功能评价？功能评价有哪些基本方法，各种方法基本原理、实质有何异同？
8. 如何进行资料收集工作？请你设计出一种收集资料的计划表。
9. 以你熟悉的产品为例，对它进行功能定义并制作功能系统图。
10. 某产品由 13 种零件组成，请根据下表数据将这 13 种零件分成 A、B、C 三类。A 类零件数量占全部零件数量的 10%～20%，成本占总成本的 60%～70%；B 类零件总数为 20%，成本占总成本 20%左右。C 类零件占零件数 70%左右，其成本仅占整个产品的 10%～20%。

零件名称	A	B	C	D	E	F	G	H	I	J	K	L	M
件数	1	1	2	2	10	1	1	1	1	1	1	2	1
单位成本（元）	3.42	2.61	1.03	0.8	0.1	0.73	0.67	0.33	0.32	0.19	0.11	0.05	0.08

11. 若某产品有 5 个零件，共同实现 5 项功能，零件的实际成本及各零件实现有关功能所起作用的比重列于下表，试计算各功能的目前成本。

零件名称	成本（元）	功能				
		F1	F2	F3	F4	F5
A	60	30%		70%		
B	95	10%	40%		50%	
C	75				40%	60%
D	150		20%	40%		40%
E	200	20%	40%	20%		20%
合计	580					

12. 若上题中功能 F1、F2、F3、F4、F5 目标成本分别为 65 元、148 元、105 元、100 元、50 元，试计算各功能的价值系数和成本改善期望值，并选择改进对象。

13. 已知 7 种零件 A、B、C、D、E、F、G，其重要性次序 C＞B＞A＞D＞E＞F＞G，试用"0-1"评分法确定各零件的功能评价系数。

14. 某产品存在五个功能领域，各功能领域的现实成本为：F1＝10 元、F2＝30 元、F3＝30 元、F4＝20 元、F5＝10 元。又知各功能领域的相对重要程度 F4 是 F5 的 2 倍，F3 是 F4 的 2.5 倍，F2 是 F3 的 2 倍，F1 是 F2 的 0.2 倍。求各功能领域的价值以及成本降低幅度，并且决定改进对象的优先顺序。

15. 某种手表由 6 个零部件组成，它们的现实成本如下表所示；手表的功能定义为 6 项具体功能，各功能的评分以及零部件所承担具体功能的分解情况如表所示。试计算：

（1）各零部件的功能评分和功能重要性系数；

（2）各零部件的成本系数；

（3）各零部件的价值系数，并作出分析评价；

（4）设该手表的目标成本为 40 元，试按各零部件的重要性系数计算它们的目标成本；

（5）各零部件的成本改善期望值。

序号	零部件名称	现实成本（元）	功能项目及评分					
			计时	美观	耐用	防水	防震	防磁
			35	25	15	11	9	5
1	夹板	17.2	15%	8%	30%			
2	原动系	4.1	25%					
3	调速系	4.4	60%					100%
4	防震器	8.5		2%			100%	
5	表盘	2.6		30%				
6	表壳	13.2		60%	70%	100%		
	合计	50	100%	100%	100%	100%	100%	100%

第8章 项目管理

8.1 项目管理概述

项目管理最初发源于军事部门，随着人类的知识指数性地扩张和人们对复杂、成熟而又个性化产品、服务需求的不断增长，项目管理的实践与应用在过去的几十年得到长足发展。目前，越来越多的组织都采用项目管理的方法帮助组织提高进行计划、实施和控制等各种活动的能力，从而来达成自己的目标。项目管理的应用领域也不断扩展，与此同时，项目管理的科学得到也得到不断发展。项目管理从经验走向科学的步骤经历了潜意识的项目管理、传统项目管理和现代项目管理。

8.1.1 项目概述

1. 项目的概念

新产品的研发、产品的市场开拓、产品不良项目的改进、某处房地产开发与营销……这些我们都可以称之为项目。项目是一个专业术语，目前人们似乎正在将这一概念"泛化"，以至于在我们的生活中有人会把他所做的一切事情都称之为项目。就项目管理学习而言，有必要对项目和项目管理进行界定，以便更好把握项目管理规律。

有较多的相关组织都给项目下过定义，其中具有代表性的有以下一些：

（1）美国的项目管理协会（Project Management Institute，PMI）制定的项目管理知识指南（PMBOK）认为，组织工作可以分为两类：具体操作和项目，二者有时候是相互重叠的。二者的不同在于具体操作具有连续性和可重复性，而项目是有时限性和唯一性。因此认为项目是为创造独特的产品或服务而进行的一项有时限性的工作。

（2）德国标准化学会（Deutsches Inslitut fur Normung，DIN69901）认为，项目是指在总体上符合如下条件的唯一性任务：具有预定的目标；具有时间、财务、人力和其他限制条件；具有专门的组织。

（3）英国项目管理协会（Association of Project Management，APM）认为，项目是为了在规定的时间、费用和性能参数下满足特定目标而由个人或组织实施的具有规定的开始和结束日期、相互协调的独特的活动集合。

（4）Harold Kerzner 博士认为，项目是具有下列条件的任何行动和任务的序列：有一个将根据某种技术规范完成的特定的目标；具有确定的开始和结束日期；有经费限制；有消费资源（如资金、人员和设备等）。

（5）R·J·格雷厄姆认为，项目是为了达到某个特定的目标而集合到一起的资源的组合，它与常规任务之间的重要区别在于：项目通常是一次性的；项目是一系列独特的工作努力，即按照某种规范及应用标准导入生产某种新产品或某种新服务。这种工作努力应当在限定的时间、成本费用、人力资源及财产等项目参数内完成。

综上所述，尽管不同的组织或个人对项目的定义有所不同，但这些定义均从不同程度上揭示了项目共有的一些特征。任何项目都由项目范围、组织、质量、费用和进度五个因素组成，而且所有的项目都是临时性、一次性的活动。

因此我们认为，项目是一个组织为实现自己既定的目标，在一定的时间、人员和资源约束条件下，所开展的具有一定独特性的多项工作的总称。

2. 项目的特征

（1）重要性。

项目最重要的特性在于它在高层管理者的眼中处于重要的地位，使之意识到必须打破常规的组织结构另外生成一个特别工作组来承担这项任务。如果项目一些组织部门看来是一件可有可无的事情，那么该项目必定失败。

（2）时限性。

时限性是指每个项目都有明确的开端和结束。但项目的目标达成或者确定项目的目标不可能达到时，该项目就结束了。时限性并不意味着项目持续的时间短，许多项目可能会持续几年或者更长，但是一个项目持续的时间总是有个界限的。

（3）唯一性。

这是项目与日常运作的最大区别。项目有明确的开始时间和结束时间，项目在此之前从来没有发生过，而且将来也不会在同样的条件下再次发生，而日常运作是无休止或重复的活动。

（4）独特性。

尽管项目的成果可能在别的地方出现过，但对项目母体组织而言它是独特的。项目生成的产品或服务与其他产品或服务有其独特之处。在项目管理的过程中存在着大量的不确定性事件，项目经理需要对针对具体项目实施例外管理（management by exception）。而且，每个项目自身有具体的时间期限，成本和性能质量等方面的要求，因而项目的过程具有自身的独特性。

（5）目标性。

项目具有一系列的预期目标和结果，它可以分解为子任务，只有当这些子任务全部完成了，项目的目标才有可能实现。为了在一定的约束条件下达到目标，项目经理在项目实施以前必须进行周密的计划，通常，项目本身必须同母体组织实施的其他项目协调一致。

（6）整体性。

项目的整体性，是指任何一个项目都是一个整体，在按其目标要求配置资源时，必须追求项目的整体收益，做到质量、费用、数量和时间进度的总体最优化。

3. 项目的生命周期

项目的生命周期描述了项目从开始到结束所经历的各个阶段。对于一般意义上的项目，最一般的划分是将项目分为"识别需求、制订方案、实施项目、完工交付"四个阶段。实际工作中根据不同领域或不同方法再进行具体的划分。例如，按照软件开发项目划分为需求分析、系统设计、系统开发、系统测试、运行维护几个阶段，而在建筑业中一般将项目分成立项决策、计划和设计、建设、移交和运行等阶段。

8.1.2 项目管理概述

1. 项目管理的概念

从字面上理解，项目管理就是"以项目为对象的管理"，项目管理始终贯穿于项目的整个生命周期。与项目类似，项目管理的定义也有很多种，PMI 在 PMBOK 中的解释为："项目管理是在项目活动中应用一系列知识、技能、工具和技术，以满足或超过利益相关者对项目的需求"。同时 PMI 还指出，这个过程必须在下面这些相互冲突的要求中寻求平衡：

一是范围、时间、成本和质量；二是有不同需求和期望的项目相关人员；三是明确表示出来的要求和未明确表达的要求。对于项目管理的概念，可从如下几个方面进一步来理解。

（1）项目管理是一种管理方法体系。它是一种公认的管理模式和方法论，而不是任意一次的管理过程。项目管理从 19 世纪 50 年代诞生以来，一直就是一种管理项目的科学方法。项目管理是在长期的实践和研究的基础上总结而成的理论方法。应用项目管理，必须按照项目管理方法体系的基本要求去做。

项目管理作为一种管理方法体系，在不同的国家、行业和发展阶段，无论在结构、内容还是在技术、手段上都有一定的区别。但是它核心的体系，始终是固定不变的。

（2）项目管理的主体是项目经理。项目经理是受项目发起人委托，在时间有限、资金约束的情况下完成项目目标的负责人，他有权独立进行项目的计划、资源调配、协调和控制，他必须使项目组织成为一个工作配合默契、具有积极性和责任心的高效群体。

（3）项目管理的客体是项目。项目管理是针对项目的特点形成的一种管理方式，因而它的适用对象是项目。

（4）项目管理的全过程体现系统工程的思想。系统工程是实现系统最优化的科学，是一门高度综合性的管理工程技术，主要任务是根据总体协调的需要，对系统的构成要素、组织结构、信息交换和自动控制等功能进行分析研究，借以达到最优化设计，最优控制和最优管理的目标。项目管理的过程体现了系统论的核心思想：系统的整体性，在项目管理过程中如何协调范围、质量、成本和费用的关系，找到最优组合，从而达成项目目标。

2. 项目管理知识领域

下面主要依据 PMI 颁发的 PMBOK 来介绍项目管理的知识领域。PMBOK 将项目管理划分为九个知识领域（图 8-1），它们分别从不同的管理职能和领域描述了现代项目管理者需要的知识、方法、工具和技能，以及相应的管理实践。

（1）项目集成管理。项目集成管理包括保证项目各要素相互协调所需要的过程，其核心就是在多个互相冲突的目标和方案之间做出权衡，以便满足或超出项目利益相关者的需求和期望。集成管理由三个关键性过程组成：制定项目计划、执行项目计划和控制整体变更。这些过程之间及其与其他知识领域的过程间是相互作用的，根据项目需要都包含了一个或多个个人或团体的共同努力。

（2）项目范围管理。项目范围管理包括了用以保证项目包含所有需要完成的工作，以顺利完成项目所需要的所有过程。项目范围管理就是明确项目成果和项目管理的范围，确保项目不但完成全部规定要做的事情，而且成功地实现项目创造独特成果的目的。该知识领域的基本工作是随时明确的控制应当列入和不应当列入项目的事项。项目范围管理的过程有启动、范围规划、范围定义、范围核实和范围变更控制等。这里的范围有两层含义：一是产品范围，即产品或服务所包含的特征和功能；二是项目范围，即为交付具有规定特征和功能的产品或服务所必须完成的工作。

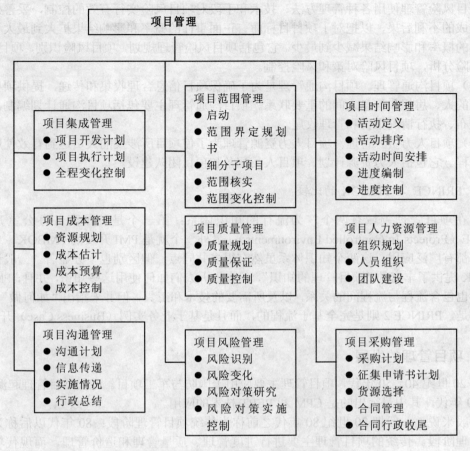

图 8-1　PMBOK 提出的项目管理九大知识领域

（3）项目时间管理。项目时间管理是指在项目的进展过程中，为了确保项目能够在规定的时间内按时实现项目的目标，对项目活动的进度及日程安排所进行的管理过程。它包括项目活动定义、项目活动排序、项目活动时间估算、项目进度计划的制订和项目进度控制。

（4）项目成本管理。项目成本管理首先关心的是完成项目活动所需要资源的成本，但也考虑项目决策对使用项目产品成本的影响。它包括项目资源计划编制、项目成本估算、项目成本预算和项目成本控制等。

（5）项目质量管理。PMBOK 认为，质量是"实体中与它满足明确要求和隐含需要的能力相关的所有特性的总和"。项目质量管理是指为了保证项目的可交付成果能够满足客户的需求。它涵盖了全面质量管理职能的所有活动，这些活动决定着质量的政策、目标、责任。项目质量管理围绕项目的质量进行的计划、协调和控制等活动。它包括项目质量计划编制、项目质量保证和项目质量控制。

（6）项目采购管理。项目采购管理是指为达到项目的目标而从项目组织的外部获取物料、工程和服务所需的过程。它包括项目采购计划的编制、项目采购计划的实施、项目采购合同的管理和项目采购合同的收尾。

(7) 项目风险管理。项目风险管理是指通过对项目风险识别、分析评估和应对的系统过程。项目风险管理使用各种管理方法、技术和手段对项目风险实行有效的控制,妥善处理风险所造成的不利后果,以把对于项目目标而言正面事件的概率和影响结果扩大到最大和把负面事件的概率和影响结果减少到最少。它包括项目风险管理规划,项目风险识别,项目定性、定量风险分析,项目风险对策和风险控制。

(8) 项目沟通管理。项目沟通管理是为了确保项目信息合理收集和传递,提供项目成功所必需的人、思想和信息之间的重要联系。项目沟通管理主要包括项目沟通计划编制、项目信息发布、执行情况报告和管理收尾。

(9) 项目人力资源管理。项目人力资源管理为了使项目所涉及的人员达到有效使用所必需的过程。它包括人力资源计划、项目人员配备和项目团队建设。

3. PRINCE 与 PMBOK 的比较

现在项目管理领域有两个广为流行的知识体系:第一个是英国商务办公室开发的 PRINCE(Projects In Controlled Environments);另外一个就是 PMI 开发的 PMBOK。二者在世界上都有广泛应用,这两个知识体系虽然有很多共同点,但区别也十分显著。一般说来,PMBOK 提供了丰富的"项目管理的知识",但未告诉人们如何使用这些知识,并且,PMBOK 中虽然也包含流程与流程间的关系,以及所需要的技术和工具,但并未指出"如何做"。与此不同的是,PRINCE 2 则是完全基于流程的,而且是基于业务实例(Business Case)开发的。

8.1.3 项目管理的发展

在 20 世纪 40、50 年代,项目管理主要应用于国防与军工项目。近代项目管理起源于 20 世纪 50 年代,其中最突出的是 CPM 和 PERT 技术的应用。

一般来说,一般把 20 世纪 80 年代之前称为传统项目管理阶段;80 年代以后称为现代项目管理阶段。传统的项目管理主要进行进度管理、质量管理和造价管理,而现代项目管理则涵盖了项目管理的九大知识领域。从应用领域来说,传统的项目管理的应用领域主要是工程建设项目,现代项目管理则可以管理各种非日常运营的工作,具体比较如图 8-2。

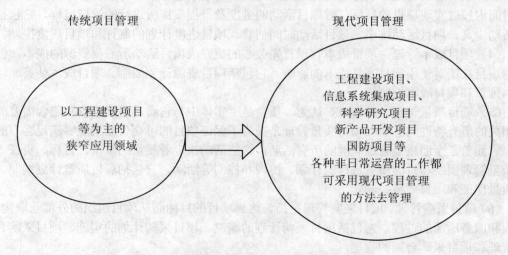

图 8-2 传统项目管理与现代项目管理的比较

目前在欧美发达国家，项目不仅普遍应用于建筑、航天和国防等传统领域，而且在电子、通讯、计算机、制造业、软件开发和金融业等都广泛应用。许多大的公司，譬如 IBM、AT&T、Bell 和 Morgan Stanley 等都在其核心运营部门都采用了项目管理。

8.2 项目选择

1. 项目选择及标准

项目选择是单个或者一组项目进行评估并选择合适的实施对象从而实现母公司目标的过程。比如，建筑公司在一组投标项目中做出最佳的选择；企业为新产品的市场推广选择最佳的广告营销策略。

项目选择是项目管理众多决策中之一，为了选择到最佳的项目，我们通常需要采用决策辅助模型。我们之所以使用这些模型，是因为这些模型是对现实问题的高度抽象，剔除不必要的因素，便于在项目选择过程中抓住事情的核心本质。项目选择的模型有两种：数学模型和非数学模型。非数学模型就是不用输入数据；数学模型需要输入数据，但数据的测量标准可能是主观的也可能是客观的。

利用模型辅助决策选择项目时，首先模型必须根据项目满足组织目标的程度来对项目进行评估选择。因此，在构建项目选择模型时，就需要确定项目的目标清单。项目的目标清单由组织的高层管理者制定。组织的目标清单可能是"利润最大化"等财务指标，但这些不是组织的唯一目标。项目的目标应该满足 SMART 原则，即：项目目标应该是具体的（Specific）、可以度量的（Measurable）、可以达到的（Attainable）、项目目标的制定要与现状结合（Relevant）、时限的（Time based）。

在采用非数学模型进行项目选择时，对备选项目的选择通常需要参考一些标准。这些标准可以是组织以前的实践经验，也可以是来自本行业或者类似项目的基准参照（Benchmark），当然这些模型的参照就会比较主观。自从 20 世纪 50 年代以来，计算机得到广泛使用，运筹学理论也逐步发展起来，人们开始使用大量的数学模型来辅助决策，其中通常的采用的决策方法包括规划模型和统计预测模型等。不论是采用数学模型还是非数学模型，在进行项目选择时通常都需要考虑许多因素，比如经济、工程、技术、环境、政策等。以下以一种新流程代替旧流程项目的项目为例，列举需要考虑的因素如表 8-1 所示。

表 8-1 流程改造时项目评估因素

生产因素	
1. 安装前的准备时间	8. 其他技术应用
2. 按照过程中的意外中断时间	9. 单位产品成本变化
3. 学习曲线——达到预计操作熟练程度所需要的时间	10. 原材料更新
4. 损耗和废品影响	11. 原材料的可得性
5. 能源需求	12. 需求的开发时间和成本
6. 工具和设备要求	13. 现有供应商的影响
7. 生产安全	14. 产品质量变化

(续表)

市场营销因素	人力资源因素
1. 产品潜在市场容量	1. 培训要求
2. 产品市场份额	2. 劳动技能需求
3. 达到预期市场份额的时间	3. 劳动技术的获得
4. 现有生产线的影响	4. 现有劳动力抵制的程度
5. 消费者接受程度	5. 劳动力规模的变化
6. 消费者安全的影响	6. 集团内部和集团之间的沟通需求
7. 预计产品寿命	7. 工作环境的影响
8. 产生附带项目作用的可能性	管理和其他因素
财务因素	1. 满足政府的安全标准
1. 盈利能力	2. 满足政府的环境标准
2. 现金流量的影响	3. 信息系统的影响
3. 付款周期	4. 股东和证券市场的影响
4. 现金需求	5. 对专利和商业秘密的保护
5. 达到盈亏平衡点所需的时间	6. 客户、供应商和竞争者的影响
6. 要求的投资规模	7. 对新技术的理解程度
7. 季节和周期变化的影响	8. 指导和控制新流程的能力

2. 项目选择模型

（1）非数学模型。

一般说来，非数学模型的项目选择一般可以由组织的高层权威人士的评论要求而导致产生，还有可能组织面临的环境需要投资项目，譬如组织为了经营的需要，即使项目财务收益不理想，仍然会投资该项目；组织为了适应市场竞争的需要，提高竞争实力；组织为了开辟新的市场空白寻求产异化；在与其他项目及行业比较的基准上，选择投资项目。这些项目的选择都不必要缜密的数学分析，非数学模型容易被人们以不科学为理由而摒弃，这种随意的轻视是可能误导决策的。很显然这些项目都是以组织的目标为导向，它们直接反映了组织的利益，因而要在严谨的分析上再决策。同时非数学模型可以和数学模型互相结合，从而更加合理的选择到合适的项目。

（2）数学模型。

① 利润盈利模型。

大多数的数学模型主要把财务收益作为项目评估和选择的唯一标准。一般来说，主要有投资回收期、考虑资金时间价值的动态投资回收期、净现值、内部收益率和 ROI 等，这些模型都在前面的章节有所阐述。这里主要阐述利用实物期权（Real Option）的方法对项目进行评估选择。

在对项目进行选择评估时，常用的传统方法就是采用现金流折现的方法（Discount Cash Follow，DCF），DCF 模型使用的是风险贴现率和对未来现金流的主观估算而受到评判。通常采用的 DCF 模型是净现值法（NPV）。NPV 只关注项目带来的未来现金流，但没有考虑投资项目的机会损失。而且 NPV 假设以下两种情况至少有一种发生或者投资是可逆的，即当实际的市场状况比预期差时，企业可以撤销投资并且通过某种方式使投资支出得到补偿；或者投资是不可延缓的，即企业如果现在不进行投资的话，它将永远失去这个投资机会在现实经济中，虽然某些投资的确符合上述假设，但大多数投资是不可逆的而且能够延缓。对于那些不确定性较大的投资项目来说，投资者适当推迟投资往往会获得更大的收益；有时投资者还需要根据情况的变化及时做出扩大投资、放弃投资等战略性决策。

20 世纪 70 年代末出现的实物期权是对投资价值评估的一种新方法，该方法充分考虑了其标的物的不确定性。实物期权并不是对 NPV 的简单否定，而是在其基础上的进一步发展和完善。由于实物期权考虑了投资项目的期权价值，这样有些采用 NPV 方法淘汰的项目而按照实物期权决策的方法而将选择采纳。实物期权方法使企业避免了许多投资机会的丧失。至于实物期权的原理与在投资项目选择中的具体应用，本节不做详细介绍，请查阅相关文献和图书。

② 评分模型。

由于现实中项目目标一般是多方面的，此时利润盈利模型就存在缺陷，这时在进行项目选择的时候常常采用评分模型。评分模型分两种，一种是非加权评分模型和加权评分模型。需要注意的是在使用评分模型的时候，这些评分者一般由公司高层管理者指定，他们必须熟悉组织的目标和组织潜在的项目组合。

采用评分模型时，先在准备好的表格中确定选择项目的一组相关因素指标，然后让一个或多个评分者根据项目的特点，为该项目的每一因素打分。打分的分值一般采用 5 分制，分值越高说明该项目在此因素的潜力越大。

$$S_i = \sum_{j=1}^{n} S_{ij} w_j$$

其中：S_i——第 i 个项目的总得分；

S_{ij}——第 i 个项目第 j 个因素的得分；

w_j——第 j 个因素的权重。

对于非加权模型，w_j 全部相同，即认为每个因素都是同等重要。加权模型的 w_j 一般会不相同，确定 w_j 是加权评分模型的关键。一般常用来确定 w_j 的方法采用由兰德（Rand）公司提出的德尔菲法和 Saaty 提出的层次分析法（Analytic Hierarchy Process，AHP）。

8.3 项目成本管理

8.3.1 项目成本管理概述

项目成本管理也称项目费用管理，是项目管理的一个总要组成部分，它是在项目具体的实施过程中，为了保证在批准的预算内完成项目所必需的诸过程的全体，包括资源计划编制、项目成本估算、项目成本预算和成本控制等。简单地说，就是通过开源节流两条腿走路，使项目的净现金流最大化。项目费用管理首先关注的是完成项目活动所需资源的成本，但也要考虑项目整个生命周期的总费用。譬如前期项目的可行性研究做得不够深入，会降低本期投入费用。但有可能会给将来的项目实施带来风险，增加项目的后期费用。因此，项目管理的费用应该考虑"全寿命周期费用设计"。同时项目费用要考虑不同利益相关者的利益要求，如果处理不好，会增大项目的风险。

项目的成本管理活动有两个主要的目标：一是对所需要的资源做出正确的估计和计划，以供组织适当的评价和安排；二是对项目实施当中资源的使用进行控制。事实上，项目的成本管理过程主要是通过项目的预算过程建立计划，对实际的成本支出和计划成本支出之间进行偏差控制。

项目成本管理共有四个基本过程：资源计划编制、成本估算、成本预算和成本控制。资源计划编制是确定项目中每项活动所需要的资源的类型、数量和时间。成本估算过程是资源计划中涉及的活动所需要的成本进行近似估算。该活动大多是在立项之前进行，其结果用以评价项目是否值得进行。成本预算则是在确定项目正式开展之后，把估计总成本分配到各具体工作。成本控制是监控项目的实际支出和预算计划之间的偏差，并采取措施。

项目成本管理的框架如图 8-3 所示，虽然在图中各个过程彼此独立，但在具体的实践过程中，以上四个过程相互影响、相互作用。

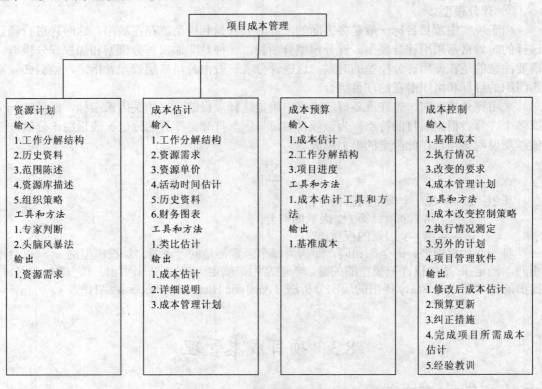

图 8-3　项目成本管理框架

8.3.2　资源计划编制

项目资源计划具有重要的作用，完成一个项目首先要做的工作就是获取完成项目所需要的资源。编制资源计划的目的有两个：其一是保证项目资源的合理利用，做到"物尽其用"，力求节约。其二是努力让各种资源平衡协调，避免因为资源的配置不合理，耽误项目工期，从而增加项目成本。项目资源计划编制就是确定完成项目活动所需要的物质资源（人工、设备和材料）的种类，每种资源的需要量以及执行项目活动的时间。

按照资源获得的难易程度可分为:无限可使用资源和有限可使用资源。在制定项目资源计划是,要保证第一种资源的有效利用,也要保证第二种资源的合理利用,以最小的成本实现资源的配置合理化。

项目的实施过程中,由于项目处于不同的阶段,因此对资源的要求也不同。例如在在项目的规划和构思阶段,主要是进行项目设计、可行性研究分析和项目目标设定,这些工作就需要大量的高级技术人才、系统分析师等,而对原材料、设备等物质资料需求较小。而到了项目的实施阶段,一般来说,就需要相对较多的原材料、人力和设备等。

项目资源计划编制是个反复的过程,贯穿于项目的整个生命周期,需要不断的修改和调整。总体来看,资源计划编制需要解决的重要问题有:根据工作分解结构、组织分解结构和相关的信息分析执行这一项目中的具体任务将会有多大的难度?在该项目的范围说明书中,存在影响资源的特殊事物吗?组织是否有执行类似任务的经历?类似任务以前做过吗?执行该任务的人员水平如何?为完成这一工作,组织有没有相应的人员、设备和物资供应给该项目使用?为完成该任务,组织需要获得更多的资源吗?将一些工作让外部人员做有意义吗?是否存在影响资源获得的组织政策?

制定资源计划的方法和计划一般有:专家的判断法、定额法、资源均衡法、资料统计法和软件法等。其中专家判断是制定项目资源计划最常用的方法,这种方法主要是通过项目管理专家根据以往的类似项目经验和对本项目的判断,经过周密思考,从而制定的项目资源计划。

资源计划编制的输出结果是一份资源需求计划书,说明了项目工作分解结构各工作需要的资源的类型和数量。这些资源将通过员工招募或采购来满足。同时,资源需求清单为成本估算、预算和成本控制提供了依据。

8.3.3 成本估算

1. 成本估算概述

项目成本核算是项目成本管理的核心内容。项目成本估算是指根据项目的资源需求计划以及各种项目资源的价格信息(包括价格指数),估算项目及其各种项目活动成本一项项目管理工作。为项目成本预算和成本控制做铺垫。

当按照合同完成一个项目时,应该将定价与成本估算区分开。成本估算是对一个可能的量进行评估,是指为了提供产品或服务,执行组织要付出多少成本。定价是一项商业决策(项目实施组织对产品与服务要收多少钱),它也使用成本估算,但只是众多要考虑的因素中的一部分。

项目的成本一般由四个部分组成,即项目定义与决策成本、项目设计成本、项目采购成本和项目实施成本。在进行成本估算时,重要的一点就是必须预测项目所需要耗费的资源以及各种资源的使用量、使用时间以及相应的成本,还要考虑汇率和通货膨胀等。

项目成本估算一般由三个步骤。首先是识别项目成本的构成科目,例如人力成本、物料成本、设备费用、顾问费用和不可预见费用等。在此基础上,对项目成本构成科目进行进一步的详细估算。最后根据估算结果,找出各种可以相互替代的成本方案,并协调好各成本间的比例关系。

成本估算的依据是资源需求、资源单价、各项活动的持续时间估计和成本编码。成本估算的输出一般是项目成本估计和成本管理计划。

2. 成本估算常用的方法与技术

(1) 类比估算。

这是一种自上而下的成本估算方法，类比估算法是通过新项目与以往一个或多个项目比较来进行成本估算的，运用类似项目的成本资料进行新项目的成本估算，然后根据新项目与类似历史项目之间的差异对估算进行调整，以获得对新项目的成本估计值。类比法适用于早期的项目成本估计，但项目仅有少量信息的时候可供利用。

类比估算法依靠相似项目的实际经验来估计，需要对以往项目的特性了解得足够清楚，以便确定它们和新项目之间的匹配程度，因为以往项目和新项目在需求、生命周期阶段、项目限制条件、实现需求等方面都有可能不同，因此，确定项目间的匹配程度至关重要。类比估算的优点就是花费较少，能在估算的时间准备上获得优势，且所需的资源少。

(2) 参数模型估计。

这是利用项目特性参数去建立数学模型来估算项目成本的方法，其实质就是一组项目成本估算关系式。其利用项目特性计算项目的成本，模型可以简单，也可以复杂，视情况而定。例如商业住宅以居住空间平方米的金额估算，比较简单，而一个软件开发费用模型要用十几个因素，每个因素都有五六个方面，就比较复杂。因为参数法可以产生大量的特性，同时质量也可以用成功概率、风险水平等量化度量，所以该方法应用最为广泛。另外，参数法可以很容易地适应在设计、性能和计划特性方面的更改。

(3) 标准定额法。

在项目工作分解结构的基础上，依据国家或地方主管部门，或者项目成本管理咨询机构编制的标准定额估算项目成本的方法。

(4) 由上到下估算。

由上到下估算是上、中层管理人员先根据经验和判断，以及可获得的有关历史数据，估计整个项目的成本和各个分项目的成本，再将此结果传送给下一层管理人员，责成其对组成项目和子项目的任务与子任务的费用的估算，并继续向下传送其结果，直到项目组最底层。

(5) 自下而上法。

自下而上法是指与项目的研制和生产有关的每一机构及基层单位都估算自己的成本，将估算结果加起来的总和，再加上各种杂项开支、一般性和行政性开支及合同成本，就得到该项目的整个估算成本。

8.3.4 成本预算

项目成本预算是一项制订项目成本计划和控制标准的项目成本管理工作，它涉及根据项目的成本估算确定项目工作预算以及项目总预算的工作。成本预算主要是指将全部估算费用分配给各个项目工作包，建立测量项目绩效的基准计划，来度量和控制项目的执行。项目成本预算一般包括四个方面的主要内容：直接人工费用的预算、咨询费用的预算、资源采购管理费用的预算和意外成本的预算。

项目的成本预算主要有两个特性，一是投入资源的预先确定性，也就是说为完成特定项目而事先确定的、预期时间内需要投入的资源是确定的。另外一个是，它还是一种控制机制，可以作为一种比较标准来使用，利用预算可以清晰地度量资源实际使用量和计划使用量之间的差异。

项目预算在整个项目计划和实施过程中起着非常重要的作用，项目做的精细与否，首先看项目的预算水平。项目的预算为项目管理者监控项目施工进度提供了一把标尺。预算与项目进展中的资源使用相联系，有了预算，项目管理者才可以实时掌握项目的进度和费用，对项目进行控制。

项目成本预算的主要依据有项目成本估算文件、项目的工作结构分解、项目的工期进度计划和项目风险及其管理计划（不可预见情况）。项目预算的主要工作包括确定项目总的预算（估算加储备）、确定项目各项活动的预算和确定项目各项活动预算的投入时间。

成本预算的结果是成本基准计划，它是一种按时间分段的预算，可以用来测量和监控项目的成本绩效。成本基准计划通常用 S 曲线等来表示。

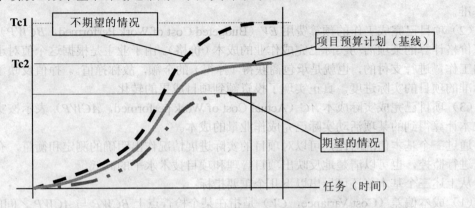

图 8-4　项目成本预算及其不同期望示意图——"S"曲线图

8.3.5　成本控制

1. 成本控制概述

项目成本管理的一个主要目的就是对项目成本的控制，将项目的运行成本控制在预算范围或可接受的范围内，是项目成功完成的一个重要指标。项目成本控制是指组织为了保证在变化的条件下实现其预算成本，按照事先制定的计划和标准，对项目实施过程中发生的各种实际成本和计划成本进行对比、检查、监督、引导和纠正，尽量使项目实际发生成本控制在项目预算范围之内的管理工作。

项目的成本有三类：确定性、风险性和不确定性。项目成本控制的关键是项目不确定性成本的控制。项目不确定性成本控制的根本任务是识别和消除不确定性事件，从而使不确定性成本不发生。

项目成本控制的输入一般包括基准成本线、执行报告、变更申请和项目成本管理计划。成本控制过程的主要工作包括：监控成本执行情况（进展报告），查明与预算的偏差；确保所有适宜的更改已经在成本基准计划中准确地记录下来；把已批准的更改通知相关部门；对成本进行控制。

成本控制还必须考虑其他控制过程，如进度控制、质量控制相协调，如果只片面地严格控制费用，可能会导致进度或质量方面出现问题，而造成事倍功半的结果，最终使成本超支。

2. 成本绩效测量的主要方法——挣值法

挣值（EV）是一个表示已完成作业量的计划价值的中间变量。这一变量的计算公式如下：

EV=实际完成作业量×其计划成本（价值）。挣值分析是在对范围、进度和成本进行综合测量的基础上评价项目绩效的一种方法。1976年，美国国防部制定成本/进度控制系统的准则（Cost/Schedule Control Systems Criteria，即 C/SCSC 或 CS）时，正式采用了挣值的概念，目前包括美国宇航局（NASA）、美国国税局（IRS）和美国联邦调查局（FBI）等国防部以外的机构也采用了挣值的概念。

该方法用三种指标来控制衡量成本的使用。

（1）项目计划工作的预算成本 PV（Budgeted Cost of Work Scheduled，$BCWS$）按预算价格和计划工作量计算的某项活动成本。这个值对衡量项目进度和项目成本都是一个标尺或基准。

（2）项目已完成工作的预算费用 EV（Budgeted Cost of Work Performed，$BCWP$）表示按预算价格计算的某项活动实际已完成作业的成本（价格）。由于业主是根据这个值对承包商完成的工作量进行支付的，也就是承包商获得（挣得）的金额，故称挣值。挣值反映了满足质量标准的项目的实际进度，真正实现了投资额到项目成果的转化。

（3）项目已完成实际成本 AC（Actual Cost of Work performed，$ACWP$）表示按实际发生的成本计算得到的某项活动实际已完成作业量的成本。

通过三个基本值的对比，可以对项目的实际进展情况作出明确的测定和衡量，有利于对项目进行监控，也可以清楚地反映出项目管理和项目技术水平的高低。

从上述三个基本值还可导出以下几个重要指标：

（1）成本偏差（Cost Variance，CV）是指在某个检查点上 $BCWP$ 与 $ACWP$ 之间的差异。即

$$CV = BCWP - ACWP$$

当 CV 为负值时，即表示超支，实际成本超过预算成本。若在几个不同的检查点上都出现这种问题，则说明项目执行效果不好；当 CV 为正值时，表示节约，实际成本没有超出预算成本，项目执行效果良好。

（2）进度偏差（Schedule Variance，SV）是指在某个检查点上 $BCWP$ 与 $BCWS$ 之间的差异。即

$$SV = BCWP - BCWS$$

当 SV 为负值时，表示进度延误；当 SV 为正值时，表示进度提前。

（3）成本绩效指数（Cost Performance Index，CPI）是指预算成本与实际成本值的比值。即

$$CPI = BCWP/ACWP$$

当 $CPI>1$ 时，表示节支，即实际成本低于预算成本；当 $CPI<1$ 时，表示超支，即实际成本高于预算成本。

（4）进度绩效指标（Schedule Performed Index，SPI）是指项目挣值与计划值的比值。即：

$$SPI = BCWP/BCWS$$

当 $SPI>1$ 时，表示进度提前，即实际过度比计划进度快；当 $SPI<1$ 时，表示进度延误，即实际进度比计划进度拖后。

挣值法的一般评价分析如图 8-5 所示。

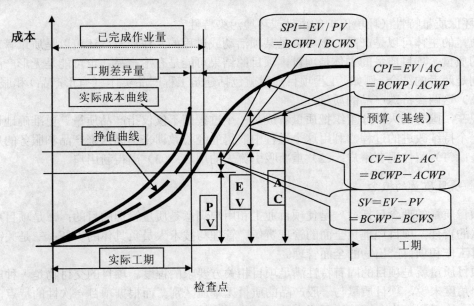

图 8-5 项目成本挣值分析示意图

在项目的实际操作过程中，最理想的状态是 BCWP、BCWS、ACWP 三条 S 曲线靠得很紧密，平稳上升，说明项目和人们所期望的走势差不多，朝着良好的方向发展。如果三条曲线的偏离度离散度很大，则表示项目在实施过程中有重大的问题隐患，或已经发生了严重问题，应该对项目进行重新评估和安排。

根据有关的统计，完全没有超支和进度拖延的成功项目至今人们还没有做到，因而成本超支是比较正常的，但必须是良性的超支才能接受。例如，与预算偏离度不大、可以接受的超支：购买更新、更高效的技术和原材料，购买特别保险，实施过程的重新规划等。

在使用挣值法的过程中要非常注重变更和有关的数据获取，严密的组织管理是挣值法进行成本控制的基础。它是在一定的检查点上，以各层次的进度计划和预算进行资源负荷分配为依据进行工作的，没有严密的科学的项目管理，就不可能运用挣值法进行定量评估。

8.4 项目质量管理

项目质量管理也是项目管理的一部分，是为了保证项目能够满足原来设定的质量要求而必须进行的质量规划、质量控制和质量保证三个过程。

8.4.1 质量概述

1. 质量的基本概念

国际标准化组织 ISO 对质量的定义是：质量是反映实体（产品、过程或活动等）满足明确的或隐含的需要的能力特性总和。质量包括：（1）内在质量特性（功能/用途）；（2）外在质量特性（颜色/包装）；（3）经济质量特性（寿命/价格）；（4）商业质量特性（保修/服务）；

(5) 环保质量特性（环境保护的贡献或环境污染特性）。

质量的主体可以是产品，也可以是某项活动或过程的工作质量，还可以是质量管理体系运行的质量。项目质量的主体是项目，项目的结果可能是有形产品，也可能是无形产品，更多的则是两者的结合。例如，工程项目质量就包括建筑工程产品实体（有形产品）和服务（无形产品）这两类特殊产品的质量。

现在，国外的大部分组织把质量看成是一个过程而不仅仅指产品质量。更准确地说，质量是一个持续改进的过程，利用这个过程中取得的经验教训来提高未来产品和服务的质量，目的是：(1) 留住现有用户；(2) 重新吸引流失的用户；(3) 赢得新用户。

2. 项目质量的概念

项目质量的理念包括：一是使项目业主和用户满意是质量管理的目的；二是项目质量是全团队的责任，项目经理负全面的管理责任，管理与技术人员负具体的责任；三是关键在于对项目工作和项目产出物的全面管理。

项目质量就是项目的固有特性满足项目相关方要求的程度。项目的交付物是一种产品，从这个角度来说，项目质量与一般产品的质量无本质区别。而根据项目一次性的特点，项目质量又取决于由工作分解结构所确定的项目范围内的所有子项目、各工作单元的质量以及项目生命周期各阶段的工作质量。因此，要保证项目的质量，必须首先保证工作质量。所以，从这个角度讲，项目质量既包括项目交付物的质量，也包括项目工作的质量。两方面都满足相关的需求，才是一个优良的项目。

8.4.2 质量管理概述

1. 一般的质量管理

项目的质量管理离不开一般的质量管理。质量管理是确定质量方针、目标和责任，并在质量体系中实施质量策划、质量控制、质量保证和质量改进等管理只能的活动。质量管理是各级管理者的职责，但必须由最高层管理者领导。

2. 质量管理的发展

在过去的 100 年中，质量管理的观点发生了巨大的变化。在一战以前，质量管理工作被看成是从坏产品中检查并挑选出好产品，重点在于找出问题。从一战到上世纪 50 年代初，质量管理的重点仍然是劣中选优。其间出现了质量控制的思想，它表现为应用了以下方法：(1) 统计和数学方法；(2) 抽样表；(3) 控制图。

从 20 世纪 50 年代初到 60 年代末，质量控制演变为质量保证，重点从避免问题转移到发现问题，出现了一些质量保证的原则，例如：(1) 质量成本；(2) 零缺陷计划；(3) 可靠性工程；(4) 全面质量控制。

如今，质量管理的重点被放在战略质量管理上，它包括如下方面：(1) 质量由用户定义；(2) 质量管理将产品市场和产品成本联系起来；(3) 质量管理已成为一个同对手竞争的手段；(4) 质量管理现在是战略规划过程的一部分。

在质量管理的发展过程，有许多专家对质量管理的发展做出过贡献，其中最具影响的有 W·爱德华·戴明（W. Edwards Deming）、约瑟夫·M·朱兰（Joseph M. Juran）和菲利浦·B·克劳斯比（Phillip B. Crosby）等。

3. 项目的质量管理

项目的质量管理是为了保障项目的产出物，能够满足项目业主/客户以及项目各方面相关利益者的需要所开展的对于项目产出物的质量和项目工作质量的全面管理工作。项目质量管理的内涵表明，项目质量管理的主体是项目的各相关方；客体是项目；质量管理的宗旨是各方满意，即实现项目质量管理的目标；项目质量管理中涉及的主要活动有项目质量策划、质量控制、质量保证和质量改进等。

项目的特点决定了项目的质量管理有不同于一般质量管理的特点，体现在以下几个方面。

（1）复杂性。由于项目经历的环节多、涉及的主体多、影响因素多等，使项目的质量管理面临的风险要比一般质量管理要大，而且管理也较复杂。

（2）动态性。项目的唯一性使得项目的质量管理不同于重复作业的质量管理。每一个项目都有不同于其他项目的特点，而且项目要经历从最初的概念阶段到最后的收尾阶段等完全不同的生命周期的各个阶段。每个阶段的特点各不相同，影响质量的因素各不相同，导致质量管理的内容和目的不同，所以项目质量管理的方法和重点要随着项目的进展而不同，这使得项目的质量管理具有动态性。

（3）系统性。项目的质量管理是与整个项目的管理分不开的，质量管理受项目中其他管理的结果影响，同时，质量管理的好坏也影响项目其他方面的管理。只有项目的质量管理和其他方面的管理共同实现目标，才能最终让用户满意。所以，项目质量管理具有系统性。

（4）不可逆性。项目具有一次性的特点，每一个项目的管理都有不同于其他项目的地方，而且，一旦经历了项目的某个阶段，通常不可能重新再来，所以，项目的质量管理具有不可逆性。

指导项目质量管理也常常采用通用的八项质量管理原则，其是在总结质量管理实践经验的基础上用高度概括的语言所表达的最基本、最通用的一般规律，可以指导一个组织在长时期内通过关注顾客及其他相关方的需求和期望而达到改进总体业绩的目的。八项质量管理原则分别如下。

（1）以顾客为核心。组织应以顾客为导向，理解顾客当前和未来的需求，满足并力争超越顾客要求。

（2）领导的作用。组织的领导者必须做好确定方向、策划未来、激励员工、协调活动和营造一个良好的内部环境等工作。

（3）全员参与。全体员工是每个组织基础，组织的质量管理不还有赖于全员的参与

（4）过程方法。任何利用资源和管理，将输入转化为输出的活动，均可视为过程。过程方法的目的是获得持续改进的动态循环，并使组织的总体业绩得到显著的提高，譬如6Sigma管理工具就是一种过程改善方法。

（5）管理的系统方法。将相互关联的过程作为系统加以确认、理解和管理，有助于组织提高目标实现的效果和效率。

（6）持续改进。持续改进是永无止境的，应成为每一个组织的永恒追求。

（7）以数据为基础。有效的决策是建立有效的数据的基础上的，避免盲目决策。

（8）与供应商保持互利的关系。组织与供应商是相互依存的，互利的关系可增强双方创造价值的能力。

8.4.3 项目质量计划

项目质量计划是整体项目管理的一部分,是对特定的项目、产品、过程或合同,规定由谁负责,应使用哪些程序和相关资源文件。质量计划是由项目经理和项目团队成员共同制定的。

质量计划属于指导与质量有关的活动,质量控制、质量保证和质量改进只有经过质量计划,才能有明确的目标和方向,才有明确的措施和方法,才能最终体现项目的质量方针。所以,质量计划是连接质量方针和具体的质量管理活动的纽带。而且质量目标设定后,为了进行项目质量管理,需要建立相应的组织机构,配备人力、材料、设备和设施,提供必要的信息支持,并创造项目适合的环境,以使项目的质量控制、质量保证和质量改进等活动顺利进行。项目质量计划由工作分解结构得来,利用树状图表技术将项目活动分解成更低一层的活动。

综上所述,质量计划就是围绕项目所进行的质量目标计划、运行过程计划和确定相关资源等活动的过程。项目质量计划的结果是明确项目质量目标;明确为达到质量目标应采取的措施;明确应提供的必要条件;明确项目参与各方、各部门或各岗位的质量职责。质量计划的这些结果可用质量计划、质量技术文件等质量管理文件的形式加以表达。

制订质量计划的主要方法有:成本/收益分析、类比和流程图的方法。编制质量计划要考虑质量成本。质量成本分质量故障成本和质量保证成本,质量故障成本和质量水平成反比,而质量保证成本与质量水平呈正相关。质量成本等于质量故障成本与质量保证成本的和,因此在编制质量规划时,当质量成本最低时,即质量故障成本与质量保证成本之和最低时,这时的质量水平是经济质量水平,如图8-6所示。

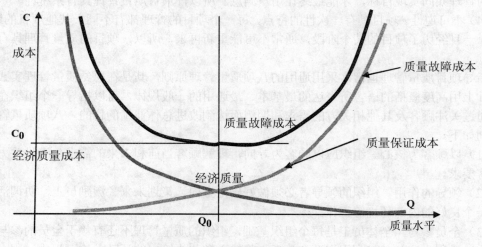

图 8-6 最优质量水平确定

8.4.4 项目质量保证

1. 项目质量保证的含义

项目质量保证是指在执行项目质量计划的过程中,经常性地对整个项目质量计划的执行情况所进行的评估、核查与改进等工作,这是一项确保项目质量计划能够得以执行和完成的工作,是项目质量能够最终满足项目质量要求的系统性工作。

(1)质量保证是一个活动,它向所有有关的人提供证据,以确立质量功能正在按需求运行的信心。

(2) 质量保证实际上包括两部分活动: ①制作产品和制造产品过程所遵循的标准和制度; ②在过程中监督和检查标准与制度的符合度。

(3) 质量保证实质在于: 在一个产品制造前, 约束和定义产品与产品制造过程的标准及制度; 在制造过程中, 一个独立的监督机制时刻检查所约定的产品和产品制造过程是否被严格地遵循。只要遵循了定义的产品和过程标准, 其质量结果最终就得到了保证。实际上, 建立质量获得保证的信心来自一个被认可的过程标准。

2. 质量保证体系

质量保证表明实体能够满足质量的要求, 并在质量体系中实施需要进行的全部有计划的系统活动。质量保证应能识别目标与标准、以预防为导向。质量保证有内部和外部两种: 内部质量保证是向组织内部管理者提供信任; 外部质量保证是在合同或其他情况下, 向顾客或项目利益相关者提供质量信任。在实际操作中, ISO 和 PMBOK 都把"建立过程和标准"称为"质量计划", 而把"监督执行符合度"称为"质量保证"。一个项目若必须建立质量保证体系, 就必须有独立的质量保证人员。

(1) 质量体系标准。

所谓质量体系, 就是实施质量管理所需的组织结构、程序、过程和资源。质量体系把质量保证的概念延伸到了整个组织层面。组织通过建立起完善的质量保证体系, 从而全面地提高产品质量, 实现客户满意。质量体系具有整体性, 一切对实现项目质量目标产生影响的因素均应归入质量体系之中。而且质量体系应具有可证实性, 能够通过各种文件、记录等真实体现出来。

(2) 质量保证模式。

一般来说有 ISO9001《质量体系——设计、开发、生产、安装和服务的质量模式》、ISO9002《质量体系——生产、安装和服务的质量模式》以及 ISO9003《质量体系——最终检验和试验的质量保证模式》。

8.4.5 项目质量控制

1. 项目质量控制的概念和任务

质量控制是指监督每个子项目的实施状态, 不断的监控过程, 识别和解决问题。项目质量控制是指对于项目质量实施过程的监督和管理工作, 以确认其是否达到了项目质量要求, 并设法消除项目质量问题的项目管理工作。这包括项目产出物和项目工作两个方面的控制。

项目质量控制活动最主要的特征就是直接对产品进行检查。如产品开发过程中的文档评审活动及测试活动等。直接的检查措施可以提出含有缺陷的产品, 但这是不够的, 还需要定位缺陷产生的根源, 采取根本性的措施来预防缺陷。这就需要有效开展质量控制活动工具。

2. 项目质量控制的方法

进行项目质量控制, 首先应找到项目产品或工作出现缺陷的原因。常用方法有以下几种。

(1) 因果分析法。

因果分析图也称鱼刺图或石川图, 用于寻找产生某种质量问题的原因。将原因和结果联系起来,并对观点进行有效的分类。通常从人、机、料、法、环等几个方面运用头脑风暴法寻找原因。因果分析法的主要步骤如下:①通过 pareto 分析、直方图或者控制图找到需要解决的问题。②选择相应的专家组成头脑风暴组,从人、机、料、法、环找出影响问题的因素。③将找到的因素,进行分层归类,画因果分析图。

(2) 直方图法。

直方图用一系列等宽不等高的矩形来表示数据的分布。宽度表示数据范围的间隔,高度表示在给定的间隔内数据的数目,变化的高度表示不同范围的数据的分布状况。通过对分布状况的研究,可以掌握过程的情况。它是一种发现项目实施过程。项目系统等是否存在异常的方法,根据直方图的形状可以对问题进行初步分析。

(3) 散布图。

散布图将因变量和自变量的数据描绘在 X 和 Y 坐标中,表示变量之间的关系。研究散点的形状可以推断曾对数据之间的关系,通常这种方法用在质量改进活动中。一般来说,自变量和因变量直接之间的关系有四类:一是没有明显的相关关系。二是自变量和因变量呈"U"形关系。三是变量之间呈正相关关系。四是变量之间呈负相关关系。

(4) 控制图。

控制图建立在数理统计的基础上,是用来区分由异常(系统性)因素引起的质量波动还是由过程固有的偶然性因素引起的随机波动的一种工具。如果导致偏差产生的原因是随机因素的话,其结果就呈正态分布。控制图利用过程的有效数据建立控制界限,如果这一过程不受异常(系统性)因素的影响,继续观测到的数据将不会超出这一界限,是表示过程的某一个特征变量和时间的关系。

项目质量控制的重要结果是质量改进,也就是通过项目质量的管理与控制所带来的项目质量的提高。另处,项目质量控制的结果还可能是进行返工和过程调整。

控制图是以正态分配中的三个标准差为理论依据。中心线为平均值,上、下控制界限为平均数加减三个标准差($\pm 3\sigma$)的值,以判断过程中是否有问题发生。控制图即以 3 个标准差为基础,换句话说,只要群体是常态分配,则自该群体进行取样时,用取出的数值加以平均计算来代表群体,则每进行 10 000 次的抽样会有 27 次偶然机会,不予计较。同样我们平均抽样时如有超出时,判定为异常,则误判的几率也是千分之三。

3. 控制图的常见种类

(1) 按数据性质分类。

① 计算值控制图,所谓计算值是指控制图的数据均属于由量具实际量测而得;如长度、重量、浓度等特性均为连续性的,常用的有:

 a. 平均数与极差控制图(Xbar-R Chart)
 b. 平均数与标准差控制图(Xbar-σ Chart)
 c. 中位数与极差控制图(X mid-R Chart)
② 计数值控制图。
 a. 不良率控制图(P chart)
 b. 不良数控制图(Pn chart)

(2) 按控制图的用途分类。

解析用控制图:这种控制图先有数据,后有控制界限(μ 与 σ 未知之群体)。控制用控制图:先有控制界限,后有数据(μ 与 σ 已知之群体)。

(3) 控制图的判断。

① 小概率事件原理:若事件 A 发生的概率很小(如 0.01),现经一次(或少数次)实验,事件 A 居然发生了,就有理由认为事件 A 的发生是异常。

② 过程异常判断准则:a. 点子超出控制界限;b. 有连续的点子在中心线以上或以下;c. 有连续上升或下降的趋势。

以图 8-7 为例来说明控制图的判断。

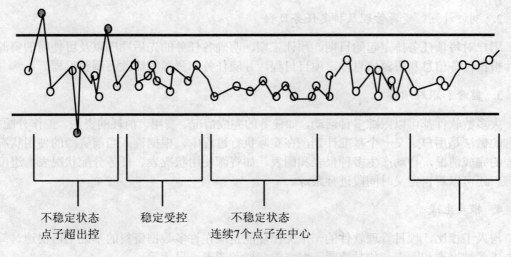

图 8-7 控制图的判断

(4) 控制图的两种错误。

① 第一种错误(error of the first type)是虚发警报(false alarm),从而去寻找根本不存在的异因。

② 第二种错误(error of the second type)是漏发警报(alarm missing),造成项目管理过程失控。

8.5 项目管理软件

项目管理技术的发展与计算机技术的发展密不可分,随着计算机性能的迅速提高,大量的项目管理软件涌现出来。项目管理软件是指在项目管理过程中使用的各类软件,这些软件主要用于收集、综合和分发项目管理过程的输入和输出。传统的项目管理软件包括时间进度计划、成本控制、资源调度和图形报表输出等功能模块,但从项目管理的内容出发,项目管理软件还应该包括合同管理、采购管理、风险管理、质量管理、索赔管理、组织管理等功能,如果把这些软件的功能集成、整合在一起,即构成了工程项目管理信息系统。

8.5.1 项目管理软件具备的功能

目前,市场上大约有 100 多种项目管理软件工具。这些软件各具特色,各有所长。这里列出大多数项目管理软件具备的主要功能。

1. 成本预算和控制

输入任务、工期，并把资源的使用成本、所用材料的造价、人员工资等一次性分配到各任务包，即可得到该项目的完整成本预算。在项目实施过程中，可随时对单个资源或整个项目的实际成本及预算成本进行分析、比较。

2. 制订计划、资源管理及排定任务日程

用户对每项任务排定起始日期、预计工期、明确各任务的先后顺序以及可使用的资源。软件根据任务信息和资源信息排定项目日程，并随任务和资源的修改而调整日程。

3. 监督和跟踪项目

大多数软件都可以跟踪多种活动，如任务的完成情况、费用、消耗的资源、工作分配等。通常的做法是用户定义一个基准计划，在实际执行过程中，根据输入当前资源的使用状况或工程的完成情况，自动产生多种报表和图表，如资源使用状况表、任务分配状况表、进度图表等。还可以对自定义时间段进行跟踪。

4. 报表生成

与人工相比，项目管理软件的一个突出功能是能在许多数据资料的基础上，快速、简便地生成多种报表和图表，如甘特图、网络图、资源图表、日历等。

5. 方便的资料交换手段

许多项目管理软件允许用户从其他应用程序中获取资料，这些应用程序包括 Excel、Access、Lotus 或各种 ODBC 兼容数据库。一些项目管理软件还可以通过电子邮件发送项目信息，项目人员通过电子邮件获取信息，如最新的项目计划、当前任务完成情况以及各种工作报表。

6. 处理多个项目和子项目

有些项目很大而且很复杂，将其作为一个大文件进行浏览和操作可能难度较大。而将其分解成子项目后，可以分别查看每个子项目，更便于管理。另外，有可能项目经理或成员同时参加多个项目的工作，需要在多个项目中分配工作时间。通常，项目管理软件将不同的项目存放在不同的文件中，这些文件相互连接。也可以用一个大文件存储多个项目，便于组织、查看和使用相关数据。

7. 排序和筛选

大多数项目管理软件都提供排序和筛选功能。通过排序，用户可以按所需顺序浏览信息，如按字母顺序显示任务和资源信息。通过筛选，用户可以指定需要显示的信息，而将其他信息隐藏起来。

8. 安全性

一些项目管理软件具有安全管理机制，可对项目管理文件以及文件中的基本信息设置密码，限制对项目文件或文件中某些数据项的访问，使得项目信息不被非法之徒盗取。

9. 假设分析

"假设分析"是项目管理软件提供的一个非常实用的功能，用户可以利用该功能探讨各种情况的结果。例如，假设某任务延长一周，则系统就能计算出该延时对整个项目的影响。这样，项目经理可以根据各种情况的不同结果进行优化，更好地控制项目的发展。

8.5.2 常见的项目管理软件

根据项目管理软件的功能和价格水平，大致可以划分为两个档次：一种是供专业项目管理人士使用的高档项目管理软件，这类软件功能强大，价格一般在 2 000 美元以上，如 Primavera 公司的 P3、Gores 技术公司的 Artemis、ABT 公司的 WorkBench、Welcom 公司的 OpenPlan 等。另一类是低档项目管理软件，应用于一些中小型项目，这类软件虽功能不很齐全，但价格较便宜，如 TimeLine 公司的 TimeLine、Scitor 公司的 Project Scheduler、Primavera 公司的 SureTrak、Microsoft 公司的 Project 2000 等。

8.5.3 项目管理软件的选择

如何选择适合本企业发展战略要求的项目管理软件，现在已经成为项目经理进行项目管理越来越中重要的一个问题，选择合适的项目管理软件可以提高项目管理的效率，可以保证项目正确的做事。反之，不合适的软件对项目的结果，进程影响颇大，有可能导致的项目管理的混乱及项目的失败，不能很好的满足顾客的期望要求。在进行项目管理软件选择的时候应该考虑以下两个问题。

（1）在切实了解本企业的项目的特点上，关注其提供软件的具体性能，满足企业现有需求的基础，主要包括：
① 软件适用的项目行业和类型；
② 软件的总体性能的评估及一般项目管理领域的覆盖；
③ 软件的特色功能，功能模块和使用的项目规模；
④ 软件的架构和软件的使用方式---单机或网络；
⑤ 软件的购置成本和软件供应商的售后服务状况；
⑥ 应用该软件的成功案例。

（2）在考虑上面的需求的同时，也要考虑软件本身的一些应用和安全问题。譬如软件的安全性、软件的先进性、软件的实用性、软件的开放性、软件的兼容性、和软件的更新换代能力等。

项目管理软件是指在项目管理过程中使用的各类软件，这些软件主要用于收集、综合和分发项目管理过程的输入和输出。传统的项目管理软件包括时间进度计划、成本控制、资源调度和图形报表输出等功能模块，但从项目管理的内容出发，项目管理软件还应该包括合同管理、采购管理、风险管理、质量管理、索赔管理、组织管理等功能，如果把这些软件的功能集成、整合在一起，即构成了工程项目管理信息系统。

8.5.4 项目管理软件分类

目前在项目管理过程中使用的项目管理软件数量多，应用面广，几乎覆盖了工程项目管理全过程的各个阶段和各个方面，为更好地了解工程项目管理软件的应用，有必要对其进行分类。

对项目管理软件的分类可以从几个方面来进行。

1. 从项目管理软件适用的各个阶段进行划分

（1）适用于某个阶段的特殊用途的项目管理软件。

这类软件种类繁多，软件定位的使用对象和使用范围被限制在一个比较窄的范围内，所注重的往往是实用性。例如用于项目建议书和可行性研究工作项目评估与经济分析软件、房地产开发评估软件，用于设计和招投标阶段的概预算软件、招投标管理软件、快速报价软件等。

（2）普遍适用于各个阶段的项目管理软件。

例如进度计划管理软件，费用控制软件及合同与办公事务管理软件等。

（3）对各个阶段进行集成管理的软件。

工程建设的各个阶段是紧密联系的，每个阶段的工作都是对上一阶段工作的细化和补充，同时要受到上一阶段所确定的框架的制约，很多项目管理软件的应用过程就体现了这样一种阶段间的相互控制、相互补充的关系。例如一些高水平费用管理软件能清晰地体现投标价（概预算）形成→合同价核算与确定→工程结算、费用比较分析与控制→工程决算的整个过程，并可自动将这一过程的各个阶段关联在一起。

2. 按照项目管理软件适用的工程对象来划分

（1）面向大型、复杂工程项目的项目管理软件。

这类软件锁定的目标市场一般是那些规模大、复杂程度高的大型工程项目。其典型特点是专业性强，具有完善的功能，提供了丰富的视图和报表，可以为大型项目的管理提供有力的支持；但购置费用较高，使用上较为复杂，使用人员必须经过专门培训。

（2）面向中小型项目和企业事务管理的项目管理软件。

这类软件的目标市场一般是中小型项目或企业内部的事务管理过程。典型特点是：提供了项目管理所需要的最基本的功能，包括时间管理、资源管理和费用管理等；内置或附加了二次开发工具；有很强的易学易用性，使用人员一般只要具备项目管理方面的知识，经过简单的引导，就可以使用；购置费用较低。

【习题】

1. 什么是项目和项目管理？
2. 项目选择的模型有哪些？
3. 简述成本估算常用的方法与技术。
4. 项目质量控制的方法有哪些？
5. 项目管理软件具备哪些的功能？
6. 如何选择项目管理软件？

第9章 技术创新

随着知识经济时代的来临,技术创新受到前所未有的关注。尤其是在经济全球化今天,原有的竞争格局被打破,新的更加深化的竞争格局正在形成。评价一个国家和地区的竞争能力高低虽然通常使用综合指标体系,但创新能力的高低毫无例外地被视为核心竞争力的指示性标志,因此,有些国家和地区增强创新能力提升为最高层级的战略高度。毕竟在综合的创新的体系中,企业才是技术创新的主体。所以,本章就以企业主体的角度诠释技术创新的概念和内涵、技术创新的动机论、技术创新一般流程及技术创新的案例解析。鉴于技术创新是技术和创新的一个复合名词,所以,在给技术创新下定义之前,明确什么是技术?这恐怕是个绕不开的课题。

9.1 关于技术的概念

人们对技术的认识,准确地讲对生产技术的探索是与对产出的关注密切相关。伴随人类经济重商主义时代的终结,逐渐步入工业化时代直至后工业化时代和当今的信息化时代的来临,技术概念的演进具有非常强烈的历史印迹。从原始时代的钻木取火技术到工业革命初期的蒸汽机技术再到工业时代的大规模生产集成技术甚至今天的信息技术,虽然技术的表现形式发生了几乎是翻天覆地的变化,但我们始终认为,技术的基本属性并没有根本改变,这就是技术无论以何种形式被发明和创造出来,它的根本目的都会与产品和服务的生产发生直接或间接的联系,即技术的根本属性是它的生产性。正是这个属性衍生出了技术就是生产力的推论。因此,本章关于技术的概念也应该是与生产有关的技术。众所周知,在学术界,定义一个学术概念历来不是一件轻松的事情。因为概念的两个特征不容易通过一段话就表现的那么完整,即一个标准化的学术概念应该是特殊与一般的辨证,抽象与具体的统一。

9.1.1 狭义技术的概念

据《大不列颠百科全书》的概念,technology 一词最早由希腊 techne(手工艺器、艺术)和 logos(词、言语)组成,意味着既是好的又是可用的。Technology 一词第一次出现在英文中是在 17 世纪,仅被用来讨论艺术、思路以及工具和装备等。技术早期的概念应该属于狭义的概念。[1] 所谓技术就是指技能,甚至有人认为技术是劳动工具的总称。显然这个技术的概念除本身覆盖相当有限外,还存在一个致命的缺点,就是用劳动工具定义技术会引起概念上的混乱,如当将锄头定义为农业生产技术的时候,犁耙必然也属于此项技术、拖拉机哪?将一系列的工具集合定义成一个概念易陷入沙粒与沙堆的悖论[2]看似将概念简单化,实质倒把

---

[1] 系统科学在描述系统的部分与整体间关系时,曾试图用沙粒与沙堆之间的关系做隐喻,结果陷入了沙粒就是沙堆,沙堆就是沙粒的逻辑悖论之中,因为没有办法量化沙堆的概念,到底多少粒沙子能定义成堆呢?

问题搞复杂了。② 也有人将技术直接定义为技能或工艺。实用艺术的一种，又归于广义的造型艺术。工艺是工艺美术的简称。通常指的是在外部形式上经过艺术的处理、带有明显审美因素的日常生活用品、装饰品这一类实用艺术。它以"工艺"和"美术"的存在为前提。工艺是指将材料或半成品经过艺术加工制作为成品的工作、方法、技艺等；美术指用一定的物质材料塑造可视的平面或立体形象，使人通过视觉来观赏的艺术；工艺美术则是指用美术造型设计与色彩装饰的方法和技巧来制作各种物品的艺术。工艺起源于人类开始制作工具的时代，是人类起源的直接佐证。马克思在《资本论》中指出："工艺学会揭示出人对自然的能动关系，人的生活的直接生产过程，以及人的社会生活条件和由此产生的精神观念的直接生产过程。"工艺大多为劳动人民直接创造，是人民群众艺术创作的基本形式之一。作为艺术的一种，它是从手工业生产分离出来成为独立的部门后才形成的，高尔基在《论文学》中说过："艺术的创始人是陶工、铁匠、金匠、男女织工、油漆匠、男女裁缝，一般地说，是手工艺匠，这些人的精巧作品使我们赏心悦目，它们摆满了博物馆。"可见，工艺是对手工产品进行造型和装饰的美化技艺活动，是在历史上形成的与物质生产直接联系着的工艺文化。工艺是绘画、雕塑和书法等艺术之母。工艺的范围广泛，品种繁多，通常有两种分类方法。一种是将它分为日用工艺和陈设工艺两大类；前者指经过装饰加工的生活日用品，如花布、茶具、餐具、灯具、绣花织品、编织物、家具等；后者则专指供观赏用的陈列品，如象牙雕刻、绢花、麦秆贴、金银首饰、装饰壁等。另一种是从制作特点和艺术形态的角度，将工艺分为传统工艺、现代工艺、装潢美术、民间工艺四大类。工艺的制作，常因历史时期、地理环境、经济条件、文化技术水平、民族习尚和审美观念的不同而显示出不同的时代风格、民族风格和地域特色。

9.1.2 广义技术的概念

法国科学家狄德罗主编的《百科全书》给技术下了一个简明的定义："技术是为某一目的共同协作组成的各种工具和规则体系。"技术的这个定义，基本上指出了现代技术的主要特点，即目的性、社会性、多元性。广义地讲，技术是人类为实现社会需要而创造和发展起来的手段、方法和技能的总和。作为社会生产力的社会总体技术力量，包括工艺技巧、劳动经验、信息知识和实体工具装备，也就是整个社会的技术人才、技术设备和技术资料。20世纪下半叶，关于技术比较一致的定义是人们力求改变和控制其环境的各种手段和技能。斯科恩（Schon，1983年）在技术创新文集评论中将技术定义为：技术是指扩展人类能力的任何工具或技能、包括有形的装备或无形的工具的工作方法。另外，费里拉（Friar，1986年）的定义得到许多学者的认可。费里拉认为，技术是指一种创造出可再现方法或手段的能力，这些方法或手段能导致产品、工艺过程和服务的改进。可见，这些概念均比较宽泛，尽管有些学者认为如此宽泛的定义容易造成科学知识和技术活动间的混淆，但我们认为仅有宽泛的概念才能比较准确地描述技术本身所蕴藏的丰富内涵，也更利于理解技术创新对经济增长影响的相关理论。

9.1.3 关于技术概念的关系说

马克思对技术的定义既抽象又具体，他认为所谓技术，尤其生产技术，就是生产者使用劳动工具作用劳动对象完成产品的过程。这个技术的概念在形象地描述生产流程的同时，又抽象地刻画了人——机器或工具——原材了或中间产品之间的关系，关系性的概括是使定义更加科学的充要条件。为了强化上述三者中机器或工具在技术构成中的重要性，马克思认为，各种时代的划分，不在于生产什么，而在于怎样生产，用什么生产资料。尽管马克思的技术概念不可避免地受当时生产力水平等因素的局限，但今天看仍不失严紧和科学性。

西方经济学，尤其是亚当斯密《国富论》为代表的古典经济学，强调分工是劳动生产率提高和经济增长的唯一原因，而以机器的发明为代表的技术甚至劳动知识的积累都源自于劳动分工。在这样一个原始命题的基础上，古典经济学对技术本身的忽视就被看成是理所当然的事了。虽然如此，分工理论在强调劳动专业化的同时，却隐含着劳动者之间的关系在生产过程中所发生的变化，这种变化的本身虽不属于技术范畴，但蕴涵某些技术因子，因为当代广义的技术概念中包含着劳动知识和技巧。新古典经济学在引入均衡思想和边际分析手段对生产者决策进行研究分析时，创立了生产函数理论，在给生产函数下定义时首先遇到了技术。

这个概念。生产函数比较一致的定义："生产函数是指技术既定的情况下，投入和产出之间的技术关系。"值得我们注意：在一个概念中出现过两个技术单词，严格讲这在学术上是不能被容忍的。但就是这样看似存有病句的概念却在主流经济学的殿堂主宰至今，是经济学家们熟视无睹、麻木不仁？否则一定另有原因。这里暂且不评述生产函数概念本身的是与非，我们对概念中技术的概念作一个尝试性诠释。技术既定是指生产者在生产决策之前首先要进行技术方案的选择。此时技术对于生产者而言似乎是外生的，或者说一个技术一定对应着一个生产函数。此处将技术框定下来，目的是减少一个变量，下一步还要规定一个变量就是产量，即等产量问题。在凸向原点的等产量线上，决策者可以通过资本和劳动两个要素的替代组合达到获得相同产量的目的。技术关系就是指投入产出的关系，如果去掉技术和投入产出彼此后面的关系二字，新古典经济学的技术概念会变得十分鲜明，即生产技术实质是生产过程中的投入产出关系。同时它还给出了技术的测度指标，用资本和劳动之比可以指示技术的属性。如果 K/L 值比较大，可以认为这是资本密集型技术；如果 K/L 值比较小，则认为是劳动密集型技术等。

对于技术的概念我们倾向使用广义的概念：技术是指人类在科学实验和生产活动中认识和改造自然所积累起来的知识、经验和技能的总和（傅家骥 2001.7）。理解这个概念应该从以下三个方面入手：一是根据自然科学原理和生产实践经验而发展的各种工艺流程、加工方法、劳动技能和诀窍等；二是将这些流程、方法和技能等付诸实践的生产工具和其他物质装备；三是适应现代劳动分工和生产规模等要求的对生产系统中所有资源进行有效组织和管理的知识经验与方法。第一、三层次属于软技术，本身具有在学习与传授下的转移流动性，第二层次属于物化的硬技术，本身不具有直接分离的流动性，但具有可复制性。这三个层次构成了技术创新中所涉及技术的全部内容。

9.2 技术创新的概念与类型

正如对技术的关注一样，经济学对技术的变革的研究源于对经济非均衡增长和社会发展的非稳定影响。20 实际 30 年代，美籍奥地利经济学家首先提出了技术创新理论，他的理论不仅在技术创新领域上具有开拓性，也是非均衡经济分析和制度学派的奠基之作，在整个西方经济学史上占有重要的地位。虽然由于与凯恩斯的理论几乎同时问世，被凯恩斯的光环所遮掩，当时并没有得到业界的广泛重视，但经过三个重要发展阶段，至今技术创新已经成为经济和管理学科中最具活力的研究领域。

9.2.1 技术创新概念的解析

1. 技术创新概念的追述

尽管熊彼特首次提出创新的理论，其中列举了创新的一些具体表现形式，但遗憾的是他本人并没有直接对技术创新的下狭义严格的定义。可能的原因是熊彼特的创新概念包括的范围很广，如涉及技术性变化的创新及非技术性创新的组织创新。也与他整个研究的性质有关，他始终是将技术创新作为一新的独立变量来考察其对经济增长以至社会变迁的影响作用，并没有对技术创新本身进行专门的研究。

1951年，索罗（S.C.Solow）对技术创新理论进行重新进行了比较全面的研究，他在《资本化过程中的创新：对熊彼特理论的评论》一文中首次提出技术创新的两个条件，即新思想来源和以后阶段的实现发展。这个"两步论"被认为是技术创新概念界定的一个里程碑。1962年，伊诺斯（J.L.Enos）在其《石油加工业中的发明与创新》一文中首次直接明确地对技术创新下定义，他认为，"技术创新是几种行为的结果。这些行为包括发明的选择、资本的投入保证、组织建立、制度计划、招用工人和开辟市场等。"显然是从集合的角度定义技术创新的。林恩（G.Lynn）则首次从创新时序过程定义技术创新，认为技术创新是"始于对技术的商业潜力的认识而终于将其完全转化为商业化产品的整个行为过程"。曼斯费尔德（M.Mansfield）对技术创新的定义常为后来学者认可并采取。但曼斯费尔德的研究对象主要侧重产品的创新，与此相对应，其定义也只限于在产品创新上。1974年厄特巴克（J.M.Utterback）在《产业创新与技术扩散》中认为，"与发明或技术样品相区别，创新就是技术的实际采用或首次应用"。

弗里曼（C.Freeman）被公认为技术创新方面的著名学者，他对创新的研究有两个特点，一是从经济学的视角来考察创新；二是把创新对象基本定义为规范化的重要创新。他认为技术创新在经济学的意义上只是包括新产品、新过程、新系统和新装备等形式在内的技术向商业化实现的首次转化。在1973年发表的《工业创新中的成功与失败研究》中认为，"技术创新是一技术的、工艺的和商业的全过程，其导致新产品的市场实现和新技术新工艺与装备的商业化应用"。1982年他在对《工业创新经济学》修订时强调指出，技术创新就是指新产品、新工艺、新过程、新系统和新服务的首次商业性转化。缪尔塞（R.Mueser）对几十年来技术创新概念和定义的多种主要观点和表述作了较系统的整理和分析。在收集的300多篇的相关论文中，约有四分之三的论文在技术创新界定上接近于以下表述：当一种思想和非连续性的技术活动经过一段时间后，发展到实际和成功应用的程序，就是技术创新。在此基础上，缪尔塞将技术创新重新定义为：技术创新是以其构思新颖和成功实现为特征的有意义的非连续性事件。这个定义突出了技术创新的两个特征：一是活动的非常规性，包括新颖性和非连续性；二是活动必须获得最终成功实现。应该承认这个概念简练地反映了技术创新的本质和特征，但至今学界仍没有形成严格统一的技术创新的概念。

虽然我国对技术创新的研究起步较晚，但近年来取得比较丰硕的成果，在这方面的研究走在前列的应属清华大学经济管理学院。他们的技术创新课题组对技术创新的概念：技术创新就是企业家抓住市场的潜在盈利机会，以获取商业利益为目标，重新组织条件和要素，建立起效能更强、效率更高和费用更低的生产经营系统，从而推出新的产品、新的生产（工艺）方法、开辟新的市场、获得新的原材料或半成品供给来源或建立企业的新的组织，它是包括科技、组织、商业和金融等一系列活动的综合过程。

2. 相关概念的比较

（1）与发明创造的比较。发明创造是科技性为，而技术创新是经济行为。熊彼特的重要贡献之一，是把发明创造与技术创新相区别。他认为发明创造只是一种新概念、新想法，或者至多是实验品的生产，哪怕是人类的知识宝库做出巨大贡献的伟大发明也不例外。技术创新则是把发明或其他科技成果引入生产体系，利用那些原理制造出市场需要的商品。从而使生产系统产生震荡效应。这种科技成果商业化和产业化的过程，才是技术创新。因此，技术创新与经济效益紧密相关。

（2）与技术模仿的比较。技术创新一经出现，就会在经济社会产生巨大的示范作用。由模仿所导致的技术扩散是技术创新社会经济效益的根本源泉。模仿之所以能实现，一是任何技术，包括复杂技术，总是可以被学习的。模仿者可以通过反求工程，去模仿创新者的产品，也可以通过合法购买创新者的专利技术或专有技术来模仿。模仿同创新比，具有省力气、投入少、风险小、进入快等优点。因此，可以说世界上没有一种产品是不被模仿的，同时，也没有一个企业不模仿别人的产品。模仿者之所以能分享到创新者的利益，是由于任何一种新产品上市，其生产规模总是有限的，短期内不可能满足所有用户的需求，这就为模仿者提供了市场机会。高明的模仿者甚至还可能后来居上，占领更多的市场份额。例如电视机和录像机虽然是由美国企业首创的，而日本的索尼和松下则通过模仿，掌握了这些创新产品技术，并对原有的产品进行改善，使性能和成本更优于原有创新产品，最后这两家公司成为世界上规模最大、质量最好的电视机和录像机的供应商。

（3）与技术改进或技术改造的比较。技术改进实质是指在原由技术基础上的些许改动，鉴于对于技术变动的强弱和大小的量化和测度是一件十分困难的事情，如果把技术创新中的"技术"理解成广义的概念，技术改进本身就是技术创新的一种形式，即属于渐进式技术创新。因为渐进式的创新的知识积累最终可能带来技术根本性的改变。

9.2.2 技术创新的基本类型

技术创新的分类方法基本上可以归结为两对范畴。一是宏观分类和微观分类，主要划分依据是创新层次与范围。有代表性的宏观分类是英国科学政策研究机构（SPRU）的技术创新产出/应用分类法；微观分类法主要有厄特巴克（J.M.Utterback）等人的过程创新与产品创新分类法；二是创新客体和主体分类法，主要划分依据是创新活动的技术变动强度与对象，主要有弗里曼（C.Freeman）的客体分类法和帕维特（K.L.R.Pavitt）的主体分类法。技术创新还可以按技术开发型和市场开发型进行分类，下面主要介绍常见的几种技术创新的类型。

（1）渐进性创新（Incremental Innovation）和根本性创新（Radical Innovation）。根据技术创新过程中技术变化强度的不同，技术创新可以分为渐进性创新和根本性创新。

渐进性创新或称改进型创新，是指对现有技术的改进引起的渐进的、连续的创新。

根本性创新或称重大创新，是指技术有重大突破的技术创新。它常常伴随着一系列渐进性的产品创新和工艺创新，并在一段时间内引起产业结构的变化。

（2）产品创新和过程（工艺）创新（Process Innovation）。根据技术创新中的新对象的不同，技术创新可分为产品创新和过程创新。产品创新是指技术上有变化的产品商业化。按照技术变化量的大小，产品创新可分为重大（全新）的产品创新和渐进（改进）的产品创新。重大（全新）的产品创新是指产品用途及应用原理有显著变化者。例如美国的贝尔公司发明的电话机和半导体晶体管、美国无线电公司的电视机、德克萨斯仪器公司的集成电路等重大创新成果带领人类进入一个信息化新时代。重大的产品创新一定与技术的重大突破紧密相连。渐进的产品创新是指在技术原理没有重大变化的情况下，基本市场需要对现有产品所做的功能上的扩展和技术上的改进。如铅笔由圆形改变成菱形、海运集装箱等。

过程创新也称工艺创新，是指产品的生产技术的变革，它包括新工艺、新设备和新的组织管理方式。过程创新同样也有重大和渐进之分。如炼钢的氧气顶吹技术、早期福特公司的流水生产方式以及现代计算机集成制造系统等，都属于重大的过程重新。过程重新往往伴有重大技术变化，与采用新的技术原理相联系。另外也有很多渐进式的过程创新，如对产品生产的工艺的某些改进，提高生产效率的一些措施，或导致成本降低的一些方法等。过程创新与提高产品质量、降低成本、提高效率有密切关系。

技术创新的经济意义往往取决于它的应用范围，而不完全取决于是产品创新还是过程创新。例如，集装箱这一产品的创新，可以说没有丝毫的新技术，但是它变散装运输为大箱集装运输，减少了船只在码头的停泊时间，使水陆运输效率提高了不知多少倍。毫不夸张地讲，如果没有集装箱就没有今天的海洋运输业，同时也不可能有如此发达的国际贸易甚至现代物流业发展。

9.3 技术创新的动力源和过程模式

对技术创新的主体研究一直是经济学和技术创新学的重要领域。历经多年的争论与磨合，经济学和技术创新学对创新主体的认识达成了高度的一致性：即市场经济条件下，技术创新的主体只有一个，那就是企业。企业作为技术创新的主体定位，在平息了部分争议的同时，达成了与经济学某些理论的默契，从而为技术创新的动机研究奠定了基础。如此经济学理性经济人假设以及由此建立的相关理论就可以无障碍地引用、应用、甚至共享。

经济学认为，市场经济条件下，企业作为市场主体的一部分，其最重要的功能之一就是通过向社会提供商品或服务而获得尽可能大利益。遵循这样一条法则，分析企业的一切行为动机会使问题变得简单明了。因此，企业为何要进行技术创新？原因可以归结如下几个方面。

1. 市场的需求拉动和诱导

任何企业都诞生和生存在一个特定的市场环境中，市场结构理论将市场中企业（或生产者）的数量视为划分市场类型的重要指标。据此市场可以划分为四种类型：完全竞争的市场、垄断竞争的市场、寡头的市场和垄断的市场。处于不同市场环境下，企业所面临的产品需求特征是完全不同的，在完全竞争的市场中，需求是充分弹性的，即需求曲线是垂直与纵轴的一条平直线。因为在这种市场环境中，企业是价格的接受者，失去定价权的企业要向获得超额利润出路只有两个：一是有效降低成本，使平均成本降到均衡价格以下；二是尽快改变自己的产品，通过差异化产品强化垄断性，重新夺回产品定价权。无论选择哪条路，都会涉及技术改进或创新。因为在上节技术创新类型分类时，对不同类型的技术创新给企业带来的影响有过阐述，在此不在赘述。垄断竞争的市场结构下，企业虽然具有定价权利，但所面对的需求曲线却是一条向下倾斜的，这说明价格对需求具有显著影响，因此，竞争仍然是主旋律。企业为了在残酷的竞争中立于不败，可供选择的策略有：通过不断的产品创新一直保持产品的实质性差异；有效使用广告策略继续强化产品的心理差异。目的只有一个，保持竞争中的垄断地位，通过定价劝获取超额利润。至于其他两种市场结构中，企业根据市场需求的特征，是否需要采取技术创新战略就不再分析。总之，市场需求的特点和不断变化的环境是促使企业不断创新的不竭动力，同时也塑造一个比较带有普遍性的创新模式和创新流程。

20世纪60年代中期，通过对大量技术创新的实证研究发现，用于研究和发展（R&D）的投入大，创新成果并不一定多，而出现在各个领域重要的创新，有60%～80%是市场需求所激发的。市场的扩展和原材料的涨价等原因都会刺激企业的创新，前一种创新的目的是为了创造更多的市场机会、细分市场，抢占更多的市场份额；后一种创新的目的是为了减少相对昂贵的原材料用量。于是有人提出了需求拉动型的创新模式。这种模式强调市场是R&D构思的来源，市场需求为产品创新和工艺创新创造了机会，技术创新是市场需求引致的，市场需求在技术创新过程中起到关键性作用。

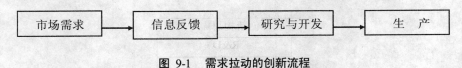

图 9-1　需求拉动的创新流程

2. 技术推动型的创新模式

早期的研究发现：研究开发（R&D）或科学发现是创新的主要来源，技术创新是由技术成果引发的一种线性过程。这一过程始于（R&D），经由生产和销售最终将某项新技术产品引进市场，市场是研究开发成果的被动接受者。这种观点的经济学解释是供给决定需求，即市场是由供给创造出来的。体现这中观点的是技术推动的创新模型，如9-2所示图。

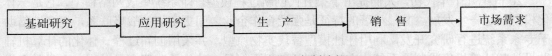

图 9-2　技术推动创新流程

现实的经济中，许多根本性创新确实来自于技术的推动，对技术机会的认识会激发人们的创新努力，特别是新的发现或新的技术常常引起人们的注意，并刺激人们为之寻找应用领域。如无线电和计算机这类根本性创新就是技术发明推动的。

3. 技术与市场交互作用的创新过程模型

20世纪70年代和80年代初期，人们提出了第三代创新过程模型，即技术与市场交互作用的创新过程模型如图9-3所示。技术与市场交互作用的创新过程模型强调创新全过程中技术与市场这两大创新要素的有机结合，认为技术创新是技术和市场交互作用共同引发的，技术推动和需求拉动在产品生命周期及创新过程的不同阶段有着不同的作用，单纯的技术推动和需求拉动创新过程模型只是技术和市场交互作用创新过程模型的特例。

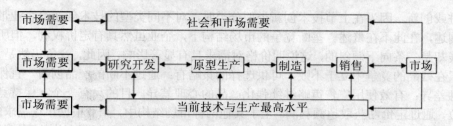

图 9-3　技术与市场交互作用的创新过程模型

4. 一体化创新过程模型

一体化创新过程模型是 20 世纪 80 年代后期出现的第四代创新过程模型，它不是将创新过程看作是一个职能到另一个职能的序列性过程，而是将创新过程看做是同时涉及创新构思的产生、R&D、设计制造和市场营销的并行的过程，如图 9-4 所示，它强调 R&D 部门、设计生产部门、供应商和用户之间的联系、沟通和密切合作。波音公司在新型飞机的开发生产中采用了一体化创新方式，大大缩短了新型飞机的研制生产周期。实际上，我国在两弹一星的研制中也采用了这种一体化创新的方式。

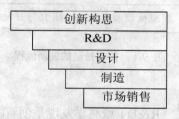

图 9-4　一体化的创新过程模型

5. 系统集成网络模型

20 世纪九十年代初，人们提出了第五代创新过程模型，即系统集成网络模型，它是一体化模型的进一步发展。其最显著的特征是强调合作企业之间更密切的战略联系，更多地借助于专家系统进行研究开发，利用住址模型替代实物原型，并采用创新过程一体化的计算机辅助设计与计算机集成制造系统。它认为创新过程不仅是一体化的职能交叉过程，而且是多机构系统集成网络联结的过程。例如美国政府组织的最新半导体芯片的开发过程是多机构系统集成网络联结的过程。

技术在飞速地变化，技术创新过程模型也在不断的更新。创新过程正变得更快，更灵活，更有效率，并越来越多地使用新的信息技术。同时，由于创新过程涉及的因素比以前更多，创新过程也变得越来越复杂。这就要求在创新过程中需要有高素质的技术和管理人员，使组织管理更具柔性，建立具有高度适应性的有利于创新的组织结构。

9.4　自主创新与模仿创新模式

技术创新战略决定和统率企业创新的具体行为。企业能否正确选择并贯彻实施良好的创新战略，是其能否顺利推进技术创新，赢得创新利益的先决条件。在当代激烈的市场竞争中不创新的企业必将走向衰亡，但创新战略选择失误所导致的不良创新反过来可能会加速企业衰亡的进程。因此，如何选择正确的创新战略是当代企业面临的重大问题，是涉及企业生存和发展的根本前提。

对于"战略"一词的含义，长期以来人们有各不相同的理解。在这里，我们对企业技术创新战略作如下理解：所谓技术创新战略是企业在正确地分析自身的内部条件和外部环境的基础上所做出的企业技术创新总体目标部署，以及为实现创新目标而做出的谋划和根本对策。创新战略的分类方法多种多样，本节将创新战略分为"自主创新战略"、"模仿创新战略"、"两种基本类型。

9.4.1 自主创新战略的含义和特点

自主创新是指以自主创新为基本目标的创新战略。所谓自主创新是指企业通过自身的努力和探索产生技术突破，攻破技术难关，并在此基础上依靠自身的能力推动创新的后续环节，完成技术的商品化，获取商业利润，达到预期目标的创新活动。

自主创新有时也用来表征一国的创新特征，在此情况下，自主创新指一国不依赖外部的技术引进，而依靠本国自身力量独立开发新技术，进行技术创新的活动。

"自主创新"在某些情况下又被用来和技术引进相对应，指要摆脱技术引进方式下对国外技术的依赖，依靠自己的力量进行创新，这时"自主创新"所指的仅是"创新"这一很宽泛的概念，而并非这里我们所讨论的内容。

自主创新具有如下一些基本特点。

1. 技术突破的内生性

自主创新所需的核心技术来源于企业内部的技术突破，是企业依靠自身力量，通过独立的研究开发活动而获得的，这是自主创新的本质特点，也是自主创新战略与其他创新战略的本质区别，自主创新的许多优势及缺陷也都是由此决定的。美国 Intel 公司在计算机微处理器方面可谓是自主创新的典范，从 1970 年自主开发推出世界上第一块微处理器 Intel4004，到 1973 年推出 Intel8080，后来又相继推出 Intel80286，Intel80386，Intel80486 系列，及到 1994 年推出风靡全球的 Pentium 微处理器，该公司始终掌握着最先进的、其他公司无法破译的计算机微处理器的关键技术，确保了 Intel 公司在国际微处理器市场中的霸主地位。

我国的中文电子出版系统是自主创新的又一成功案例。20 世纪 60 年代中期，西方的印刷行业已经从铅字排版转为照相排版和胶版印刷，进入 70 年代，使用计算机，以数字形式存储字模，以数字方式输出的第三代照排系统开始普及，使西方国家印刷行业生产效率获得巨幅提高。而我国印刷行业当时还停留在铅字排版、凸版印刷时代，效率低、质量差，全国印刷能力远远不能满足社会经济发展的需要。有关人士意识到，汉字排版印刷的电子化的我国印刷业的根本出路，而汉字排版印刷的关键核心技术——汉字信息计算机处理技术——国外无法提供，只有依靠自主开发。为此，中国科学院、原一机部、新华社、国家出版局等五个单位联合向国家计委和国务院提出申请，请求将汉字信息处理作为国家级重大工程项目立项。1974 年 8 月，国家批准立项，定名为 748 工程。在国家有关部门的领导下，北京大学、潍坊计算机厂等单位联合攻关，发明了规则与不规则笔画、轮廓加参数的汉字压缩方案，获得了欧洲专利，攻克了汉字电子照排系统的关键技术，推出了"华光Ⅱ"型、"华光Ⅲ"型、"华光Ⅳ"型汉字激光照排系统,以及"方正91"、"华光Ⅴ"、"方正93"、"华光Ⅵ"等系列彩色排版系统。使我国印刷出版行业发生了翻天覆地的重大变革。

需要指出的是,要完成一项技术创新,所需要的专门技术是多种多样的,其中有关键性核心技术,也有辅助性外围技术,复杂的创新更是如此。对某一企业而言,自主创新并不意味着要独立研究开发其中的所有技术,只要企业独立开发了其中的关键性核心技术,打通了创新中最困难的技术环节,独自掌握了核心技术原理即可,辅助性技术研究与开发既可自己进行,也可委托其他企业和组织进行,或通过技术购买解决。

2. 技术与市场方面的率先性

创新性虽然不是自主创新的本质特点,但却是自主创新努力追求的目标。新技术成果是具有独占性的,在技术开发的竞争中,真正法律上的成功者只能有一个,其他晚于率先注册专利者的同类成果不仅不能受到专利的保护,而且不能够被合法使用。因此,在同一市场中,非率先性的自主创新是没有意义的,自主创新企业必须将技术上的率先性作为努力追求的目标才可望获得成功。技术上的率先性必然要求和带动市场开发方面的率先性。技术开发的成果只有尽快商品化,才能为企业带来丰厚的利润,因此,自主创新企业还应将市场领先作为努力追求的目标,以防止跟随者抢占市场,侵蚀其技术开发的成果。

现实中,自主创新在技术上与市场开发方面均具有率先性。一般说来,自主创新企业既是技术上的先锋,又是市场方面的先锋,自主创新的优势在很大程度上正是由技术与市场两方面的率先性奠定的。当然,在特定情况下,落后企业也可能从事自主创新。比如,在20世纪60年代,为了打破技术封锁,增强国防实力和工业基础实力,我们在相对落后的情况下,依靠自己的力量,成功地进行了"两弹一星"和许多重要工业设备及产品的自主创新。

3. 知识和能力支持的内在性

知识和能力支持是创新成功的内在基础和必要条件,在研究、开发、设计、生产制造、销售等创新的每一环节,都需要相应的知识和能力的支持。自主创新不仅技术突破是内生的,且创新的后续过程也主要是依靠自身利益的力量推进的。在自主创新过程中,除了一些辅助性工作或零配件通过委托加工或转包生产让其他企业承担外,技术创新的主体工作及主要过程都是通过企业自身知识与能力支持实现的。此点与合作创新有根本性区别,合作创新中,创新的推进是通过合作双方(或多方)的共同努力进行的;合作群体中的任何一方都没有能力独自推动创新的进程。

因此,自主创新在知识与能力支持方面具有内在性。另一方面,自主创新过程本身也为企业提供了独特的知识与能力积累的良好环境。如自主开发活动能够十分有效提高企业的研究开发能力,许多落后企业为加深对先进技术原理的理解,提高自身的研究开发能力,不惜投入大量人力物力,对成功者的先进技术进行重复性开发,其道理正在于此。

9.4.2 自主创新战略的优缺点

自主创新作为企业的一种创新战略,究竟具有哪些优缺点呢?对此,我们可分别从技术开发、生产制造、市场销售三个大的方面加以分析。

1. 自主创新的优点

自主创新企业的技术突破来自于企业内部,是企业长期技术积累和研究开发努力的产物。技术突破的内生性有助于企业形成较强的技术壁垒。这种技术壁垒一方面是由新技术本身的特性造成的,因为跟进者对新技术的解密、消化、模仿需要一定的时间,而从投资到形成生产能力,发展成率先创新者的竞争对手也需一定的时间,在此时间内必然会形成自主创新者对新技术的自然垄断,而有些技术的解密与反求耗时则十分,甚至几乎是不可能的,如可口可乐诞生一百年来,无数竞争对手试图反求其配方,破译其生产工艺,结果一无所获;另一方面,率先者的技术壁垒还可通过专利保护的形式加以巩固,进一步从法律上确定自主创新者的技术垄断地位。因此,自主创新企业能在一定时期内掌握和控制某项产品或工艺的核心技术,在一定程度上左右行业或产品技术发展的进程和方向。借助专利保护,自主创新企业可自己确定是否转让其核心技术,以及向谁转让,何时转让,转让到何种程度等,使企业在竞争中处于十分有利的地位。自主创新另一技术优势在于:由于自主创新一般涉及的都是全新技术领域,在此方面的技术突破很可能会引致一系列技术创新,形成创新的集群现象和簇射现象,带动一大批新产品的诞生,推动新兴产业的发展。这一方面有利于促进企业多元化投资,获取丰厚的利润,另一方面掌握了核心技术的自主创新企业在一定程度上将控制多个技术领域或全产业的发展,奠定自身的领袖地位。国际上许多著名的大公司正是通过这种途径发展壮大的,如美国的杜邦公司通过对人造橡胶、化学纤维、塑料三大合成材料的自主创新,牢牢地占据了世界化工原料市场,推出和控制了合成橡胶、乙烯、尼龙、的确良、塑料新产品等一系列有重大意义的化工新产品,引起世界汽车业、服装业等行业的深刻变化,该公司依靠这些新产品获得了巨额利润,也增强了自己在化工领域中的核心地位。

在生产制造方面,自主创新企业启动早,产量积累领先于跟进者,能够优先积累生产技术和管理方面的经验,较早建立起与新产品生产相适应的企业核心能力,因此,自主创新企业能行于其他企业获得产品成本和质量控制方面的竞争优势。根据国外的研究,企业产品单位成本与其积累产量之间呈负相关关系,即在同样生产环境下,先行者生产成本较跟随低,在激烈的市场竞争中,有时产品成本方面的微小差别往往会对竞争的胜负产生重大影响。

在市场方面,自主创新一般都是新市场的开拓者,在产品投放市场的初期,自主创新企业将处于完全独占性垄断地位,可获得大量的超额利润,如目前市场上新推出的艾滋病检测试剂每去的售价是其生产成本的 30~50 倍。通过转让新技术专利和技术诀窍,自主创新企业亦可获得相当可观的收入,如日本日立公司在国内的技术转让费收入一项就是公司对研究开发投资的 4 倍。自主创新的市场优势还在于:由于其技术方面率先性,其产品的标准和技术规范很可能先入为主,演变为本行业或相关行业统一认定的标准。迫使后来者纳入到该标准和技术规范中来,成为自主创新企业的跟随者。统一标准的确定将奠定自主创新企业在行业中稳固的核心地位,无形中极大增强企业的竞争力。自主创新企业还能够较早建立起原料供应和产品销售网,率先占领产品生产所需的稀缺资源,开辟良好的销售渠道,使得创新产品在组织生产和市场销售方面有较强的保障。此外,自主创新通过其产品对用户先入为主的影响,使得用户在使用技术和产品过程中的经验技能积累专门化,这样,用户要淘汰自主创新者率先投放市场的产品,所面临的不仅仅是实物硬件投资方面的损失,而且必须废弃掉已经熟练的掌握的经验技能,开始新技术领域新操作使用技能经验的艰苦积累,面对这样巨大的有形和无形转换成本,许多用户往往会选择继续使用率先者推的产品系列,而对其他企业推出的同类产品较少过问。如汉字"五笔字型"计算机输入技术是我国近年来汉字录入方面的一项成功的自主创新,"五笔字型"的面市,使汉字计算机输入方式发生了质的变化,计算机录入人员经长期训练,在使用"五笔字型"之后,虽然近年来相继又有许多新的汉字输入技术面世,且各具特色,但许多录入人员由于已习惯于使用"五笔字型"输入法,不愿意尝试使用新的输入法,记忆新的输入规则,训练新的操作技能,致使这些输入法较难推广,而"五笔字型"的应用一直占据主导地位。

自主创新是当今国际上一些成功的大企业为在竞争中取胜经常采用的创新战略,如美国的柯达公司不惜每天投入 200 多万美元的科研经费,重金聘用 2 000 多名工程师研究开发新技术新产品,实现了第 3 天就有一项新发明的目标,因此,在彩色感光技术领域一直处于先驱者地位。自主创新也给柯达公司带来了丰厚的利益,目前,柯达产品已达 3 万多种,占据美国、加拿大摄影器材市场的 90%,欧洲市场的 2/3,公司年销售额 100 亿美元,纯利在 12 亿美元以上。美国杜邦公司成立至今 190 多年来,也始终将"重视研究开发和市场,开发独自的新产品"作为自己的经营哲学,早在 1981 年,杜邦公司即有从事研究与开发工作的科学家和工程师近 5 000 人,其中 3 500 人拥有博士学位。日本日立公司的经营者也将开发自主技术作为公司发展的技术理念,目前日立公司有 35 个研究所,1.7 万名研究人员夜以继日地从事各种研究,研究项目包括电子技术、计算机软件技术、宇宙关联技术、遗传工程、光导纤维、智能机器人、原子能利用、铁路运输控制系统、有关材料开发的基础研究和应用技术研究等。日本索尼公司近 50 年的历史可谓是不断地向新领域进军,不断为社会创造新的热门商品的历史。如 1950 年,首创手提式磁带录音机;1955 年,首创晶体管收音机;1960 年,首创盒式录音机;1968 年,首创单枪三束彩色电视机;1973 年在世界上最早制成大角度彩色电视机等。索尼公司的创始人,名誉董事长井深大在接受采访时就曾经说过:"索尼成功的秘诀是决不模仿他人。这适用于一切商业、科学研究和技术开发领域。这也是我的哲学。"他在总结索尼成功经验时曾说过:"一般的日本企业经营的基本方法是大量生产、大批销售,索尼不想走这条路。索尼首先投资开发研究,创造出其他公司不能模仿的产品,即使是这种商品被其他公司赶上了,还有新的产品出现。依靠技术开拓新的市场,这就是索尼的基本精神。"目前,索尼公司有 9 000 多名工程师和研究人员夜以继日地开发新技术、新产品,每年的研究开发资金投入达 15 亿美元以上,每年向市场推出 200 种全新的产品。

2. 自主创新战略的缺点

自主创新战略虽然具备上述几个方面的优点,也存在不少缺点,在一定程度上,其缺点正好与合作创新、模仿创新战略的优点相对应。通过下面章节对合作创新及模仿创新战略优点的分析,我们会更全面地了解自主创新战略的缺点与不足。

自主创新战略的主要缺点在于其高投入和高风险性。在技术方面,新技术领域的探索具有较高的复杂性。为了获得有效的技术突破,企业必须具备雄厚的研究开发实力,甚至需要拥有一定的基础研究力量,为此,企业不仅要投巨资于技术研究与开发,而且必须保有一支实力雄厚的科研人员队伍,不断提高 R&D 能力。这对企业而言,一方面固然是一种人力资源储备的优势,但另一方面也是一种较为沉重的财务负担。新技术领域的探索又具有较高的不确定性,能否产生技术突破,何时产生技术突破,往往都是企业难以预料的。事实上,自主研究开发的成功率是相当低的,据统计,在美国,基础性研究的成功率为 5%,技术开发的成功率一般为 50% 左右。而开发产出在时间上又是高度不确定的,短则数月、数年,长则十几年。为了有效降低这种率先探索的风险和产出的不确定性,自主创新企业往往需要进行多方位、多项目的复合投资,因此,自主创新研究开发投资的负担和风险都是很高的。

在生产方面,自主创新企业一般较难在社会上招聘到现成的熟练技术工人,而必须由企业投资对生产操作人员进行必要的特殊培训,并帮助相关生产协作单位提高生产技术能力。此外,新工艺、新设备可靠性的风险也必须是由自主创新企业承担,这在一定程度上增加了自主创新的生产成本和质量控制风险。如我国自主开发的第一代汉字激光照排系统"华光II"型就存在稳定性差、体积庞大等缺点,1987年4月起用于正式排《经济日报》曾出过几次排版脱期的问题,后来随着"华光III"、"华光IV"等系统的推出,产品质量才日渐稳定,工作效率不断提高。

在市场营销方面,自主创新企业需要在市场开发、广告宣传、用户使用知识普及方面投入大量的资金,努力挖掘有效需求,打开产品销售的局面。由于这种广告宣传对用户所起的作用在很大程度上是一种新产品概念和消费观念的导入,因此,其投入具有很强的外溢效果,即相当部分的投资收益将由模仿跟进者无偿占有。此外,市场开发有时具有较强的迟滞性,如当今风靡全球的 3M "报事贴"便条纸,在投放市场的初期备受冷落,直到十多年后才转变为热门畅销的产品。戴姆勒和本茨19世纪末发明的汽车,由于成本高昂,迟迟不能为广大消费者接受,而只能作为贵族的玩物,直到后来福特公司生产出每辆售价500美元左右的小汽车,汽车才开始成为社会上较为普通的交通工具,进入大批量生产时代,形成巨大的市场。

上述几方面可以看出,自主创新的风险性是很高的。根据曼斯菲尔德对美国三家大公司自主创新的调查分析,60%的创新新项目通过研究开发能获得技术的成功,只有30%的项目获得了商业上的成功,而最终只有12%的项目给企业带来经济收益。当然,自主创新一旦获得成功,其盈利性又是巨大的。有时一项自主创新成功所带来的收益能够足以抵消企业在其他创新项目上的投资损失。

9.4.3 模仿创新

1. 模仿创新的含义和特点

所谓模仿创新是指企业通过学习模仿率先创新者的创新思路和创新行为,吸取率先成功经验和失败的教训,引进购买或破译率先者的核心技术和技术秘密,并在此基础上改进完善,进一步开发。在工艺设计、质量控制、成本控制、大批量生产管理、市场营销等创新链的中后期阶段投入主要力量,生产出在性能、质量、价格方面富有竞争力的产品与率先创新的企业竞争,以此确立自己的竞争地位,获取经济利益的一种行为。

模仿创新是一种十分普遍的创新行为,是当今许多企业参与市场竞争的有力武器。三洋电机公司已故社长井植薰在总结其技术经营思想时曾说:"三洋电机在技术经营道路上的一条重要经验是:在产品研制中,充分运用现有技术,发掘设计潜能。也就是说,在以资本为核心的经营思想向以技术为核心的经营思想转变的过程中,开拓成熟制造技术的运用深度和广度,是企业战胜世界性经济衰退问题和国内产品滞销问题的重要手段。"由此可见其经营思想的实质正是不断地推进模仿创新。三洋电机当时的社长井植岁男看到洗衣机市场存在的巨大潜力,决定开始制造洗衣机。当时洗衣机已并不是什么新奇产品了,一些日本家庭使用国外洗衣机已有十多年的历史,日本其他一些厂家在三洋之先也已推出了自己的洗衣机,但洗衣机作为产品还很不完善,笨重得像个大水桶,用起来轰轰作响,而且质量也很不稳定,作为商品还很不成熟。为了研制三洋自己的洗衣机,井植岁男买来各种不同品牌的洗衣机，送至公司干部的家中，让他们反复研究琢磨，公司总经理室中也放满了各种各样不同类型的洗衣机。经过反复试验、比较和摸索，充分总结和剖析其他厂家产品的优缺点，最后从产品的安全性能、使用方便程度以及普通老百姓能够接受的价格水平等方面，找到一种比较圆满的设计方案，并试制成一台样机，同市场上已有出售的洗衣机相比，性能略高一筹。正当这种洗衣机准备投产之际，他们又发现了英国胡佛公司最新推出的涡轮喷流式洗衣机，这种涡轮喷流式洗衣机较原先搅拌式洗衣机的性能有很大的提高。三洋公司的管理者深深懂得："后开发的产品，如果在性能上没有明显优于已经上市的同类产品的长处，那么你不仅应当预计到今后的竞争中必然遭受失败的后果，甚至一开始就应考虑是否投产的问题。"于是三洋公司果断地放弃已投入造千万元研制出的即将成批生产的洗衣机，开始对胡佛公司的涡轮喷流洗衣机进行全面解剖和改进，并巧妙地解决了专利权问题，于1953年春研制出日本第一台喷流洗衣机样机，命名为SW-53型，并于同年夏天成批生产。这种性能优异，价格只及传统搅拌式洗衣机一半的崭新产品，一上市便引起市场的轰动，不仅为三洋公司带来巨大的经济利益，而且使得三洋在洗衣机行业站稳了脚跟。

日本松下公司也是一个成功实施模仿创新的著名企业，松下开发生产录像机的过程，就是一个成功模仿创新的实例：家用磁带录像机（VCR）是由索尼公司于1975年率先推向市场的，当松下意识到录像机巨大的市场潜力后，马上组织力量对索尼的Betamax牌录像机的结构造型、功能原理、工艺材料及其他技术参数进行全面剖析，并从中找出两个毛病：录像音量小，放映时间短。松下对此产品进行了模仿和进一步开发，不仅加大了放映时间容量，提高了性能，更使机型趋于小型化，并且在价格上低于索尼同类产品的10%～15%，销售量很快超过了索尼公司，占据了日本录像机总销售量的2/3。

模仿创新从本质上看是一种创新行为，但这种创新是以模仿为基础的，因而具有不同于自主创新的一些特点。模仿创新主要有以下三个方面的特点。

（1）模仿跟随性。

模仿创新的重要特点在于最大限度地吸取率先者成功的经验与失败的教训，吸收与继承率先创新者的成果。在技术方面，模仿创新不做新技术的开拓探索者和率先使用者，而是做有价值的新技术的积极追随者学习者；在市场方面模仿创新者也不独自开辟新市场，而是充分利用并进一步发展率先者所开辟的市场。模仿创新这方面的特点与自主创新及合作创新具有鲜明的区别，模仿创新战略是不以率先而取胜的战略，而是巧妙地利用跟随和延迟所带来的优势，化被动为主动，变不利为有利的一种战略。在某些情况下，这种跟随和延迟是自然形成的，如在研究开发能力方面落后于率先者，对市场需求信息不敏感等，致使模仿创新企业在起步阶段落后于率先创新者，而不得不扮演追赶者的角色。许多模仿创新企业都属于这种类型。如佳能公司对复印机新产品的开发，IBM公司对个人计算机的开发等。因某些情况下这种跟随和延迟是模仿创新企业为回避风险而故意发生或造成的。如摩托罗拉公司在RISC芯片开发方面就故意延缓了其开发行动，待仙童公司、MIPS公司、AMD公司等率先开发的RISC芯片产品推向市场，用户需求不断增长，市场风险和技术风险大幅下降后，才推出自己开发RISC芯片。当然，模仿跟随也难免被动性，这是模仿创新战略的弱点。

（2）研究开发的针对性。

模仿创新并不是单纯的模仿，而应属于一种渐进性行为。模仿创新并不照搬照抄率先者的技术，它同样需要投入足够的研究开发力量，从事其特有的研究开发活动。模仿创新的研究开发不仅仅包括对率先者技术的反求，还包括对率先者技术的完善或进一步开发。从数量上看，模仿创新企业的研究开发投入并不一定低，如日本许多以模仿创新著称的著名企业每年的研究开发经费投入均占销售收入的 5%以上。与自主创新或合作创新不同的是：模仿创新的 R&D 投入具有高度的针对性，能够免费获得的公开技术或能够以合理价格引进购买到的技术不再重复开发，其 R&D 活动主要偏重于破译无法获得的关键技术、技术秘密以及对产品的功能和生产工艺的发展与改进。相比较而言，模仿创新的研究开发更偏重于工艺的研究开发。

（3）资源投入的中间聚积性。

模仿创新在资源投入方面，与率先创新有较大的区别。率先创新面临着艰巨的新技术和新市场开发的任务，必然要在创新链的前期（即研究开发阶段）和后期（即市场开发阶段）投入足够的人力物力，因此，率先创新在创新链上的资源分布较为均衡。在某些情况下，为了集中资源进行强势投入，率先创新甚至会牺牲在创新链中段的投入，如美国的许多公司已将生产制造环节转包给国外企业，在本国只保留研究开发的销售部门。而由于模仿创新省去了新技术探索性开发的大量早期投入和新市场开发建设的大量风险投入，因而能够集中力量在创新链的中游环节投入较多的人力物力，即在产品设计、工艺制造、装备等方面投入大量的人力和物力，使得创新链上的资源分布向中部聚积，如图 9-5 所示。这是模仿创新战略的一个重要特点，也是模仿创新的优势所在。

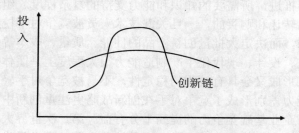

图 9-5 创新沿创新链阶段投入示意图

2. 模仿创新战略的优劣势分析

（1）模仿创新与企业竞争力。

模仿创新战略不仅通过模仿创新产品为企业带来直接的经济利益，而且会引起企业诸多内质的变化，给企业带来超越于产品的，深层次的竞争力，我们姑且可称这种竞争力为企业的基础竞争力。雄厚的基础竞争力是企业参与竞争，从事技术创新，并在新产品市场上取胜的根本保证。因此，基础竞争力的提高对企业的长远发展，特别是对技术落后企业追赶先进企业具有特别重要的意义。

以模仿创新作为主导创新战略的企业，能够通过长期不懈的模仿创新，有效地提高企业的基础竞争力，这一过程主要是通过模仿创新中的快速高效而特别的技术积累实现的。

技术积累通常指的是企业知识和技能的积累，是沿特定的方向和轨道逐步积累下来的，并内化到企业组织结构之中的技术知识和能力。技术积累既是企业的一种重要无形资源，又是企业从事技术创新的重要内在基础。技术积累的丰厚程度和结构直接决定企业基础竞争力的高低。

模仿创新对企业基础竞争力的促进首先是通过快速高效的技术积累实现的。技术积累虽可通过组织间的存量迁移和流动而发生增减变化，但最终的增长源泉是组织学习，即企业作为一个整体在所从事的实践活动中的学习。模仿创新无疑是组织学习最具效率的形式。首先，模仿能够"复制"十分复杂而又难以言表的知识技能。向成功的率先创新企业学习，模仿其创新活动，能够最有效地增长模仿者的知识的技能，这正如儿童通过模仿成人的举止行为，能从中快速掌握许多复杂的日常生活技能一样。企业的技术积累中包含大量模仿性的知识和技能，模仿却能够让一个企业在不解析原理和结构的情况下，在暂不知其所以然，甚至无法弄清其所以然的情况下有效地"复制"另一企业的知识技能、丰富其技术积累，而模仿创新则在模仿的基础之上更进一步，不仅对率先者的技术积累加以消化吸收，而且在此基础之上更进一步，进行新的探索，在技术积累方面青出于蓝而胜于蓝。其次，技术积累可分"自主探索"和"样板引导"两种基本模式，自主探索一般而言只适合率先性自主创新的先进企业，其中既有重大突破又难免失败挫折和弯路，而样板引导则是在率先企业成功经验的示范指引下进行技术积累，这无疑避免了许多弯路，是以较小的代价获得较高技术积累成果的有效方法，而模仿创新正是将样板引导和自主探索有机结合起来的最好的技术积累途径，在模仿创新中实现高效的技术积累，提高企业的基础竞争力，是许多后进企业赶超先进企业，在竞争中取胜的秘诀。

模仿创新对企业基础竞争力的促进还表现在技术积累重点的后移上，由于模仿创新战略避免了研究开发方面大面积、探索性的投入，而将注意力资源投入到工艺、批量生产、质量控制等后续环节，在这些方面形成丰厚的技术积累，建立起核心能力。有关规律表明，随着创新过程的逐步推进，所需要的知识和能力支持的复杂程度、组织特性也越来越强。研究开发成果是可以转让和购买的，一旦关键技术人员被竞争对手挖走，企业的研究开发能力可能会大大减弱，而决定大批量创新产品的性能、质量、成本等要素从而直接决定产品市场竞争力的工艺、设计、现代化生产制造能力很大程度上是团体协作的结果，需要长期的实践积累，一旦形成又会具有较强的稳定性，不易被竞争对手轻易效仿和在短期内超越。正是这方面的能力差别形成了竞争对手在创新战略更注重创新中后期阶段的投入和此方面的积累，因而对企业基础竞争力的提高十分有益。第二次世界大战之后的日本企业正是将主要技术力量和资金投入到工艺改进、产品性能完善、大批量生产、质量控制、市场营销等环节，使企业的竞争力不断壮大，在许多领域跃居国际市场领袖地位。而美国企业虽倾力于研究开发，取得一次又一次重大技术突破，不断在国际市场上率先推出全新产品，但由于忽视了在工艺、生产等重要环节的技术投入和积累，将大量加工制造环节移往海外，转包给其他国家，结果在国际竞争中屡屡失败，其中的经验教训是值得我们深思的。

（2）模仿创新战略的劣势。

模仿创新战略具备上述产品和企业两个层次的竞争优势，但同时也有一些缺陷和劣势；实施模仿创新战略也可能会给企业带来被动。当然，模仿创新的劣势也并非不可避免，只要正确认识并采取必要措施，其劣势在一定程度上是可以克服的。

模仿创新战略的主要缺点是被动性。由于模仿创新者不做研究开发方面的广泛探索和超前投资，而是做先进技术的跟进者，因此，在技术方面有时只能被动适应，在技术积累方面难以进行长远的规划。在市场方面，被动跟随和市场定位经常性的变换也不利于营销渠道的巩固和发展。

模仿创新战略有时会受进入壁垒的制约而影响实施的效果。这种壁垒一方面是自然壁垒，如核心技术信息被封锁，反求困难，模仿创新难以进行，率先企业先期建立的完备的营销网络难以突破等。另一方面是法律保护壁垒，模仿创新有时会和率先者知识产权发生矛盾，产品技术受专利保护的率先创新企业会通过法律保护自身的利益，阻碍模仿创新的发生。由于这方面的原因，也使得模仿创新战略的实施受到一定程度的影响。

【习题】

1. 技术创新有哪两种基本类型?
2. 技术创新的过程模式有哪几种?
3. 自主创新与模仿创新的特点如何?各有那些优缺点?

第 10 章 创业管理

财富只由那些在竞技场上与污垢和灰尘搏斗、付出辛勤血汗的实干家所创造。他们是白手起家的创业者，是知道最高的顶峰、最深的谷地和巨大的热情的创造者，是为了值得的事业做超过自己能力的事情的创造者。毫不例外，他们失败多过成功，但是当这些财富的创造者失败时，他们至少败得有风度、优雅，很快他们就意识到他们的失败只不过是一块休息地，不是一辈子都会停留的地方。他们的世界里永远不会有那些既不知道胜利又不知道挫折的人，每周接受薪酬却不顾他们每周业绩的人，以及吃里爬外的人。这些实干家是创造者，无论何时，无论他们的命运如何，他们都不是坐享其成者，因为属于他们的世界是太阳底下最独特的地方。——约瑟夫·R·曼库索

10.1 全球创业热潮扑面而来

在过去的十多年里，创业型企业对美国的经济做出了巨大的贡献。通过创业，数以百万的人进入美国的主流社会。新创建小企业使得数百万的人，包括女性、少数民族和移民，能够实现他们的美国梦。美国实力的最大来源一直以来就是经济增长、机会平等和永远向上的美国梦。曾任美国百森商学院企业家研究中心主任的拜格雷夫教授 1998 年在《企业战略评论》上发表了一篇"构建创业型经济——来自美国的经验"的论文，文中的数据具有很强的说服力。

在美国，每年新创建的企业大约有 350 万家。5%~8%的家庭里，至少有一位家庭成员不是在想而是正在着手创建新的企业，他们正在采取创业的行动，如向律师咨询、与银行家讨论贷款事宜、与土地所有者讨论厂址。在这些新企业的创办者中，1/4 的人表示想把他们创办的企业发展成为高速成长的企业。不低于 40%的美国家庭中至少有一位家庭成员在职业生涯的某个时候创建或经营过小企业，有更多的家庭成员在小企业就职。24%的家庭里，至少有一位家庭成员正在参与企业创建或拥有自己的企业，或是创建阶段企业的"天使投资人"。在美国，这种天使投资人到处存在，尽管他们的规模较小，但是在美国社会所涉猎的范围远远超出了大多数人的想象。小企业在美国经济中占据十分重要的地位，雇员少于或等于 7 人的企业占企业总数的 80%，小企业提供了 50%的就业机会。2 000 万家小企业为美国提供了大约一半的就业机会，创造了 1/3 强的国内生产总值（GDP）。如果将美国的所有小企业比作一个国家的话，它所创造的 GDP 将名列全球第三，仅次于美国经济的剩余部分和日本，总量比德国、英国、法国和意大利四国经济的总和还要多。

拜格雷夫教授总结说，事实上，美国能够做的事情，其他发达国家也能够做，美国优于这些国家之处在于其创业精神，创业精神加上创新是美国经济繁荣的基础，创业精神是美国

人的优势，这让其他任何发达工业国家都望尘莫及。美国的创业型企业已经创造了无数奇迹，开辟了诸如个人计算机、生物科技、快餐、24 小时邮寄服务等新产业；改革了零售业；打破了美国电话电报公司的通信垄断地位；复兴了传统的钢铁业；发明了集成电路和微处理器；造就了美国历史上最具有营利性的航空公司。并且，奇迹仍在继续出现。

美国是这样，中国等国家近年来也表现出类似的迹象。随着市场经济的发展，越来越多的人走上了创业之路。根据清华大学经管学院创业研究中心发布的《2006 全球创业观察中国报告》数据显示，2006 年，中国的创业活动指数为 16.2%，即每百名 18～64 岁的成年人中，有 16.2 人参与到了创办时间不超过三年半的创业企业中去，在全球创业观察项目的 42 个成员中排在第 6 位，25～44 岁是参与创业活动最集中的年龄分布。总体而言，中国在全球的创业活动中处于活跃状态；生存型创业仍然是主导的创业类型；男性比女性更多地参与创业活动，绝大多数创业者是有就业经历的人；创业环境总体仍处于非良好状况；中国的创业处于创业意愿强、创业机会多、创业精神强、创业能力弱的状况等。

创业活动极大地促进经济增长。2006 年的数据显示，有 50%的新企业生产了新产品和使用新工艺，有 29%的新企业在未来五年能提供 20 个以上的工作岗位，有 44%的新企业能提供 1～5 个工作岗位。

10.2　创业活动及其本质

10.2.1　创业的内涵

Start-up 和 Entrepreneurship 两个英语单词都可以翻译为创业。长期以来，人们习惯于用 Start-up 表示创业，并把创业特指为创建新企业的过程。目前，这两个词之间已经通用，而且更习惯于用 Entrepreneurship，把创业理解为在不拘泥于当前资源条件的限制下对机会的捕捉和利用。因此，人们并不单纯研究个体的创业行为，而是将创业与创业精神拓展到已经存在的公司甚至是大公司，拓展到非赢利组织和整个社会，创业与创业精神成为动态复杂环境下管理者的思维模式和行为准则。通俗地说，创业就是泛指创造新事业。

10.2.2　创业的类型

目前对于创业活动的分类方法较多，现选择以下三种进行介绍。

1. 基于创业初始条件的分类

曾在哈佛商学院讲授创业课程的芝加哥大学教授毕海德强调创业并不单纯指企业家或创业团队创建新企业，大企业同样有创业行为。他将原创性的创业概括为五种类型，分别是边缘企业（Marginal Businesses）、冒险型的创业（Promising Start-Ups）、与风险投资融合的创业（VC-Backed Start-Ups）、大公司的内部创业（Corporate Initiatives）和革命性的创业（Revolutionary Ventures）。毕海德应用经济学的基本常识，结合大量的实际调查案例，对其中主要的四种类型的创业活动做了深入的对比，如表 10-1 所示。

表 10-1 不同创业类型的对比

因素	冒险型的创业	与风险投资融合的创业	大公司的内部创业	革命性的创业
创业的有利因素	创业的机会成本低 技术进步等因素使得创业机会增多	有竞争力的管理团队 清晰的创业计划	拥有大量的资金 创新绩效直接影响晋升 市场调研能力强 对R&D的大量投资	无与伦比的创业计划 财富与创业精神集于一身
创业的不利因素	缺乏信用,难以从外部筹措资金 缺乏技术管理和创业经验	尽力避免不确定性、又追求短期快速成长、市场机会有限 资源的限制	企业的控制系统不鼓励创新精神 缺乏对不确定性机会的识别和把握能力	大量的资金需求 大量的前期投资
获取资源	固定成本低 竞争不是很激烈	个人的信誉 股票及多样化的激励措施	良好的信誉和承诺 资源提供者的转移成本低	富有野心的创业计划
吸引顾客的途径	上门销售和服务 了解顾客的真正需求 全力满足顾客需要	目标市场清晰	信誉、广告宣传 关于质量服务等多方面的承诺	集中全力吸引少数大的顾客
成功基本因素	创业家及团队的智慧 面对面的销售技巧	企业家团队的创业计划和专业化管理能力	组织能力,跨部门的协调及团队精神	创业者的超强能力 确保成功的创业计划
创业的特点	关注不确定性程度高、但投资需求少的市场机会	关注不确定性程度低的、广阔而且发展快速的市场和新产品或技术	关注少量的经过认真评估的有丰厚利润的市场机会,回避不确定性程度大的项目	技术或生产经营过程方面实现巨大创新,向顾客提供超额价值的产品或服务

2. 基于价值创造的分类

关于创业的类型,还有一种较有代表的观点是,克里斯汀(B. Christian)等人依照创业对市场和个人的影响程度,把创业分为四种基本类型:复制型创业、模仿型创业、安家型创业和冒险型创业。

(1)复制型创业。1998年,伊利副总裁牛根生突然被总裁扫地出门后,带领手下几名干将创办了蒙牛乳业集团。这种创业模式是在现有经营模式基础上的简单复制。现实中这种复制型创业的例子特别多,且由于前期生产经营经验的累积而使得新组建公司成功的可能性更高。但这种类型的创业模式创新贡献较低,也缺乏创新精神的内涵,并不是创业管理研究的主流。

(2)模仿型创业。如家快捷酒店自创办以来,获得巨大成功,其经营模式很快被某些连锁酒店跟风模仿。这种创业模式虽然也很少给顾客带来新创造的价值,创新的成分并不算太高,但对创业者本身命运的改变还是较大的。相对来说,这种创业具有较大的不确定性,经营失败的可能性也比较大。但是对于那些具备创新精神的创业者,只要能够得到专门化的系统培训,注意把握市场进入契机,创业成功的可能性也比较大。

(3)安家型创业。例如,企业内部的研发小组在开发完成一项新产品后,继续在该公司开发另一种新产品项目。这种模式的创业对创业者个人命运的改变并不大，所从事的仍旧是原先熟悉的工作，但他的确不断地在为市场创造新的价值，为消费者带来实惠。安家型创业所强调的是个人创业精神的最大限度实现，而并不对原有组织结构进行重新设计和调整。

（4）冒险型创业。比如，某人用房子作抵押从银行贷款或向朋友借款，创办自己的公司，这种创业模式有可能改变个人的命运。从事一项全新的产品经营，个人前途的不确定性也很大，并且由于是创造新价值的活动，失败的可能性也很大。尽管如此，因为这种创业预期的报酬较高，对那些充满创新精神的人来说仍极富诱惑力。但是，它需要创业者较强的个人能力、适当的创业时机、合理的创业方案、科学的创业管理，具备这几个条件才有可能获得成功。

3. 基于创业主体的分类

根据创业活动的主体差异，创业活动可以分为个体创业和公司创业。个体创业主要是指与原有组织实体不相关的个体或团队的创业行为，而公司创业主要指由已有组织发起的组织的创造、更新与创新活动。虽然在创业本质上，个体创业和公司创业有许多共同点，但是由于起初的资源禀赋不同、组织形态不同、战略目标不同等，在创业的风险承担、成果收获、创业计划、创业成长等方面也有很大差异。

创业的本质体现在机会导向、创造性地整合资源、创造新价值、超前行动、创新和变革等方面。

10.2.3 创业过程

对创业过程的研究可以为创业者提供阶段性的模型，并启发创业者根据创业的特定阶段，采取相应的管理措施，以最大限度地提高创业的成功率。对于创业过程应该包括哪些阶段，有的学者从企业的生命周期角度考虑，认为创业过程会经历四个阶段，分别是创业前阶段、创业阶段、早期成长阶段及晚期成长阶段。奥利佛（Olive）从创业者个人的事业发展角度，将创业流程区分为八个步骤，如图10-1所示，并主张创业流程管理的重点在创立新事业的部分，只要创业达到获利回收，就算完成预期目标，至于有关企业的持续经营，则不属于创业管理的范畴。但也有不少人认为创业没有特定流程，因为创业活动会遭遇各种无法预知的风险事件，创业者必须灵活应对创业活动过程中可能出现的各种问题。不过，从理论角度而言，结构化的创业流程有助于学者们对创业管理活动进行有效的研究。

图 10-1　奥利佛关于创业流程的阶段划分

10.3　创业管理研究的主要内容

创业活动的活跃极大地推动了创业研究工作，创业研究正形成一股强劲的浪潮并进入管理学科的主流研究范畴。1987年,美国管理学会正式设立创业研究分部;1999年由美国百森商学院和伦敦商学院联合发起的国际性合作研究项目——全球创业观察(Global Entrepreneurship Monitor, GEM)到2003年已吸引了40个国家和地区参加;除《企业创业》杂志等专业学术期刊外,《管理学》杂志等顶级管理学杂志也出版了关于创业研究的专辑。创业作为一个新兴的学术研究领域正在进入"黄金时期"。浏览近期的研究成果可以发现,创业管理的研究先后经历了从关注谁是创业者、创业者干什么,逐渐发展到研究创业活动的一般过程和行为规律;从关注个体创业到公司创业、社会创业;从关注创业活动本身,到关注影响创业活动的内外部环境要素,形成了创业研究的基本框架。

10.3.1 创业机会与识别

1. 创业机会的内涵

创业机会是近年来国内外创业研究领域关注的关键内容之一。创业机会是一个动态概念。创业机会的最初状态是未精确定义的市场需求或未得到充分利用的资源和能力,对市场需求或未得到充分利用的资源或能力的发掘则需要精明的创业者的洞察力。对商业机会结合创业实践的深刻思考就会形成原始的商业创意或初步的商业概念。然后就是拟订商业计划,一个完整的创业计划不仅包括详细的和相互有差别的商业概念,还包括一个财务模型,用来估计所创造的价值以及这些价值如何在股东之间进行分配。随着进一步的发展,财务模型的详细程度和准确性逐渐得到提高,为以后编制现金流量表和识别影响现金流的主要风险提供基础。于是,创业机会发展到最复杂的形式,正式的现金流、活动日程安排和资源的需求都被添加到模型中来。最后就是在拟订的创业计划的基础上进行正式的新创企业活动。从商业机会的发掘、开发到新企业建立的全过程如图10-2所示。

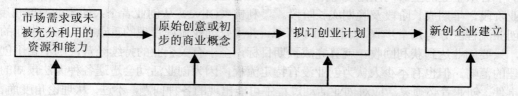

图10-2 从创业机会到新创企业的循环往复开发过程

从上图可以看出,从创业机会的识别到新创企业的建立是一个循环往复的开发过程。当然以上过程只是新创企业或新事业成立的一般形式,有些原始的商业创意并不明确,有些企业可能并没有完整清晰的书面创业计划。因此,一些企业是从不完整或不系统的创业计划中产生的。从创业机会的最初形成到新企业的形成,理论上是一个有序的系统化过程。但在实践中,这一过程很少是有序或完全系统化的。

机会窗口(window of opportunity)并不是永远打开的,有的机会窗口打开时间很长,有的则非常短。当时机尚未来临,再好的创新构想也很难引发投资者的兴趣。纵然投入在机会窗口打开之际,如果打开的时间短暂,恐怕尚未收回投资,市场利润的空间就已经消失了。美国的一项对创业投资的研究调查发现,当机会窗口的时间短于3年,新事业投资失败率则高达80%以上;如果机会窗口的时间超过7年,则几乎所有投资的新事业都能够获得丰厚的回报。

2. 创业机会识别的关键影响因素

同样的机会，为什么有的人注意并抓住了，而有的人则没有，这就是创业机会的识别与开发问题。正确地筛选与识别创业机会是成功创业者具备的重要素质之一。许多学者对此进行了研究，发现了一些影响创业机会识别的关键因素。

（1）创业洞察力。柯兹纳是第一位使用"洞察力"（alertness）的学者。他着眼于市场过程的考察，指出由于经济中的当事人并不能掌握所有信息，市场的状态不是一个均衡状态：有的地方购买价格较高，而另一些地方卖价较低，因此就存在着大量低买高卖的市场机会。企业家就是那些对变化着的环境或被普通人忽视了的机会保持警觉的人。

（2）先前知识。谢恩（Shane）认为创业者更容易发现机会是因为先前知识有助于认识到有价值的新信息。他强调，任何创业者只能发现与其先前知识相关的创业机会。主要有三类先前知识对创业机会感知过程至关重要，分别是先前市场知识、先前市场服务方式知识和先前顾客问题知识。

（3）社会关系网络。赫尔斯（Hills）等人的调查研究发现具备更多社会关系网络的创业者较单独创业者能够发现更多的创业机会。社会关系网络作为创业企业的重要隐性资源，对于创业企业的生存和发展具有重要的推动和促进作用。资料显示，成功的创业企业通常能够从其社会关系网络中捕捉商机、获取资源，并以此为契机，创造出单凭创业企业的显性资源（人力、设备、资金、技术等）所无法实现的价值。

（4）个人特质。相关研究表明，有两项个人特质与成功的机会感知有关。首先，许多学者的研究表明，创业者的自信乐观态度是新创企业成功的重要内在因素，而瞻前顾后、患得患失、犹豫不决是创业的大忌。第二项个人特质是创造力。凯（Kay）认为创造力在创业决策中起着重要作用。赫尔斯（Hills）等人的调查发现：90%的被调查者认为创造力对创业机会感知非常重要，并且创造力对独自创业者的作用较具备社会关系网络的创业者更为显著。创造力就是做与众不同的事的能力，很多人身上都有创造能力。一些研究表明，事实上，创造力在一个人小学一年级的时候达到顶峰，因为在这之后，人的生活逐渐被其他制度变得结构化、模式化；而且，学校里的教育比孩提时代更强调学科发展和精确思考的重要性，小学以上的教育强调推理、思考的逻辑和理性模式，更何况现在的应试教育往往让人们无能为力；最后，社会压力也趋向于向创造力实施压力，使它变得平淡无奇。蒂蒙斯认为创造力是可以通过学习得到提高的，这个观念对于那些需要提升创造性思维的创业者来说，具有十分重要的意义。实践证明，通过专业培训可以提升人们的创造力水平。

3. 创业机会的评价

识别创业机会是创业的开端。如何评价一个创业机会，这无论是对创业者还是创业资本的提供者来说都是极为重要的。有价值的创业机会固然重要，但是必须有合适的创业者来开发。因此，对创业机会的评价离不开客观的创业机会和主观的创业者及其团队两个方面。

（1）可行性标准法。

创建一家新企业的首要任务就是对酝酿中的产品或服务的可行性作准确的分析和评价，以确定他们的提议中是否存在致命的缺陷。可行性标准法（feasibility criteria approach）是一种标准选择列表的方式，创业者可以从中看出其企业的生存能力。它是基于以下问题的。

① 它是专有的吗？可以不必有专利权，但是必须具备充分的独占权以保证对竞争者长期的领先，使得在企业的早期能够获取超额利润以抵消其创业成本。

② 初始阶段的生产成本是否估计充足？大多数预算都会过低，要进行详细的分析，避免大额意外费用的发生。

③ 初始阶段的营销成本是否估计充足？这需要企业确定其目标市场、营销渠道及发展战略才能回答。

④ 产品是否具有较高边际利润潜力？这对于初创企业几乎是必需的，金融界只看重边际利润，没有较高的边际利润将很难筹集资金。

⑤ 产品上市及到达盈亏平衡点的时间是否估计充足？大多数情况下是越快越好。任何时候，企业计划都必须谨记这个时间，此时的任何错误都将造成以后的麻烦。

⑥ 潜在市场大不大？在预测潜在市场时，创业者必须对未来 3~5 年的市场进行判断，因为一些大市场可能需要经过长时间才出现。比如移动电话市场，1982 年的需求仅为 40 万部，然而到 20 世纪 90 年代晚期，据估计这个市场至少年增长 45%。

⑦ 产品是否是一组系列产品中首先面世的？如果是，对投资者就更有吸引力了，因为即使它无法实现巨大的回报，也会在后续产品上市后得以实现。

⑧ 拥有可获得的客户吗？企业若能列出它前十位可获得的客户名单，无疑会给其金融支持者留下深刻的印象。存在潜在需求就意味着企业第一个季度的结果可能是好的，可以直接把注意力放在余下的几个季度了。

⑨ 该行业是增长型行业吗？当然，如果公司及其赢利良好，行业增长就并非是必须的。但处在这些行业中的公司，允许它们犯错的余地必定很小。相反，在一个增长型行业中，优秀的公司会做得更好。

⑩ 产品及其需求能为金融界所理解吗？如果金融家能明白产品的理念和价值，筹集资金的机会就更大。比如，监听冠状动脉的便携式心脏监听器就是一种常人可以理解的产品。也许听到这个名词的一些人已经患有冠状动脉疾病或类似的心脏疾病了。

这种标准选择方法提供了一种分析新建企业内部强项和弱项的方法，它主要关注评估中市场潜力和行业潜力这两个重要的方面。如果新建企业能够达到的上述标准还不足六条，它就是典型的缺乏筹资可行性。如果新企业能达到七项以上的标准，它将可以有一个筹资的良好机会。

（2）创业机会与创业者及其团队结合的评价方法。

以上方法的重要缺陷是忽视了创业机会的开发者——创业者及其团队的作用。其实，好的创业者及其团队善于发现别人发现不了的机会，甚至可以为自己创造发展的机会。同时，好的机会只能与适当的创业团队相匹配才能取得良好的创业业绩。从许多对创业投资进行的项目筛选标准看，按照重要性主要分为创业者及其管理团队素质、产品或服务的市场潜力、产品或服务的独特性三大类。

蒂蒙斯提出的七大类评估标准基本上涵盖了以上三个方面，包括行业与市场、经济因素、收获条件、竞争优势、管理团队、创业者的个人标准、理想与现实的战略性差异等变量。评估标准中的任何一项主要优势都可能会是成功的诱因，而任何一项缺点，也都可能会是致命伤。

基于蒂蒙斯的分析框架，清华大学创业研究中心的姜彦福和邱琼，对基于中国创业者和管理者的创业机会重要性指标的排序进行了调查研究（调查时间是 2004 年），调查对象是清华大学经济管理学院总裁班学员。他们将被调查者分为两组：一组是资深创业者，这些人有过创业经历、工作时间超过 10 年、现在担任企业高层管理职务；另一组是一般管理者。通过对比这两个群体的观点，得出二者在进行机会评价时重视的指标序列的差异，见表 10-2 所示。

表 10-2 被调查者对创业机会评价的大类指标的评分结果

机会评价的大类指标	资深创业者评分	管理者评分
致命缺陷	4.31	4.00
管理团队	4.03	3.81
竞争优势	3.84	3.68
个人标准	3.78	3.78
收获条件	3.67	3.56
战略性差异	3.65	3.55
经济因素	3.61	3.45
行业与市场	3.60	3.38

从指标大类的评价结果来看,除个人标准一类外,资深创业者对其他七类指标的重要性评分都高于一般管理者评分,分值差距在 0.10~0.31。这说明,资深创业者对这些指标的认识更为全面,蒂蒙斯机会评价框架更适用于创业者。

在八类指标中,"机会是否存在致命缺陷"一项单独成为一大类,是资深创业者和一般管理者都最重视的方面,也是双方评分均值差距(0.31)最大的方面。反映出资深创业者与一般管理者的重要差异。机会如果存在致命缺陷,会使创业活动的未来陷入困境,资深创业者借其创业活动的经验对此体会更为深刻。

在指标大类上,资深创业者与一般管理者的重要差异还表现在管理团队和行业与市场因素的重视程度上,这两类的评分差距为 0.22。不过,在个人标准这一类指标上,两者表现出比较一致的认识,说明资深创业者与一般管理者都要求创业活动能与个人目标相吻合。

10.3.2 编制一份有效的商业计划书

没有商业计划就不能筹集到资金。商业计划(Business Plan)是详述新创建企业的书面文件。包括了对当前形势、预期需求、预期困难、新企业财务效果的描述。它涵盖了企业的各个方面:项目、市场、研发、制造、管理、融资、关键风险、时间进度表等。所有这些方面的描述展现了一幅清晰的画面:本企业是什么;企业的发展方向是什么;企业家怎样达到他的目标。总之,商业计划是企业家成功创建企业的路线图。阅读商业计划的常是一些专业人员:风险资本家、银行家、投资者、潜在大客户、律师、顾问、供应商等。

1. 编制商业计划的重要准则

(1) 让计划书短小精悍。

阅读商业计划的都是一些珍惜时间的重要人物。因此商业计划不但要清晰明确而且要简洁精练。比如实施概要应直接切入要点,不要超过三页,计划书总长度除去附录不能超过 50 页。

(2) 避免不切实际的夸张。

计划书要实事求是,收入估计、企业增长潜力、纯利润都不能夸大。最好的、最差的、最有可能的方案都要反映在计划中。

(3) 对企业的发展前景充满信心。

应该详细描述企业未来的打算,说明这些产品或服务将带来怎样的机会。

(4) 突出关键困难和风险。

在投资者提出之前讨论风险相当重要,比如:当出现竞争者降价、原材料采购困难、制造成本超过预算等情况时,如何采取应变措施。

(5) 证明你的创业团队是最佳的。

应介绍所有关键人物的简历,以及这些人怎样形成一个优势互补的高效团队来经营管理企业。

(6) 避免过于多样化。

新企业在成为一个实力雄厚的成功企业之前不应该进入多样化的市场或从事多样化生产。

(7) 识别目标市场。

仅仅是创业者喜好此产品或服务并不意味着别人会购买它。因此市场调研一定要进行市场细分,寻求潜在消费者。

(8) 吸引读者的兴趣。

计划书应通过介绍项目的独特性而立刻吸引投资者。要吸引读者的兴趣,让他们产生读下去的欲望,扉页和实施概要是主要工具。

(9) 合理组织和包装计划书。

目录、实施概要、附录、例证、图表、正确的语法、各部分合理的编排、整体整洁都是一份商业计划书不可忽视的重要因素。从某个意义上看,一份商业计划就是一个艺术品。

2. 商业计划书的组成部分

一份商业计划书的完整提纲见表 10-3 所示。

表 10-3 商业计划书的组成部分

第一部分:实施概要	C. 董事会、顾问、咨询人员
第二部分:企业描述	第六部分:财务
A. 企业简介	A. 预算计划
B. 行业背景	B. 成本控制
C. 产品或服务的独特性	C. 现金流
第三部分:市场营销	D. 盈亏平衡分析
A. 目标市场(客户)	E. 敏感性分析
B. 市场规模和趋势	F. 利润和损失
C. 市场竞争	第七部分:关键风险
D. 估计市场份额	A. 潜在的问题
E. 分销渠道	B. 障碍和风险
F. 定价	C. 可选择的行动方案
G. 广告和促销	第八部分:收获战略
第四部分:经营	A. 资产转让
A. 选址	B. 确认继承人
B. 供应商	第九部分:里程碑计划
C. 运输	A. 时间和目标
第五部分:管理	B. 最终期限和里程碑
A. 管理团队——关键人员	C. 事件之间的联系
B. 法律结构——股权协议、雇佣协议等	第十部分:附录和参考文献

10.3.3 创业融资的主要渠道

创业融资是创业的核心活动之一。创业是高风险的活动,通常无法依靠传统的融资方式,即银行贷款、债券或股票市场筹资来获得资金。创业融资主要有三种渠道:一是自有资金、亲戚朋友借贷和天使投资;二是风险投资基金(VC);三是创业板市场上市融资。在创业的早期发展阶段,融资以私人资本和风险投资基金为主。

1. 自有资金、亲戚朋友借贷和天使投资

从总体上看,中国创业的金融支持最主要的来源是自有资金、亲戚朋友投资或其他私人股权投资。我国的私营中小企业在创业初始阶段几乎完全依靠自筹资金,而90%以上的初始资金都是由主要的业主、创业团队成员及家庭提供,银行、其他金融机构贷款所占的比重很小。

天使投资通常是指自由投资者或非正式风险投资机构对原创项目进行早期投资,以帮助那些非常年轻的公司得以迅速启动创业计划。在风险投资领域,"天使"指的是原创项目的第一批投资人,这些投资人专注于对原创项目的前期投资,甚至当这些项目还仅处于一纸商业计划书的阶段。

在美国硅谷,关于天使投资最常被人引用的经典案例是,1998年,两位还没毕业的穷学生去向Sun公司的共同创始人安迪·贝托尔斯海姆讲述他们的创业梦想,讲了半天,老头不是很理解,但是被两个年轻人的激情和梦想所感染,对他们说:我听不懂你们的商业模式,先给你们一张支票,半年之后告诉我你们在做什么。于是,靠着这20万美元支票起家,两个人一步步打造出了今天的Google,而贝托尔斯海姆的20万美元后来演变成近3亿美元。这样的例子也在中国上演:张朝阳的"爱特信"得到其老师美国麻省理工学院尼古拉·庞帝教授的20多万美元天使投资,后转型为搜狐网,并发展到今天的规模;2000年李彦宏和徐勇借助120万美元的天使投资,创建了现已经在纳斯达克上市的百度。

一般来说,天使投资的资金来源大多是民间资本。天使投资人除了追求经济上的回报,还追求一种精神上的回报。他们在事业上曾经取得辉煌成就,拥有雄厚的经济实力,更具有丰富的经营管理经验,但由于年龄或社会地位等因素的制约,不大可能从零开始艰苦创业。他们会寻找好的管理团队和具有发展潜力的行业,通过志同道合的创业者进一步实现自己的梦想。

2. 风险投资

伴随着搜狐、新浪网在中国市场上的异军突起,大量海外风险投资已蜂拥而入。风险投资这一新名词也日益为人们所知晓。风险投资发源于美国,在美国取得了令人瞩目的成功。在许多世界著名的高科技公司,如Cisco、Yahoo和Amazon的背后,都有风险投资的身影。可以这么说,离开了风险投资的神来之笔,就不可能产生硅谷的企业神话。

什么是风险投资?风险投资俗称"风投"。从概念上看,"风投"是指对以高新技术为基础,生产与经营技术密集型产品的投资。他们所关注的往往都是具有高风险、高潜在收益的项目,追求的是短时期内的高回报率。他们对年回报率25%以下的项目一般不会考虑,因为只有高回报率的项目,才能让"风投"真正获得丰厚的回报。因此,与其说"风投"是"风险投资",还不如说是"创业投资"更加合适。

风险投资和传统投资最大的不同在于,"风投"不但为企业提供快速发展所急需的资金,更为重要的是还给予企业管理上的扶持,包括提供法律、财务、人力资源、政府关系、企业关系等一系列的服务。而这对一个企业的快速成长是至关重要的。

"风投"相当于企业的合作伙伴。因此"风投"们特别看重合作团队的实力和发展空间,他们甚至会将未来的合作伙伴的经历调查清楚。携程网最初受到 IDG 的青睐,优势互补的团队是决定性的因素。

风险投资主要来自于风险投资公司,还有跨国公司和投资银行所设立的风险投资基金。作为最早进入中国市场的美国风险投资公司之一,IDGVC Partners 已成为中国风险投资行业的领先者,管理总金额达 8 亿美元的风险基金。IDGVC Partners 投资于各个成长阶段的公司,主要集中于互联网、通讯、无线、数字媒体、半导体和生命科学等高科技领域。目前已经在中国投资了 100 多个优秀的创业公司,包括携程、百度、搜狐、腾讯、金蝶等公司,已有 30 多家所投公司公开上市或并购。

3. 创业板市场上市融资

创业板在有的国家也叫二板市场。二板市场是与主板市场相对应存在的概念。

二板市场主要服务于新兴产业尤其是高新技术产业,在促进高新技术产业的发展和进步方面发挥至关重要的作用。美国的纳斯纳克是二板市场的典型,素有"高科技企业摇篮"之称,培育了美国的一大批高科技巨人,如微软、英特尔、苹果、思科、戴尔等,对美国以电脑信息为代表的高科技产业的发展以及美国近年来经济的持续增长起到了十分重要的作用。在纳斯纳克巨大的示范作用下,世界各大资本市场也开始设立自己的二板市场。1999 年 11 月,香港创业板正式成立。

二板市场与主板市场的最大区别在于其极强的针对性,主要发行人为高科技领域内运作良好、成长性强的高科技企业,而对企业规模和过去的经营业绩要求较低。二板市场有着风险较高、监管严格等特点。

2009 年 7 月,中国深圳证交所发布了《深圳证券交易所创业板股票上市规则(征求意见稿)》,意味着中国第一个纳斯达克式的股票市场向正式推出迈出了重要一步。此举还意味着,创业板的准备工作已经进入最后阶段,相信创业板上市时间指日可待。

当然,创业管理研究还包括创业初期的管理、创业企业的成长和发展以及如何在组织中保持和强化创业精神等内容,有兴趣的读者可以参阅其他相关专著。

10.4 模糊综合评判法在创业机会评价中的应用

创业是极具风险的活动。正确识别和评价创业机会,这对创业资本的提供者和创业者都十分重要。近几年来,理论界提出了一些关于创业机会识别与开发的方法模型。总的来说,这些评价方法显得比较粗略、主观。模糊综合评判法根据模糊数学的隶属度理论把定性评价转化为定量评价,较好地解决了一些边界不清的、难以量化的问题,具有结果清晰、系统性强的特点,适合各种非确定性问题的解决。将该方法引入创业机会的综合评价中,与以往的方法相比,评价结果更加客观、可靠。

10.4.1 创业机会综合评价的指标体系

有价值的创业机会固然重要,但必须有合适的创业者来开发,因此对创业机会的评价离不开客观的创业机会和主观的创业者及团队两个方面。

（1）Timmons 概括总结了一个评价创业机会的框架，其中涉及八大类 53 项指标。在 Timmons 的机会评价框架下，提出创业机会综合评价的指标体系，如图 10-3 所示。

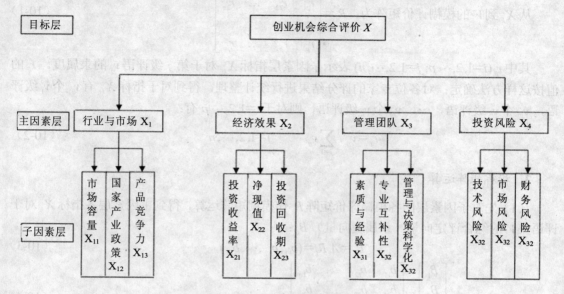

图 10-3　创业机会综合评价指标体系

（2）指标体系的评分方法。

采用专家评分法，各指标的评语均设为"优"、"良"、"中"、"差"四种，以衡量被评价项目在该指标上的表现。

（3）为了确定主因素层与子因素层各指标的权重，本文采用层次分析法中确定权重的方法，即通过两两重要性比较建立判断矩阵，再解矩阵特征值求出权重值。

10.4.2　模糊综合评价法的基本步骤

1. 建立有关模糊集，确定各层权重集

（1）令 X 为总目标层指标，定义主因素层指标集：$X=(X_1,X_2,\cdots,X_m)$，$X_1,X_2,\cdots,X_m$ 均为主因素层的指标，相应的权重集为 $A=(a_1,a_2,\cdots,a_m)$，其中 $a_k(k=1,2,\cdots,m)$ 表示主因素指标 X_k 在目标层指标 X 中的权重，$\sum_{k=1}^{m}a_k=1$。

（2）定义主因素层各指标的子因素指标集：$X_k=(X_{k1},X_{k2},\cdots,X_{kp})$，$X_{k1},X_{k2},\cdots,X_{kp}$ 均为子因素层的指标，相应的权重集为：$A_k=(a_{k1},a_{k2},\cdots,a_{kp})$，其中 $a_{ki}(i=1,2,\cdots,p)$ 表示子因素指标 X_{ki} 在主因素层指标 X_k 中的权重，$\sum_{i=1}^{p}a_{ki}=1$。

（3）定义评语集为 $V=(v_1,v_2,\cdots,v_n)$，其中 $v_j(j=1,2,\cdots,n)$ 表示由高到低的各级评语。本文取 $n=4$，v_1、v_2、v_3、v_4 分别代表评语为优、良、中、差。该评语集对应的分值向量为 $C=(c_1,c_2,\cdots,c_n)$，其中 c_j 是评语 v_j 对应的分值。

2. 评判矩阵的确定

从 X_k 到 V 的模糊评价矩阵为：$R_k = \begin{bmatrix} r_{11} & r_{12} & \cdots & r_{1n} \\ r_{21} & r_{22} & \cdots & r_{2n} \\ \vdots & & & \\ r_{p1} & r_{p2} & \cdots & r_{pn} \end{bmatrix}$ （10-1）

其中 $r_{ij}(i=1,2,\cdots p; j=1,2,\cdots,n)$ 表示子因素层指标 X_{ki} 对于第 j 级评语 v_j 的隶属度。r_{ij} 的值按这样方法确定：对各位专家的评分结果进行统计整理，得到对于指标 X_{ki} 有 v_{i1} 个 v_1 级评语，v_{i2} 个 v_2 级评语，……，v_{in} 个 v_n 级评语，则对于 $i=1,2,\cdots p$ 有：

$$r_{ij} = v_{ij} / \sum_{j=1}^{n} v_{ij} \qquad j=1,2,\cdots,n \tag{10-2}$$

3. 模糊矩阵运算

（1）先对子因素层的各模糊评价矩阵 R_k 作模糊矩阵运算，得到主因素层各指标 X_k 对于评语集 V 的综合评定向量（隶属度向量）B_k：

$$B_k = A_k R_k = (b_{k1}, b_{k2}, \cdots, b_{kn}) \tag{10-3}$$

（2）记 $R = \begin{bmatrix} B_1 \\ B_2 \\ \vdots \\ B_m \end{bmatrix} = \begin{bmatrix} b_{11} & b_{12} & \cdots & b_{1n} \\ b_{21} & b_{22} & \cdots & b_{2n} \\ \vdots & & & \\ b_{m1} & b_{m2} & \cdots & b_{mn} \end{bmatrix}$ （10-4）

R 为主因素层指标的模糊评价矩阵，再对 R 进行模糊运算，得到目标层指标 X 对于评语集 V 的综合评定向量 B：

$$B = AR = (a_1, a_2, \cdots, a_m) \begin{bmatrix} B_1 \\ B_2 \\ \vdots \\ B_m \end{bmatrix} = (b_1, b_2, \cdots, b_n) \tag{10-5}$$

如果 $\sum_{j=1}^{n} b_j \neq 1$，则可做归一化处理，令 $\tilde{b}_j = b_j / \sum_{j=1}^{n} b_j$，得到：

$$\tilde{B} = (\tilde{b}_1, \tilde{b}_2, \cdots, \tilde{b}_n) \tag{10-6}$$

$\tilde{B}$ 为目标层指标 X 对于评语集 V 的隶属度向量。其中，$\tilde{b}_1, \tilde{b}_2, \cdots, \tilde{b}_n$ 分别表示 X 对于评语 v_1、v_2、v_3、v_4 的隶属度。

4. 评价结果的综合判定

对于每一级评语 $v_j(j=1,2,\cdots,n)$，赋予一个相应的分值，并计算综合评价值 G，即为最终评价结果。

$$G = \tilde{B}C^T \tag{10-7}$$

对于多个创业机会的比较，可以按照每一机会的 G 值大小进行排序，然后择优。

10.4.3 实例分析

某投资者欲创建一个网上小礼品公司,目标市场是在校大学生和年轻白领。通过广泛征询专家意见,得到子因素层各指标的隶属度,以及各层指标的权重值(利用层次分析法计算而得),经统计整理后得到表 10-4。

表 10-4 各指标的权重和隶属度

目标层	主因素层	子因素层	隶属度			
			优	良	中	差
创业机会综合评价	行业与市场(0.16)	市场容量(0.40)	0.2	0.5	0.2	0.1
		国家产业政策(0.20)	0.3	0.4	0.2	0.1
		产品竞争力(0.40)	0.2	0.4	0.3	0.1
	经济效果(0.38)	投资回收率(0.40)	0.7	0.2	0.1	0.0
		净现值(0.28)	0.6	0.2	0.1	0.1
		投资回收期(0.32)	0.7	0.2	0.0	0.1
	管理团队(0.20)	素质与经验(0.53)	0.3	0.3	0.3	0.1
		专业互补性(0.26)	0.3	0.4	0.2	0.1
		管理与决策科学化(0.21)	0.2	0.4	0.3	0.1
	投资风险(0.26)	技术风险(0.40)	0.8	0.1	0.1	0.0
		市场风险(0.25)	0.3	0.3	0.2	0.2
		财务风险(0.35)	0.5	0.3	0.1	0.1

先计算行业与市场 X_1 的综合评定向量 B_1。

由于 X_1 的模糊评价矩阵为:$R_1 = \begin{bmatrix} 0.2 & 0.5 & 0.2 & 0.1 \\ 0.3 & 0.4 & 0.2 & 0.1 \\ 0.2 & 0.4 & 0.3 & 0.1 \end{bmatrix}$

因此,X_1 的综合评定向量(隶属度向量)为:

$$B_1 = A_1 R_1 = (0.40 \quad 0.20 \quad 0.40) \begin{bmatrix} 0.2 & 0.5 & 0.2 & 0.1 \\ 0.3 & 0.4 & 0.2 & 0.1 \\ 0.2 & 0.4 & 0.3 & 0.1 \end{bmatrix}$$

$$= (0.22 \quad 0.44 \quad 0.24 \quad 0.10)$$

同理计算可得,经济效果 X_2 的综合评定向量分别为:

$$B_2 = A_2 R_2 = (0.40 \quad 0.28 \quad 0.32) \begin{bmatrix} 0.7 & 0.2 & 0.1 & 0.0 \\ 0.6 & 0.2 & 0.1 & 0.1 \\ 0.7 & 0.2 & 0.0 & 0.1 \end{bmatrix}$$

$$= (0.672 \quad 0.20 \quad 0.068 \quad 0.06)$$

管理团队 X_3 的综合评定向量分别为:

$$B_3 = A_3 R_3 = (0.53 \quad 0.26 \quad 0.21) \begin{bmatrix} 0.3 & 0.3 & 0.3 & 0.1 \\ 0.3 & 0.4 & 0.2 & 0.1 \\ 0.2 & 0.4 & 0.3 & 0.1 \end{bmatrix}$$

$$= (0.279 \quad 0.347 \quad 0.274 \quad 0.10)$$

投资风险 X_4 的综合评定向量分别为:

$$B_4 = A_4 R_4 = (0.40 \quad 0.25 \quad 0.35) \begin{bmatrix} 0.8 & 0.1 & 0.1 & 0.0 \\ 0.3 & 0.3 & 0.2 & 0.2 \\ 0.5 & 0.3 & 0.1 & 0.1 \end{bmatrix}$$

$$= (0.57 \quad 0.22 \quad 0.125 \quad 0.085)$$

因此，主因素层的模糊评价矩阵为：

$$R = \begin{bmatrix} 0.22 & 0.44 & 0.24 & 0.10 \\ 0.672 & 0.20 & 0.068 & 0.06 \\ 0.279 & 0.347 & 0.274 & 0.10 \\ 0.57 & 0.22 & 0.125 & 0.085 \end{bmatrix}$$

目标层指标 X 对于评语集 V 的综合评定向量为：

$$B = AR = (0.16 \quad 0.38 \quad 0.20 \quad 0.26) \begin{bmatrix} 0.22 & 0.44 & 0.24 & 0.10 \\ 0.672 & 0.20 & 0.068 & 0.06 \\ 0.279 & 0.347 & 0.274 & 0.10 \\ 0.57 & 0.22 & 0.125 & 0.085 \end{bmatrix}$$

$$= (0.494 \quad 0.273 \quad 0.152 \quad 0.081)$$

采用百分制对评语集的各等级赋值，如表 10-5 所示。

表 10-5 专家评价标准

评价标准	优	良	中	差
评价分数	90	70	50	30

计算该创业机会的综合得分：

$$G = BC^T$$

$$= (0.494 \quad 0.273 \quad 0.152 \quad 0.081) \begin{bmatrix} 90 \\ 70 \\ 50 \\ 30 \end{bmatrix}$$

$$= 0.494 \times 90 + 0.273 \times 70 + 0.152 \times 50 + 0.081 \times 30$$

$$= 73.6$$

由计算结果可以看出，创立网上小礼品公司的综合得分为 73.6，该创业机会的综合评价为良。

10.5 创业管理的案例分析

案例：QQ 秀演绎当代经营神话[①]

提起马化腾这个名字，你可能有些陌生，但对互联网上那只戴着红领巾的小企鹅 QQ 形

---

① 本案例分析由世界企业文化网：http://www.wccep.com/special/List_73_1.Html 的腾讯企业文化专题资料改编。

象，你一定非常熟悉了。它改变了数亿人的沟通习惯，创造了一种网络时代的文化，引领出了一种新的营利模式，并取得了广泛的国际影响。QQ 的孕育者就是马化腾。这个只有 37 岁的中国人在世界和中国经济界可谓抢尽风头：由美国《时代》周刊和有线新闻网（CNN）评选的 2004 年全球最具影响力的 25 位商界人士中，马化腾榜上有名；马化腾荣膺香港理工大学第四届紫荆花杯杰出企业家奖；捧走"2004CCTV 中国经济年度人物新锐奖"奖杯。

10 年来，马化腾把"聊天"当成事业，在网络即时通讯领域干出了一番引人注目的成绩。与别的网络新贵不同，马化腾极少公开露面，也不爱与媒体打交道。这是低调的表现，当然也可能是出于傲慢，因为 QQ 现在已经足够强大。

1984 年就随父母从海南来到深圳的马化腾曾经很喜欢天文，但那毕竟有些遥远，当计算机出现在他面前的时候，他的生活便有了新的主宰。

在深圳大学读计算机专业的时候，马化腾的计算机水准已令老师和同学刮目相看，他既是各种病毒的克星，会为学校的 PC 机维护提供不错的解决方案，同时又经常干些将硬盘锁住的恶作剧，让学校机房管理员哭笑不得。

1993 年从深圳大学毕业后，马化腾进入深圳润迅公司，开始做软件工程师。工作之余，这个文静的年轻人最大的爱好就是上网。当时的深圳，真正了解互联网的人还不多，马化腾是最早的一批网虫之一。一个偶然的机会，马化腾看到了基于 windows 系统的 ICQ 演示，他开始思考是否可以在中国推出一种类似 ICQ 的集寻呼、聊天、电子邮件于一身的中文 ICQ 软件。1998 年 11 月，马化腾利用炒股所得的资金与大学同学张志东注册了自己的公司，这就是腾讯公司之初，从此他踏上了创业征途。

跟其他刚开始创业的互联网公司一样，资金和技术成了腾讯最大的问题。"先是缺资金，资金有了软件又跟不上。"当时公司的主要业务只是为深圳电信、深圳联通和一些寻呼台做项目，QQ 只是公司的副产品。这家由十几个人组成的公司力量十分单薄，创业的艰难让马化腾和他的同事们疲于奔命。马化腾回忆，在那时的深圳，这样的公司有上百家，他当时只有一个愿望，就是公司能生存下来。

公司创建 3 个月后，马化腾和他的同事们终于开发出第一个"中国风味"的 ICQ，这就是 QQ 的前身。可是这个后来风靡全国并为腾讯公司创造巨大财富的聊天工具并没有给当时的腾讯人带来太多喜悦，因为那时国内也有好几款同类的软件，用户也不多，没有人看好马化腾的 OICQ。

然而这位 1971 年出生的倔强的潮州人不肯服输，他认定这个聊天工具中隐含着巨大的商机。马化腾抱着试试看的心态把 QQ 放到互联网上让用户免费使用，就连马化腾本人也没有料到，这个不被人看好的软件在不到一年就发展了 500 万用户。大量的下载和暴增的用户量使马化腾兴奋的同时，也让腾讯难以招架，因为人数增加就要不断扩充服务器，而那时一两千元的服务器托管费让小作坊式的腾讯公司不堪重负。没有资金更新设备，工作人员也快发不出工资，"我们只能到处去蹭人家的服务器用，最开始只是一台普通 PC 机，放到具有宽带条件的机房里面，然后把程序偷偷放到别人的服务器里面运行。"

在马化腾为资金而犯难的时候，他起了要把 QQ 卖掉的想法，先后和四家公司谈判，都终以失败告终。马化腾下定决心留下这个给自己带来麻烦的"孩子"，并把它培养长大。于是马化腾拿着改了 6 个版本、20 多页的商业计划书开始四处筹钱，国内筹不到就寻找国外的风险投资。几经周折，功夫不负有心人，马化腾遇到了 IDG 和盈科数码，"他们给了我们 220 万美元，分别占公司 20%的股份"，利用这笔资金，马化腾给公司买了 20 万兆的 IBM

服务器。"当时放在桌上,心里别提有多美了",马化腾喜不自禁地回忆。

不过马化腾很清楚,光靠国外的风险投资是不够的,他开始想办法从客户身上挣钱,因为如果每个用户愿意花1至2元的话,就是近4亿元的收入。有一次他发现韩国有种给虚拟形象穿衣服的服务,于是马化腾把它搬到了QQ上。他还找来了诺基亚和耐克等国际知名公司,把这些公司最新款产品放到网上,让用户下载。所有注册用户都可以得到他们一如既往的免费服务,以满足其即时通信需求,而想享受到更具诱惑力的体验性增值服务,就必须付出相应的费用。这一措施使腾讯逐步走上了健康发展良性循环的轨道。目前这一块业务增长很快,有超过40%的用户已尝试过购买。

天相投资公司董事长林义相曾这样评价马化腾:"他改变了我们很多人的生活方式,很多人认为QQ纯粹是个简单的交易或者沟通方式,这种方式的改变实际上改变了人的生活方式。"现在街头随处可见QQ族产品,可爱的小企鹅形象已经走进了千家万户。不过最让马化腾自豪的一件事是现在的腾讯公司时常会收到用户寄来的喜糖,说是通过QQ,让他们认识并结了婚。毫无疑问,QQ软件在网恋上的成功事例在一定程度上体现了马化腾倡导的娱乐与实用相结合的初衷。

腾讯成功了,马化腾出名了。如今,腾讯QQ已经拥有超过1.6亿的用户群和730万付费会员,同时拥有1310万的注册短信用户,成为亚洲第一、世界第三的即时通讯运营商。2004年前三季度,腾讯盈利达3.28亿。05年6月份,腾讯成功在香港上市,又募集了2亿美元的资金,当年弱不禁风的小树苗终于长成了参天大树。

马化腾每天大部分时间都在网上,他上网只有一个目的,在互联网的犄角旮旯里发掘新的商机。随着免费即时通讯的不断开发,即时通讯工具如微软的msn、网易的泡泡、UC、ICQ、Yahoo Messenger、Microsoft .NET Messenger、AOL的Instant Messenger等,层出不穷,他们纷纷向QQ的垄断地位发起进攻。面对竞争,马化腾并不担心,因为即时通讯市场非常特殊,并不是简单地卖一个软件产品就可以了事的。产品、服务、运营三者任何一方面缺位,都无法满足用户的需求。腾讯在国内运营了几年,这方面的优势已经凸显出来。而其他的新产品从构筑运营到服务体系,有很长一段路要走。谈到这里,这位年轻的CEO举重若轻地说:"在战略上我们欢迎竞争,但在战术上我们非常重视竞争对手。我们会做很多具体的分析,比较各自的优劣短长,挖掘用户的潜在需求。"

事实上,面对激烈的市场竞争,腾讯早已采取了相应的策略:向游戏进军。前不久,腾讯公司在北京举行了一个活动,庆祝他们刚刚推出一年的QQ游戏突破100万用户。而QQ游戏的推出正是腾讯挖掘用户在即时通讯以外的娱乐需求以应对激烈市场竞争的一个重点。

马化腾向记者透露,今后腾讯将继续加强网络游戏业务,并杀入网上拍卖业务市场,从而使腾讯的整体收入有所提高。在网络游戏业务上,腾讯计划今后每月至少推出一款小型在线游戏;每三个月推出一款中型规模游戏;每九个月推出一款全方位的多角色游戏,而这些游戏软件,腾讯将自行开发。

马化腾的经营哲学:"三问自己"。每进入一个新的领域,马化腾总是小心翼翼地追问自己三个问题,而这"三问"准确地揭示了马化腾的经营哲学理念。

一问:这个新的领域你是不是擅长?竞争对手多半对商务、利润、资本感兴趣,却不一定把握客户的真正需求;而马化腾凭着对网络市场一种朦胧却又相当有预见性的理解,用近乎偏执的兴趣和近乎狂热的工作热情搭起腾讯的架子,牢固坚持以技术为核心的公司理念,极端专注于技术开发和提升质量,当然能高出对手一等。

二问：如果你不做，用户会损失什么吗？做软件工程师的经历使马化腾明白，开发软件的意义就在于实用，而不是写作者的自娱自乐："其实我只是个很爱网络生活的人，知道网迷最需要什么，所以为自己和他们开发最有用的东西，如此而已。"

三问：如果做了，在这个新的项目中自己能保持多大的竞争优势？1999下半年，腾讯在网络寻呼系统市场上越做越大，淘到大桶"金银"，然而也面临着重大选择：一方面寻呼行业在走下坡路；另一方面，腾讯的QQ用户数达到了100万，而且还在迅猛增长。早先，QQ只是作为公司的一个副产品存在的，马化腾们对QQ所蕴含的巨大市场价值并没有足够的认识。而且无论从技术上还是资金上，他对自己究竟能保持多大的竞争优势并没有把握。当时腾讯所采取的策略是"三管齐下"：一方面继续巩固传统网络寻呼系统带来的大量利润；一方面将精力更多集中在改进QQ功能和开发新版本上；一方面寻找风险投资的支持。事实证明，这样的策略是正确的。

有专家分析认为，网络游戏市场与过去的即时通讯市场不能相提并论。目前腾讯已不具备客户渠道的垄断性优势，目前腾讯的网游产品也不具备独特优势及差异化。也有人认为，游戏还是和QQ联系在一起优势会大些。面对这些问题，马化腾笑了，经过长时间准备，马化腾早已得出了成熟的答案。这位以"聊天"起家的年轻CEO表示，他不会放弃自己钟爱的QQ软件，但也要向更大的市场进军。

机会无所不在，无处不在，但是大商机却需要有心人的精心挖掘与培育，马化腾从聊天工具中捕捉到巨大的商机。通过阅读这篇文章，你认为他的可贵之处体现在哪里？

【习题】

1．创业的本质是什么？我们应该如何将创业的思维运用到日常的学习工作中？
2．创业机会是什么？影响创业机会识别的关键因素是什么？
3．分析你平时更多使用创造性思维，还是更多使用逻辑型思维，如何防止自己的思维定式化与片面化？
4．一份商业计划书涵盖了企业的各个方面：产品或服务本身、市场状况、管理团队、融资、关键风险等，对于以下几种赞助者——风险资本家、银行家、潜在大客户、律师、雇员、供应商，哪些问题会引起他们特别关注？
5．比较天使投资与风险投资的异同。
6．技术经理怎样创业？

某人在硬件设计方面已经浸泡了8年了，从小的单嵌入式CPU单板设计到大的价值上百万的产品硬件总体方案设计都做过，也做过项目经理、部门经理，自己觉得在技术开发和技术管理上已经有很丰富的经验了。

由于公司内部的权力斗争，他已经没有进一步发展的空间了，加上对内部的权力斗争十分反感，因此想出来自己做。他的初步想法是自己先开一个个人设计工作室，接硬件设计活；然后在合适的时候，看准发展方向后开自己的公司。

但因为他从来没有在市场、营销方面做过，加上长期做设计工作和技术管理工作，社会接触面很窄，导致他现在人脉很弱，也不知道如何才能接到活。可以说对此没有什么概念。为此他很苦恼，不知道该如何开始。请各位帮忙出出主意。

7．在当今时代，白手起家的创业者难在何处？

附录 复利系数表

1%的复利系数表

年份	一次支付		等 额 系 列			
	终值系数	现值系数	年金终值系数	年金现值系数	资本回收系数	偿债基金系数
n	$(F/P, i,n)$	$(P/F, i,n)$	$(F/A, i,n)$	$P/A, i,n$	$(A/P, i,n)$	$(A/F, i,n)$
1	1.010	0.9901	1.000	0.9910	1.0100	1.0000
2	1.020	0.9803	2.010	1.9704	0.5075	0.4975
3	1.030	0.9706	3.030	2.9401	0.4300	0.3300
4	1.041	0.9610	4.060	3.9020	0.2563	0.2463
5	1.051	0.9515	5.101	4.8534	0.2060	0.1960
6	1.062	0.9421	6.152	5.7955	0.1726	0.1626
7	1.702	0.9327	7.214	6.7282	0.1486	0.1386
8	1.083	0.9235	8.286	7.6517	0.1307	0.1207
9	1.094	0.9143	9.369	8.5660	0.1168	0.1068
10	1.105	0.9053	10.426	9.4713	0.1056	0.0956
11	1.116	0.8963	11.567	10.3676	0.0965	0.0865
12	1.127	0.8875	12.683	11.2551	0.0889	0.0789
13	1.138	0.8787	13.809	12.1338	0.0824	0.0724
14	1.149	0.8700	14.974	13.0037	0.0769	0.0669
15	1.161	0.8614	16.097	13.8651	0.0721	0.0621
16	1.173	0.8528	17.258	14.7191	0.0680	0.0580
17	1.184	0.8444	18.430	15.5623	0.0634	0.0543
18	1.196	0.8360	19.615	16.3983	0.0610	0.0510
19	1.208	0.8277	20.811	17.2260	0.0581	0.0481
20	1.220	0.8196	22.019	18.0456	0.0554	0.0454
21	1.232	0.8114	23.239	18.8570	0.0530	0.0430
22	1.245	0.8034	24.472	19.6604	0.0509	0.0409
23	1.257	0.7955	25.716	20.4558	0.0489	0.0389
24	1.270	0.7876	26.973	21.2434	0.0471	0.0371
25	1.282	0.7798	28.243	22.0232	0.0454	0.0354
26	1.295	0.7721	29.526	22.7952	0.0439	0.0339
27	1.308	0.7644	30.821	23.5596	0.0425	0.0325
28	1.321	0.7568	32.129	24.3165	0.0411	0.0311
29	1.335	0.7494	33.450	25.0658	0.0399	0.0299
30	1.348	0.7419	34.785	25.8077	0.0388	0.0288
31	1.361	0.7346	36.133	26.5423	0.0377	0.0277
32	1.375	0.7273	37.494	27.2696	0.0367	0.0267
33	1.389	0.7201	38.869	27.9897	0.0357	0.0257
34	1.403	0.7130	40.258	28.7027	0.0348	0.0248
35	1.417	0.7050	41.660	29.4086	0.0340	0.0240

3%的复利系数表

年份	一次支付		等额系列			
	终值系数	现值系数	年金终值系数	年金现值系数	资本回收系数	偿债基金系数
n	$(F/P, i, n)$	$(P/F, i, n)$	$(F/A, i, n)$	$(P/A, i, n)$	$(A/P, i, n)$	$(A/F, i, n)$
1	1.030	0.9709	1.000	0.9709	1.0300	1.0000
2	1.061	0.9426	2.030	1.9135	0.5226	0.4926
3	1.093	0.9152	3.091	2.8286	0.3535	0.3235
4	1.126	0.8885	4.184	3.7171	0.2690	0.2390
5	1.159	0.8626	5.309	4.5797	0.2184	0.1884
6	1.194	0.8375	6.468	5.4172	0.1846	0.1546
7	1.230	0.8131	7.662	6.2303	0.1605	0.1305
8	1.267	0.7894	8.892	7.0197	0.1425	0.1125
9	1.305	0.7664	10.159	7.7861	0.1284	0.0984
10	1.344	0.7441	11.464	8.5302	0.1172	0.0872
11	1.384	0.7224	12.808	9.2526	0.1081	0.0781
12	1.426	0.7014	14.192	9.9540	0.1005	0.0705
13	1.469	0.6810	15.618	10.6450	0.0940	0.0640
14	1.513	0.6611	17.086	11.2961	0.0885	0.0585
15	1.558	0.6419	18.599	11.9379	0.0838	0.0538
16	1.605	0.6232	20.157	12.5611	0.0796	0.0496
17	1.653	0.6050	21.762	13.1661	0.0760	0.0460
18	1.702	0.5874	23.414	13.7535	0.0727	0.0427
19	1.754	0.5703	25.117	14.3238	0.0698	0.0398
20	1.806	0.5537	26.870	14.8775	0.0672	0.0372
21	1.860	0.5376	28.676	15.4150	0.0649	0.0349
22	1.916	0.5219	30.537	15.9369	0.0628	0.0328
23	1.974	0.5067	32.453	16.4436	0.0608	0.0308
24	2.033	0.4919	34.426	16.9356	0.0591	0.0291
25	2.094	0.4776	36.495	17.4132	0.0574	0.0274
26	2.157	0.4637	38.553	17.8769	0.0559	0.0259
27	2.221	0.4502	40.710	18.3270	0.0546	0.0246
28	2.288	0.4371	42.931	18.7641	0.0533	0.0233
29	2.357	0.4244	45.219	19.1885	0.0521	0.0221
30	2.427	0.4120	47.575	19.6005	0.0510	0.0210
31	2.500	0.4000	50.003	20.0004	0.0500	0.0200
32	2.575	0.3883	52.503	20.3888	0.0491	0.0191
33	2.652	0.3770	55.078	20.7658	0.0482	0.0182
34	2.732	0.3661	57.730	21.1318	0.0473	0.0173
35	2.814	0.3554	60.462	21.4872	0.0465	0.0165

4%的复利系数表

年份	一次支付		等 额 系 列			
	终值系数	现值系数	年金终值系数	年金现值系数	资本回收系数	偿债基金系数
n	$(F/P, i,n)$	$(P/F, i,n)$	$(F/A, i,n)$	$(P/A, i,n)$	$(A/P, i,n)$	$(A/F, i,n)$
1	1.040	0.9615	1.000	0.9615	1.0400	1.000
2	1.082	0.9246	2.040	1.8861	0.5302	0.4902
3	1.125	0.8890	3.122	2.7751	0.3604	0.3204
4	1.170	0.8548	4.246	3.6199	0.2755	0.2355
5	1.217	0.8219	5.416	4.4518	0.2246	0.1846
6	1.265	0.7903	6.633	5.2421	0.1908	0.1508
7	1.316	0.7599	7.898	6.0021	0.1666	0.1266
8	1.396	0.7307	9.214	6.7382	0.1485	0.1085
9	1.423	0.7026	10.583	7.4351	0.1345	0.0945
10	1.480	0.6756	12.006	8.1109	0.1233	0.0833
11	1.539	0.6496	13.486	8.7605	0.1142	0.0742
12	1.601	0.6246	15.036	9.3851	0.1066	0.0666
13	1.665	0.6006	16.627	9.9857	0.1002	0.0602
14	1.732	0.5775	18.292	10.5631	0.0947	0.0547
15	1.801	0.5553	20.024	11.1184	0.0900	0.0500
16	1.873	0.5339	21.825	11.6523	0.0858	0.0458
17	1.948	0.5134	23.698	12.1657	0.0822	0.0422
18	2.026	0.4936	25.645	12.6593	0.0790	0.0390
19	2.107	0.4747	27.671	13.1339	0.0761	0.0361
20	2.191	0.4564	29.778	13.5093	0.0736	0.0336
21	2.279	0.4388	31.969	14.0292	0.0713	0.0313
22	2.370	0.4220	34.248	14.4511	0.0692	0.0292
23	2.465	0.4057	36.618	14.8569	0.0673	0.0273
24	2.563	0.3901	39.083	15.2470	0.0656	0.0256
25	2.666	0.3751	41.646	15.6221	0.0640	0.0240
26	2.772	0.3067	44.312	15.9828	0.0626	0.0226
27	2.883	0.3468	47.084	16.3296	0.0612	0.0212
28	2.999	0.3335	49.968	16.6631	0.0600	0.0200
29	3.119	0.3207	52.966	16.9873	0.0589	0.0189
30	3.243	0.3083	56.085	17.2920	0.0578	0.0178
31	3.373	0.2965	59.328	17.5885	0.0569	0.0169
32	3.508	0.2851	62.701	17.8736	0.0560	0.0160
33	3.648	0.2741	66.210	18.1477	0.0551	0.0151
34	3.794	0.2636	69.858	18.4112	0.0543	0.0143
35	3.946	0.2534	73.652	18.6646	0.0.36	0.0136

5%的复利系数表

年份	一次支付		等额系列			
	终值系数	现值系数	年金终值系数	年金现值系数	资本回收系数	偿债基金系数
n	$(F/P, i, n)$	$(P/F, i, n)$	$(F/A, i, n)$	$(P/A, i, n)$	$(A/P, i, n)$	$(A/F, i, n)$
1	1.050	0.9524	1.000	0.9524	1.0500	1.000
2	1.103	0.9070	2.050	1.8594	0.5378	0.4878
3	1.158	0.8638	3.153	2.7233	0.3672	0.3172
4	1.216	0.8227	4.310	3.5460	0.2820	0.2320
5	1.276	0.7835	5.526	4.3295	0.2310	0.1810
6	1.340	0.7462	6.802	5.0757	0.1970	0.1470
7	1.407	0.7107	8.142	5.7864	0.1728	0.1228
8	1.477	0.6768	9.549	6.4632	0.1547	0.1047
9	1.551	0.6446	11.027	7.1078	0.1407	0.0907
10	1.629	0.6139	12.587	7.7217	0.1295	0.0795
11	1.710	0.5847	14.207	8.3064	0.1204	0.0704
12	1.796	0.5568	15.917	8.8633	0.1128	0.0628
13	1.886	0.5303	17.713	9.3936	0.1065	0.0565
14	1.980	0.5051	19.599	9.8987	0.1010	0.0510
15	2.079	0.4810	21.597	10.3797	0.0964	0.0464
16	2.183	0.4581	23.658	10.8373	0.0932	0.0432
17	2.292	0.4363	25.840	11.2741	0.0887	0.0387
18	2.407	0.4155	28.132	11.6896	0.0856	0.0356
19	2.527	0.3957	30.539	12.0853	0.0828	0.0328
20	2.653	0.3769	33.066	12.4622	0.0803	0.0303
21	2.786	0.3590	35.719	12.8212	0.0780	0.0280
22	2.925	0.3419	38.505	13.1630	0.0760	0.0260
23	3.072	0.3256	41.430	13.4886	0.0741	0.0241
24	3.225	0.3101	44.502	13.7987	0.0725	0.0225
25	3.386	0.2953	47.727	14.0940	0.0710	0.0210
26	3.556	0.2813	51.113	14.3753	0.0696	0.0196
27	3.733	0.2679	54.669	14.6340	0.0683	0.0183
28	3.920	0.2551	58.403	14.8981	0.0671	0.0171
29	4.116	0.2430	62.323	15.1411	0.0661	0.0161
30	4.322	0.2314	66.439	15.3725	0.0651	0.0151
31	4.538	0.2204	70.761	15.5928	0.0641	0.0141
32	4.765	0.2099	75.299	15.8027	0.0633	0.0133
33	5.003	0.1999	80.064	16.0026	0.0625	0.0125
34	5.253	0.1904	85.067	16.1929	0.0618	0.0118
35	5.516	0.1813	90.320	16.3742	0.0611	0.0111

6%的复利系数表

年份	一次支付		等额系列			
	终值系数	现值系数	年金终值系数	年金现值系数	资本回收系数	偿债基金系数
n	$(F/P, i, n)$	$(P/F, i, n)$	$(F/A, i, n)$	$(P/A, i, n)$	$(A/P, i, n)$	$(A/F, i, n)$
1	1.060	0.9434	1.000	0.9434	1.0600	1.000
2	1.124	0.8900	2.060	1.8334	0.5454	0.4854
3	1.191	0.8396	3.184	2.6704	0.3741	0.3141
4	1.262	0.7291	4.375	3.4561	0.2886	0.2286
5	1.338	0.7473	5.637	4.2124	0.2374	0.1774
6	1.419	0.7050	6.975	4.9173	0.2034	0.1434
7	1.504	0.6651	8.394	5.5824	0.1791	0.1191
8	1.594	0.6274	9.897	6.2098	0.1610	0.1010
9	1.689	0.5919	11.491	6.8071	0.1470	0.0870
10	1.791	0.5584	13.181	7.3601	0.1359	0.0759
11	1.898	0.5268	14.972	7.8869	0.1268	0.0668
12	2.012	0.4970	16.870	8.3839	0.1193	0.0593
13	2.133	0.4688	18.882	8.8527	0.1130	0.0530
14	2.261	0.4423	21.015	9.2956	0.1076	0.0476
15	2.397	0.4173	23.276	9.7123	0.1030	0.0430
16	2.540	0.3937	25.673	10.1059	0.0990	0.0390
17	2.693	0.3714	28.213	10.4773	0.0955	0.0355
18	2.854	0.3504	30.906	10.8276	0.0924	0.0324
19	3.026	0.3305	33.760	11.1581	0.0896	0.0296
20	3.207	0.3118	36.786	11.4699	0.0872	0.0272
21	3.400	0.2942	39.993	11.7641	0.0850	0.0250
22	3.604	0.2775	43.329	12.0461	0.0831	0.0231
23	3.820	0.2618	46.996	12.3034	0.0813	0.0213
24	4.049	0.2470	50.816	12.5504	0.0797	0.0197
25	4.292	0.2330	54.865	12.7834	0.0782	0.0182
26	4.549	0.2198	59.156	13.0032	0.0769	0.0169
27	4.822	0.2074	63.706	13.2105	0.0757	0.0157
28	5.112	0.1956	68.528	13.4062	0.0746	0.0146
29	5.418	0.1846	73.640	13.5907	0.0736	0.0136
30	5.744	0.1741	79.058	13.7648	0.0727	0.0127
31	6.088	0.1643	84.802	13.9291	0.0718	0.0118
32	6.453	0.1550	90.890	14.0841	0.0710	0.0110
33	6.841	0.1462	97.343	14.2302	0.0703	0.0103
34	7.251	0.1379	104.184	14.3682	0.0696	0.0096
35	7.686	0.1301	111.435	14.4983	0.0690	0.0090

7%的复利系数表

年份	一次支付		等 额 系 列			
	终值系数	现值系数	年金终值系数	年金现值系数	资本回收系数	偿债基金系数
n	$(F/P, i,n)$	$(P/F, i,n)$	$(F/A, i,n)$	$(P/A, i,n)$	$(A/P, i,n)$	$(A/F, i,n)$
1	1.070	0.9346	1.000	0.9346	1.0700	1.000
2	1.145	0.8734	2.070	1.8080	0.5531	0.4831
3	1.225	0.8163	3.215	2.6234	0.3811	0.3111
4	1.311	0.7629	4.440	3.3872	0.2952	0.2252
5	1.403	0.7130	5.751	4.1002	0.2439	0.1739
6	1.501	0.6664	7.153	4.7665	0.2098	0.1398
7	1.606	0.6228	8.645	5.3893	0.1856	0.1156
8	1.718	0.5280	10.260	5.9713	0.1675	0.0975
9	1.838	0.5439	11.978	6.5152	0.1535	0.0835
10	1.967	0.5084	13.816	7.0236	0.1424	0.0724
11	2.105	0.4751	15.784	7.4987	0.1334	0.0634
12	2.252	0.4440	17.888	7.9427	0.1259	0.0559
13	2.410	0.4150	20.141	8.3577	0.1197	0.0497
14	2.597	0.3878	22.550	8.7455	0.1144	0.0444
15	2.759	0.3625	25.129	9.1079	0.1098	0.0398
16	2.952	0.3387	27.888	9.4467	0.1059	0.0359
17	3.159	0.3166	30.840	9.7632	0.1024	0.0324
18	3.380	0.2959	33.999	10.0591	0.0994	0.0294
19	3.617	0.2765	37.379	10.3356	0.0968	0.0268
20	3.870	0.2584	40.996	10.5940	0.0944	0.0244
21	4.141	0.2415	44.865	10.8355	0.0923	0.0223
22	4.430	0.2257	49.006	11.0613	0.0904	0.0204
23	4.741	0.2110	53.436	11.2722	0.0887	0.0187
24	5.072	0.1972	58.177	11.4693	0.0872	0.0172
25	5.427	0.1843	63.249	11.6536	0.0858	0.0158
26	5.807	0.1722	68.676	11.8258	0.0846	0.0146
27	6.214	0.1609	74.484	11.9867	0.0834	0.0134
28	6.649	0.1504	80.698	12.1371	0.0824	0.0124
29	7.114	0.1406	87.347	12.2777	0.0815	0.0115
30	7.612	0.1314	94.461	12.4091	0.0806	0.0106
31	8.145	0.1228	102.073	12.5318	0.0798	0.0098
32	8.715	0.1148	110.218	12.6466	0.0791	0.0091
33	9.325	0.1072	118.933	12.7538	0.0784	0.0084
34	9.978	0.1002	128.259	12.8540	0.0778	0.0078
35	10.677	0.0937	138.237	12.9477	0.0772	0.0072

8%的复利系数表

年份	一次支付		等额系列			
	终值系数	现值系数	年金终值系数	年金现值系数	资本回收系数	偿债基金系数
n	$(F/P, i,n)$	$(P/F, i,n)$	$(F/A, i,n)$	$(P/A, i,n)$	$(A/P, i,n)$	$(A/F, i,n)$
1	1.080	0.9259	1.000	0.9259	1.0800	1.0000
2	1.166	0.8573	2.080	1.7833	0.5608	0.4080
3	1.260	0.7938	3.246	2.5771	0.3880	0.3080
4	1.360	0.7350	4.506	3.3121	0.3019	0.2219
5	1.496	0.6806	5.867	3.9927	0.2505	0.1705
6	1.587	0.6302	7.336	4.6229	0.2163	0.1363
7	1.714	0.5835	8.923	5.2064	0.1921	0.1121
8	1.851	0.5403	10.637	5.7466	0.1740	0.0940
9	1.999	0.5003	12.488	6.2469	0.1601	0.0801
10	2.159	0.4632	14.487	6.7101	0.1490	0.0690
11	2.332	0.4289	16.645	7.1390	0.1401	0.0601
12	2.518	0.3971	18.977	7.5361	0.1327	0.0527
13	2.720	0.3677	21.459	7.8038	0.1265	0.0465
14	2.937	0.3405	24.215	8.2442	0.1213	0.0413
15	3.172	0.3153	27.152	8.5595	0.1168	0.0368
16	3.426	0.2919	30.324	8.8514	0.1130	0.0330
17	3.700	0.2703	33.750	9.1216	0.1096	0.0296
18	3.996	0.2503	37.450	9.3719	0.1067	0.0267
19	4.316	0.2317	41.446	9.6036	0.1041	0.0214
20	4.661	0.2146	45.762	9.8182	0.1019	0.0219
21	5.034	0.1987	50.423	10.0168	0.0998	0.0198
22	5.437	0.1840	55.457	10.2008	0.0980	0.0180
23	5.871	0.1703	60.893	10.3711	0.0964	0.0164
24	6.341	0.1577	66.765	10.5288	0.0950	0.0150
25	6.848	0.1460	73.106	10.6748	0.937	0.0137
26	7.396	0.1352	79.954	10.8100	0.0925	0.0125
27	7.988	0.1252	87.351	10.9352	0.0915	0.0115
28	8.627	0.1159	95.339	11.0511	0.0905	0.0105
29	9.317	0.1073	103.966	11.1584	0.0896	0.0096
30	10.063	0.0994	113.283	11.2578	0.0888	0.0088
31	10.868	0.0920	123.346	11.3498	0.0881	0.0081
32	11.737	0.0852	134.214	11.4350	0.0875	0.0075
33	12.676	0.0789	145.951	11.5139	0.0869	0.0069
34	13.690	0.0731	158.627	11.5869	0.0863	0.0063
35	14.785	0.0676	172.317	11.6546	0.0858	0.0058

9%的复利系数表

年份	一次支付		等额系列			
	终值系数	现值系数	年金终值系数	年金现值系数	资本回收系数	偿债基金系数
n	$(F/P, i,n)$	$(P/F, i,n)$	$(F/A, i,n)$	$(P/A, i,n)$	$(A/P, i,n)$	$(A/F, i,n)$
1	1.090	0.9174	1.000	0.9174	1.0900	1.0000
2	1.188	0.8417	2.090	1.7591	0.5685	0.4785
3	1.295	0.7722	3.278	2.5313	0.3951	0.3051
4	1.412	0.7084	4.573	3.2397	0.3087	0.2187
5	1.539	0.6499	5.985	3.8897	0.2571	0.1671
6	1.677	0.5963	7.523	4.4859	0.2229	0.1329
7	1.828	0.5470	9.200	5.0330	0.1987	0.1087
8	1.993	0.5019	11.028	5.5348	0.1807	0.0907
9	2.172	0.4604	13.021	5.9953	0.1668	0.0768
10	2.367	0.4224	15.193	6.4177	0.1558	0.0658
11	2.580	0.3875	17.560	6.8052	0.1470	0.0570
12	2.813	0.3555	20.141	7.1607	0.1397	0.0497
13	3.066	0.3262	22.953	7.4869	0.1336	0.0436
14	3.342	0.2993	26.019	7.7862	0.1284	0.0384
15	3.642	0.2745	29.361	8.0607	0.1241	0.0341
16	3.970	0.2519	33.003	8.3126	0.1203	0.0303
17	4.328	0.2311	36.974	8.5436	0.1171	0.0271
18	4.717	0.2120	41.301	8.7556	0.1142	0.0242
19	5.142	0.1945	46.018	8.9501	0.1117	0.0217
20	5.604	0.1784	51.160	9.1286	0.1096	0.0196
21	6.109	0.1637	56.765	9.2023	0.1076	0.0176
22	6.659	0.1502	62.873	9.4424	0.1059	0.0159
23	7.258	0.1378	69.532	9.5802	0.1044	0.0144
24	7.911	0.1264	76.790	9.7066	0.1030	0.0130
25	8.623	0.1160	84.701	9.8226	0.1018	0.0118
26	9.399	0.1064	93.324	9.9290	0.1007	0.0107
27	10.245	0.0976	102.723	10.0266	0.0997	0.0097
28	11.167	0.0896	112.968	10.1161	0.0989	0.0089
29	12.172	0.0822	124.135	10.1983	0.0981	0.0081
30	13.268	0.0754	136.308	10.2737	0.0973	0.0073
31	14.462	0.0692	149.575	10.3428	0.0967	0.0067
32	15.763	0.0634	164.037	10.4063	0.0961	0.0061
33	17.182	0.0582	179.800	10.4645	0.0956	0.0056
34	18.728	0.0534	196.982	10.5178	0.0951	0.0051
35	20.414	0.0490	215.711	10.568	0.0946	0.0046

10%的复利系数表

年份	一次支付		等额系列			
	终值系数	现值系数	年金终值系数	年金现值系数	资本回收系数	偿债基金系数
n	$(F/P, i,n)$	$(P/F, i,n)$	$(F/A, i,n)$	$(P/A, i,n)$	$(A/P, i,n)$	$(A/F, i,n)$
1	1.100	0.9091	1.000	0.9091	1.1000	1.0000
2	1.210	0.8265	2.100	1.7355	0.5762	0.4762
3	1.331	0.7513	3.310	2.4869	0.4021	0.3021
4	1.464	0.6880	4.641	3.1699	0.3155	0.2155
5	1.611	0.6299	6.105	3.7908	0.2638	0.1638
6	1.772	0.5645	7.716	4.3553	0.2296	0.1296
7	1.949	0.5132	9.487	4.8684	0.2054	0.1054
8	2.144	0.4665	11.436	5.3349	0.1875	0.0875
9	2.358	0.4241	13.579	5.7590	0.1737	0.0737
10	2.594	0.3856	15.937	6.1446	0.1628	0.0628
11	2.853	0.3505	18.531	6.4951	0.1540	0.0540
12	3.138	0.3186	21.384	6.8137	0.1468	0.0468
13	3.452	0.2897	24.523	7.1034	0.1408	0.0408
14	3.798	0.2633	27.975	7.3667	0.1358	0.0358
15	4.177	0.2394	31.772	7.6061	0.1315	0.0315
16	4.595	0.2176	35.950	7.8237	0.1278	0.0278
17	5.054	0.1979	40.545	8.0216	0.1247	0.0247
18	5.560	0.1799	45.599	8.2014	0.1219	0.0219
19	6.116	0.1635	51.159	8.3649	0.1196	0.0196
20	6.728	0.1487	57.275	8.5136	0.1175	0.0175
21	7.400	0.1351	64.003	8.6487	0.1156	0.0156
22	8.140	0.1229	71.403	8.7716	0.1140	0.0140
23	8.954	0.1117	79.543	8.8832	0.1126	0.0126
24	9.850	0.1015	88.497	8.9848	0.1113	0.0113
25	10.835	0.0923	98.347	9.0771	0.1102	0.0102
26	11.918	0.0839	109.182	9.1610	0.1092	0.0092
27	13.110	0.0763	121.100	9.2372	0.1083	0.0083
28	14.421	0.0694	134.210	9.3066	0.1075	0.0075
29	15.863	0.0630	148.631	9.3696	0.1067	0.0067
30	17.449	0.0573	164.494	9.4269	0.1061	0.0061
31	19.194	0.0521	181.943	9.4790	0.1055	0.0055
32	21.114	0.0474	201.138	9.5264	0.1050	0.0050
33	23.225	0.0431	222.252	9.5694	0.1045	0.0045
34	25.548	0.0392	245.477	9.6086	0.1041	0.0041
35	28.102	0.0356	271.024	9.6442	0.1037	0.0037

12%的复利系数表

年份	一次支付		等 额 系 列			
	终值系数	现值系数	年金终值系数	年金现值系数	资本回收系数	偿债基金系数
n	$(F/P, i,n)$	$(P/F, i,n)$	$(F/A, i,n)$	$(P/A, i,n)$	$(A/P, i,n)$	$(A/F, i,n)$
1	1.120	0.8929	1.000	0.8929	1.1200	1.0000
2	1.254	0.7972	2.120	1.6901	0.5917	0.4717
3	1.405	0.7118	3.374	2.4018	0.4164	0.2964
4	1.574	0.6355	4.779	3.0374	0.3292	0.2092
5	1.762	0.5674	6.353	3.6048	0.2774	0.1574
6	1.974	0.5066	8.115	4.1114	0.2432	0.1232
7	2.211	0.4524	10.089	4.5638	0.2191	0.0991
8	2.476	0.4039	12.300	4.9676	0.2013	0.0813
9	2.773	0.3606	14.776	5.3283	0.1877	0.0677
10	3.106	0.3220	17.549	5.6502	0.1770	0.0570
11	3.479	0.2875	20.655	5.9377	0.1684	0.0484
12	3.896	0.2567	24.133	6.1944	0.1614	0.0414
13	4.364	0.2292	28.029	6.4236	0.1557	0.0357
14	4.887	0.2046	32.393	6.6282	0.1509	0.0309
15	5.474	0.1827	37.280	6.8109	0.1468	0.0268
16	6.130	0.1631	42.752	6.9740	0.1434	0.0234
17	6.866	0.1457	48.884	7.1196	0.1405	0.0205
18	7.690	0.1300	55.750	7.2497	0.1379	0.0179
19	8.613	0.1161	63.440	7.3658	0.1358	0.0158
20	9.646	0.1037	72.052	7.4695	0.1339	0.0139
21	10.804	0.0926	81.699	7.5620	0.1323	0.0123
22	12.100	0.0827	92.503	7.6447	0.1308	0.0108
23	13.552	0.0738	104.603	7.7184	0.1296	0.0096
24	15.179	0.0659	118.155	7.7843	0.1285	0.0085
25	17.000	0.0588	133.334	7.8431	0.1275	0.0075
26	19.040	0.0525	150.334	7.8957	0.1267	0.0067
27	21.325	0.0469	169.374	7.9426	0.1259	0.0059
28	23.884	0.0419	190.699	7.9844	0.1253	0.0053
29	26.750	0.0374	214.583	8.0218	0.1247	0.0047
30	29.960	0.0334	421.333	8.0552	0.1242	0.0042
31	33.555	0.0298	271.293	8.0850	0.1237	0.0037
32	37.582	0.0266	304.848	8.1116	0.1233	0.0033
33	42.092	0.0238	342.429	8.1354	0.1229	0.0029
34	47.143	0.0212	384.521	8.1566	0.1226	0.0026
35	52.800	0.0189	431.664	8.1755	0.1223	0.0023

15%的复利系数表

年份	一次支付		等 额 系 列			
	终值系数	现值系数	年金终值系数	年金现值系数	资本回收系数	偿债基金系数
n	$(F/P, i, n)$	$(P/F, i, n)$	$(F/A, i, n)$	$(P/A, i, n)$	$(A/P, i, n)$	$(A/F, i, n)$
1	1.150	0.8696	1.000	0.8696	1.1500	1.0000
2	1.323	0.7562	2.150	1.6257	0.6151	0.4651
3	1.521	0.6575	3.473	2.2832	0.4380	0.2880
4	1.749	0.5718	4.993	2.8550	0.3503	0.2003
5	2.011	0.4972	6.742	3.3522	0.2983	0.1483
6	2.313	0.4323	8.754	3.7845	0.2642	0.1142
7	2.660	0.3759	11.067	4.1604	0.2404	0.0904
8	3.059	0.3269	13.727	4.4873	0.2229	0.0729
9	3.518	0.2843	16.786	4.7716	0.2096	0.0596
10	4.046	0.2472	20.304	5.0188	0.1993	0.0493
11	4.652	0.2150	24.349	5.2337	0.1911	0.0411
12	5.350	0.1869	29.002	5.4206	0.1845	0.0345
13	6.153	0.1652	34.352	5.5832	0.1791	0.0291
14	7.076	0.1413	40.505	5.7245	0.1747	0.0247
15	8.137	0.1229	47.580	5.8474	0.1710	0.0210
16	9.358	0.1069	55.717	5.9542	0.1680	0.0180
17	10.761	0.0929	65.075	6.0472	0.1654	0.0154
18	12.375	0.0808	75.836	6.1280	0.1632	0.0123
19	14.232	0.0703	88.212	6.1982	0.1613	0.0113
20	16.367	0.0611	102.444	6.2593	0.1598	0.0098
21	18.822	0.0531	118.810	6.3125	0.1584	0.0084
22	21.645	0.0462	137.632	6.3587	0.1573	0.0073
23	24.891	0.0402	159.276	6.3988	0.1563	0.0063
24	28.625	0.0349	184.168	6.4338	0.1554	0.0054
25	32.919	0.0304	212.793	6.4642	0.1547	0.0047
26	37.857	0.0264	245.712	6.4906	0.1541	0.0041
27	43.535	0.0230	283.569	6.5135	0.1535	0.0035
28	50.066	0.0200	327.104	6.5335	0.1531	0.0031
29	57.575	0.0174	377.170	6.5509	0.1527	0.0027
30	66.212	0.0151	434.745	6.5660	0.1523	0.0023
31	76.144	0.0131	500.957	6.5791	0.1520	0.0020
32	87.565	0.0114	577.100	6.5905	0.1517	0.0017
33	100.700	0.0099	664.666	6.6005	0.1515	0.0015
34	115.805	0.0086	765.365	6.6091	0.1513	0.0013
35	133.176	0.0075	881.170	6.6166	0.1511	0.0011

20%的复利系数表

年份	一次支付		等 额 系 列			
	终值系数	现值系数	年金终值系数	年金现值系数	资本回收系数	偿债基金系数
n	$(F/P, i,n)$	$(P/F, i,n)$	$(F/A, i,n)$	$(P/A, i,n)$	$(A/P, i,n)$	$(A/F, i,n)$
1	1.200	0.8333	1.000	0.8333	1.2000	1.0000
2	1.440	0.6845	2.200	1.5278	0.6546	0.4546
3	1.728	0.5787	3.640	2.1065	0.4747	0.2747
4	2.074	0.4823	5.368	2.5887	0.3863	0.1963
5	2.488	0.4019	7.442	2.9906	0.3344	0.1344
6	2.986	0.3349	9.930	3.3255	0.3007	0.1007
7	3.583	0.2791	12.916	3.6046	0.2774	0.0774
8	4.300	0.2326	16.499	3.8372	0.2606	0.0606
9	5.160	0.1938	20.799	4.0310	0.2481	0.0481
10	6.192	0.1615	25.959	4.1925	0.2385	0.0385
11	7.430	0.1346	32.150	4.3271	0.2311	0.0311
12	8.916	0.1122	39.581	4.4392	0.2253	0.0253
13	10.699	0.0935	48.497	4.5327	0.2206	0.0206
14	12.839	0.0779	59.196	4.6106	0.2169	0.0169
15	15.407	0.0649	72.035	4.7655	0.2139	0.0139
16	18.488	0.0541	87.442	4.7296	0.2114	0.0114
17	22.186	0.0451	105.931	4.7746	0.2095	0.0095
18	26.623	0.0376	128.117	4.8122	0.2078	0.0078
19	31.948	0.0313	154.740	4.8435	0.2065	0.0065
20	38.338	0.0261	186.688	4.8696	0.2054	0.0054
21	46.005	0.0217	225.026	4.8913	0.2045	0.0045
22	55.206	0.0181	271.031	4.9094	0.2037	0.0037
23	66.247	0.0151	326.237	4.9245	0.2031	0.0031
24	79.497	0.0126	392.484	4.9371	0.2026	0.0026
25	95.396	0.0105	471.981	4.9476	0.2021	0.0021
26	114.475	0.0087	567.377	4.9563	0.2018	0.0018
27	137.371	0.0073	681.853	4.9636	0.2015	0.0015
28	164.845	0.0061	819.223	4.9697	0.2012	0.0012
29	197.814	0.0051	984.068	4.9747	0.2010	0.0010
30	237.376	0.0042	1181.882	4.9789	0.2009	0.0009
31	284.852	0.0035	1419.258	4.9825	0.2007	0.0007
32	341.822	0.0029	1704.109	4.9854	0.2006	0.0006
33	410.186	0.0024	2045.931	4.9878	0.2005	0.0005
34	492.224	0.0020	2456.118	4.9899	0.2004	0.0004
35	590.668	0.0017	2948.341	4.9915	0.2003	0.0003

25%的复利系数表

年份	一次支付		等额系列			
	终值系数	现值系数	年金终值系数	年金现值系数	资本回收系数	偿债基金系数
n	$(F/P, i,n)$	$(P/F, i,n)$	$(F/A, i,n)$	$(P/A, i,n)$	$(A/P, i,n)$	$(A/F, i,n)$
1	1.250	0.8000	1.000	0.8000	1.2500	1.0000
2	1.156	0.6400	2.250	1.4400	0.6945	0.4445
3	1.953	0.5120	3.813	1.9520	0.5123	0.2623
4	2.441	0.4096	5.766	2.3616	0.4235	0.1735
5	3.052	0.3277	8.207	2.6893	0.3719	0.1219
6	3.815	0.2622	11.259	2.9514	0.3388	0.0888
7	4.678	0.2097	15.073	3.1611	0.3164	0.0664
8	5.960	0.1678	19.842	3.3289	0.3004	0.0504
9	7.451	0.1342	25.802	3.4631	0.2888	0.0388
10	9.313	0.1074	33.253	3.5705	0.2801	0.0301
11	11.642	0.0859	42.566	3.6564	0.2735	0.0235
12	14.552	0.0687	54.208	3.7251	0.2685	0.0185
13	18.190	0.0550	68.760	3.7801	0.2646	0.0146
14	22.737	0.0440	86.949	3.8241	0.2615	0.0115
15	28.422	0.0352	109.687	3.8593	0.2591	0.0091
16	35.527	0.0282	138.109	3.8874	0.2573	0.0073
17	44.409	0.0225	173.636	3.9099	0.2558	0.0058
18	55.511	0.0180	218.045	3.9280	0.2546	0.0046
19	69.389	0.0144	273.556	3.9424	0.2537	0.0037
20	86.736	0.0115	342.945	3.9539	0.2529	0.0029
21	108.420	0.0092	429.681	3.9631	0.2523	0.0023
22	135.525	0.0074	538.101	3.9705	0.2519	0.0019
23	169.407	0.0059	673.626	3.9764	0.2515	0.0015
24	211.758	0.0047	843.033	3.9811	0.2511	0.0012
25	264.698	0.0038	1054.791	3.9849	0.2510	0.0010
26	330.872	0.0030	1319.489	3.9879	0.2508	0.0008
27	413.590	0.0024	1650.361	3.9903	0.2506	0.0006
28	516.988	0.0019	2063.952	3.9923	0.2505	0.0005
29	646.235	0.0016	2580.939	3.9938	0.2504	0.0004
30	807.794	0.0012	3227.174	3.9951	0.2503	0.0003
31	1009.742	0.0010	4034.968	3.9960	0.2503	0.0003
32	1262.177	0.0008	5044.710	3.9968	0.2502	0.0002
33	1577.722	0.0006	6306.887	3.9975	0.2502	0.0002
34	1972.152	0.0005	788.609	3.9980	0.2501	0.0001
35	2465.190	0.0004	9856.761	3.9984	0.2501	0.0001

30%的复利系数表

年份	一次支付		等额系列			
	终值系数	现值系数	年金终值系数	年金现值系数	资本回收系数	偿债基金系数
n	($F/P, i,n$)	($P/F, i,n$)	($F/A, i,n$)	($P/A, i,n$)	($A/P, i,n$)	($A/F, i,n$)
1	1.300	0.7692	1.000	0.7692	1.3000	1.0000
2	1.690	0.5917	2.300	1.3610	0.7348	0.4348
3	2.197	0.4552	3.990	1.8161	0.5506	0.2506
4	2.856	0.3501	6.187	2.1663	0.4616	0.1616
5	3.713	0.2693	9.043	2.4356	0.4106	0.1106
6	4.827	0.2072	12.756	2.6428	0.3784	0.0784
7	6.275	0.1594	17.583	2.8021	0.3569	0.0569
8	8.157	0.1226	23.858	2.9247	0.3419	0.0419
9	10.605	0.0943	32.015	3.0190	0.3321	0.0312
10	13.786	0.0725	42.620	3.0915	0.3235	0.0235
11	17.922	0.0558	65.405	3.1473	0.3177	0.0177
12	23.298	0.0429	74.327	3.1903	0.3135	0.0135
13	30.288	0.0330	97.625	3.2233	0.3103	0.0103
14	39.374	0.0254	127.913	3.2487	0.3078	0.0078
15	51.186	0.0195	167.286	3.2682	0.3060	0.0060
16	66.542	0.0150	218.472	3.2832	0.3046	0.0046
17	86.504	0.0116	285.014	3.2948	0.3035	0.0035
18	112.455	0.0089	371.518	3.3037	0.3027	0.0027
19	146.192	0.0069	483.973	3.3105	0.3021	0.0021
20	190.050	0.0053	630.165	3.3158	0.3016	0.0016
21	247.065	0.0041	820.215	3.3199	0.3012	0.0012
22	321.184	0.0031	1067.280	3.3230	0.3009	0.0009
23	417.539	0.0024	1388.464	3.3254	0.3007	0.0007
24	542.801	0.0019	1806.003	3.3272	0.3006	0.0006
25	705.641	0.0014	2348.803	3.3286	0.3004	0.0004
26	917.333	0.0011	3054.444	3.3297	0.3003	0.0003
27	1192.533	0.0008	3971.778	3.3305	0.3003	0.0003
28	1550.293	0.0007	5164.311	3.3312	0.3002	0.0002
29	2015.381	0.0005	6714.604	3.3317	0.3002	0.0002
30	2619.996	0.0004	8729.985	3.3321	0.3001	0.0001
31	3405.994	0.0003	11349.981	3.3324	0.3001	0.0001
32	4427.793	0.0002	14755.975	3.3326	0.3001	0.0001
33	5756.130	0.0002	19183.768	3.3328	0.3001	0.0001
34	7482.970	0.0001	24939.899	3.3329	0.3001	0.0001
35	9727.860	0.0001	32422.868	3.3330	0.3000	0.0000

35%的复利系数表

年份	一次支付		等额系列			
	终值系数	现值系数	年金终值系数	年金现值系数	资本回收系数	偿债基金系数
n	$(F/P, i,n)$	$(P/F, i,n)$	$(F/A, i,n)$	$(P/A, i,n)$	$(A/P, i,n)$	$(A/F, i,n)$
1	1.3500	0.7407	1.0000	0.7404	1.3500	1.0000
2	1.8225	0.5487	2.3500	1.2894	0.7755	0.4255
3	2.4604	0.4064	4.1725	1.6959	0.5897	0.2397
4	3.3215	0.3011	6.6329	1.9969	0.5008	0.1508
5	4.4840	0.2230	9.9544	2.2200	0.4505	0.1005
6	6.0534	0.1652	14.4384	2.3852	0.4193	0.0693
7	8.1722	0.1224	20.4919	2.5075	0.3988	0.0488
8	11.0324	0.0906	28.6640	2.5982	0.3849	0.0349
9	14.8937	0.0671	39.6964	2.6653	0.3752	0.0252
10	20.1066	0.0497	54.5902	2.7150	0.3683	0.0183
11	27.1493	0.0368	74.6976	2.7519	0.3634	0.0134
12	36.6442	0.0273	101.8406	2.7792	0.3598	0.0098
13	49.4697	0.0202	138.4848	2.7994	0.3572	0.0072
14	66.7841	0.0150	187.9544	2.8144	0.3553	0.0053
15	90.1585	0.0111	254.7385	2.8255	0.3539	0.0039
16	121.7139	0.0082	344.8970	2.8337	0.3529	0.0029
17	164.3138	0.0061	466.6109	2.8398	0.3521	0.0021
18	221.8236	0.0045	630.9247	2.8443	0.3516	0.0016
19	299.4619	0.0033	852.7483	2.8476	0.3512	0.0012
20	404.2736	0.0025	1152.2103	2.8501	0.3509	0.0009
21	545.7693	0.0018	1556.4838	2.8519	0.3506	0.0006
22	736.7886	0.0014	2102.2532	2.8533	0.3505	0.0005
23	994.6646	0.0010	2839.0418	2.8543	0.3504	0.0004
24	1342.797	0.0007	3833.7064	2.8550	0.3503	0.0003
25	1812.776	0.0006	5176.5037	2.8556	0.3502	0.0002
26	2447.248	0.0004	6989.2800	2.8560	0.3501	0.0001
27	3303.785	0.0003	9436.5280	2.8563	0.3501	0.0001
28	4460.110	0.0002	12740.313	2.8565	0.3501	0.0001
29	6021.148	0.0002	17200.422	2.8567	0.3501	0.0001
30	8128.550	0.0001	23221.570	2.8568	0.3500	0.0000
31	10973.54	0.0001	31350.120	2.8569	0.3500	0.0000
32	14814.28	0.0001	42323.661	2.8569	0.3500	0.0000
33	19999.28	0.0001	57137.943	2.8570	0.3500	0.0000
34	26999.03	0.0000	77137.223	2.8570	0.3500	0.0000
35	36448.69	0.0000	104136.25	2.8571	0.3500	0.0000

40%的复利系数表

年份	一次支付		等 额 系 列			
	终值系数	现值系数	年金终值系数	年金现值系数	资本回收系数	偿债基金系数
n	$(F/P, i,n)$	$(P/F, i,n)$	$(F/A, i,n)$	$(P/A, i,n)$	$(A/P, i,n)$	$(A/F, i,n)$
1	1.400	0.7143	1.000	0.7143	1.4001	1.0001
2	1.960	0.5103	2.400	1.2245	0.8167	0.4167
3	2.744	0.3654	4.360	1.5890	0.6294	0.2294
4	3.842	0.2604	7.104	1.8493	0.5408	0.1408
5	5.378	0.1860	10.946	2.0352	0.4914	0.0914
6	7.530	0.1329	16.324	2.1680	0.4613	0.0613
7	10.541	0.0949	23.853	2.2629	0.4420	0.0420
8	14.758	0.0678	34.395	2.3306	0.4291	0.0291
9	20.661	0.0485	49.153	2.3790	0.4204	0.0204
10	28.925	0.0346	69.814	2.4136	0.4144	0.0144
11	40.496	0.0247	98.739	2.4383	0.4102	0.0102
12	56.694	0.0177	139.234	2.4560	0.4072	0.0072
13	79.371	0.0126	195.928	2.4686	0.4052	0.0052
14	111.120	0.0090	275.299	2.4775	0.4037	0.0037
15	155.568	0.0065	386.419	2.4840	0.4026	0.0026
16	217.794	0.0046	541.986	2.4886	0.4019	0.0019
17	304.912	0.0033	759.780	2.4918	0.4014	0.0014
18	426.877	0.0024	104.691	2.4942	0.4010	0.0010
19	597.627	0.0017	1491.567	2.4959	0.4007	0.0007
20	836.678	0.0012	2089.195	2.4971	0.4005	0.0005
21	1171.348	0.0009	2925.871	2.4979	0.4004	0.0004
22	1639.887	0.0007	4097.218	2.4985	0.4003	0.0003
23	2295.842	0.0005	5373.105	2.4990	0.4002	0.0002
24	3214.178	0.0004	8032.945	2.4993	0.4002	0.0002
25	4499.847	0.0003	11247.110	2.4995	0.4001	0.0001
26	6299.785	0.0002	15746.960	2.4997	0.4001	0.0001
27	8819.695	0.0002	22046.730	2.4998	0.4001	0.0001
28	12347.570	0.0001	30866.430	2.4998	0.4001	0.0001
29	17286.590	0.0001	43213.990	2.4999	0.4001	0.0001
30	24201.230	0.0001	60500.580	2.4999	0.4001	0.0001

45%的复利系数表

年份	一次支付		等 额 系 列			
	终值系数	现值系数	年金终值系数	年金现值系数	资本回收系数	偿债基金系数
n	$(F/P, i,n)$	$(P/F, i,n)$	$(F/A, i,n)$	$(P/A, i,n)$	$(A/P, i,n)$	$(A/F, i,n)$
1	1.4500	0.6897	1.0000	0.690	1.45000	1.00000
2	2.1025	0.4756	2.450	1.165	0.85816	0.40816
3	3.0486	0.3280	4.552	1.493	0.66966	0.21966
4	4.4205	0.2262	7.601	1.720	0.58156	0.13156
5	6.4097	0.1560	12.022	1.867	0.53318	0.08318
6	9.2941	0.1076	18.431	1.983	0.50426	0.05426
7	13.4765	0.0742	27.725	2.057	0.48607	0.03607
8	19.5409	0.0512	41.202	2.109	0.47427	0.02427
9	28.3343	0.0353	60.743	2.144	0.46646	0.01646
10	41.0847	0.0243	89.077	2.168	0.46123	0.01123
11	59.5728	0.0168	130.162	2.158	0.45768	0.00768
12	86.3806	0.0116	189.735	2.196	0.45527	0.00527
13	125.2518	0.0080	267.115	2.024	0.45326	0.00362
14	181.6151	0.0055	401.367	2.210	0.45249	0.00249
15	263.3419	0.0038	582.982	2.214	0.45172	0.00172
16	381.8458	0.0026	846.324	2.216	0.45118	0.00118
17	553.6764	0.0018	1228.170	2.218	0.45081	0.00081
18	802.8308	0.0012	1781.846	2.219	0.45056	0.00056
19	1164.1047	0.0009	2584.677	2.220	0.45039	0.00039
20	1687.9518	0.0006	3748.782	2.221	0.45027	0.00027
21	2447.5301	0.0004	5436.743	2.221	0.45018	0.00018
22	3548.9187	0.0003	7884.246	2.222	0.45013	0.00013
23	5145.9321	0.0002	11433.182	2.222	0.45009	0.00009
24	7461.6015	0.0001	16579.115	2.222	0.45006	0.00006
25	10819.322	0.0001	24040.716	2.222	0.45004	0.00004
26	15688.017	0.0001	34860.038	2.222	0.45003	0.00003
27	22747.625	0.0000	50548.056	2.222	0.45002	0.00002
28	32984.056		73295.681	2.222	0.45001	0.00001
29	47826.882		106279.74	2.222	0.45001	0.00001
30	69348.978		154106.62	2.222	0.45001	0.00001

50%的复利系数表

年份	一次支付		等额系列			
	终值系数	现值系数	年金终值系数	年金现值系数	资本回收系数	偿债基金系数
n	($F/P, i,n$)	($P/F, i,n$)	($F/A, i,n$)	($P/A, i,n$)	($A/P, i,n$)	($A/F, i,n$)
1	1.5000	0.6667	1.000	0.667	1.50000	1.00000
2	2.2500	0.4444	2.500	1.111	0.90000	0.40000
3	3.3750	0.2963	4.750	1.407	0.71053	0.21053
4	5.0625	0.1975	8.125	1.605	0.62303	0.12308
5	7.5938	0.1317	13.188	1.737	0.57583	0.07583
6	11.3906	0.0878	20.781	1.824	0.54812	0.04812
7	17.0859	0.0585	32.172	1.883	0.53108	0.03108
8	25.6289	0.0390	49.258	1.922	0.52030	0.02030
9	38.4434	0.0260	74.887	1.948	0.51335	0.01335
10	57.6650	0.0173	113.330	1.965	0.50882	0.00882
11	86.4976	0.0116	170.995	1.977	0.50585	0.00585
12	129.7463	0.0077	257.493	1.985	0.50388	0.00388
13	194.6195	0.0051	387.239	1.990	0.50258	0.00258
14	291.9293	0.0034	581.859	1.993	0.50172	0.00172
15	437.8939	0.0023	873.788	1.995	0.50114	0.00114
16	656.8408	0.0015	1311.682	1.997	0.50076	0.00076
17	985.2613	0.0010	1968.523	1.998	0.50051	0.00051
18	1477.8919	0.0007	2953.784	1.999	0.50034	0.00034
19	2216.8378	0.0005	4431.676	1.999	0.50023	0.00023
20	3325.2567	0.0003	6648.513	1.999	0.50015	0.00015
21	4987.8851	0.0002	9973.770	2.000	0.50010	0.00010
22	7481.8276	0.0001	14961.655	2.000	0.50007	0.00007
23	11222.742	0.0001	22443.483	2.000	0.50004	0.00004
24	16834.112	0.0001	33666.224	2.000	0.50003	0.00003
25	25251.168	0.0000	50500.337	2.000	0.50002	0.00002

参 考 文 献

[1] 王立国等. 可行性研究与项目评估[M]. 大连：东北财经大学出版社，2002.
[2] 赵国杰. 投资项目可行性研究[M]. 天津：天津大学出版社，2006.
[3] 国家发改委，建设部. 建设项目经济评价方法与参数（第三版）[M]. 北京：中国计划出版社，2006.
[4] 投资项目可行性研究指南编写组. 投资项目可行性研究指南[M]. 北京：中国电力出版社，2002.
[5] 中国国际咨询公司，投资项目可行性研究与评价中心. 投资项目可行性研究报告编写范例[M]. 北京：中国电力出版社，2002.
[6] 傅家骥，仝允桓. 工业技术经济学[M]. 北京：清华大学出版社，1991.
[7] 杨克磊. 技术经济学[M]. 上海：复旦大学出版社，2007.
[8] 袁明鹏等. 新编技术经济学[M]. 北京：清华大学出版社，2007.
[9] 〔美〕罗森伯格，王文勇，吕睿译. 探索黑箱：技术、经济学和历史[M]. 北京：商务印书馆，2004.
[10] 刘长滨等. 建筑工程技术经济学[M]. 北京：中国建筑工业出版社，2007.
[11] 武春友，张米尔. 技术经济学[M]. 大连：大连理工大学出版社，1998.
[12] 技术经济学编写组. 技术经济学原理与实务[M]. 北京：机械工业出版社，2007.
[13] 陈伟. 技术经济学[M]. 哈尔滨：哈尔滨工程大学出版社，2007.
[14] 蒋太才. 技术经济学基础[M]. 北京：清华大学出版社，2006.
[15] 徐莉等. 技术经济学[M]. 武汉：武汉大学出版社，2007.
[16] 贾春霖，李晨. 技术经济学[M]. 长沙：中南大学出版社，2004.
[17] 王柏轩. 技术经济学[M]. 上海：复旦大学出版社，2007.
[18] 李振球等. 技术经济学[M]. 大连：东北财经大学出版社，1999.
[19] 吴天祖等. 技术经济学概论[M]. 北京：高等教育出版社，2004.
[20] 陶树人. 技术经济学[M]. 北京：经济管理出版社，1992.
[21] 杨青，胡艳. 技术经济学[M]. 武汉：武汉理工大学出版社，2003.
[22] 赵国杰. 技术经济学[M]. 天津：天津大学出版社，1997.
[23] 高百宁等. 技术经济学方法、技术与应用[M]. 北京：北京理工大学出版社，2006.
[24] 傅家骥，雷家骕，程源. 技术经济学前沿问题[M]. 北京：经济科学出版社，2003.
[25] 刘晓君. 工程经济学[M]. 北京：中国建筑工业出版社，2008.
[26] 李南. 工程经济学[M]. 北京：科学出版社，2005.
[27] 刘玉明. 工程经济学[M]. 北京：北方交通大学出版社，2006.
[28] 杜栋，庞庆华. 现代综合评价方法与案例精选[M]. 北京：清华大学出版社，2005.
[29] 林光. 创业学[M]. 北京：清华大学出版社，2008.
[30] 〔美〕玛格丽特.A.怀特，〔美〕加里.D.布鲁顿. 技术与创新的管理：战略视角[M]. 北京：电子工业出版社，2007.
[31] 〔美〕库洛特克，〔美〕霍志茨著，张宗益译. 创业学. 理论、流程与实践[M]. 北京：清华大学出版社，2006.
[32] 张玉利等. 创业管理[M]. 北京：机械工业出版社，2008.

[33] 陈劲，王芳瑞. 技术创新管理方法[M]. 北京：清华大学出版社，2006.

[34] 吴贵生. 技术创新管理[M]. 北京：清华大学出版社，2000.

[35] 程东升，陈海燕. 任正非管理日志[M]. 北京：中信出版社，2008.

[36] 陈青松，沈江. 创新路径——技术创新战略、流程与案例[M]. 天津：天津大学出版社，2007.

[37] 范黎波. 项目管理[M]. 北京：对外经济贸易大学出版社，2005.

[38] 白思俊. 现代项目管理[M]. 北京：机械工业出版社，2002.

[39] 戚安邦. 项目管理学[M]. 天津：南开大学出版社，2003.

[40] 杰克·R·梅瑞狄斯，小塞缪尔·J·曼特尔，周晓红译. 项目管理：管理新视角[M]. 北京：电子工业出版社，2006.

[41] 杰克·吉多，詹姆斯·P·克莱门斯，张金成等译. 成功的项目管理[M]. 北京：机械工业出版社，1999.

[42] 韩万江，姜立新. 软件项目管理案例[M]. 北京：机械工业出版社，2005.

[43] 纪燕萍. 中外项目管理案例[M]. 北京：人民邮电出版社，2002.

参考文献

[33] 何齐宗. 当代教育理论[M]. 北京：中国人民出版社，2008.
[34] 石中英. 教育哲学导论[M]. 北京：北京师范大学出版社，2002.
[35] 石中英. 知识转型与教育改革[M]. 北京：教育科学出版社，2005.
[36] 叶澜. 教育学原理——复杂性思维视野[M]. 成都：四川教育出版社，2007.
[37] 金生鋐. 规训与教化[M]. 北京：教育科学出版社，2005.
[38] 鲁洁. 教育社会学[M]. 北京：人民教育出版社，2002.
[39] 联合国教科文组织国际教育发展委员会. 学会生存——教育世界的今天和明天[M]. 北京：教育科学出版社，2006.
[40] [日] 筑波大学教育学研究会. 现代教育学基础[M]. 钟启泉，译. 上海：上海教育出版社，1990.
[41] 查有梁. 教育建模[M]. 桂林：广西教育出版社，2005.
[42] 陈桂生. 教育原理[M]. 上海：华东师范大学出版社，2002.